国家社科基金
GUOJIA SHEKE JIJIN HOUQI JIZHU XIANGMU
后期资助项目

夏禹神话研究

The Study on the Myth of Xiayu

杨　栋　著

中华书局
ZHONGHUA BOOK COMPANY

图书在版编目(CIP)数据

夏禹神话研究/杨栋著. —北京:中华书局,2019.3(2024.4重印)
(国家社科基金后期资助项目)
ISBN 978-7-101-13700-2

Ⅰ.夏⋯ Ⅱ.杨⋯ Ⅲ.神话-研究-中国-古代 Ⅳ.B932.2

中国版本图书馆 CIP 数据核字(2019)第 004819 号

书 名	夏禹神话研究	
著 者	杨 栋	
丛 书 名	国家社科基金后期资助项目	
责任编辑	周毅泽	
责任印制	陈丽娜	
出版发行	中华书局	
	(北京市丰台区太平桥西里 38 号 100073)	
	http://www.zhbc.com.cn	
	E-mail:zhbc@zhbc.com.cn	
印 刷	三河市中晟雅豪印务有限公司	
版 次	2019 年 3 月第 1 版	
	2024 年 4 月第 2 次印刷	
规 格	开本/710×1000 毫米 1/16	
	印张 22¾ 插页 2 字数 362 千字	
国际书号	ISBN 978-7-101-13700-2	
定 价	80.00 元	

国家社科基金后期资助项目出版说明

后期资助项目是国家社科基金设立的一类重要项目,旨在鼓励广大社科研究者潜心治学,支持基础研究多出优秀成果。它是经过严格评审,从接近完成的科研成果中遴选立项的。为扩大后期资助项目的影响,更好地推动学术发展,促进成果转化,全国哲学社会科学工作办公室按照"统一设计、统一标识、统一版式、形成系列"的总体要求,组织出版国家社科基金后期资助项目成果。

全国哲学社会科学工作办公室

目　录

下编　夏禹神话的演变发展

裔裔禹迹　煌煌史彰

（代序）

曹书杰

　　大禹作为上古的传说人物，在漫长而广泛的历史流传过程中形成了一种具有深刻民族认同感的特殊符号，渐渐地浸入了中华民族的历史和文化之中，从而汇聚成了特定的"大禹文化"和"大禹文化系统"，并在一定程度上影响了中华民族的价值取向和民族性格。关于大禹的研究，有四个核心问题：一是禹迹，二是禹事，三是禹释，四是禹意。

　　所谓"禹迹"，就是从区域文化视角考察大禹的"行迹"，从长江上游地区的"禹生石纽"到下游的"禹娶涂山"，从黄河中下游的"禹都阳城"到下游地区的"禹东教乎九夷"，在这样一个广大区域内都有禹的文化行迹，这种文化现象，在中国历史上非常罕见。如何认识这种在广泛区域内俱有的"禹迹"传说和遗迹，是一个很值得认真研究的问题，也是至今尚未得到圆满解决的问题。

　　所谓"禹事"，就是古代各类文献典籍所记述的有关大禹的传说故事，"我们即使不能知道某一件事的真确的状况，但我们可以知道某一件事在传说中的最早的状况"，从方法论的角度，按照记述其传说故事的文献年代将其排列起来，系统梳理其全部的传说故事，是研究禹事的基本方法。前人对此做了比较完整的工作，但分歧在于对某些先秦重要文献典籍年代的认识，使文献先后顺序的"排列"并不一致，也就造成了大禹传说故事的序列分歧。好在今天我们可以根据出土文献解决这方面的一些问题。

　　所谓"禹释"，就是从古至今的学者对"禹迹""禹事"在文化和学术上的研究和解读。从认识论的角度，无论是先秦儒家和汉后经学家们从"人王"到"圣人"的解读，或是历史学家们从历史到神话再到历史的解读，或是神话学家们从神话到历史的解读，亦或是民俗学家们"禹是一条虫"的图腾说，都涉及很多复杂的问题，如禹的属性（是神、人王、圣人、孝子还是蛇图腾等）、起源、流传、价值等。如此众多的"禹释"可谓是仁智相见，百花齐放,从而形成特定的大禹文化现象和文化系统。可惜对此相关的重大学术问题至今尚未得到系统清理。

所谓"禹意",就是从价值观的层面,在历史发展过程中人们对"禹迹""禹事"及在"禹释"中所给予的社会价值判断和取向。我们知道,大禹治水是一个影响最为悠远而深刻的神话传说故事,其文化要义集中体现在人类在自然灾害面前所表现出的不屈不挠、救世济民的集体社会意识和智慧。但对大禹的价值取向绝不仅仅如此。在祭祀形态、国家政治、民间生活,以及从自然到社会秩序,从经学到史学,从个人到群体,从婚姻到民俗,从人王到天命等诸多方面,人们对大禹都有许多富有社会意义的载述和解读,时至今日其作为中国传统文化的核心符号仍被不断地弘扬与传播。

杨栋的这部书是在博士论文的基础上完善的,对上述四个问题皆有较好的梳理与总结。大禹传说是一个具有重大文化、学术和时代意义的研究课题,既关涉夏文化及中国文明起源研究,又可以从学术史上总结二十世纪古史辨派神话研究的得失。上古历史与神话、传说之间有着"剪不断,理还乱"的联系,大禹是介于神话与历史之间的传说人物,大禹传说既蕴含着一定的史影,又有很强的神话色彩,作者将其纳入到广义的神话范畴中,一方面探析其中的史实素地,一方面梳理其演变发展,在搜集大量材料的基础上,运用文献考证的方法作出了很多有益的探索,提出了不少较为中肯的观点。

目前中国的上古神话传说研究或利用文化人类学的方法进行研究,或运用西方神话学理论进行阐释,而对于记载中国神话的文献本身往往关注不够,甚至对文献文本断章取义。作者敏感地认识到这个问题,并提出要加强对中国神话的文献学研究,从文献出发,同时将神话置于其产生的历史文化土壤中,探究中国神话的深层文化内涵和民族特质。杨栋在硕士阶段为中国古典文献学专业,对文献学基本理论和方法非常熟悉,因此其博士论文显示出扎实的文献学功底,这表现在:一是搜集材料竭泽而渔,举凡传世文献、出土材料、图像资料都进行了大量搜罗;二是始终关注文献的生成年代,从而更好地梳理神话的演变;三是能够正确地解读文本,并合理地运用到观点阐释中来。

特别值得一提的是,本书使用了大量新出土材料,很好地将古文献材料和新出土材料结合起来研究大禹传说史实素地及其演变发展,可以说是对王国维先生"二重证据法"的一种践行。另外，作者还新补充了最近公布的清华简、上博简中的一些相关内容，如清华简《厚父》有禹建夏邦的记载，而《厚父》的成书年代当在西周初年，从而将禹和夏发生关系的文献记载时间大大提前了，也修正了过去古史辨派的观点。上博简《举治王天下》中的《禹王天下》则是一篇对禹之功绩进行概括总结的文献，颂扬了禹的五大功绩，以禹为中心，独立描述其个人功绩，为战国文献所鲜见。这些材料作者都适时地吸收了进来。作者还收集了汉画像石中的大禹图像，考证图像内容，并解读其中的象征意义。

学术著作贵在创新，本书也多有作者自己的新见。如关于大禹治水传说，人们一般称颂他的治水之功，作者通过对早期文本叙事的梳理，发现在西周至春秋时期，人们传颂的乃是禹的敷土之功，因为洪水发生以后，敷土才是生存和生活的最为紧要之务。到战国时期，由于出现了疏水灌溉的方法，"禹敷土"开始转变为"禹治水"，并逐渐夸大禹治水的能力。再如在论述纬书中的夏禹神话时，作者从文本生成演变及其文化背景的角度指出：纬书中的夏禹神话故事大多承自先秦文献，纬书作者通过抄录、虚构、糅合、改编等手段对其文本进行加工改造，最终形成了风格独特、意蕴深厚的纬书夏禹神话体系。关于"禹生石纽"传说，作者认为它是"禹生于石"这一神话叙事的置换变形：石是夏民族的崇拜物，随着夏遗民迁入四川，"禹生于石"的传说亦进入川蜀，与川西北的大石传说相融合，当这一传说流传到汶山石纽时便产生了变异，"禹生于石"变成"禹生石纽"了。

全书有完整的结构和严密的体系。当下的很多著作往往是发表论文的结集，然后冠以一个笼统的书名，章节之间既没有太大关系更不能前后呼应。而本书则表现出纲举目张结构完整具有很强的内在逻辑性来。本书对夏禹神话的文献资料进行了较为系统的梳理，对相关重要的与夏禹相关的问题进行了考辨分析，是相对全面的一次夏禹神话文献的整理，揭示了夏禹神话传说演进的脉络、文化内涵及这一神话传说相关各种元素的内在关联性。本书还有很多值得肯定的地方，留待读者自己去阅读。当然本书也有一些有待完善的地方，如利用考古材料对相关问题的考证还有待加强。

杨栋是我指导的硕士生，也是我指导的博士生，出身于山东世代务农的寒门，六年的共同学习生活使我对他的谦虚守信的性格人品、勤奋刻苦的求学精神都有比较充分的了解。在他读硕士期间，我即规划其读博的选题，故引导他作了《淮南子》的研究综述，希望他博士学位论文做《淮南子》对先秦文献征引和利用情况的研究，但他最后自己选择了这个题目我也是十分理解的，因为这个题目和我的博士学位论文的选题很相近，而复杂程度似乎更大。经过三年的时间，他比较理想地完成了博士论文的写作，也得到了答辩委员会的高度好评，并被评为"吉林省优秀博士论文"，后来又进一步修改完善，获得了国家社科基金后期资助，现在书稿即将在中华书局出版，也算是对其努力的回报。

　　我这里还要特别说明的是，杨栋在读博期间发表了多篇高质量的学术论文，东北师范大学文学院和学校人事部门已经正式同意将其留校任教，我也对他寄予厚望，但由于生活的原因他选择了待遇较好的湛江师范学院，最后又辗转到了目前的黑龙江大学。当时看来留在东北师大或许是更好的选择，但经此波折，亦或是一次更好的人生历练，更让其真正懂得自己的理想与追求。随后杨栋又相继在中国社会科学院文学所随刘跃进先生作博士后研究，在北京大学中文系从安平秋先生作访问学者，更可见其对读书与治学的热爱。作为他的老师，相信他将来会取得更多的学术成果。

　　　　　　　　　　　　　　　　　　　　　　　2018 年 10 月 31 日

　　　　　　　　　　　　　　　　　　　　　　　于长春净月居舍

绪　论

一、概念界定

（一）上古神话

神话有广义与狭义之分。狭义的神话指产生于原始社会的古代神话，是原始社会出现的一种集体创作的口头文学，但它又与古史、传说多掺杂在一起，很难明确区分出哪些是神话，哪些是古史、传说。广义的神话是袁珂先生提出来的，共分为九大部分：神话（狭义），传说，历史，仙话，怪异，民间传说，来源于佛经的神话人物和神话故事，关于节日、法术、宝物、风习、地方风物的神话传说，少数民族的神话传说。[①] 我们所论述的上古神话只包括其中的五类：神话（狭义）、传说、历史故事、仙话、怪异。需要说明的是，在本书的表述中，"神话"一词大多是广义的概念，但根据具体语境及论述的需要，"神话"有时也指狭义的概念。

我们在这里讨论的"上古"，是和"神话"结合在一起来讨论，并不是严格意义上的神话史分期讨论。[②] 二十世纪中国学术史上曾出现过"古史辨"、"古史新证"、"古史重建"等思潮，他们所用的"古史"概念一般是指东周（包括东周）以前的历史。如王国维《古史新证》，从其讲义内容来看，至少应包括虞夏至商这段历史。李济在《再谈中国上古史的重建问题》一文中，认为要将上古尽量往前追溯，要追寻到人类原始的时代，在空间方面也应往前推到中国的地势与地形尚没有完成的那一时期。[③]《史记》从"五帝"开始记起，五帝以前的传说史料已很少，即便有也多产生在《史记》以后，这样的传说已很少有史实的"素地"了。李学勤先生曾建议把伏羲炎帝

[①] 参看袁珂：《从狭义的神话到广义的神话——〈中国神话传说词典〉序（节选）》，《社会科学战线》1982 年第 4 期；袁珂：《再论广义神话》，《民间文学论坛》1984 年第 3 期。

[②] 袁珂先生虽有《中国神话史》一书，但也并没有完全按照中国神话演变的时代特色来论述神话的发展，因此中国神话史的分期问题还有待深入讨论。

[③] 李济：《再谈中国上古史的重建问题》，《中国现代学术经典·李济卷》，石家庄：河北教育出版社，1996 年版，第 693 页。

时期用"远古"这个词来定义。① 因此,五帝以前的神话传说,可以称之为"远古神话";五帝时代至秦统一中国这一时期的神话传说,可以称之为"上古神话","上古神话"产生的下限我们虽然界定在秦统一中国,但是记载"上古神话"的典籍却要往下延伸,秦汉乃至魏晋时期的很多文献也记载了大量的上古神话传说,亦应该在考察范围之内。

(二)禹的性质

神话的内容丰富而复杂,一般可以分为:自然神话、创世神话、英雄神话、始祖神话、战争神话等。如果从这个角度考虑,大禹可以归属于英雄神话这一类,首先,大禹作为神话的主人公,他是神化了的英雄人物,在他身上表现出英雄人物所具有的激情斗志、神异能力和英雄气概;其次,英雄神话的主题是要反映同自然力和权威进行抗争,大禹治水传说正是这方面的代表。但是我们要考虑到大禹的特殊性,他是夏代之前的传说人物,他所处的时代没有当时直接的文字记载,其发生的事件或相关人物无法直接考证,这些事件和人物也往往带有神话色彩。因此,王国维说:"上古之事,传说与史实混而不分,史实之中固必然有所缘饰,传说之中往往也有史实之素地。"②大禹传说正是这样一个形态,它既有"史实素地"的成分,又有后世不断叠加的神话因素、传说色彩等附加成分,文献记载更是分歧不已。此外,后世记载他的叙事文本还表现出"片段性"、"零散性"、"跳跃性"等非逻辑性的"非叙述"性特点,缺少"头、身、尾"结构的叙述性范型。面对这样的研究对象,需要考证其蕴含的"史实素地",解读其中的神话叙事,并梳理阐释其演变发展过程。在前人研究的基础上,运用正确合理的研究方法,对大禹传说作一全面的研究。

二、中国上古神话研究的三个维度

"神话历史"是西方史学界最近出现的一种新史学观念。③ 以色列历史学家约瑟夫·马里《神话历史——一种现代史学的生成》是这种观念的

---

① 李学勤:《深入探讨远古历史研究的方法论问题》,《文物中的古文明》,北京:商务印书馆,2008年版。

② 王国维:《古史新证——王国维最后的讲义》,北京:清华大学出版社,1994年版,第1页。

③ 关于"神话历史"的讨论,可参看:〔英〕弗朗西斯·麦克唐纳·康福德《修昔底德:神话与历史之间》,孙艳萍译,北京:三联书店,2006年版;〔美〕唐纳德·R·凯利《多面历史——从希罗多德到赫尔德历史探询》,陈恒、宋立宏译,北京:三联书店,2003年版。

集成之作,正如作者所言:"这种史学或者神话历史的批评的任务是重估这些必不可少的和具有根本价值的以及个人和群体身份的故事。"①"神话历史",作为定语的"神话"要揭示的是历史叙事中的深层结构和文化意义,而不是研究神话的历史,其关注的重点是历史本身的神话性质,将历史的科学性转变为历史的人文性。如海登·怀特提出将"历史科学"变为"历史诗学"或"历史叙事学"。这种转换同人类学家从"人的科学"向"文化的阐释"转变一样,因为以客观性为目标的社会科学研究很难达到预期效果。②"神话历史"就是要打破神话与历史的对立,以整合性的方式考察神话和历史在原初时期的混合状态。

中国的上古史具有"神话历史"的特点③,神圣的神话叙事、史前宗教仪式与信仰活动在这一时期同生共存,同时,上古传说既蕴含有"史实素地",又有神话色彩,文献记载更是零散不全,其文本往往又缺乏完整的叙事结构。因此,我们认为要对上古神话传说作综合而又全面的研讨,至少应该从以下三个维度去关照。

(一)历史考证:上古神话中的"史实素地"

钱穆先生曾说:"各民族最先历史无不从追记起来,故其中断难脱离'传说'与带有'神话'之部分。若严格排斥传说,则古史即无从说起。"④钱穆先生明确指出,上古历史不能排斥神话传说,神话传说也是上古史的一部分。王国维先生的论断更为学者所推崇,他亦说:"上古之事,传说与史实混而不分。史实之中固不免有所缘饰,与传说无异,而传说中亦往往有史实为之素地,二者不易区别,此世界各国之所同也。"⑤无论钱穆还是王国维,其意甚明,即古史就蕴藏在传说之中,若不重视传说的研究,就无法获知古史的真面目。徐旭生先生的论说更详尽:

> 无论如何很古时代的传说总有它历史方面的质素,绝不是完全向壁虚造的。古代的人不惟没有空闲,来臆造许多事实以欺骗后人,并

①转引自金立江《什么是"神话历史"——评〈神话历史——一种现代史学的生成〉》,《百色学院学报》2009 年第 3 期,第 31 页。
②廖明君、叶舒宪:《迎接神话学的范式变革》,《民族艺术》2009 年第 3 期,第 23 页。
③可参看叶舒宪《中国的神话历史——从"中国神话"到"神话中国"》,《百色学院学报》2009 年第 1 期。本文所说的"上古"是指秦统一中国之前的历史。
④钱穆:《国史大纲》(修订本),北京:商务印书馆,1996 年版,第 8 页。
⑤王国维:《古史新证——王国维最后的讲义》,北京:清华大学出版社,1994 年版,第 1 页。

且保存沿袭传说的人对于他们所应承先传后的东西,总是认为神圣;传说的时候不敢任意加减。换句话说,他们的传说即使有一部分的失真,也是由于无意中的演变,并不是他们敢在那里任意造谣。所以古代传说,虽不能说是历史经过的自身,可是他是有根据的,从那里仔细钻研和整理就可以得到历史真相的,是万不能一笔抹杀的。①

上古传说不能一概抹杀,更不能神话化。白鸟库吉最著名的"尧舜禹抹杀论"是学界熟知的,但他在所著《中国古传说之研究》中却首先指出了传说之于历史研究的重要性,他说:"传说乃事实与虚构结合而成,其形成之经过却依然传出事实真相。加之凡国民必有其理想,而古传说又必包含此理想,故欲研究一国国民之历史并论及其精神,必须探讨其国民固有之传说,加以妥当解释。因此传说之历史研究决不应等闲置之。"②白鸟氏所说甚有道理。中国的上古传说很值得深入研究,因为它是中国历史的源头,事关中国古代文明的起源。

我们现在所能看到的上古神话传说,除了《尚书》、《诗经》、《逸周书》等较早的文献记载以外,主要是源于春秋战国时期的历史文献和诸子文献。中国自古即有重史的传统,《汉书·艺文志》云:"左史记言,右史记事,事为《春秋》,言为《尚书》,帝王靡不同之。"③春秋战国时期各诸侯国都有自己的史书,古史编撰蔚然成风。这些史书的内容既有当下历史的记载,又有对上古传说的追忆。但是这些史书的编撰者"述史记事的目的在于提供鉴戒,阐明道理,所以对于历史事件的确切情况,如时间、地点、人物、事件经过等,则多不严格考证,而往往是点到为止、大体不错,对于细节的描述常常是为阐明道理而随意剪裁,或增枝添叶"④。它们所记载的历史并非客观真实的实录,而是为了明理与致用。晁福林先生认为:"当时的古史编撰是采用改铸的方法进行的,这种改铸工作的重点是熔古今史影为一炉,创

---

① 徐旭生:《中国古史的传说时代》(修订本),北京:文物出版社,1985年版,第20页。
② 〔日〕白鸟库吉:《中国古传说之研究》,刘俊文主编:《日本学者研究中国史论著选译》第一卷,北京:中华书局,1992年版,第2页;原载《东洋时报》1909年第131号。
③ 〔汉〕班固:《汉书》卷三十,北京:中华书局,1962年版,第1715页。
④ 晁福林:《从上博简〈武王践阼〉看战国时期的古史编撰》,《史学理论研究》2011年第1期,第118～119页。

造出战国时人心目中的古史。"①这些重新改铸的古史既有真实的史影,但又渗透着后世的社会观念;既有"不失其意"的史实,又有以今律古的想象虚构。这种古史编撰的方法,正是子思所表达的思想:"臣(子思)所记臣祖之言,或亲闻之者,有闻之于人者,虽非其正辞,然犹不失其意焉。"②子思在记述孔子之言时既有"亲闻之者",也有"闻之于人者",虽然不是孔子的原始话语,但"不失其意"。

还有一部书值得重视,那就是《山海经》,它记载了大量上古神话传说,甲骨文四方风名即与其中的记载相一致,《山海经》因此而得到很多学者的重视。所以李学勤先生提出:"古史和考古学的研究都和神话传说的解析考察有密不可分的关系,要重建古史,不能离开神话学。甲骨文的研究尤其是这样。……不深入了解古代的神话传说以及这些神话传说所蕴涵的思想观念,就不能真正懂得甲骨文。"③陈梦家先生于20世纪30年代撰写的《古文字中之商周祭祀》、《商代的神话与巫术》即是这方面的代表作品。

中国的上古神话传说可以分为两个时期:一是五帝时代,一是夏商周时代。五帝时代的神话传说后世记载甚少,而且神话的成分更浓厚,更多地需要考古学、人类学的方法来研究。夏商周的记载相对较多,但还是不充足,除了传世古书的记载也需要考古材料和古文字材料。如果我们因为材料的不足和研究的困难,对这些神话传说视而不见,我们的上古历史就会一片空白。因此,对于上古神话传说我们就要有一个正确的态度:"上古传说中蕴含着史影","古史传说是历史的一部分",而且是不可缺少的一部分,但它又是和后面的历史不一样的一部分。鉴于上古传说的这种特性,我们既"不能拿对后代历史的要求和研究方法去要求和研究古史传说","也不能用研究后世的传说的方法来研究古代的历史传说,因为后来的传说故事跟古代民族起源时期的记忆、性质是完全不同的"。④

所以,上古神话传说重在研究还没有被确定为"史实"的那部分,挖掘

①晁福林:《从上博简〈武王践祚〉看战国时期的古史编撰》,《史学理论研究》2011年第1期,第119页。

②傅亚庶:《孔丛子校释》,北京:中华书局,2011年版,第164页。

③李学勤:《〈龟之谜〉序》,〔美〕艾兰:《龟之谜——商代神话、祭祀、艺术和宇宙观研究》(增订版),汪涛译,北京:商务印书馆,2010年版,第2页。

④李学勤:《在"合符文化与龙图腾的形成文化论坛"上的发言》,《三代文明研究》,北京:商务印书馆,2011年版,第17～18页。

其中的史实"素地",剔除神话传说中的神异色彩以及人为因素,为上古历史研究提供可靠的材料,这是上古神话传说研究的第一要务。西方的一些学者已经在这方面做了很好的研究,如英国考古学家尼尔森的《希腊神话的迈锡尼起源》一书,通过新出土的神庙及实物,把希腊神话中诸神形象还原到史前的"迈锡尼诸城邦"的历史背景中加以探讨。① 德国考古学家谢里曼将古希腊荷马史诗中的神话传说给予客观地历史证实。他们利用考古学研究神话传说的方法值得我们借鉴。尹达先生亦曾说道:"我国古代社会的传说里究竟是否全属伪造? 在这些疑说纷纭、似是而非的神话般的古史传说中是否有真正的社会历史的素地?"考古学的发展已经"充分证明这些神话传说自有真正的史实素地,切不可一概抹煞"。② 但对于中国的古史传说来说,将其与考古文化直接对应起来,还是不容易的,虽然有些考古遗迹可以和古书记载相合,但不能强行拼凑牵合,要根据不同情况具体分析。

举例来说,上古传说中禹的事迹,不同的文献记载有异同也有详略,更多的是分歧,如何尽可能地还原它的真相,发掘出其中的"史实素地"是我们研究者的责任和使命。比如禹平水土传说。根据考古学、天文学、地质学、气候学等多学科交叉研究的成果,在公元前 2200 年至前 2000 年,确实有洪水发生,禹平水土传说有一定的可信性。记载这一传说的《禹贡》,当是在战国以后形成的定本,其最初的蓝本可能在西周初年就已成型,在漫长的流传过程中,不断地附加了各时代的痕迹。对于禹和九州的关系问题,禹实在是没有那么大的能力去划定九州,他只不过按照当时已形成的"九州"观念治理水土罢了。再如夏禹的征伐传说。禹伐共工,是由于共工族在处理水患时影响到了夏族的生产和生活,从而产生冲突而发生战争。禹征三苗时,"日夜出,昼日不出",根据现代天文学的推算,这一天象很可能发生在传说的禹时代,而禹得天下多由于征有苗。禹伐有扈传说,反映了禹部族向东发展时遇到了郑州附近的有扈氏的阻挡。再如禹传说出现时间及其谱系问题,战国中后期逐渐形成了以《帝系》为代表的大一统世系,这种整齐划一的世系排列是靠不住的,但不能否认它的价值,在当时它

①廖明君、叶舒宪:《迎接神话学的范式变革》,《民族艺术》2009 年第 3 期,第 24 页。
②尹达:《尹达史学论著选集》,北京:人民出版社,1989 年版,第 450 页。

是一种史学的自觉,是知识阶层有意识地对古史传说的加工与改造。文献记载中的夏禹是何时出现的? 新发现燹公盨已经证明在西周初期甚至更早,大禹的传说已经被人们当作相当古老的历史进行传播了,禹的神性是后人在原始"史实素地"的基础上附加上去的。因此,对于像禹这样的上古传说人物,要想给予一个清晰的认识是相当困难的,我们只能结合考古资料、民俗学以及人类学的知识对其作科学的考察和研究,以期得到较为满意的结果。

(二)"神话"解读:上古神话中的神话思维

中国很多上古传说人物具有神话色彩。比如三皇五帝,他们皆是半人半神。又如楚人的祖先季连,《大戴礼记·帝系》《史记·楚世家》等说他是陆终的第六子,是传说中的人;清华简《楚居》说其"初降畏山",而"降"多指神的降临,所以季连又带有神性。[①] 还有早期的一些历史人物,由于时代久远,他们的故事、传说在流传过程中逐渐神秘化,或带有极强的神话性质。如伊尹本是历史存在的真实人物,在甲骨文中他的地位非常显赫,但清华简《赤鹄之集汤之屋》中的伊尹故事却带有浓厚的神话色彩,汤的妻子和伊尹在吃掉鹄羹之后都具有神奇的特异功能——双目昭然,四荒之外无不见也,四海之外无不见也;伊尹在逃亡过程中先是受到汤的巫术,不能动弹无法言语,后又得巫乌相助,到了夏又帮助夏桀治好了病。[②] 整个故事犹如神话一般,既充满巫术色彩又曲折离奇。如何解读这两则传说故事,单纯依靠历史考证是很难探究出可靠的具体史事的,它需要用神话的视角去分析和解读其中的巫术色彩和神话思维。《赤鹄之集汤之屋》中的重要角色巫乌的原型可能是越地传说的冶鸟,越地先民把大禹作为自己的祖先,把夏族视为自己的部族归属,对于夏商之际的改朝换代倾向于夏桀一方。因此必须突破传统的思维模式才能更好地解读该篇传说故事的越文化属性。[③]

原始社会的先民,其思维还不能将自身与自然界彻底分开,思维主体与客体亦不能明确区分,往往以己观物,以己感物。他们以初民特有的神

①李学勤:《论清华简〈楚居〉中的古史传说》,《中国史研究》2011年第1期,第54页。

②李学勤主编:《清华大学藏战国竹简》(叁),上海:中西书局,2012年版,第167页。

③李炳海:《清华简〈赤鹄〉的越文化属性》,《第六届出土文献与中国文学史学术研讨会论文集》,武汉:中南民族大学,2017年10月,第96～107页。

话世界观来观察世界、认识世界,在他们眼里世界充满着奇异和神秘,想象和虚构成为他们自然地"真实记叙"。马林诺夫斯基即说:"存在野蛮社会里的神话,以原始的活的形式而出现的神话,不只是说一说的故事,乃是要活下去的实体。那不是我们在近代小说中所见到的虚构,乃是认为在荒古的时候发生过的事实,而在那以后便继续影响世界,影响人类命运的。蛮野人看神话,就等于忠实的基督徒看创世纪,看失乐园。"①

如果我们考虑到先民的文化生存是与这种神话思维紧密联系在一起的,那么他们这种思维方式的重要意义就显而易见了。而且今天我们仍不能无视和抛弃这种神话思维。在中国早期的思想发展中并没有出现形而上学与神话思维的明显分化,神话思维在很长一段时间内占据了重要的地位,而且上古神话传说的神话思维及神话世界观渗透到后世的生活、文学、艺术等各个方面。因此,"怎样进一步探索上古的传说及其蕴含的思想观念,又不涉于驰想,是很困难的课题"②。

另外,西方神话学界对"神话"又有了新的定义,即把神话看作人类早期的一种普遍的、整体的文化形态,将神话与特定的文化背景联系起来。如艾兰先生即说:"神话的最普通的定义是它讲的是超自然的故事。这个定义用于中国神话的研究并不合适,不少人借此否定中国古代有神话。我认为对神话应该有更恰当的定义,神话最重要的特点是突破自然界的限制。对人间现实、常识逻辑的冲破是神圣化的标志,它不是偶然而是必然性的。"③艾兰先生的观点非常明确,中国的神话不是简单的超自然的故事,而是对人间现实、常识逻辑的突破。本杰明·史华兹也指出:"许多人都观察到,在中国,神话一直是残碎的和边缘的,而且最终未能在高层文化的文学经典之中得到体现;总的说来,这个观察并不是以这样的神话观为基础的:即神话体现了某一社会文化形成过程的'深层结构'的密码;而是以与之相反的神话观为基础:即神话的主要内容是故事,在其中,神与人都是演员,各自作为多少有点不可预测的存在物,参与到充满了偶然性、不可

---

① 〔英〕马林诺夫斯基:《巫术科学宗教与神话》,李安宅译,北京:中国民间文艺出版社,1986 年版,第 85 页。
② 李学勤:《西水坡"龙虎墓"与四象的起源》,《走出疑古时代》(修订本),沈阳:辽宁大学出版社,1997 年版,第 148 页。
③ 〔美〕艾兰:《龟之谜——商代神话、祭祀、艺术和宇宙观研究》(增订版),汪涛译,北京:商务印书馆,2010 年版,第 208 页。

预见性、尚未解决的问题、向着未知的未来开放的戏剧之中,并相互关联在一起。"①本杰明·史华兹的观点也非常清楚,即如果我们承认"神话体现了某一社会文化形成过程的'深层结构'的密码"这一神话观,中国的神话将不是残碎的和边缘的。

　　在弗雷泽、马里诺夫斯基、布留尔、卡西尔等人的著述中,"神话已不再被视为原始人求知欲的手段,而被看作与部落仪礼生活紧密相关并在很大程度上以部落为渊源的'圣典',被看作与人类想象和创作幻想的其他方式有亲缘关系的前逻辑象征体系"②。所以,我们应该打破过去单纯把神话看作一种古老的文学现象的局限,以更宽广的视野,从神话中揭示出深层的观念来源、文化结构。因为作为神圣叙事的神话是先民智慧的表述,与史前宗教信仰、仪式活动共同构成了中国早期文明的文化基因。正是在这个意义上,叶舒宪先生提出应从文学视野的"中国神话"转到文化整体视野的"神话中国"。所谓"神话中国","指的是按照天人合一的神话式感知方式与思维方式建构起来的五千年文化传统,它并未像荷马所代表的古希腊神话叙事传统那样,因为遭遇到'轴心时代'的所谓'哲学的突破',而被逻各斯所代表的哲学和科学的理性传统所取代、所压抑"③。对"神话"进行重新建构,应该说是有意义的。上古神话传说中所蕴含的深层文化结构,需要用新的"神话"视野进行整合建构。

(三)文化阐释:上古神话的演变与发展

　　神话传说具有传承性,列维-斯特劳斯说:"一个神话从一种变体到另一种变体,从一个神话到另一个神话,相同的或不同的神话从一个社会到另一个社会——有时影响构架,有时影响代码,有时则与神话的寓意有关,但它本身并未消亡。因此,这些变化遵循着一种神话素材的保存原则。"④神话传说的演变与衍生总是在原有的基础上产生的,而在传播的过程中总要受到特定的社会背景和文化语境的影响,政治、文化、社会组织、宗教信

①〔美〕本杰明·史华兹:《古代中国的思想世界》,程钢译,南京:江苏人民出版社,2004 年版,第 23 页。

②〔俄〕叶·莫·梅列金斯基:《神话的诗学》,魏庆征译,北京:商务印书馆,2009 年版,第 2~3 页。

③叶舒宪:《中国的神话历史——从"中国神话"到"神话中国"》,《百色学院学报》2009 年第 3 期,第 35 页。

④〔法〕克洛德·列维-斯特劳斯:《结构人类学》,陆晓禾、黄锡光译,北京:文化艺术出版社,1989 年版,第 259 页。

仰等各种因素都可能会附着在神话传说身上；神话传说所表现的内容就成为一种文化记忆中的"真实"，反映着这一特定时空下的集体认同，只有置身于这一特定的文化背景下，在理解神话时才不会产生认知上的偏差。比如感生神话，在早期文献中我们只看到《诗经·大雅·生民》中有姜嫄感大人迹而生后稷的故事，而在汉代纬书中，几乎每一个圣王都有神奇的感生神话，那么我们就要问为什么在汉代感生神话如此发达？因此，"主题性、类型性的归纳与创造性、艺术性的思考在中国神话的研究范畴中固然要紧，但更重要的是：对于同一主题、同一类型的神话在不同的时代、区域所产生的不同内容或差异性内容的比较研究，并对于这种差异加以诠释"①。把握住这样一个原则，我们在面对纷繁复杂的上古传说时就要追溯它的源头，梳理它的流变，总结其在每个阶段的演变特征。

顾颉刚先生曾致力于上古神话传说研究，他说："我对于古史的主要观点，不在它的真相而在它的变化。我以为一件故事的真相究竟如何，当世的人也未必能知道确，何况我们这些晚辈，但是我们要看他的变化的情状，把所有的材料依着时代的次序分了先后，按步就班地看他在第一时期如何，在第二时期如何，……这是做得到的，而且容易近真的。"②当我们理清了传说的演变，我们就要考察传说演变的背景，为什么它会在某个时间段内有这样或那样的变化，支持这一变化的内在因素是什么，是文化的因素，社会的因素，还是流传的分化或变异？神话功能学派说得很清楚："对任何现象首先自其在一特定之背景（context）或结构体之内的有意义的诸关系上来观察。应用到传说上时，就是说，这些材料应首先自其与其文化环境的关系上来研究，而不应从后者之内抽象出来，或仅就其形式上加以分析。"③虽然学术界对顾颉刚先生"层累的造成的古史"观褒贬不一，但不可否认的是"那些不断踵事增华的传说是否定不了的，因为它们作为相关历史人物与事件的衍生物，已经成为一个新的文化存在。这个新的文化存在的意义和影响有时甚至超出了它的母体，并且获得了其母体所不能承载

---

①钟宗宪：《求索文化记忆中的神话拼图》，《民间文化论坛》2005 年第 2 期，第 8 页。
②顾颉刚：《答李玄伯先生》，《古史辨》第一册，上海：上海古籍出版社，1982 年版，第 273 页。
③转引自张光直《中国创世神话之分析与古史研究》，马昌仪编：《中国神话学文论选粹》（下编），北京：中国广播电视出版社，1994 年版，第 45 页。

的文化意义"①。

　　那么,考察神话传说演变背景的工具是什么呢？顾颉刚先生曾说:"我的惟一的宗旨,是要依据了各时代的时势来解释各时代的传说中的古史,上边写的题目,如疆域、信仰、学派、人才、时代的中心问题……等,都是解决那时候的古史观念的最好的工具。"②与顾先生不同的是,我们使用的工具比顾先生更多,当今考古发现与出土文献都是顾先生当时所看不到的,新的出土材料可以弥补传世文献中神话传说记载的不足或缺环。而神话学理论、文化人类学、民族学等学科的发展也是顾先生无法获知的。因此在这样的条件下,依了各时代的时势来解释各时代的神话传说,用多种工具去分析每一个个体的传说是怎样受了时代的影响,这样就能获得更理想的研究结论。

　　例如禹作为一个上古传说人物,在流传过程中,由于文献记载的差异,会有这样那样的差别,不同历史时期具有各自的时代特色,根据大禹传说的时代背景总结描述大禹在各个时期传说的特征,也是大禹传说研究的主要内容。如西周时期是夏禹神话的兴起期。通过考察《诗》、《书》、燹公盨等西周文献,这一时期夏禹神话的主要内容是"平水土、主名山川"。受周人天命观及重德思想的影响,夏禹神话表现出鲜明的时代特色。周人尊夏,再加上西周的民族迁徙、征伐战争推动了夏文化的传播,也推动了夏禹神话的盛行和在一定区域内的流布。春秋时期夏禹神话则逐渐丰富扩大。《左传》、《国语》、秦公敦及齐侯钟等记载了此阶段的夏禹神话。春秋时期思想文化的发展表现为世俗的政治理性和道德理性与以神灵祭祀为核心的宗教意识的抗衡,神本信仰和人本理性的紧张,体现着人文精神的跃动,受此影响夏禹的神格逐渐向人格转变。而此时九州观念的出现与"禹画九州"神话,春秋贵"让"与禅让传说的兴起,禹会诸侯传说等成为夏禹神话新的内容。战国时期夏禹神话多元并起。战国中后期百家争鸣,多元并起,以《山海经》、《楚辞》、诸子文献、郭店楚简、上博简等战国竹书为中心的文献记载,使夏禹神话表现出丰富多彩、异彩纷呈的人文面貌。夏禹神话开始向次生态演变,出现系统化、政治化、历史化、哲理化倾向,如夏禹谱系的

---

①俞志慧:《历史真实,或者政治正确——文献记载与文本解读的两种取向》,《社会科学战线》2010
　年第1期,第122页。
②顾颉刚:《自序》,《古史辨》第一册,上海:上海古籍出版社,1982年版,第65页。

形成,禹的德政传说,尧、舜、禹成为君臣关系,禹的征伐传说等就是很好的例子。夏禹神话这些新的"生长点",与战国时期特定的社会背景、政治文化、哲学理念密不可分。①

　　研究上古神话传说方法固然重要,但也讲求实事求是的态度,不能乱搬模式、硬套理论;更不能随意结合,想当然地把地下材料与历史记载相结合,只能给学术界添乱,要杜绝哗众取宠的态度和"六经注我"的态度。裘锡圭先生曾语重心长地强调学术研究的态度问题:"我不反对提倡或引进好的理论、方法。但是我感到,就我比较熟悉的那一部分学术界来说,存在的主要问题不是没有理论或方法,而是研究态度的问题。要使我们的学术健康发展,必须大力提倡一切以学术为依归的实事求是的研究态度,提倡学术道德、学术良心。"②此段话足以为所有学人共勉。

三、上古神话研究的文献资料

　　要研究上古神话,必须有神话资料,没有文献资料巧妇难为无米之炊,即便是理论研究,如果不以大量文献资料为依据,所得也只是空中楼阁,是经不起实践的检验的。如何使用上古神话的文献资料,有两个基本问题,一个是它的分类问题,即研究上古神话所使用资料的范围限度;一个是它的年代问题,即所使用资料的生成年代问题。

(一)上古神话文献资料的类别

　　自从王国维先生提出"二重证据法"以来,学人研究的视野逐渐开阔,所用材料亦越来越广泛,总结起来有:传世文献,出土文献(甲骨文、金文、简帛等),考古实物、图像材料等,人类学材料(民间口传文化、民族文化中的遗存等)。按照研究用途及其价值,我们可以将这四种材料分为两个层级,第一层级为可靠性文献,用来研究神话传说的"史实素地",主要包括传世文献中较早成书的一部分、出土文献、考古实物、图像材料。第二层级为一般文献,用来研究神话传说的演变以及其中的神话思维,一般文献涵盖的内容比较多,传世文献中汉以后的作品、口传资料、人类学材料等都可以归入这一类。下面我们即对各类文献材料的可靠性、价值及如何使用略作论述。

---

①杨栋:《史实推动夏禹神话创生演变》,《中国社会科学报》2014 年 1 月 10 日。
②裘锡圭、曹峰:《"古史辨"派、"二重证据法"及其相关问题——裘锡圭先生访谈录》,《文史哲》
　2007 年第 4 期,第 16 页。

1.传世古书

可靠的传世文献,王国维所谓"纸上之史料",共有十种:(1)《尚书》,(2)《诗》,(3)《易》,(4)《五帝德》及《帝系姓》,(5)《春秋》,(6)《左氏传》及《国语》,(7)《世本》,(8)《竹书纪年》,(9)《战国策》及周秦诸子,(10)《史记》。王国维所列的这些纸上材料,与徐旭生所列"传说史料的第一等"①有许多重合之处,都有一定的可靠性,但由于受疑古思潮的影响,这些文献的数量还是偏少。随着出土简帛的不断发现,更多的先秦古书的可靠性得到了大家的认可。

有些过去曾被认为是伪书,现在已经被出土文献证实了它们是真的先秦古书。如《鹖冠子》,过去多被认为是伪书或被认为成书于战国末年,但马王堆帛书《老子》乙本卷前古佚书中,有不见于他书而与《鹖冠子》相合的文句,可以证明其不伪。其他如《六韬》②、《尉缭子》③、《晏子春秋》④、《文子》⑤等也属于这种情况。还有一种情况,是以前被认为晚出的书现在它们的成书年代也被提前了,如《礼记》各篇过去认为最早是战国末年的,甚至有不少是秦汉时代的,现在根据上博简、郭店简都有《缁衣》篇,以及上博二《民之父母》,上博四《内豊》,上博七《武王践阼》,八角廊汉简《保傅传》、《哀公问五义》都可以证明《礼记》和《大戴礼记》中很多篇章的成书年代要早得多,因此,大小戴《礼记》的绝大部分应是先秦作品,而且其中大概还有不少战国中期甚至早期的作品。⑥　再如《老子》过去多认为成书于战国晚期,郭店简《老子》的墓葬年代为战国中期偏晚,《老子》的成书当不晚于战国中期。但是,对文献的辨伪及年代工作我们仍然不能松懈,做好古籍的

① 见本节第二部分《神话资料的年代序列》相关论述。

② 姚际恒、梁启超、黄云眉皆认为《六韬》为伪书。银雀山汉简《六韬》、定县八角廊汉简《六韬》可以推翻过去的认识。

③ 今本《尉缭子》之前被人疑为非先秦之书。银雀山汉墓出土了《尉缭子》的部分篇章,文字与今本大体相合。因此,《尉缭子》著作时代当不晚于战国。今本基本上可以看作先秦古籍。

④ 姚际恒、黄云眉皆认为伪,梁启超认为战国末汉初人作。银雀山汉简《晏子春秋》证明此书非伪书。

⑤ 从八角廊汉墓所出《文子》残简看,今本《文子》虽经后人作过较大的改动,但仍保留了不少汉代本的实质性内容,不能简单地视为抄袭《淮南子》等书而成的伪书。

⑥ 《礼记·缁衣》同时见于郭店简和上博简。上博简《民之父母》与《礼记·孔子闲居》前半部分相合,上博简《武王践阼》与《大戴礼记·武王践阼》有同源关系,上博简《内豊》与《大戴礼记》的《曾子立孝》、《曾子事父母》有不少很相似的内容。还有一些篇有个别段落、语句与二《记》相合、相似。参看裘锡圭《出土文献与古典学重建》,《光明日报》2013 年 11 月 14 日第 11 版。

时代性研究,才能更好地发挥古文献原有的史料价值。不了解以往所取得的辨伪成绩就要犯错误,如有些学者对《列子》翻案,有些学者使用伪古文《尚书》考证古史等。

还有,过去有些不被重视的书,如《山海经》等,现在看来其中含有颇多较早原始资料,值得重视。王国维早就说:“虽谬悠缘饰之书,如《山海经》、《楚辞·天问》;……其所言古事亦有一部分之确实性。”①张光直亦言:“《国语》、《左传》、《山海经》与《楚辞》这些书固然都是周代后期的文献,它们对古代的追述众知是有一定的可靠性的,而且它们所代表的观念,有时代表商代与西周观念的延续。”②晚期史料有可能记载大量可靠的早期史实,这是应该注意的一点。

但对于传世文献中汉代以后的作品,其中的传说材料就要仔细甄别,有些零散的、不成系统的材料有可能是比较原始的资料。但大多数是后来孳生的,渗透着作者的主观意图以及时代的思想。比如谶纬书,东汉时泛滥成灾,纬书中的神话传说无不夹杂着谶纬的意识。再如皇甫谧《帝王世纪》、谯周《古史考》虽保存了大量的古史异说,但可信度不高。对于这些文献材料的使用,我们不能作为直接证据用来考证传说中的“史实”,但是可以用以研究传说的演变发展。顾颉刚在《古史辨》第三册《自序》里说过:“许多伪材料,置之于所伪的时代固不合,但置之于伪作的时代则仍是绝好的史料;我们得了这些史料,便可了解那个时代的思想和学术。……所以伪史的出现,即是真史的反映。我们破坏它,并不是要把它销毁,只是把它的时代移后,使它脱离了所托的时代而与出现的时代相应而已。实在,这与其说是破坏,不如称为‘移置’的适宜。”③顾先生对于伪史料的处理方法是值得称道的,至今没有过时。

2.出土文献

李学勤先生指出过去疑古派的辨伪,从方法论来看,“其根本缺点在于以古书论古书,不能跳出书本内学问的圈子。限制在这样的圈子里,无法

①王国维:《古史新证——王国维最后的讲义》,北京:清华大学出版社,1994年版,第52~53页。
②张光直:《商周青铜器上的动物纹样》,载《中国青铜时代》,北京:三联书店,1983年版,第322~323页。
③顾颉刚:《自序》,《古史辨》第三册,上海:上海古籍出版社,1982年版,第8页。

进行古史的重建"①。最近这些年我们出土了大量的简帛古书,这是疑古派当时所看不到的,这些出土简帛正可以补充和纠正疑古学派的不足和错误。因此,王国维过去提出的"二重证据法"仍不过时。

王国维时的"地下材料"还主要是甲骨文和金文,近年来随着考古发掘和大批出土文献的发现,上古神话研究又有了新的研究契机。今天我们在研究上古神话传说时,不仅要利用传世的典籍记载,更要充分利用"地下材料";要把出土文献和传世古籍作比照,进而还原上古神话传说较原始的状态。同时,出土材料的大量发现,可以帮助我们更好地了解古书的成书与流传情况,探究古书内容的来源,如此,也有助于"人们对传说时期资料来源问题与古书成书情况之间复杂关系的认识一定会有新的提升,对于传说时期历史的可信性的认识也会有很大改观"。②

已经出土的有关上古神话传说的先秦文献主要有:青铜器燹公盨铭文,郭店简《唐虞之道》,上博简《子羔》、《容成氏》、《举治王天下》,以及清华简《楚居》、《赤鹄之集汤之屋》等。燹公盨是保利艺术博物馆于2002年收购的,铭文讲天命禹平治水土,与《尚书·禹贡》有相似之处,内容非常重要。

郭店简《唐虞之道》通篇讲尧舜的禅让,论述舜知命修身,为人孝、悌、慈,为臣甚忠,因而尧禅天下而受之。盛赞尊贤禅让的"唐虞之道",并进而提出了天子年老"致政"说。文中还讲到禹治水、益治火、后稷治土,皆是"足民养"。《穷达以时》为了论述士之穷达取决于天时这一命题,例举了舜耕历山遇尧而立为天子、傅说为胥靡遇武丁而佐天子、吕望七十屠牛遇文王而为天子师、管仲被囚禁遇齐桓公而为相等传说故事,皆是为了说明"应时"、"顺时"这一观点。类似的记载亦见于传世典籍《韩诗外传》卷七、《说苑·杂言》等。

上博二中《子羔》和《容成氏》是记载古史传说的两篇文章。《子羔》通过孔子与子羔的问答,叙述了尧见舜德贤而让位于舜,以及三代始祖禹、契、后稷的诞生神话。该篇和郭店简《唐虞之道》一样,也是主张禅让和尚

---

①李学勤、裘锡圭:《新学问大都由于新发现——考古发现与先秦、秦汉典籍》,《文学遗产》2000年第3期,第16页。
②谢维扬:《序》,谢维扬、朱渊清主编:《新出土文献与古代文明研究》,上海:上海大学出版社,2004年版,第2页。

贤的。《容成氏》是一篇非常有系统的古史传说,从容成氏一直叙述到武王伐纣,叙事脉络清晰,主要内容可概况如下:尧以前古帝王政事;尧由贱而为天子;舜贤,尧让舜;舜时政事,包括司工禹治水、农官后稷治农事、理官皋陶治狱讼、乐正质作乐等;舜让禹;禹时政事及制作,禹让皋陶、益,启攻益得帝位传至桀;桀骄泰;汤攻桀,天下乱;伊尹为汤之佐,天下得治,汤终王天下;汤传至纣,纣德昏乱;九邦叛、文王佐纣之事;武王即位、伐纣。①该篇对禅让亦着墨甚多。

　　上博三《彭祖》是一篇道家佚书,该篇的记载说明在战国时代已经开始有彭祖其人的传说。上博五《融师有成氏》叙述的是上古传说人物祝融师有成氏、蚩尤及伊尹的传说故事,并涉及夏商历史。文章用较多的文字描述有成氏的怪异之状,如"有耳不闻,有口不鸣,有目不见,有步不趋"、"勿饮勿食"、"类兽非鼠"等。由于是残篇,蚩尤和伊尹的故事都不全。②《上海博物馆藏战国楚竹书(九)》所收《举治王天下》,一共包含了《古公见太公望》、《文王访之于尚父举治》、《尧王天下》、《舜王天下》、《禹王天下》五小篇。③ 这几篇记载了古公、文王与太公望有关举治的问答,及尧、舜、禹提出的有关治国、治民的论题。其中很多内容可与传世文献相印证。

　　清华简已出版八册,其中亦有神话传说的内容。《楚居》叙述历代楚君居处建都之地,体例近似《世本》的《居篇》。简文讲"季连初降于𩰚山",与《国语·楚语上》"昔夏之兴也,融(祝融)降于崇山"句例相类似,可见季连是有神性的。简文还叙述了季连见盘庚之子,娶妣佳为妻,生絠伯、远仲两个儿子的故事,还有穴熊(即鬻熊)、熊绎的传说多为传世文献所不载。④

　　清华简《良臣》⑤内容完整,依次记黄帝,尧、舜、禹、汤、武丁、文王、武王、成王、晋文公、楚成王、楚昭王、齐桓公、吴王光、越王勾践、秦穆公、宋(襄公)、鲁哀公、郑桓公、郑定公、子产之师、子产之辅、楚共王等著名君主

---

① 陈剑:《上博简〈容成氏〉的竹简拼合与编连问题小议》,朱渊清、廖名春编:《上海博物馆藏战国楚竹书研究续编》,上海:上海书店出版社,2004 年版,第 332 页。

② 曹锦炎:《〈融师有成氏〉释文·说明》,马承源主编:《上海博物馆藏战国楚竹书(五)》,上海:上海古籍出版社,2005 年版,第 308～309 页。

③ 马承源主编:《上海博物馆藏战国楚竹书(九)》,上海:上海古籍出版社,2012 年版,图版第 61～95 页,释文考释第 191～235 页。

④ 李学勤:《论清华简〈楚居〉中的古史传说》,《中国史研究》2011 年第 1 期。

⑤ 李学勤主编:《清华大学藏战国竹简(叁)》,上海:中西书局,2012 年版。

和良臣。黄帝至周成王以历史顺序排列,从晋文公至郑子产以国别编排。带有部分"世系"性质。与《墨子·尚贤》有相合之处,而《吕氏春秋·尊师》所记人物在"世系"上亦多与《良臣》相合,只是《尊师》所记贤臣相对较少,每位明君圣主之下多为一二名贤人,而《良臣》最多则达到九人。从世系的编排以及所记人物的多少上来看,《良臣》可能要早于《墨子·尚贤》,《尊师》则受到了《五帝德》的影响。①

清华简《系年》共有 138 支简,保存完好,讲述了从武王伐纣一直到战国前期的历史大事,对于古史研究意义重大,许多地方可以印证、补充或者纠正传世古书。如关于秦人始源的问题,过去的主流意见是认为秦人出自西方。《系年》第三章对此问题就有明确的交代:"飞廉东逃于商盍(盖)氏。成王伐商盍(盖),杀飞廉,西迁商盍(盖)之民于邾,以御奴虘之戎,是秦先人。"②由简文可以知道,秦国先人"商奄之民"在周成王时被强迫西迁,据此可以解释与秦人始源相关的一系列问题。③

清华简《赤鹄之集汤之屋》记载的是伊尹离汤而救夏桀的故事,通篇具有浓厚的巫术色彩。如说汤诅咒伊尹,使他"寝于路,视而不能言",随后伊尹被称作"巫乌"的鸟拯救,并由之知道"夏后"(桀)身患重病,原因是天帝命"二黄蛇与二白兔居后之寝室之栋",又"命后土为二茯(陵)屯,共居后之床下",从而解救了"夏后"的危难。④

秦汉简帛中也有大量的神话传说资料,王家台秦简中的嫦娥神话,马王堆汉墓帛书《黄帝四经》中的黄帝神话,银雀山汉墓竹简《君臣问答》中的尧舜禹等,所有这些简帛神话资料,将其与传世典籍中的神话内容进行联系比照,都可以帮助我们重新探究神话原型,考察神话发展演变轨迹,针对具体神话类型和内容作深入研究。从大量的出土资料来看,传世文献中所记录的神话远不足以说明中国上古神话的全貌,比如子弹库楚帛书上的十二月神,文献全无记载,"看来我们对东周到秦这一历史时期的神话,实际上还没有很多具体知识。《楚辞》、《山海经》等书所述,不过是广大的神话

---

① 杨栋、刘书惠:《由〈吕氏春秋·尊师〉论清华简〈良臣〉中的"世系"》,《四川文物》2015 年第 5 期。
② 李学勤主编:《清华大学藏战国竹简(贰)》,上海:中西书局,2012 年版。
③ 李学勤:《清华简关于秦人始源的重要发现》,原载《光明日报》2011 年 9 月 8 日。又载《初识清华简》,上海:中西书局,2013 年版。
④ 李学勤:《新整理清华简六种概述》,《文物》2012 年第 8 期,第 66~71 页。

世界的一小部分"①。

3.实物与图像

刘师培《论文杂记》言:"中国三代之时,以文物为文,以华靡为文,而礼乐法制,威仪文辞,亦莫不称为文章。推之以典籍为文,以文字为文,以言辞为文。……后世以文章之文,遂足该文字之界说,失之甚矣。"②以刘氏之论,文字之外可被称为"文"的内容实在丰富的多。根据考古资料,中国的图画要早于文字,文字产生之前,图画是记录和传递信息的重要手段。在原始文化浓厚巫术盛行的上古时代,图画的内容主要是"天地山川神灵"和"古贤圣怪物行事",它们主要被陈列在祭祀场所,用为祭祀仪式的辅助。

我们现在所知道的上古图画文献主要有:

一是新石器时代的彩陶图案。彩陶纹样的题材极为丰富,有几何纹样、植物纹样、人面纹、鱼纹、蛙纹、鸟纹等,这些图纹源自原始人对自然事物的观察和认识,大多形象单一、造型简练。但有些彩陶图案内容复杂,其意蕴耐人寻味。比如1955年陕西西安半坡遗址出土的"人面鱼纹彩陶盘",器内壁绘有对称的人面纹和鱼纹各两幅,构成奇特的人鱼合体,体现了半坡人对鱼的崇拜之情,又似有某种原始巫术的意味。③

二是商周时期的青铜器纹饰。商代和西周早期青铜器上的纹饰主题是以饕餮纹或兽面图案为代表的神化的动物图像。青铜图饰的功能是什么,《左传·宣公三年》记载的王孙满的一段话可以看作是对这个问题的回答。他说:"昔夏之方有德也,远方图物,贡金九牧,铸鼎象物,百物而为之备,使民知神、奸。故民入川泽山林,不逢不若。螭魅罔两,莫能逢之,用能协于上下,以承天休。"④这段话明确说明了青铜图案的两个功能,第一是"百物而为之备,使民知神、奸"的功能,所谓"百物为之备",实际上是对各政体、各文化的宗教信仰和崇尚的动物的采纳和融合。因为"如果一个政体想要具有对古代中国各地区、各文化的领导权威,甚至局部的影响力,它必须创造出一种为各地区各文化所能接受和崇敬的宗教信仰,也就是一个

---

① 李学勤:《东周与秦代文明》,上海:上海人民出版社,2007年版,第273页。
② 刘师培:《论文杂记》,北京:人民文学出版社,1959年版,第118页。
③ 李智:《生殖崇拜与彩陶艺术》,《美与时代》2009年第7期,第34页。
④ [清]阮元校刻:《十三经注疏·春秋左传正义》(清嘉庆刊本),北京:中华书局,2009年版,第4056页。

兼容所有政体和文化的宗教信仰"①。第二是"协于上下，以承天休"的功能，也就是在祭祀时青铜器上的百物图案可以沟通神灵、通达天地。除了青铜器纹饰之外，西周宗庙还有专门的"图室"，周康王时的《宜侯夨簋》、厉王时的《膳夫山鼎》、宣王时的《无更鼎》，都提到周王亲观"图室"之事。"图室"里除了常用的军事地图及方国疆域图，可能还有百物图、圣贤图。《孔子家语·观周》就载孔子曾观周代明堂，见门口的墙壁上绘"有尧舜之容，桀纣之像"，以及周公背对斧扆"南面以朝诸侯之图"②。商周青铜礼器（动物图像）及其他图像遗存，不仅可以帮助我们认识商周时期的祖先崇拜、泛神思想、巫术理念，亦可以了解当时与之相配的媒介、礼制及仪式。

三是《山海经图》、《禹贡图》。《山海经》是一部巫书，保存了大量原始神话，它原来是有图的。晋代的陶渊明有"流观山海图"的诗句，郭璞也曾作《山海经图赞》，从郭璞给《山海经》作的注中有"图亦作牛形"、"在畏兽画中"、"今图作赤鸟"等文字，可知晋代《山海经》尚有图。另外《山海经》对方位、人物动作的记叙，也可以看出明显是对图像的说明。③今天若能从地下挖出一幅《山海经图》，无疑对我们重新认识《山海经》将有莫大的帮助。《禹贡》亦有图，《后汉书·王景传》云："赐景《山海经》、《河渠书》、《禹贡图》。"④说明在汉世《禹贡》尚有图也，从《禹贡》的文字推测《禹贡图》描绘的应该是山川地理风貌。

四是战国帛画、漆画、壁画。庙堂壁画我们今天看不到了，据王逸《楚辞章句》言屈原作《天问》就是因为见"楚有先王之庙及公卿祠堂，图画天地山川神灵，琦玮僪佹，及古贤圣怪物行事"，"周流罢倦，休息其下，仰见图画，因书其壁，何而问之，以渫愤懑，舒泻愁思"。⑤由此可知，当时楚国的庙堂墙壁上常见绘有天地山川神灵的图画。帛画主要有长沙子弹库楚帛

①〔英〕杨晓能：《商周青铜器纹饰和图形文字的含义及功能》，《文物》2005 年第 6 期，第 73 页。
②杨朝明、宋立林：《孔子家语通解》，济南：齐鲁书社，2009 年版，第 129 页。关于《孔子家语》的成书年代，过去认为是伪书，现在杨朝明等学者认为不伪。裘锡圭先生还是比较谨慎，他说："今本《孔子家语》的真伪问题比较复杂。阜阳汉墓所处 1 号篇题木牍和八角廊竹书中的《儒家者言》，只能证明从先秦到西汉的确存在与今本《孔子家语》体裁相类的书（《汉书·艺文志》著录有《孔子家语》），并不能证明今本一定不是伪书。"见《出土文献与古典学重建》，李学勤主编：《出土文献》第四辑，上海：中西书局，2013 年版，第 13 页。
③马昌仪：《山海经图：寻找〈山海经〉的另一半》，《文学遗产》2000 年第 6 期，第 19 页。
④［南朝宋］范晔：《后汉书》卷七十六，北京：中华书局，1965 年版，第 2465 页。
⑤［宋］洪兴祖：《楚辞补注》，北京：中华书局，1983 年版，第 85 页。

书"十二月神图"、"人物御龙图",长沙陈家大山出土的"人物龙凤图"等。
另外,《齐谐》、《训典》等一些古书可能也与图画有关。《齐谐》者,志怪者
也,是专门记载怪异事物的书。《训典》一书,据《国语·楚语下》载:"左史
倚相,能道《训典》,以叙百物,以朝夕献善败于寡君,使寡君无忘先王之业;
又能上下说于鬼神,顺道其欲恶,使神无有怨痛于楚国。"①倚相能叙百物,
又能上下说乎鬼神,正是依靠《训典》。

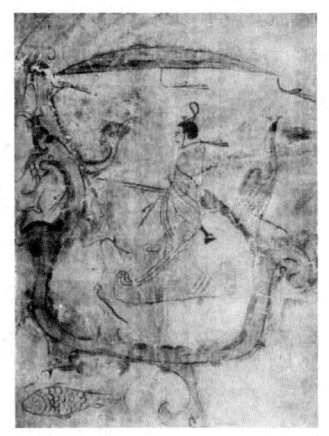　　

图1　子弹库人物御龙图　　　　图2　陈家大山人物龙凤图

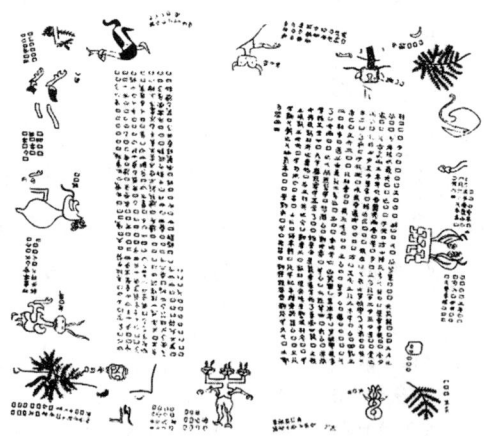

图3　长沙子弹库楚帛书

　　五是汉代的图画文献。主要有汉画像石、帛画、宫廷壁画、墓室壁画。
汉代画像石出土的非常多,题材也很丰富多彩,其中的历史故事、神话传说、

①徐元诰集解:《国语集解》,北京:中华书局,2002年版,第526页。

神怪异兽很值得关注。汉代帛画,出土发现的主要是马王堆汉墓帛画和银雀山、金雀山汉墓帛画。现发掘的墓室壁画也有不少,如内蒙古和林格尔东汉晚期大型砖室壁画墓①和洛阳西汉晚期卜千秋壁画墓②等,壁画内容既有历史故事、传说人物,也有神话人物和各种祥瑞。汉代也有宫廷壁画,《史记·封禅书》记汉武帝时期方士李少翁所作图画:"'上即欲与神通,宫室被服非象神,神物不至。'乃作画云气车,及各以胜日驾车辟恶鬼。又作甘泉宫,中为台室,画天、地、太一诸鬼神,而置祭具以致天神。"③王延寿《鲁灵光殿赋》记灵光殿壁画:"图画天地,品类群生,杂物奇怪,山神海灵。……上纪开辟,遂古之初,五龙比翼,人皇九头,伏羲鳞身,女娲蛇躯。……下及三后,淫祀乱主,忠臣孝子,烈士贞女,贤愚成败,靡不载叙。"④沈子丞先生说:"概自文景以还,宣帝元帝皆雅好图画,文帝曾命于未央宫承明殿画屈秩草、进善旗,武帝则创置秘阁。搜集天下法书名画,养画士以备应诏。宣帝思股肱之美,而图之麒麟阁。"⑤

上述各个时代的图画文献,对于解读各个时代的神话传说、民俗信仰是不可多得的新材料,以此为出发点,更可以深入探讨图像及其载体的实际功能和社会意义,因为它们承载了中国早期文明形成和发展的各种信息,是不同于文字的另类记录。同时,将图像叙事与文本叙事相比较,更有许多话题可以深入讨论。

自文字发明以后,书写文献一直被人们视为最重要的文化载体,但书写本身有很大的局限性,它并不能记载和反映所有的文化现象,而且它还有可能造成一种遮蔽、一种误导。比如三星堆的灿烂文明,传世文献基本只字未提。单方面依靠文本文献,对中国早期文明是无法获得全面的系统地认识的。二十世纪后期,文化人类学家和新史学家们开始关注物质文化和图像叙事的研究,后现代主义则对文字—文本—权力进行批判,而在方法论上强调图像叙事研究,利用现存的与考古发现的实物材料和图像材

---

① 参看内蒙古自治区文物考古研究所编《和林格尔汉墓壁画》,北京:文物出版社,2007 年版。
② 孙作云先生有《洛阳西汉卜千秋墓壁画考释》一文对墓室壁画作了专门的考释,载《文物》1977 年第 6 期。
③ [汉]司马迁:《史记》卷二十八,北京:中华书局,1959 年版,第 1388 页。
④ 费振刚、仇仲谦、刘南平:《全汉赋校注》之王延寿《鲁灵光殿赋》,广州:广东教育出版社,2005 年版,第 639 页。
⑤ 沈子丞编:《历代论画名著汇编》,台北:世界书局,1984 年版,第 2 页。

料,已经成为一种新的重写文化史的研究思路。

图像叙事有其自身的优势:"我们与图像面对面而立,将会使我们直面历史。在不同的时期,图像有各种用途,曾被当作膜拜的对象或宗教崇拜的手段,用来传递信息或赐予喜悦,从而使得它们得以见证过去各种形式的宗教、知识、信仰、快乐等等。尽管文本也可以提供有价值的线索,但图像本身却是认识过去文化中的宗教和政治生活视觉表现之力量的最佳向导……图像如同文本和口述证词一样,也是历史证据的一种重要形式。"[1]图像既可以弥补文本叙事在历史认知层面的裂痕,又可以提供物质形态的历史证据,而且在没有文字的社会里,图像作为独立的信息就显得更为重要了。"对于神话学者而言,图像中描绘的神话场景是研究史前时代神话的主要来源,它比人类文明时代被文字书写的神话更为古老,某些时候是文本神话的原型。"[2]当然,图像神话和文本神话的源头则是口传故事。

但是,对于图画文献我们也要用辩证的眼光看待。图像在多大程度上,以及用什么方式能够提供有关过去的可靠证据呢? 彼得·伯克给予了回答:

　　　　试图对这样的问题做出简单而全面的回答,显然是愚不可及的。16 世纪的圣母玛利亚神像和 20 世纪的斯大林宣传尽管有某些令人感兴趣的相似之处,然而,在它们告诉我们的以及不告诉我们的东西上,彼此之间却有明显的巨大差异。如果我们忽视了图像、艺术家、图像的用途和人们看待图像的态度在不同历史时期的千差万别,就会面临风险。[3]

图像资料具有多样性,对于图像资料我们要认真鉴别,图像是无言的见证人,它们提供的证词难以转换为文字,要从"字里行间"解读图像难免存在风险。巫鸿先生就指出:"当传说和故事从书写或口头流传转化为三维结构上的画像时,其形式和意义都有所改变。一副画像通常具有两层意义——文学上的和礼仪或象征层次上的。"[4]传说和故事图像可以从文学

①〔英〕彼得·伯克:《图像证史》,杨豫译,北京:北京大学出版社,2008 年版,第 9 页。
②王倩:《作为图像的神话——兼论神话的范畴》,《民族文学研究》2011 年第 2 期,第 131 页。
③〔英〕彼得·伯克:《图像证史》,杨豫译,北京:北京大学出版社,2008 年版,第 12 页。
④〔美〕巫鸿:《武梁祠——中国古代画像艺术的思想性》,柳杨、岑河译,北京:三联书店,2006 年版,第 82 页。

和象征上去解读,其他图像呢,又怎样去解读呢? 比如楚帛书中的四季神像,到底要表达怎样宇宙观,就有很大的解读空间,大家的解释也会有很多分歧。夏代铜牌饰上的动物图像,有熊说,有龙说,多有分歧,而且这种动物是一种神圣叙事,还是图腾标示,抑或是一种象征,都是不好把握的。所以,正如彼得·伯克所说,对于图像资料,我们不能忽视图像、艺术家和图像的用途,以及不同历史时期人们看待图像的千差万别的态度。

4.人类学材料

俄罗斯著名神话学者梅列金斯基说:"最古老的神话,作为某种浑融的统一体,不仅孕育着宗教和最古老的哲学观念之胚胎,而且孕育着艺术的,首先是口头艺术的胚胎。"[①]口传文本包括两种,一种是在文字发明之前的口传叙事,这种文本已经无法再现,但其中的一部分已经转化为书写文本;还有一种是现在仍在民间流传的口传文本。中国有文字记载的历史,从商代算起仅三千多年,而人类的历史要有几十万年。因此口传文化的历史要久远得多,由于没有文字记载,中华文明起源的记忆就这样被转述为传说时代流传了下来。在口传时代,神话、传说、史诗、歌谣等口传文本在一定的仪式场景中,被年复一年地传诵着,世世代代地重复着,久而久之就铭记在人们记忆中。

文字发明以后,开始进入书写的历史。春秋战国时代传统世官制度逐渐瓦解,知识逐渐下移,文字和书写已经开始普遍化,文字和书写代替了过去的歌谣、传说和神话,成为知识和历史的主要传承手段,口传知识的传统在战国时代已经基本处于次要地位。[②]在从口传文化演进到书写历史的过程中,很多历史和文化被有意或无意地丢失了,我们认为至少有以下几个因素导致了这种丢失:

首先,文字发明以后使用权基本上归上层贵族阶级,所以被记载的东西只能是关于他们的历史和文化,下层的、民间的、民俗的大众文化是很难进入书写的范围的。

其次,文字使用时,最初肯定是记载当下的历史最多,史官等书写者没有回顾历史、叙述过去的本能意识。这就使文字产生以前的历史没能较早

----

① 〔俄〕叶·莫·梅列金斯基:《神话的诗学》,魏庆征译,北京:商务印书馆,2009年版,第1页。
② 参看刘宗迪《文字原是一张皮》,《读书》2003年第10期。

地记载下来，因而使上古的历史变得模糊不清。正如《荀子·非相》篇所言："五帝之外无传人，非无贤人也，久故也。……禹、汤有传政而不若周之察也，非无善政也，久故也。传者久则论略，近则论详。略则举大，详则举小。"①

再者，朝代的政治遮蔽，商代肯定要摒弃夏代的神圣叙事，周代肯定要摒弃商代的神圣叙事。商代甲骨文中基本没有任何夏代的文字记录；同样周代文献中亦很少提及商代的历史，至多有一些商代先公先王的传说，相反周代却对夏代有着特殊的亲密，不但自称有夏，而且多有禹、启的传说。

另外，还有书写权的问题。一般来说，掌握着历史书写特权的往往是社会权力阶层和战争的胜利者。战败者是没有书写历史的资格和权力的②。因此，后人看到的基本都是战胜者的"历史"，即便有战败者的历史，也多被歪曲和丑化。

从口头传承到书写文本，这是无法改变的客观事实，原来口头流传的活态的神话、传说、史诗、歌谣我们已经不能亲耳听到、亲身感触到。我们只能到书写的文本中去提取口传神话的原始编码，因为"传统的叙事神话在中国文学中被缩简为一种内在逻辑的二元分类编码及中心假说的结论。这使早期中国文学，不论是经典还是道家文本，如果在叙述形式上不是神话的话，在结构上都有神话性"③。所以，我们需要对书写文本进行解构。

现在民间仍在流传的口头叙事、活态的仪式表演，以及落后民族的文化遗存，我们可以作为参考资料，而不能直接作为史料使用。但是对于神话的研究仍有其功用，马林诺夫斯基说："神话底研究只限在章句上面，是很不利于神话底了解的。我们在西方的古籍，东方的经典以及旁的类似去处得到的神话形式，已经脱离了生活信仰底连带关系，……打算要在神话底研究中知道原始生活底奥秘，必得转到原始的神话，尚在活着的神话。"④的确，神话在一些未曾开化的民族中还有着强有力的支配力量。

---

① 〔清〕王先谦：《荀子集解》，北京：中华书局，2013 年版，第 97～98 页。
② 廖明君、叶舒宪：《迎接神话学的范式变革》，《民族艺术》2009 年第 3 期，第 24 页。
③ 转引自叶舒宪《文学与人类学——知识全球化时代的文学研究》，北京：社会科学文献出版社，2003 年版，第 240 页。
④ 〔英〕马林诺夫斯基：《巫术科学宗教与神话》，李安宅译，北京：中国民间文艺出版社，1986 年版，第 85～86 页。

(二)神话资料的年代序列

徐旭生《中国古史的传说时代》中有一章《我们怎样来治传说时代的历史》,对如何处理传说时代的材料问题提出了几点意见:1.综合材料比未经系统化的材料价值低。传说时代的史料可以分为两类,第一类是专篇的、成系统的,第二类是零星散见的不成系统的。对第二类材料要小心地搜集整理,尽量洗刷掉神话的外壳,找出可信的历史核心。2.需要注意此期史料原始性的等次性。第一等为商周到战国前期的史料,如甲骨金文,《易经》、今文《尚书》《诗经》《左传》及其他先秦的著作;第二等为战国后期到西汉末的作品,如先秦诸子、《山海经》、《战国策》、《淮南子》、《史记》等著述;第三等为东汉以后的著作,可补前人记载之不足。1947年12月,徐旭生与苏秉琦又合写《试论传说材料的整理与传说时代的研究》,发表在北平研究院《史学集刊》第五期上,可以说是上古传说研究在理论上的开篇之作,从本质与来源上把传说材料分为两类:"原生的",包括一切见于早期记载的传闻异说;"再生的",包括一切见于后期记载之假的、伪托的、孳生的传说故事。

时至今日,徐旭生关于传说时代史料的分类、传说时代的研究体系仍有其现实意义和值得借鉴的地方。随着新出土材料的发现和考古学的发展,以及观念方法的更新,上古传说研究资料亦随之呈现出新的面貌,我们还需要重新思考以下几点:

其一,出土简帛中已经发现了不少古史传说,如郭店简《唐虞之道》、上博简《容成氏》等,如何看待这些材料的性质,它们是原生的还是次生的?或者我们是否需要摒弃某一文本"时间更早"、"更可靠"、"原始形态"等的观念。

其二,不要低估传说的口头流传能力,有些传说故事以口头文本的形式流传了几百年甚至几千年才形成书写文本;同时,还要考虑古代传说在从口传文本到书写文本转变的过程中对神话传说的影响。

其三,要重视神话文本的互文性问题[①],即同一神话存在多个不同版

[①] "文本互文性"这一概念是由普林斯顿大学的柯马丁(Martin Kern)先生提出的,柯马丁先生一直关注和研究中国早期文献的文本问题,已经在中国学术界产生了一定的反响。参看柯马丁《我怎样研习先秦文本》,《中国古典文献的阅读与理解——中美学者对话国际学术讨论会论文集》,北京:北京大学,2015年9月,第72~73页。

本,神话互文性文本形成的原因有多方面,如文本的地域性问题,文本生成时间的先后问题,文本流传过程中产生的变异等。对不同的互文性文本要作具体分析,找出其形成互文的具体原因。

其四,考察文本流传过程中各种因素的影响,直接因素,如:"作者"的主观情感,抄写者的讹误,注家、编纂者对文本的改造;间接因素如政治、文化、制度、时代思潮等都会潜在地对文本产生作用,像秦代"书同文"政策、焚书事件,汉代立经学博士、谶纬思潮都或多或少地使文本的形态、数量、作用、性质发生了根本的改变。

四、上古神话的文献学研究

中国古代的神话不如西方发达,但中国古代的神话体系与西方相比有自己的特点,中国的神话多是附着在古史传说上的。"掺杂神话的传说与纯粹神话是不一样的,中国的古史传说并不是纯粹的神话"①,因此要研究中国的上古神话传说,既不能单纯地用西方的神话学理论去研究,否则有"生搬硬套"之嫌;又不能用纯史学的考证方法去研究,因为有些传说是无法还原为历史的,而且很多材料都是后来写定的,不能作为直接的证据。

(一)上古神话研究的常用方法

以往学者在研究中国上古神话传说时常用以下几种方法:

1.西方神话学理论方法

张光直说:"讲中国学问没有中国训练讲不深入,但讲中国学问没有世界眼光也如坐井观天,永远讲不开敞,也就不彻底。"②同样,研究中国的神话传说,亦需要"世界眼光",需要借鉴西方的神话学理论。芬兰民俗学家劳里·杭柯将众多学者研究神话的方法归纳总结出十二种③,并认为这些理论存在相互重叠和补充,但神话又是多元的,按照研究资料的属性以及

①徐旭生:《我们怎样来治传说时代的历史》,《中国古史的传说时代》(增订本),北京:文物出版社,1985年版,第20~23页。
②张光直:《中国青铜时代》,北京:三联书店,1983年版,第3页。
③〔芬兰〕劳里·杭柯:《神话界定问题》,〔美〕阿兰·邓迪斯编:《西方神话学读本》,桂林:广西师范大学出版社,2006年版,第58~60页。这十二种方法具体为:1.作为认识范畴来源的神话;2.作为象征性表述形式的神话;3.作为潜意识的投射的神话;4.作为人类适应生活的整合因素的神话;神话作为世界观;5.作为行为特许状的神话;6.作为社会制度的合法化证明的神话;7.作为社会关联性标帜的神话;8.作为文化的镜子和社会的结构等的神话;9.作为历史状况之结果的神话。10.作为宗教交流的神话;11.作为宗教性文类的神话;12.作为结构媒介的神话。

提出的问题,其中一些方法会比另一些方法更为适用。叶舒宪从神话解读的方法论角度,把以上十二种神话研究方法简化为神话阐释的八大学派:语言学派的解释、自然学派的解释、仪式学派的解释、历史的解释、心理学的解释、结构主义的解释、哲学的解释、女性主义神话学,并指出:"以上八种现代神话学的解释角度和方法,既鲜明地体现了人文学科分化重组的迹象,也给整个文学艺术研究带来丰富的启迪。"①

需要指出的是,在神话研究的具体实践过程中,要正确处理神话与理论的关系问题:首先,分析神话离不开神话理论,正如罗伯特·西格尔所指出的:"分析神话必须从某种特定的理论出发,运用理论在这里是不可避免的。……对任何一种理论是否具有普适性抱持怀疑态度是一回事,但要完全避开神话理论就是另一回事了。"但是有些理论有局限性,需要神话去检验:"理论也需要神话,……倘若说,理论阐释了神话,那么神话则证实了理论。"②

不同地域的远古先民思考和关注的问题基本相同,这是世界神话的反映。因此当我们在研究中国上古神话时,更要注意这种横向比较。做到本土话语和世界话语的动态交流,既要透过本土话语获得"地方性"知识,又要把本土话语置放到整个人类知识的大框架中去。比如我们要研究大禹治水传说,就要关注世界洪水神话;我们要了解夏族的图腾问题,就要观照其他地区及民族的图腾信仰文化等等。在此基础上,对夏禹神话传说中的某一个主题蕴含的思想观念、思维模式等基本的文化因素给予综合的分析比较,从而深刻理解其内涵。

2.历史演进法

顾颉刚先生在研究上古传说时,特别注重古书的成书年代,根据其成书年代,将每一件史事的传说,根据先后出现的次序排列起来,然后叙述其演变发展的过程。"凡一件史事,应当看它最先是怎样的,以后逐步的变迁是怎样的。"③我们"不能知道某一件事的真确的状况,但可以知道某一件事在传说中的最早的状况"。胡适在《古史讨论读后感》中将顾先生的这种

---

① 叶舒宪:《文学与人类学——知识全球化时代的文学研究》,北京:社会科学文献出版社,2003年版,第223页。
② 〔英〕罗伯特·西格尔:《神话理论》,刘象愚译,北京:外语教学与研究出版社,2008年版,第175页。
③ 顾颉刚:《与钱玄同先生论古史书》,《古史辨》第一册,上海:上海古籍出版社,1982年版,第60页。

方法进行了概括：

(1)把每一件史事的种种传说,依先后出现的次序,排列起来。

(2)研究这件史事在每一个时代有什么样子的传说。

(3)研究这件史事的渐渐演进,由简单变为复杂,由陋野变为雅驯,由地方的(局部的)变为全国的,由神变为人,由神话变为史事,由寓言变为事实。

(4)遇可能时,解释每一次演变的原因。[①]

胡适先生认为顾颉刚的史学研究方法可以称之为历史演进的(evolutionary)方法。尧舜禹的神话、黄帝神农伏羲的故事等等,都可以用这样的方法去研究。我们认为这一研究方法,在今天仍然不过时,仍是我们研究夏禹神话传说的基本方法。

3.历史地理法

历史地理法主要是通过考察古人活动的地理区域来推寻古代部族的文化活动。钱穆深谙此法,他在《周初地理考·总说》中说:"盖古人迁徙无常,一族之人,散而之四方,则每以其故居移而名其新邑,而其一族相传之故事,亦随其族人足迹所到,而递播以递远焉。"[②]进而指出:"治古史,考详地理是一绝大要端。春秋以下,尚可系年论事。春秋以前,年代既渺茫,人事亦精疏,惟有考其地理,差得推迹各民族活动盛衰之大概。"[③]因此,钱穆力倡把先秦古籍所载的古史地名具体落实到地面上,从古史上异地同名来探究古代部族迁徙往来之迹,从山川形势来解说和分析当时各氏族的活动区域,以及各氏族间离合消长之情势,从而论证各地区政治、经济、人文演进的古今变迁,为研究上古历史提供一些"至关重要应加注意"之证据。所以"凡古代传说中某王某国起某地、都某城与某国某君战于某地,某氏族来自某方等,实为研寻古史地理之较有线索者"[④]。对于古籍所载的地名、方位我们要给予重视,认识到它们对于研究上古史、上古传说的重要性,但也不可盲目全信,应作仔细考订,以便重新做出科学的合理的解释。

---

① 胡适:《古史讨论读后感》,《古史辨》第一册,海口:海南出版社,2005 年版,第 165 页。

② 钱穆:《古史地理论丛》,北京:三联书店,2005 年版,第 8 页。

③ 钱穆:《提议编纂古史地名索引》,《禹贡》1934 年第 1 卷第 8 期。

④ 钱穆:《国史大纲》(修订本),北京:商务印书馆,1996 年版,第 10 页。

　　4.多学科相结合的方法

　　张光直曾说:"文献史学者、古文字学者、考古学者,经常是各干各的,没有把这整个的局面检讨一下,看看这些新资料、新工具,与新看法,应当如何整合起来。"①张先生可谓语中肯綮,指出了学科间的闭关自垒现象。自从"夏商周断代工程"利用自然科学和人文社会科学相结合、多学科交叉研究的方法,来解决夏商周的年代学问题取得巨大成绩以后,多学科相结合的研究方法,已经成为大家的共识。上古传说研究同样需要运用多学科的研究方法。杨向奎先生即说:"研究中国古代史,不仅需要历史文献与考古发掘的双重证据,而且需要民族调查的三重证据。"②同样,文化人类学、民俗学、考古学等学科的研究方法,我们都需要借鉴和运用。

　　这里我们谈一谈利用考古学方法进行上古传说的研究。近年发现的一些龙山文化城址,如河南登封王城岗、淮阳平粮台以及山东寿光边线王等,和古书记载的上古都邑有相合处,如传说太昊都陈即今淮阳,禹都阳城即今登封。周代,淮阳为陈国国都,寿光为纪国国都。这种考古和古籍记载相合,恐怕不是偶然的。考古学界不少学者尝试利用以考古区系和族团文化相对照的方法研究古史传说,如韩建业、杨新改《五帝时代——以华夏为核心的古史体系的考古学观察》③即是这方面的代表。但是考古文化是在一定地理范围内对遗址、遗迹的特征给以描述,区系类型之间还存在不少缺环;而族团文化随着族群的迁徙又具有不确定性。所以考古区系和族团文化二者不可能完全重合,对两者作对照研究,不能强行拼凑牵合,要根据不同情况具体分析。

　　李伯谦先生曾把"考古学的中国古史体系"与"传统史学的中国古史体系"两个系统绘制出一个对应表,将两个系统进行比较后说:

　　　　尽管两个系统使用的符号不同,也不敢说表列的对应关系没有一

①张光直:《对中国先秦史新结构的一个建议》,《中国考古学论文集》,北京:三联书店,1999年版,第40～41页。
②杨向奎:《杨向奎学述》,杭州:浙江人民出版社,2000年版,第31页。后来在其《宗周社会与礼乐文明·序言》中亦说:"鉴于中国各民族间社会发展之不平衡,民族学的材料,更可以补文献、考古之不足,所以古史研究中的三重证代替了过去的双重证。"见其《宗周社会与礼乐文明》,北京:人民出版社,1992年版,第1页。
③韩建业、杨新改:《五帝时代——以华夏为核心的古史体系的考古学观察》,北京:学苑出版社,2006年版。

点差错或存在前后游移的余地,但从人猿揖别、人类社会出现以来,两者由低级到高级的发展规律基本相同,每个大体相对应的阶段所表现出来的特征基本相同,从而决定了无论是考古学构建的古史体系还是传统史学的古史体系都具有自己的合理性。考古学构建的古史体系固然是科学有据的,没有或甚少文字记载或仅有口耳相传的神话、传说形式流传下来的古史体系也不能说全是子虚乌有,正如尹达先生所言,这些神话、传说都有史实的素地,都在一定程度上反映了历史的真实。拂去附着其上的荒诞不经的尘垢,便可揭示出其合理的内核。①

李学勤先生说:"此文代表了中国学者探索古史,特别是远古历史的新趋向。"②

另外,天文学对于研究上古神话传说亦有帮助。古代先民由于不了解自然宇宙、天文地理的科学规律,往往用神话来解读其中的奥秘,研究这部分神话传说,就需要借助天文考古学的知识来探讨。如冯时先生的《中国天文考古学》③、《中国古代的天文与人文》④就有通过天文考古学来研究神话传说的相关内容。

表1　考古学重建古史体系与传统古史体系的对应表(李伯谦先生制作)

考古学的中国古史体系	传统史学的中国古史体系	年代(B.P)	社会形态	主要经济生活方式
旧石器时代早期	有巢氏、伏羲氏	约二百万年—二十万年	游团	采集、渔猎
旧石器时代中期	伏羲氏	约二十万年—四万年	原始群	采集、渔猎
旧石器时代晚期	燧人氏	约四万年—一万二千年	氏族	采集、渔猎
新石器时代早中、期	神农氏	约一万二千年—七千年	氏族·部落	渔猎、农业、畜牧业
新石器时代晚期	炎帝、黄帝	约七千年—四千五百年	部落联盟、古国	农业、畜牧业、手工业

①李伯谦:《考古学视野的三皇五帝时代》,《古代文明研究通讯》第36期,2008年3月。
②李学勤:《古史研究的当前趋向》,《邯郸学院学报》2008年第2期,第4页。
③冯时:《中国天文考古学》,北京:中国社会科学出版社,2010年版。
④冯时:《中国古代的天文与人文》,北京:中国社会科学出版社,2006年版。

续表

考古学的中国 古史体系	传统史学的中国 古史体系	年代(B.P)	社会形态	主要经济 生活方式
新石器时代末期	颛顼、帝喾、尧、舜、禹	约四千五百年—四千年	王国(初级)	农业、畜牧业、手工业
青铜时代	禹、夏、商、周	约四千年—前221年	王国(高级)	农业、手工业、商业
铁器时代	秦—清	前221年—1911年	帝国	农业、手工业、商业

(摘自李学勤《古史研究的当前趋向》,《邯郸学院学报》2008年第2期,第4页)

(二)上古神话的文献学研究

中国神话研究一直存在两个缺陷,一是过于依附西方神话理论,中国神话毕竟产生于中国的历史文化土壤,必须从中国神话产生的具体历史情境和中华民族本身的文化传统与思维方式出发,探究中国神话的深层文化内涵和民族特质。二是缺乏从文献角度上的"实证"研究,李炳海先生曾感慨:"近一个多世纪的神话研究之所以未能取得突破,一个很重要的原因就是缺少坚实的考据功夫。"[①]神话本身就具有想象和虚构的特征,神话研究如果再停留在"义理"层面上的建构或解构,中国神话的研究就只能是空中楼阁或海市蜃楼,让人没有脚踏实地的感觉。而反观我们前辈学者的研究,像闻一多的神话研究、古史辨派的神话研究无不是建立在扎实的文献基础上。从文献学的角度研究中国古代神话应当是我们未来神话研究的一个方向。

记载神话的文献资料我们称之为"神话文献",神话文献根据载体形式的不同可以分为口传文本、图像文本和文字文本。口传文本的载体形式是话语,即口耳相传,在文字产生之前,神话甚至所有信息都是靠口耳相传来传播的,在文字产生之后仍然有大部分神话靠口耳相传进行流布。口传文本大部分消亡,只有一小部分被文字记载下来成为文字文本。图像文本的载体形式是考古实物及图画资料,图像文本具有稳定性、直观性的优点,但其局限性也非常明显,一是少而零散,二是研究者无法还原图像的具体情境。因此,如何避免研究过程中主观性太强的缺陷,是利用图像资料进行

---

①李炳海:《〈上古神话与文学〉序》,宋小克:《上古神话与文学》,广州:暨南大学出版社,2013年版,第2页。

神话研究应加以避免的重要问题。文字文本的载体形式是书写文字,它是记载神话的主要文献材料,这也是今天的神话研究者研究神话的主要材料来源。

对上述三种神话文献进行科学的考释、辨析、梳理是神话研究的基础工作,这就需要对神话文献的特征及其规律进行必要的讨论,主要包括对神话文献的范围、作者、成书年代,神话文献的衍生、讹误、错置等问题进行系统的梳理,归纳出一定的通例。神话有原生态和次生态之分,神话文献亦有原生态和次生态之分,从原生态神话向次生态神话演变的过程中,在记载神话的文献上又是如何反映的呢? 比如神话的"层累"问题,神话在被载录和转录的过程中,情节、内容逐渐扩大,由简明扼要的文字概括到具有丰富内容、复杂情节的神话。这种现象在古代神话文献中大量存在,其形成的原因还有待进一步深入研究。神话在层累的过程中对文献的衍生问题也值得探讨。重要典籍中的文献资料的内在关系、学理系统也应成为神话文献研究的重要内容。另外,图像文本的解读归根结底还是要以文字文本为根本依据,图像和文字怎样才能达成"互证"的良好效果也需要从理论上作出推绎。

上古神话研究受时代及资料的限制有其困难性和复杂性,针对这一特点,一方面要对上古传说的史影进行历史考证和文化解析,另一方面要对神话传说的演变进行历史还原,而进行历史还原的支点就是要以文献为中心,找出每一个时间段的基本神话文献,对这些文献从成书年代上进行"排队",同时进行空间定位;分析从一个时期到另一个时期在时空上发生了哪些变化,在神话的叙事要素上发生了哪些变化,为什么会发生变化。这样就把文献与神话传说的时空演变联系到了一起,进而可以探讨神话与知识、思想、学术、文化、政治之间的互动。

具体到夏禹神话,由于大禹传说本身的复杂性,资料的零散性,所以研究起来是一项很困难的事情,但研究思路必须清晰:全面搜集传世文献和出土文献中的夏禹神话资料,考证其生成年代和地域来源,形成夏禹神话文献的时空定位。一方面从文献史料入手探求夏禹神话传说中的"史影";另一方面,从西周、春秋、战国、秦汉四个阶段,阐明社会变迁、文化形态、学术思潮、哲学理念对夏禹神话情节、内容的影响作用,考察夏禹神话演变的时空形态,完成对夏禹神话演变的历史还原。同时,在研究过程中还要注意两点：一是尽量避免神话和历史相混淆；二是尽量明确文献记述上的元点和流变过程。

　　在这里，我们特别提出的是，在对神话进行文献学研究的时候要充分利用出土材料。20世纪70年代以后，大批战国秦汉简帛佚籍出土面世，在这些简帛文献中也有不少神话传说的材料。传世文献中的神话材料不仅少而且分散在不同类别的典籍中，出土简帛可以说为中国古代神话研究带来了新的契机。简帛所保存的资料，没有经过后人的辗转传抄，保持着书写时的原始状态，是古书的早期传本。其中记载的神话内容往往牵扯到神话传说的原型问题，或弥合典籍记载中的情节缺省，或丰富其故事意涵，或将其流播时间推向更早的年代，对神话传说本来面貌及其后来演变情况的研究具有无法替代的原始资料价值。将释读后的简帛神话资料与相关传世文献进行联系比照，在此基础上，有方向地对传世文本进行梳理，考察出土文献中的神话内容其自身的嬗变过程，解析其在接受和解释过程中所发生的变异，同时从整体上理清神话发展脉络，补阙纠误。

　　面对"简帛神话"这一新的研究对象时，我们需要注意以下几个问题：

　　其一，简帛神话的载体是简帛，我们要充分注意到简帛的形制、书写习惯、文字特征等，特别是简帛文字的释读，我们要吸收和借鉴古文字专业学者的研究成果。如果古文字学界已经对某个字有了更准确的释读，我们没有关注到，那我们的相关研究可以说是徒劳的。

　　其二，处理好出土文献与传世文献的关系问题。在古代神话研究中，由于文献资料"零碎"、"缺佚"等各方面原因，还存在着一些问题没有解决，而出土文献可与传世文献资料相互印证、表里互补，能够使我们对古代神话研究中的一些问题做出一个较为明晰的判断和比较全面的把握。但出土文献由于地域文化差异以及成书（或抄写）年代的不同，可能会出现与传统神话传说完全不同的内容。因此，不能以传世文献为标准衡量或决定出土文献的价值和意义。而出土文献也决不能成为评判传世文献的唯一"基准"，因此，要将出土文献与传世文献比照研究，在全面认识其优点和缺陷的基础上，得出客观的研究结论。

　　其三，将简帛神话研究与社会背景的探析紧密结合。简帛文献中往往会突然出现一种不见于传世文献的神话传说或神灵等，今天看来仿佛非常突兀，但实际上它们都有自己的生成土壤，只不过由于文献的缺失、书写的遮蔽，又有巨大的时空距离，才让我们感到陌生罢了。所以针对简帛中的新见神话，我们要充分挖掘它们的社会文化背景，了解当时的时代背景是如何影响神话的产生及演变的，毕竟神话研究、神话史的解读不是做猜谜或是游戏，而要有文化背景为基础，尽量还原历史的动态场景。

简帛神话研究的空间还很大，其大致的研究思路可以归纳如下：全面搜集简帛文献中的神话资料，熟悉其内容、年代、价值并将释文综合整理，构成"简帛神话文献"一大文献类型，为以后深入研究打下坚实的文献基础；将简帛神话资料与传世典籍中的神话内容进行联系比照，探究神话原型、考察神话发展演变轨迹、针对具体神话类型和内容作深入研究；结合新出土的资料，重新梳理中国神话，在继承和积累的同时有所创新，重写神话史。①

因此，上古神话的文献学研究是有意义的，它突破了以往神话研究的局限，使神话有了"脚踏实地"的感觉；同时，文献本身与历史、文学、传播、文化是联系在一起的，这样就把神话放在了更广阔的历史文化空间中，为神话研究打开了新的视角。

五、夏禹神话的研究意义与研究回顾

夏禹神话内涵丰富，涉及上古神话、文学、史学、民族、考古等诸多领域的内容，是一个经久不衰的话题。自从有文献记载以来，人们对大禹的传颂就不曾中断过。而近一个世纪人们对大禹的研究更是取得了可喜的成果，有疑古思潮对禹的神格化，亦有传统学者对禹是历史人物观点的固守，再加上马克思主义史学、新史学、文化人类学、神话学、民俗学、民族学、考古学等学科理论的相继介入，大禹传说研究可谓异彩纷呈，一些学术大师如王国维、顾颉刚、郭沫若、丁山、徐旭生、刘起釪、李民等都先后探讨过大禹传说，其中不乏针锋相对的论战，亦在相关问题上取得了不少一致意见。但是大禹传说的关键点，如夏禹的族源、图腾等问题，时至今日学术界仍然存在极大分歧，因此有必要重新认识夏禹神话的研究意义，并对过去的相关研究作一系统梳理与总结。

---

① 杨栋、刘书惠：《出土简帛与先秦神话史研究论纲》，首都师范大学中国诗歌研究中心：《先秦文学与文献国际学术研讨会论文集》，北京，2015 年 10 月。

（一）夏禹神话的研究意义

大禹不仅是一位传说人物，由他形成的有关神话传说、精神力量，对后世国家的政治生活、民众信仰、文学艺术都产生一定的影响。大禹传说已经成为考古学、人类学、民俗学、神话学、古代文学等许多学科所关注的对象，并且已经形成一种文化——大禹文化[①]，对大禹文化的研究，不仅关涉夏文化研究，而且对整个中华民族的早期文明研究都有重要意义。

1.民族精神与原型意义

神话是一个民族的灵魂。荣格指出："一个民族的神话就是这个民族的活的宗教，失掉了神话，无论在哪里，即使在文明社会中，也总是一场道德灾难。"[②]在过去的一个世纪里，中国经历了太多的曲折与变化，西学已经把中国的传统文化冲击的支离破碎，中华民族和中国传统文化面临着巨大的历史挑战，我们不能丢弃我们民族的精神，不能失去我们的民族魂。所以，近年来，"国学热"、"神话热"应运而生，这些都是时代赋予我们的历史责任与民族使命。

神话传说具有民族性，各个国家和民族的神话传说在一定程度上反映了本民族的特性，研究大禹传说，考察其流传历程及潜藏的文化底蕴，总结其特质，有助于更好地了解我们的民族精神，更深刻地解读我们的民族文化。从大禹身上体现出来的大禹精神，是中华民族传统文化和民族精神的化身，体现了中华民族自强不息、艰苦奋斗的求生存、求发展的坚强意志。

神话传说本身就是文学的一种艺术形式。神话文学化以及被历史化后赋予的各种政治活动情节，既成为后世文学创作的原材料，也给后世文学创作带来了更多的想象和浪漫的空间。从这个意义上来说，早期的大禹神话传说更具有原型意义，隐藏着上古历史与艺术的原始意味，荣格说："谁讲到了原始意象，谁就道出了一千个人的声音，可以使人心醉神迷，为之倾倒。与此同时，他把他正在寻求表达的思想从偶然和短暂提升到永恒的王国之中。他把个人的命运纳入人类的命运，并在我们身上唤起那些时

[①]如刘训华主编的《大禹文化学概论》（武汉：武汉大学出版社，2012年版）一书就首次鲜明地提出了"大禹文化学"。

[②]〔瑞士〕荣格：《集体无意识和原型》，马士沂译，载《文艺理论译丛》第1辑，北京：中国文艺联合出版公司，1983年版。

时激励着人类摆脱危险、熬过漫漫长夜的亲切的力量。"①找到了原型,也就缩短了我们和远古社会的距离,也就能准确地破译象征的意义。如"禹生于石"的传说就是一个原型,《西游记》中孙悟空的诞生,《红楼梦》中贾宝玉的玉石奇缘,无不源于此。

2.对夏文化及中国文明起源研究的意义

夏代是中国由史前时期向文明社会演进,由部落向国家演进的完成阶段。欲探索夏代文化,就要研究大禹时代在其中所处的历史和文化地位。大禹研究还涉及先夏文化问题,这也是夏代文化研究中一个具有重要意义的课题。禹是介于五帝时代和三代之间的,五帝时代里面的内容,神话的性质更为强烈,史实比较模糊,世系也较混乱,很多问题有待深入研究。而从夏开始,夏代的世系非常清楚。因此李学勤先生说,"从夏禹以后,中国古代的历史进入另外一个重要的阶段……禹不是属于五帝时代,而是属于三代的开始……这样看来,夏禹对我们研究历史,尤其是研究先秦历史的人来说,我感觉是很重要的一个界线"②。

中华文明有五千年的历史,夏朝建立一般认为在四千年前左右,因此,夏禹时代这样一个重要的界线,对于研究我们中华文明的起源、形成与发展都有特别重要的意义。而且中华文明绵延不绝,五千年没有中断,这在世界上是独一无二的,因此对于整个人类历史发展来说,中华文明的起源具有特别的意义。

3.解读夏禹神话传说的文化编码

袁珂在《古代神话的发展及其流传演变》一文中说:"在初期封建社会,神话便开始向着以下两个方面转移:一个是仙话,一个是历史。"③作为神话演变的一种结果,神话历史化的观点得到学术界广泛的承认,但是神话与历史的关系,仍是一个十分复杂的问题,简单地认为神话先于历史,或历史源于神话的观点都是不可取的,都不足以呈现神话的历史性以及历史的神话性。而西方新史学家们提出的"神话历史"观念,则对本书重新理解中

---

①〔瑞士〕荣格:《试论心理学与诗的关系》,叶舒宪编:《神话—原型批评》,西安:陕西师范大学出版社,1987年版,第101页。

②李学勤:《在"全国大禹文化研讨会"上的演讲》,《通向文明之路》,北京:商务印书馆,2010年版,第40页。

③袁珂:《神话论文集》,上海:上海古籍出版社,1982年版,第74页。

国神话与历史具有启示作用,通过夏禹神话研究,我们可以深入认识神话式的思维是如何影响中国的历史文化的。

前人已指出神话在演变过程中会产生文学化(寓言化)、哲学化(宗教化)等倾向。对于这些观点,本书将通过夏禹神话的综合研究,对其进行实践性检验,包括夏禹神话的流传演变特征的归纳、各个历史时期的基本特质、是否具有区域性特征等,夏禹神话的每一个细节本书都尽力给予细致的历史演变的描述。笔者希望根据本书的研究结果能对神话传说理论的构架做一点贡献,或是检验以往学者观点的得失,或是对既有定论的修补和完善,或是有些许创新性的突破。

另外,中国神话资料是零散的,不发达的。文学本位的神话观更是阻碍了中国神话研究的正常发展,因此,"不光是学习文学要从神话开始;要进入历史,首先面对的就是神话历史;要进入哲学,首先就要熟悉神话哲学和神话思维"①。通过夏禹神话研究,我们可以解读夏禹神话对中国某些观念来源的影响,对某一时代特定"文化意义"的编码作用。

4.学术史意义:重估古史辨派的神话研究

1923 年,顾颉刚先生在《与钱玄同先生论古史书》中提出"层累地造成的中国古史"说,不少人纷纷撰文支持。神话学界如茅盾《中国神话研究》②、《中国神话研究 ABC》③,冯承钧《中国古代神话之研究》④等论著更是把"古史是神话"这一命题确定了下来。这对 20 世纪学术界具有极大的影响,张光直亦多少受其启发,在其《商周神话之分类》中即言:

> 从 1923 年顾颉刚的《与钱玄同先生论古史书》与 1924 年法国汉学家马伯乐的《书经中的神话传说》以后,我们都知道所谓黄帝、颛顼、唐尧、虞舜、夏禹都是"神话"中的人物,在东周及东周以后转化为历史上的人物的。"古史是神话"这一命题在今天是不成其为问题的了。⑤

但是我们要问既然古史源于神话,那么神话的源头又是什么呢?除了自然

---

① 叶舒宪:《中国的神话历史——从"中国神话"到"神话中国"》,《百色学院学报》2009 年第 3 期,第 34 页。

② 茅盾:《中国神话研究》,《小说月报》1925 年第 16 卷第 1 号。

③ 茅盾:《中国神话研究 ABC》,上海:世界书局,1928 年版。

④ 冯承钧:《中国古代神话之研究》,《国闻周报》1929 年第 6 卷第 9~17 期。

⑤ 张光直:《商周神话之分类》,载《中国青铜时代》,北京:三联书店,1983 年版,第 251 页。

神话和创世神话之外,诸如英雄神话、始祖神话、战争神话等不可能都是凭空杜撰或捏造的吧,归根结底,神话还是源于社会,源于先民对祖先伟大功绩的流传与记忆。

中国上古传说,包括大禹传说,经"古史辨"派学者的考证研究,几乎完全是从远古神话演化而来。中国帝系成了历史化了的"神系",上古传说成了历史化了的体系神话。其神话研究的最鲜明特点即"古史的破坏、神话的还原"。从神话学的角度来看,顾颉刚"古史即神话"的理念,把古史中的古神话剔除出来,无疑为中国神话学的创立打下了基础。20 世纪 20 至 40 年代,我国神话研究领域已经形成以西方人类学派神话理论为研究武器的研究群体,以鲁迅、茅盾、周作人、郑振铎等为代表。而以顾颉刚、杨宽为代表的"古史辨"神话学派,也足以成为与西方人类学神话学派相抗衡的另一重要研究群体和学术流派。对这一学派在整个 20 世纪神话研究领域内所起的作用,应该有一个客观的评价,对于他们在神话传说研究上的功与过都应该有一个历史的交代。如顾颉刚先生"层累地造成中国古史说"既有局限性,又有值得肯定的地方,有些学者已经有专文论及。① 上古传说本来就是口耳相传,等到有了文字,肯定先记载当前的历史,然后才追记以前的历史,因此晚出文献记载的上古传说不能一概抹杀,或视为伪造,应当审慎的分析文本背后的叙事。顾颉刚文献排队的次序,现在有出土文献的发现,还有很多需要重新讨论。需要指出的是,古史辨派的神话传说研究的学术史意义要大于其研究结论。

(二)20 世纪夏禹神话研究

夏禹传说的研究涉及夏代早期历史及早期夏文化问题,而且关系到中国文明起源问题,因此 20 世纪的学者给予了充分的重视,从历史学、考古学、文化人类学等不同角度进行了研究和阐释。

1.晚清至民初

清代晚期,今文经学兴起,疑古辨伪之风再度复兴,如刘逢禄疑《左

---

① 如:王学典、李扬眉《"层累地造成的中国古史"——一个带有普遍意义的知识论命题》,《史学月刊》2003 年第 11 期;黄海烈《顾颉刚"古史层累说"初探》,吉林大学 2007 年博士论文,后出版成书《顾颉刚"层累说"与 20 世纪中国古史学》(北京:中华书局,2016 年版);李锐《由新出文献重评顾颉刚先生的"层累说"》,《学灯》2009 年第 1 期(http://www.guoxue.com/magzine/xuedeng/xd009/xd009_15.htm);谢维扬《"层累说"与古史史料学合理概念的建立》,《社会科学》2010 年第 11 期;等。

传》、魏源疑《毛诗》和汉古文《尚书》等。清末廖平、康有为、崔适等更大举攻击古文经，而且对古史传说也开始怀疑，于是疑古风气骤起。此时，崔述开始受到人们关注，霍照的《崔东壁学术发微》[①]、刘师培的《崔述传》[②]，率先宣扬崔氏之学。再加上民国以来西方科学的治学方法以及新史观的传入，对中国的古史研究更带来巨大冲击。胡适所谓"把古史缩短二三千年"就是在这样的背景下产生的。至五四新文化运动一爆发，反传统的思潮一发而不可收，顾颉刚先生的"古史辨"应运而生。夏曾佑撰写的《中国历史教科书》更是把春秋以前的古史直接称为"传疑时代"。

　　受中国崔述《考信录》的影响，日本史学界那珂通世、白鸟库吉亦掀起了疑古思潮。那珂通世曾向日本史学界介绍崔述《考信录》，并校点出版了《崔东壁遗书》。白鸟库吉是他的学生，受其影响。[③] 白鸟库吉在 1909 年发表《中国古传说之研究》，提出了著名的"尧舜禹抹杀论"，认为"尧舜禹乃儒教传说，三皇五帝乃《易》及老庄派之传说，而后者以阴阳五行之说为其根据。故尧、舜、禹乃表现统领中国上层社会思想之儒教思想，三皇五帝则主要表现统领民间思想之道教崇拜"[④]。随后白鸟氏相继有《关于中国革命的史的说明》、《〈尚书〉的高等批判》、《儒教的源流》、《儒教在日本的顺应性》等文续申其说，一再坚持尧舜禹"绝不是真实的人物"。支持白鸟氏的有青山公亮、桥本增吉等人，桥本增吉著《书经的研究》专门反驳林泰辅，青山公亮撰《白鸟博士的"周代古传说的研究"》。而继承与发展白鸟氏疑古思潮的则有内藤湖南、津田左右吉等人。有学者指出中国的古史辨思想即来源于日本的疑古思潮[⑤]。当然，在日本学界，亦有对"尧舜禹抹杀论"提出质疑者。如 1911 年林泰辅有《关于尧舜禹抹杀论》[⑥]，后又发表《再论尧

①霍照：《崔东壁学术发微》，《东方杂志》1905 年第 2 卷第 7 期。
②刘师培：《崔述传》，《国粹学报》1907 年第 3 卷第 9 期。
③盛邦和：《从"尧舜禹抹杀论"到"神代史抹杀论"——上世纪初叶日本疑古史学叙论》，《二十一世纪》网络版，2005 年 3 月号（http://www.cuhk.edu.hk/ics/21c/supplem/essay/0410110g.htm）。
④转引自刘俊文主编《日本学者研究中国史论著选译》第 1 卷，黄约瑟译，北京：中华书局，1992 年版，第 8 页。在白鸟库吉之前后藤朝太郎曾提出"尧舜禹抹杀论"的观点，其《论尧舜禹抹杀论》发表在《东洋时报》1908 年第 129 号上。
⑤廖名春：《试论古史辨运动兴起的思想来源》，《原道》第 4 辑，上海：学林出版社，1998 年版。
⑥林泰辅：《关于尧舜禹抹杀论》，分别载《汉学》第 2 编第 7 号，1911 年 7 月 5 日；《东亚研究》1911 年第 1 卷第 1 号；《东亚研究》1912 年第 2 卷第 1 号连载。

舜禹抹杀论》①，对白鸟氏之说进行反驳。

2.20 世纪 20 至 40 年代

1923 年，顾颉刚在《与钱玄同先生论古史书》中提出"禹为动物，出于九鼎"，后来，在《讨论古史答刘胡二先生》中，坚持"禹为动物"之说，放弃"出于九鼎"之说。又提出"禹是南方民族神话中的人物"这样一个假定，并列举了九项理由。1937 年 4 月写《九州之戎与戎禹》②一文时又放弃了"禹是南方民族神话中的人物"这一假定，提出禹的传说产生于西方戎族。禹原为戎的宗神，随着九州、四岳的扩大演化为全土共戴的神禹，更演化为三代之首君。

1937 年 7 月顾颉刚与童书业合写《鲧禹的传说》③，对鲧、禹传说的来源及其演变作了系统的论述，认为在《诗》、《书》中，禹的地位是独立的，事迹是神化的，禹与夏没有关系。到战国以后，禹才被说成是夏代始王。《山海经》、《天问》中鲧禹已成父子，《国语》和《左传》中鲧与夏亦发生关系。鲧、禹治水起初都用的"堙"，"填"的方法；鲧之所以失败，在于"不待帝命"，而非"湮洪水"。鲧防洪失败、禹疏洪水成功的说法是战国以后才出现的，这是因为战国时出现了防洪筑堤和疏水灌溉两种办法，筑堤害多而利少，疏水有利而无弊，由此防洪水的故事便渐归于上帝所殛的鲧，而疏洪水的故事就归于上帝所兴的禹了。

"古史辨"派学者对顾颉刚的禹传说研究纷纷撰文响应，如丁文江《论禹治水说不可信书》、钱玄同《论说文及壁中古文经书》、胡适《论帝天及九鼎书》等。又杨宽的《中国上古史导论》第十四篇《禹、句龙与夏后、后土》④对禹与句龙、禹生于石与娶涂山女之说、禹征有苗等进行了研究，认为鲧是东夷的神，禹是西夷的神。丁山《禹平水土本事考》⑤对禹的诸多事迹进行

---

① 〔日〕林泰辅：《再论尧舜禹抹杀论》，《东亚研究》1912 年第 2 卷第 9 号。

② 顾颉刚：《九州之戎与戎禹》，载《禹贡》半月刊第 6 卷第 6、7 合期，1937 年 4 月。后又收入吕思勉、童书业合编的《古史辨》第七册。

③ 顾颉刚、童书业：《鲧禹的传说》，载吕思勉、童书业合编的《古史辨》第七册下编。

④ 杨宽：《中国上古史导论》，上海：上海人民出版社，2016 年版，第 250～260 页。曾收入《古史辨》第七册上。

⑤ 该文写于 1939 年，后刊在《文史》1992 年第 34 辑，又载《古代神话与民族》，北京：商务印书馆，2005 年版，第 179～217 页。另外，丁山所著《中国古代宗教与神话考》一书虽完稿于 50 年代，但在 30 年代已成雏形，该书用比较神话学的视野对上古神话传说给予了深入的论析，其中有对大禹神话传说的研究。

了考辨,但多把这些传说还原为神话。傅斯年的《夷夏东西说》在谈到禹时,说:"禹的踪迹的传说是无所不在的,……不过春秋以前书中,禹但称禹,不称夏禹,……盖禹是一神道,……夏后氏祀之为宗神,然其与夏后有如何之血统关系,颇不易断。若匈奴号为夏后之裔,於越号称少康之后,当皆是奉禹为神,于是演以为祖者。"①这基本上沿袭顾颉刚先生的观点②。卫聚贤《古史研究·虞夏篇》③对尧舜禅让与禹治洪水进行了探讨,吕思勉《唐虞夏史考》④中亦有"共工禹治水"之论述。

而胡适的《古史讨论的读后感》则把顾颉刚研究古传说的方法进行了总结,认为顾颉刚是用历史演进的见解来观察历史上的传说;同时认为顾颉刚的"层累的造成的古史"观实来源于崔述,并称其为"剥皮主义",所不同的是,崔述剥古史的皮,只剥到"经",顾颉刚剥的更深,而且还研究那一层一层的皮是怎样堆砌起来的。⑤

在神话学界,茅盾指出:"中国神话在最早时即已历史化,而且'化'的很完全,古代史的帝皇,至少禹以前,都是神话中人物——神及半神的英雄。""和羿一样,禹也是古代神话中为民除害的半神英雄。""至少禹以前的,实在都是神话。如果欲系统地再建神话,必须先使古代史还原。"⑥与顾颉刚不同的是,茅盾是为了系统地研究神话传说,建立起中国古代神话的体系。但殊途同归,都是把古史传说还原为神话。

当然也有一些学者是反对顾颉刚的,他们仍然固守着传统的历史观,对顾颉刚抹杀尧舜禹极力反驳。如胡堇人、刘掞藜、柳诒徵等人纷纷撰文对顾颉刚提出批评。陆懋德《评顾颉刚〈古史辨〉》亦对顾颉刚的研究不太赞成,说:"顾君所标之治史方法虽极精确,然如尧舜禹等均为历史前的人物,终当待地下之发掘以定真伪,实不能仅凭书本字面之推求而定其有无者也。"同时,他也给予了肯定:"顾君之书虽未求得结论,而三千年以前之

①傅斯年:《史料论略及其他》,沈阳:辽宁教育出版社,1997年版,第160页。

②顾颉刚读到傅斯年这段话时说"此说助我张目",见《顾颉刚读书笔记》第四卷,台北:联经出版事业公司,1990年版,第2094页。

③卫聚贤:《古史研究》第三集,上海:商务印书馆,1936年版。

④载吕思勉、童书业合编的《古史辨》第七册下编。

⑤胡适:《古史讨论读后感》,《古史辨》第一册,上海:上海古籍出版社,1982年版,第192页。

⑥茅盾:《中国神话研究初探》(原名《中国神话研究ABC》),南昌:百花洲文艺出版社,1997年版,第212页。

尧舜禹者,其存在已受其影响,而其地位已感其动摇,则此书势力之大亦可惊矣。"①张荫麟《评近人对于中国古史之讨论》认为顾颉刚使用默证法过多,不足信。② 1944 年,钱穆与门弟子姚汉源著《黄帝》一书,内有一章《禹的故事》,其叙述简洁而通俗,然钱氏《弁言》云:"此书之作,盖不欲为无凭,其为近是与否,则以待当世博古君子,非余之私所当论也。"③探其意是说该书内容不是凭空虚说的,那么禹的故事也不是虚无的。

　　一些新史学家与传统守旧派一样,也反对怀疑尧舜禹。这其中最著名的当属王国维,他在《古史新证》里反对否认尧舜禹,并举了春秋时代秦国的秦公簋和齐国的叔夷钟,说里面都谈到了大禹的故事,所以他说春秋时代东西两个大国都承认有夏朝和禹。1929 年,郭沫若先生在《中国古代社会研究》书后的《夏禹的问题》中也提出:"禹与夏就文献中所见者确有关系,此必为夏民族之传说人物,可无疑。又夏民族与匈奴族有近亲之关系,当为中原之先住民族,此事于将来大规模的地底发掘上可望得到实物上的证据。"④

　　后来徐旭生曾对夏墟进行考察,并著《中国古史的传说时代》一书,他认为:"无论如何很古时代的传说总有它历史方面的质素,绝不是完全向壁虚造的。"⑤其肯定禹的传说。在《我们怎样来治传说时代的历史》一章中指出了"古史辨"存在的问题:广泛地使用默证;不能审慎地处理反对意见;夸大春秋和战国各学派间的歧异、矛盾;不能分辨或不愿意分辨掺杂神话的传说和纯粹神话的界限。

　　另外,1945 年汶川知县祝世德编辑出版的《大禹志》⑥,是全国唯一的一部研究夏禹王治平洪水的史志书籍。该书共分四卷,第一卷《禹乡》讨论禹的出生地址,第二卷《禹绩》叙述禹的事功,第三卷《禹本纪》记禹的历史,第四卷《禹赞》辑录古今以来对禹的评论。

　　综上所述,此一时期的大禹传说研究,多是从史学角度展开的,疑古派

①陆懋德:《评顾颉刚〈古史辨〉》,《古史辨》第二册,上海:上海古籍出版社,1982 年版,第 384 页。
②张荫麟:《评近人对于中国古史之讨论》,《古史辨》第二册,上海:上海古籍出版社,1982 年版,第
　271~287 页。
③钱穆:《黄帝》,北京:三联书店,2005 年版,第 1 页。
④郭沫若:《中国古代社会研究》,石家庄:河北教育出版社,2002 年版,第 296 页。
⑤徐旭生:《中国古史的传说时代》,北京:科学出版社,1960 年版,第 20 页。
⑥祝世德编:《大禹志》,成都:巴蜀书社,2012 年版。

与反疑古派针锋相对,争论激烈,实为学界盛事。而文学及神话方面的研究相对甚少。

3.20 世纪 50 至 70 年代

这一时期,先是新中国刚建立,百废待兴,后又经历了"文化大革命",学术研究长时期衰落不前。所以,有关大禹传说研究的论文亦是寥寥无几。值得一提的有:于省吾先生的《略论图腾与宗教起源和夏商图腾》,对夏商图腾问题进行了探讨,认为夏族图腾为薏苡。[①]　徐旭生的《1959 年夏豫西调查"夏墟"的初步报告》认为探索夏文化的区域,"第一是河南中部的伊洛平原及其附近,尤其是颍水谷的上游登封禹县地带"[②]。其他相关研究仅见于这一时期编著的古代史和文学史著作中:古代历史方面,如尚钺主编的《中国历史纲要》、郭沫若主编的《中国史稿》(第一册)、翦伯赞主编的《中国史纲要》(第一册)等;文学史方面,中国科学院文学研究所中国文学史编写组编写的《中国文学史》(第一册)、北京大学中文系文学专门化1955 级编纂的《中国文学史》(上册)以及游国恩等人主编的《中国文学史》(第一册)等。但是这些集体编纂的古代史和文学史著作涉及大禹时多是简单的论述,并未进行深入探讨。

这一时期顾颉刚先生仍然对禹的问题时有零散的论述,可见其对旧观点的继承与发展。1952 年他写的一条《叔向名禹》的笔记先引孙诒让《古籀余论》卷中:"《说文》:'螝,知声虫也。重文蜗,司马相如说:从向。'《玉篇·虫部》云:'螝,禹虫也。'若然,'禹'、'螝'一虫,禹字叔向,即取虫名为义。向,即蜗之省。此可证司马相如、顾野王说矣。"后曰:"禹之为虫,又得一证。"[③]1954 年他又在一则《高山族之蛇图腾》笔记中说:"近在中央民族学院见台湾高山族之器物,其族以蛇为图腾,其器物亦多蛇形之刻镂,或延体于筒,或伸颈于壶,或蟠于人像之两肩。以此可以推想禹为夏族之图腾,其器物刻镂亦必若此。夏器固尚未发现,然观殷、周铜器,所有盘螭、盘虺纹者,疑即禹图腾之遗留也。潘光旦君语予,曾在唐诗中见有'夔'字,即狒狒,则禹为动物固无疑。"[④]可见他自始至终是坚持着禹为动物之说的。

①于省吾:《略论图腾与宗教起源和夏商图腾》,《历史研究》1959 年第 11 期。
②徐旭生:《1959 年夏豫西调查"夏墟"的初步报告》,《考古》1959 年第 11 期。
③顾颉刚:《顾颉刚读书笔记》第四卷,台北:联经出版事业公司,1990 年版,第 2664 页。
④顾颉刚:《顾颉刚读书笔记》第五卷,台北:联经出版事业公司,1990 年版,第 3798 页。

1957年，顾颉刚又发表《息壤考》，对鲧、禹以息壤治水的神话，做了新的考辨，并对鲧、禹治水故事的演变做了进一步的论述。[①]

70年代，顾先生在《古史杂记》中列四处禹迹：阳城之禹（有启母石，《山海经》、《货殖列传》），安邑之禹（由唐虞建都冀州来，亦由"大夏"之名来），怀远之禹（亦有启母石，由禹会诸侯于涂山来），会稽之禹（由禹会群神于会稽，及禹禅会稽来）并说"此四说中，以阳城为近是"[②]。关于夏族迁徙问题，顾颉刚认为夏本在西方，后来发展至东方，而西土并未放弃；其后东夏为商所灭，桀奔南巢，其子奔匈奴为其君，又有一大部分迁居西土，而有"大夏"之名；[③]并认为河南南阳西通武关、郧关，是夏族东渐的最早根据地。[④] 关于禹伐有扈，顾氏认为："夏灭有扈，为古代盛传之事，此说明夏人之征服东夷。历代经师说扈为夏之同姓国，又说扈在今鄠县，皆非也。"[⑤]又认为"扈"即"顾"，本鸟夷之一，为夏所灭而封其同性，故为己姓，地在山东范县东南。至于《诗经》里"韦、顾既伐"之顾已不是鸟夷之族了。[⑥] 1972年顾颉刚在致李民的信中说："你省（河南省）是古代文化的摇篮地，虞、夏、商、周均建国在那里，可惜的是安阳甲骨文以前的文字还不曾发现过。甲骨文已是比较复杂的文字，在此以前必有一种或数种较简单的文字。"信还说："偃师一地之新发掘据北大友人言，龙山文化之下层为仰韶文化。有规模颇伟之建筑遗址，说不定是夏代物。……则河、洛之间为夏代政治中心自无疑义。所恨者，夏代史迹无文字可证明耳。"对此，李民先生说："顾颉刚先生在这封信中，一扫他过去怀疑夏史的见解，不仅承认了夏史的客观存在，而且较早地指出了一个重要的问题，即豫西的河洛地区是夏代的政治中心地区。"[⑦]

4.20世纪80年代以来

80年代以后，学术界开始呈现出繁荣的景象。古史学界，自李学勤先

①顾颉刚：《息壤考》，《文史哲》1957年第10期；后又收入《顾颉刚古史论文集》第二册，北京：中华书局，1988年版。

②顾颉刚：《顾颉刚读书笔记》第十卷，台北：联经出版事业公司，1990年版，第7589页。

③顾颉刚：《顾颉刚读书笔记》第十卷，台北：联经出版事业公司，1990年版，第7594页。

④顾颉刚：《顾颉刚读书笔记》第十卷，台北：联经出版事业公司，1990年版，第7625页。

⑤顾颉刚：《顾颉刚读书笔记》第十卷，台北：联经出版事业公司，1990年版，第7594页。

⑥顾颉刚：《顾颉刚读书笔记》第十卷，台北：联经出版事业公司，1990年版，第7611页。

⑦李民：《可贵的治学精神——悼念顾颉刚先生》，顾潮编《顾颉刚学记》，北京：三联书店，2002年版，第417～418页；原载《郑州大学学报》（哲学社会科学版）1981年第2期。

生提出"走出疑古时代"之后,大家多对古史传说持客观谨慎的态度。如李学勤先生即说:"古史中总是有神话的,可是它是和历史事实结合在一起,所以尧舜禹不是完全子虚乌有的。"①裘锡圭先生《新出土先秦文献与古史传说》根据新出土的先秦文献,对以顾颉刚为代表的"古史辨"派关于古史传说的一些意见作了一次检验,认为"在禹的治水方法方面,顾氏之说有得有失","顾颉刚关于大一统帝王世系的见解,应该是相当接近事实的"。②祁和晖提出了"类型化模拟习惯"的理论,认为夏禹是夏朝创业先民领袖群体的代表符号,这一符号有着深刻的历史含量,夏禹代表的群体是实有的历史存在,大禹个人则只是组成群体符号的一个成员。③

　　夏族的起源问题,是学术界长期争论的一个重要问题,有豫西说、晋南说、山东说、东南地区说、西北地区说、四川说等,具体论争情况,将在上编第二章中详述。

　　关于大禹治水,以前多认为大禹治水不可信,或者即便治水也只是很小的一个局部地域。现在有些学者已经明确提出禹治水是信史,如沈长云《论禹治洪水真象兼论夏史研究诸问题》④、程元敏《天命禹平治水土》⑤等文。也有学者从自然科学的角度来解释大禹治水。如周述椿《四千年前黄河北流改道与鲧禹治水考》认为黄河改道有一定的规律性,四千年前黄河北流改道正是鲧禹治水的时期⑥。吴文祥、葛全胜《夏朝前夕洪水发生的可能性及大禹治水真相》,根据古文献学、考古学以及天文学等多学科交叉研究的成果,认为夏朝建立前夕的史前大洪水是真实发生过的⑦。类似文章还有袁广阔《孟庄龙山文化遗存研究》⑧、王清《大禹治水的地理背景》⑨等。还有一些学者从其他角度对"大禹治水"传说给予了解读,范毓周《中

①李学勤:《在全国大禹文化学术研讨会上的演讲》,《大禹文化》2008年第1期,第8页;又载《先秦史研究动态》2007年第2期。

②裘锡圭:《新出土先秦文献与古史传说》,《中国出土古文献十讲》,上海:复旦大学出版社,2004年版,第23、30页。

③谭继和:《夏禹文化的新探索——近年来夏禹文化研究述评》,《中华文化论坛》2000年第1期。

④沈长云:《论禹治洪水真象兼论夏史研究诸问题》,《学术月刊》1994年第6期。

⑤程元敏:《天命禹平治水土》,载朱渊清、廖名春主编:《上博馆藏战国楚竹书研究续编》,上海:上海书店,2004年版,第311~326页。

⑥周述椿:《四千年前黄河北流改道与鲧禹治水考》,《中国历史地理论丛》1994年第1期。

⑦吴文祥、葛全胜:《夏朝前夕洪水发生的可能性及大禹治水真相》,《第四纪研究》2005年第6期。

⑧袁广阔:《孟庄龙山文化遗存研究》,《考古》2000年第3期。

⑨王清:《大禹治水的地理背景》,《中原文物》1999年第1期。

原文化在中国文明形成进程中的地位与作用》即指出："龙山时代晚期发生的洪水侵袭及'大禹治水'的历史事件,不仅解决了当时面临的水灾问题,而且加速了各部族间的联盟与融合,强化了中原集团的领导地位。"①赵逵夫先生《从〈天问〉看共工、鲧、禹治水及其对中华文明的贡献》指出："禹是在总结、吸收了他们(共工、鲧)经验的基础上,以疏导为主,采用防堵、疏导、钟聚相结合的办法,在治理黄河中下游及部分支流的巨大工程中,创造了辉煌的业绩。"②这些文章也多有可取之处。

关于禹都问题,80年代初,多数学者以登封阳城最为可靠,原因在于在登封告成镇附近发现二里头类型文化遗址多处,学者对此多有论述。③安金槐先生在《豫西夏代文化初探》④及《试论登封王城岗龙山文化城址与夏代阳城》⑤文中,认为王城岗城址可能和"禹都阳城"有关。值得注意的是沈长云提出"禹都阳城即濮阳说"⑥。而最近王城岗又新发现大城城址,"根据地望、年代、等级、与二里头文化关系以及'禹都阳城'等有关文献记载的综合研究,王城岗龙山文化晚期大城应即'禹都阳城'之阳城"⑦。

另外,还有从考古学角度对大禹传说进行研究的,如杜金鹏《关于"越为禹后说"的考古学探析》《试论夏商之际的民族迁徙与融合——关于九州"禹迹"的考古学研究》,叶文宪《"禹娶涂山"的考古学考察》,邵望平《禹贡九州风土考古学丛考》《禹贡九州的考古学研究》。特别是邵望平《禹贡九州的考古学研究》一文,引起众多学者的关注,该文"把中国史前文化分成若干个文化圈,以这些文化圈与《禹贡》讲的九州逐一对比。从对比的结

①范毓周:《中原文化在中国文明形成进程中的地位与作用》,《郑州大学学报》(哲学社会科学版)2006年第2期,第88页。

②赵逵夫:《从〈天问〉看共工、鲧、禹治水及其对中华文明的贡献》,《社会科学战线》2001年第1期,第94页。

③如:杨宝成《登封王城岗与"禹都阳城"》,《文物》1984年第2期,第63～66页;京浦《禹都阳城与王城岗遗址》,《文物》1984年第2期,第67～69页;裴明相《论登封王城岗城堡的性质》,《夏文化研究论集》,北京:中华书局,1996年版,第60～65页;马世之《王城岗遗址的再探讨》,《中原文物》1995年第3期,第53～57页。

④安金槐:《豫西夏代文化初探》,《中国历史博物馆馆刊》1979年第1期。

⑤安金槐:《试论登封王城岗龙山文化城址与夏代阳城》,《中国考古学会第四次年会论文集》,北京:文物出版社,1985年版。

⑥沈长云:《禹都阳城即濮阳说》,《中国史研究》1997年第2期,第11～18页。

⑦李伯谦:《〈登封王城岗考古发现与研究(2002—2005)〉序》,《中国文物报》2007年8月29日。

果,可以看出《禹贡》九州绝不是想象杜撰,而是有着深刻的历史背景的"①。

　　改革开放后,西方神话学理论纷纷传入中国,不少学者运用图腾理论、原型理论等展开了多视角的夏禹神话研究。如刘宗迪《禹步·商羊舞·焚巫尪——兼论大禹治水神话的文化原形》②认为焚巫尪求雨的习俗源于曲足而舞,即是禹步的原型,这种舞因而就获得了祈雨救旱或祈晴祛潦乃至于征神役鬼的魔力。因此,大禹治水神话的原型,不过是远古农耕时代季春雩祭仪式上,负责农田田间水利的司空之官舞蹈求雨并教民疏沟渠治水利之事。叶舒宪《〈山海经〉与禹、益神话》③依据《尚书》中"禹平水土、主名山川"之说,结合《山海经》全书鲜明的命名类物倾向,考查禹、益神话中言灵信仰和法术思维的诸种表现,在治水行为之外归结出巫术性符号行为的重要母题,从而说明作为"巫书"的《山海经》和作为"巫师王"的禹相互依托联类的神话思维背景。叶舒宪的另一篇文章《冬眠之熊与鲧、禹、启神话通解——从熊穴启闭获得的启发》④,发现欧亚大陆的文化遗址中较普遍出现熊女神偶像,熊罴成为再生女神的一种化身,从而加入到死而复活的神话原型系列中来,揭示了中国文化发生的伦理学意义。类似文章还有张开焱《鲧禹创世神话类型再探——屈诗释读与夏人神话还原性重构之三》⑤等。

　　关于大禹传说资料的整理。袁珂、周明合编的《中国神话资料萃编》⑥辑录了许多文献中有关大禹的神话资料。钟利戡、王清贵辑编的《大禹史料汇集》⑦以书为类,从经典文献、史籍文献、诸子文献等有关文献的每一部书中分别辑出大禹的资料,为后人研究大禹传说省去了搜集资料的麻烦,但其书校勘不精,使用时还需核对原文。80年代开始编辑的《中国民

---

①李学勤:《古史、考古学与炎黄二帝》,《走出疑古时代》(修订本),沈阳:辽宁大学出版社,1997年
　版,第41页。
②刘宗迪:《禹步·商羊舞·焚巫尪——兼论大禹治水神话的文化原形》,《民族艺术》1997年第
　4期。
③叶舒宪:《〈山海经〉与禹、益神话》,《海南大学学报》(社会科学版)1997年第3期。
④叶舒宪:《冬眠之熊与鲧、禹、启神话通解——从熊穴启闭获得的启发》,《长江大学学报》(社会科
　学版)2007年第4期。
⑤张开焱:《鲧禹创世神话类型再探——屈诗释读与夏人神话还原性重构之三》,《民族学研究》
　2007年第3期。
⑥袁珂、周明编:《中国神话资料萃编》,成都:四川省社会科学院出版社,1985年版。
⑦钟利戡、王清贵编:《大禹史料汇集》,成都:巴蜀书社,1991年版。

间故事集成》中收集了不少民间各地的大禹传说资料；而张振犁《中原神话研究》①则利用今河南民间流传的关于大禹神话传说，对洪水神话给予了解读。

　　大禹神话传说研究取得了丰硕成果，几乎已经涉及各个方面，不少论著观点新颖，构思独特，为夏禹神话研究注入了活力，这是值得我们欣慰的，也是值得肯定的。但是我们也看到虽然研究成果很多，但各家观点分歧很大，往往各执一词，众说纷纭。之所以会出现这么多分歧，主要是因为文献记载互相抵牾，学者或专据一书，或对其他文献视而不见，或对文献缺乏精审考证，或对考古文化随意牵合。因此大禹神话传说研究的空间还很大，还有待我们运用科学的研究方法，以认真的态度进一步深入研究，对夏禹神话给以综合的合理的阐释。

①张振犁：《中原神话研究》，上海：上海社会科学院出版社，2009 年版。

上编　夏禹神话中的"史影"

第一章　禹在上古帝系中的位置

20世纪二三十年代，顾颉刚先生就禹的世系问题与一些学者进行了激烈的讨论，顾先生一反传统观点，提出禹是神话中的人物，禹与尧舜的关系是后起的，禹与夏没有关系，禹是源于南方民族中的神话等观点。这一系列新论点立刻激起了学界的辩论，有支持的，亦有驳难的。今天我们没有固守传统的士大夫心理，更没有思想解放的历史使命，我们需站在客观、科学的立场上，重新看待禹的性质及相关问题。

第一节　关于传统的古史谱系

弗雷德里克·詹姆森说："我们需要考虑到我们同过去交往时必须要穿过想象界、穿过想象界的意识形态，我们对过去的了解总是要受制于某些深层的历史归类系统的符码和主题，受制于历史想象力和政治潜意识。"①中国古史谱系的形成，正是经历了各民族、各朝代政治权利以及意识形态的深层过滤。我们需要透过文本叙事的表层主题，分析其中深层的系统编码。

一、"疑古"与"走出疑古"对于上古世系的争论

这里讨论的"上古世系"主要是指夏代之前的帝王谱系。因为夏代之后的帝王世系的可靠性要远大于夏之前的世系，如《史记·殷本纪》所载先公先王之次序与甲骨卜辞所记基本相合，这已经被王国维证明了。而《史记·夏本纪》所记夏代帝王世系也应该是可靠的，因为夏距商不远，这种帝王传承大事完全有可能通过"口述史"流传下来。关于夏代世系，《竹书纪年》也有与《夏本纪》相似的记载：

---

① 〔美〕弗雷德里克·詹姆森：《马克思主义与历史主义》，载张京媛主编：《新历史主义与文学批评》，北京：北京大学出版社，1993年版，第19页。

　　《史记》中的夏世系：禹→启→太康→中康→相→少康→予→槐→

芒→泄→不降→扃→厪→孔甲→皋→发→履癸（桀）

　　《竹书纪年》中夏世系：禹→启→太康→少康→予（伯杼）→芬（发）

→荒（芒）→泄→不降→扃→胤甲→昊→发（敬、惠）→桀

《古本竹书纪年》曰："凡夏自禹以至于桀，十七王。"①（今辑本只有十四王）
《夏本纪》所记夏代世系也是十七王，两相比较，相差不大。而《竹书纪年》
司马迁是没有看到的，当然也不排除司马迁看到类似《竹书纪年》的典籍，
如上博简《容成氏》第 35 简云"［启］王天下十又六年〈世〉而桀作"，从启至
桀共十六世，再加上禹，也是十七世，只可惜《容成氏》并没有记载具体的帝
王名号，不能与《史记》相对照。因此，夏代的帝王谱系应该有很强的"史实
素地"。但夏代之前上古世系的可信度我们就需要谨慎了，我们既不能彻
底地否定它一无是处，又不能完全承认它的真实性。

　　自汉武帝"罢黜百家，独尊儒术"以后，儒家学说就一直占据我国封建
社会思想文化的统治地位，于是儒家"三皇五帝"的古史体系就成了中国传
统古史的信史。清代中叶，疑古兴起。崔述指出古书所载上古世系不可
信："自《易》、《春秋传》始颇言羲、农、黄帝时事，盖皆得之传闻。……及《国
语》、《大戴记》遂以铺张上古为事……加以杨、墨之徒欲绌唐、虞、三代之
治，藉其荒远无征，乃妄造名号，伪撰事迹，以申其邪说……逮谯周《古史
考》，皇甫谧《帝王世纪》，所采益杂，又推而上之，及于燧人、包羲。……于
是邪说诐词杂陈混列，世代族系紊乱庞杂，不可复问，而唐、虞、三代之事亦
遂为其所淆。"②崔述言之有据，敢于怀疑古书中的古史，开启了清末的疑
古之风。先是经今文学派对《左传》、《毛诗》、古文《尚书》、《逸礼》等古文经
的怀疑，至廖平、康有为、崔适等不仅怀疑古文经，还怀疑古史传说，认为诸
子编造古史是用来托古改制的。再加上西方达尔文"进化论"学说及新史
观传入中国，进一步冲击了中国的封建史学体系，特别是儒家编造的"三皇
五帝"伪古史体系。如康有为的《孔子改制考》，其第一卷就以"上古茫昧无
稽考"为题，云："六经以前无复书记，夏、殷无征，周籍已去，共和以前不可

---

①方诗铭、王修龄：《古本竹书纪年辑证》（修订本），上海：上海古籍出版社，2005 年版，第 20 页。关
　于十七王的说法，《大戴礼记·少间》言："禹崩，十有七世乃有末孙桀即位。"见方向东《大戴礼记
　汇校集解》，北京：中华书局，2008 年版，第 1158 页。
②［清］崔述：《崔东壁遗书》，上海：上海古籍出版社，1983 年版，第 17 页。

年识，秦、汉以后乃得详记。……夫三代文教之盛，实由孔子推托之故。……然夷考旧文，实犹茫昧，虽有美盛，不尽可考焉。"①夏曾佑的《中国历史教科书》更是将"太古三代"称为"传疑时代"。随后的"古史辨"派学者顾颉刚、胡适、钱玄同等人，以"疑古"为旗号，对中国的伪书和伪史进行了大规模的考辨和清理。

鉴于传统古史观推崇先圣和三代之治，违背进化史观的规律。1923年顾颉刚先是提出"层累地造成古史"说，1926年又在《答刘胡二先生书》中提出了四个"打破"：打破民族出于一元的观念；打破地域向来一统的观念；打破古史人化的观念；打破古代为黄金世界的观念。这四个"打破"可以说是顾颉刚从理论方面对"层累说"的完善和发展，其目的是以此来推翻非信史，辨别人们思想意识中的错误历史观念。② 接着，1933年在《古史辨》第四册序言中谈到拟编制《古史考》一书，欲从帝系、王制、道统、经学四个方面对传统古史体系作彻底的颠覆。③ 其中"帝系"这一方面，顾先生为《崔东壁遗书》写的序言《战国秦汉间人的造伪与辨伪》一文，可以算是对大一统帝王世系作了彻底的破坏：

> 在战国的时势中又有一个大运动，其性质的重要或者还超过了阶级的破坏，这是种族的混合。本来诸夏与蛮夷的界限分得很严。……
>
> 其实，就是诸夏的基本团体夏、商、姬、羌四族，他们也何尝出于一家。……所以他们不承认始祖的前一代是人，他们不承认本族和别族有共同的祖先。
>
> 当春秋时，……江淮之间，种族部落至复杂。……其实那时的部族是说不尽的交错复杂，问题之多乃还远过于我们的想象呢。
>
> 但是过了春秋，越灭了吴，就统一了东南部；楚……统一了淮水和长江南流域，秦……统一了西北和西南两部，齐向海上开拓，燕向东北开拓，赵向北部开拓，又统一了许多异族的地域，……再经秦汉的统一，于是他们真做了一家人了。
>
> ……本来楚的祖是祝融，到这时改为帝高阳（后人说他就是颛顼）

---

① ［清］康有为：《孔子改制考》，北京：中华书局，2012年版，第1页。
② 黄海烈：《顾颉刚"层累说"与20世纪中国古史学》，北京：中华书局，2016年版，第77页。
③ 顾颉刚：《顾序》，《古史辨》第四册，上海：上海古籍出版社，1982年版，第4页。

了。本来秦是玄鸟陨卵女修吞卵而生子的，到这时也是顼颛的苗裔
了。……本来越是纯粹南方部族，……到这时也是禹的子孙了。……
禹是被称为颛顼之孙的。

　　　　他们岂仅把上帝拉做人王，使神的系统变作了人的系统；而且把
　　　四方小种族的祖先排列了起来，使横的系统变成了纵的系统。……这
　　　样一来，任何异种族异文化的古人都联串到诸夏氏族与中原文化的系
　　　统里，直把"地图"写成了"年表"。①

顾颉刚先生认为大一统的帝王世系是"战国时代民族大团结运动与天帝降
为人王运动下之产物"，是不可信的。今天的出土简帛也进一步验证了顾
颉刚先生观点的可靠性。上博楚简《子羔》篇有一段讲述禹、契、后稷三王
降生的简文。把它与传世文献的记载相对照，裘锡圭先生认为汉以后的文
献在叙述三王降生神话时有古老的来源，但是简文中却没有契和后稷为帝
喾之子、禹为鲧之子颛顼之孙的说法，《子羔》篇的写作年代当为战国早期
或中期，因此，契和后稷为帝喾之子，禹为鲧之子颛顼之孙的说法的兴起当
是战国晚期，大一统帝王世系的最后形成也应该不会早于战国晚期。所
以，裘先生得出结论说："顾颉刚关于大一统帝王世系的见解，应该是相当
接近事实的。"②

　　　经过崔述、顾颉刚们的疑古思潮，传统的上古世系已经基本上被推
翻了。

　　　但自 20 世纪 90 年代李学勤先生提出"走出疑古时代"以后，一些学者
又开始相信古史体系，相信《帝系》、《史记·五帝本纪》的记载。如李学勤
先生曾对《大戴礼记》所收《帝系》篇给予评论说："《帝系》这种三代统出一
源的谱系，在近代备受学者讥评，以为子虚杜撰。不过既然各种古书都记
有基本相合的传说，意义是不容抹杀的。我觉得如果细心推求，其中不乏
启示。"③他又说："古史传说从伏羲、神农到黄帝，表现了中华民族萌芽发
展和形成的过程。《史记》一书沿用《大戴礼记》所收《五帝德》的观点，以黄

---

①见吕思勉、童书业编著《古史辨》第七册，上海：上海古籍出版社，1982 年版，第 17～21 页。
②裘锡圭：《新出土先秦文献与古史传说》，《中国出土古文献十讲》，上海：复旦大学出版社，2004 年
　版，第 30 页。
③李学勤：《〈帝系〉传说与蜀文化》，《走出疑古时代》（修订本），沈阳：辽宁大学出版社，1997 年版，
　第 215、217 页。

帝为《五帝本纪》之首,可以说是中华文明形成的一种标志。"①还有些学者比李先生走得更远,提出"由夏商周世系之可信,推测虞氏世系可以成立"②。

李学勤先生还根据《帝系》所载谱系,并参以其他文献,对黄帝二子玄嚣和昌意后世的谱系进行了重新排列,唐、虞、夏、商、周、蜀、楚都成了黄帝的后裔,并说:"黄帝这二子的居地分为一北一南。玄嚣一系,如帝喾、唐尧、商、周,都在北方。昌意一系,却多在南方或南方有关,例如虞舜'崩于苍梧之野,葬于江南九疑',夏禹生于石纽,崩于会稽,楚、蜀更是南方的诸侯。"③

李学勤先生为何如此推崇《帝系》呢? 可能是因为"李先生主张炎黄同源、三代同源,最好的支持莫过于《大戴礼记·帝系》,……李先生要恢复炎黄同源、三代同源的旧说,必须先树立《帝系》的权威,李先生正是这么做的。"④林沄先生对顾颉刚先生的"四个打破"表示支持,而对李学勤为《五帝德》《帝系姓》等古籍翻案则表示反对,他认为:"无论是不断积累的考古实物资料,还是地下出土的简牍资料,都不断证明'四个打破'是中国古史研究应该坚持的正确方向,《帝系姓》和《五帝德》这样的作品,实在看不出有什么翻案的前景。"⑤

对于传统的古史谱系,以顾颉刚先生为首的"疑古派"和以李学勤先生为首的"走出疑古派"形成了鲜明的分歧。那我们到底应该如何看待传统的上古世系呢?

二、正确对待传统的上古世系

中国传统的古史系统主要形成于战国秦汉时期。这其中以《大戴礼记》中的《五帝德》和《帝系》最具代表性,当然战国时期还有其他多种古史

---

①李学勤:《古史、考古学与炎黄二帝》,《走出疑古时代》(修订本),沈阳:辽宁大学出版社,1997年版,第41~42页。

②江林昌:《中国上古文明考论》,上海:上海教育出版社,2005年版,第235页。

③李学勤:《古史、考古学与炎黄二帝》,《走出疑古时代》(修订本),沈阳:辽宁大学出版社,1997年版,第44页。

④吴锐:《中国思想的起源》第一卷,济南:山东人民出版社,2003年版,第17页。

⑤林沄:《真该走出疑古时代吗? ——对当前中国古典学取向的看法》,《史学集刊》2007年第3期,第3页。

谱系与之并存。但司马迁却采用了《大戴礼记》的记载而撰写了《五帝本纪》，从此，《帝系》的古史系统成了中国传统古史的典范叙述。

司马迁为什么选择《大戴礼记》的记载来重构古史系统呢？他在《五帝本纪》中说："学者多称五帝，尚矣。然《尚书》独载尧以来，而百家言黄帝，其文不雅驯，荐绅先生难言之。孔子所传《宰予问五帝德》及《帝系姓》，儒者或不传。余尝西至空桐，北过涿鹿，东渐于海，南浮江淮矣，至长老皆各往往称黄帝、尧、舜之处，风教固殊焉。总之，不离古文者近是。"①据司马迁言，当时百家杂语中关于五帝的传说甚多，而且司马迁通过实地调查发现民间所称黄帝、尧舜多与《五帝德》、《帝系姓》相近，即"不离古文者近是"，《史记索隐》云："古文即《帝德》、《帝系》二书也，近是圣人之说。"②足见《五帝德》和《帝系姓》确是代表了当时大众的古史观。

另外，司马迁还说："予观《春秋》、《国语》，其发明《五帝德》、《帝系姓》章矣。"③《春秋》、《国语》中亦可以看到发明《五帝德》和《帝系姓》的影子，足见《五帝德》等说甚彰著也。因此，从民间流传、书本记载两个方面证明五帝的传说是由来已久的，在当时人看来这些传说是可信的，是有价值的，所以司马迁拿来记入《史记》中。

司马迁在写《五帝本纪》时可以说既从民间考察，又注意文献记载，可与王国维先生的"二重证据法"相媲美。但司马迁的这种双重证据能证明其所记载的上古帝王谱系就是真实的历史吗？当然不是。顾颉刚先生明确指出："《史记》所纪帝王世次，悉据《世本》之《帝系》篇，而《帝系》则为战国时代民族大团结运动与天帝降为人王运动下之产物，本不可信。司马迁既已编排《三代世表》，其诞妄彰彰矣，顾犹不能辨；直至宋代，欧阳修始抉其谬，洪氏承之，其非事实益明。"④

因此对于以《帝系》为代表的古史系统，我们要正确看待。

首先，《帝系》的古史系统并不是真实的历史记载。在《帝系》中我们可以看出，黄帝成了各族的最高帝王，帝喾和颛顼是两个较大的分支，在这两个分支下，实际上包括了唐尧、虞舜、夏、商、周、楚六个先世王系，在《世本》

---

① [汉]司马迁：《史记》卷一，北京：中华书局，1959年版，第46页。
② [汉]司马迁：《史记》卷一，北京：中华书局，1959年版，第46页。
③ [汉]司马迁：《史记》卷一，北京：中华书局，1959年版，第46页。
④ 顾颉刚：《顾颉刚读书笔记》第八卷，台北：联经出版事业公司，1990年版，第5839页。

中还有秦的先祖伯翳。从唐尧到秦楚，时代跨度如此之大，且他们的族源又不在同一地理位置，怎么可能所有的帝王世系都可以归宗到黄帝这一个祖先上来呢。比如《帝系》中有关于帝喾的一段记载："帝喾卜其四妃之子，而皆有天下。上妃，有邰氏之女也，曰姜原氏，产后稷；次妃，有娀氏之女也，曰简狄氏，产契；次妃曰陈隆氏，产帝尧；次妃曰陬訾氏，产帝挚。"[1]我们知道周之始祖后稷居于晋南地区，商的发源地在豫北冀南，两族本不在一个地域。而在《帝系》中周之始祖后稷和商之始祖契都成了帝喾的儿子，实在是有悖历史事实。

作者创作《帝系》的时代我们已经无法客观地再现，但是我们可以试着探索它产生的文化结构——包括创作者的心理特点、社会地位、政治立场，以及所处的文化环境。顾颉刚先生就已经做了初步的工作。他在《古史辨》第四册序言中对此解释说："我们的古史里藏着许多偶像，而'帝系'所代表的是种族的偶像。……在周代时原是各个民族各有其始祖，而与他族不相统属。……到了战国时，许多小国并吞的结果，成了几个极大的国，后来秦始皇又成了统一的事业。但各民族间的种族观念是向来极深的，……于是有几个聪明人起来，把祖先和神灵的'横的系统'改成了'纵的系统'，把甲国的祖算做了乙国的祖的父亲，又把丙国的神算做了甲国的祖的父亲。……最显著的，当时所谓华夏民族是商和周，而周祖后稷是帝喾元妃之子，商祖契是帝喾次妃之子，帝喾则是黄帝的曾孙，可见华夏的商周和蛮夷的楚越本是一家。"[2]

因此，《帝系》中的谱系系统只能代表战国后期的民族大一统思想，其可信性是值得怀疑的。但其中所载的传说人物却有着久远的历史背景。所以王国维在《殷卜辞中所见先公先王考》中说："夫《山海经》一书其文不雅驯，其中人物，世亦以子虚乌有视之；《纪年》一书亦非可尽信者，而王亥之名竟于卜辞见之。其事虽未必尽然，而其人则确非虚构。可知古代传说存于周秦之间者，非绝无根据也。"[3]传说人物在先秦时已经广泛流传，但他们之间的谱系，《帝系》只是一家之言。同时，我们不能因为《帝系》所列系统不符合事实，便说其一无是处。它有其存在的价值，其意义就在于它

---

[1]方向东：《大戴礼记汇校集解》，北京：中华书局，2008 年版，第 738 页。
[2]顾颉刚：《顾序》，《古史辨》第四册，上海：上海古籍出版社，1982 年版，第 5～7 页。
[3]王国维：《观堂集林》第二册，北京：中华书局，1959 年版，第 416～417 页。

代表了当时的史学自觉。

其次,我们要认识到《帝系》形成的历史土壤。春秋战国时期,人们特别喜欢讲世系。"《世》"是春秋贵族子弟的必修课,"教之《世》,而为之昭明德而废幽昏焉,以休惧其动"。① 西周是世族政治,特别重视宗法血统,宗法制就是以血缘关系为基础,组织、统治社会的法则。因此,关于世系方面的典籍就非常多,如《世本》,《大戴礼记》中的《五帝德》、《帝系》、《五帝系谍》(佚)、《春秋历谱谍》(佚)、《秦记》(佚)、《帝王诸侯世谱》(佚),稍后有《帝王世纪》等。出土文献中也有这方面的材料,金文中就有世族的内容,过去吴其昌先生撰有《金文世祖谱》就是代表。新近发现的竹简中,上博简《良臣》记述黄帝以至春秋著名君主的良臣,依次为黄帝、尧、舜、禹、汤、武丁、文王、武王、成王、晋文公、楚成王、楚昭王、齐桓公、吴王光、越王勾践、秦穆公、宋(襄公)、鲁哀公、郑桓公、郑定公、子产之师、子产之辅、楚共王。黄帝到西周是依时代顺序,春秋时期则系分国编排。清华简《楚居》主要讲述自季连开始到楚悼王,共二十三位楚先公、先王的居处与迁徙,也有世系的性质。因此春秋战国时期出现大量的世系图书就很自然了。《帝系》实际上就是在这样的背景下综合各种记载而形成的。

其三,《帝系》并非一无是处。对于这样一个帝王世系,现在看来并不可靠,但是这个帝系里某些"单元":包括一部分世系或某个传说人物,是有着很古的源头的。《帝系》是一种史学自觉,是民族大融合下的产物,在当时是信以为真的。弗莱有一段话可以很好地说明《帝系》作为一个庞大的神话体系的价值:

> 首先,众多神话汇聚在一起,形成了神话体系,涵盖了该社会所关心或忧虑的一切的宗教和历史启示。其次,作为汇聚过程的一部分,神话在某一特定文化中扎根,它们的功能之一便是以自己的神话话语告诉那种文化它自己是什么,又何以如此。这样,神话把共有的典故财富就传输给了那种特定的文化。②

---

① 徐元诰集解:《国语集解》,北京:中华书局,2002年版,第485页。

② 〔加拿大〕诺思洛普·弗莱:《世俗的经典——传奇故事结构研究》,孟祥春译,上海:上海人民出版社,2010年版,第10页。作者在这里所说的"神话"有其特定的含义,用作者自己的话说:"我把一个社会的口头文化中较为重要的那类故事称为神话,神话有其特定含义,脱离了本书,必须再细致界定才行得通。"(该书第7页。)

所以,我们关注这样一个帝系,并不在于它是否基于"真实的过去";我们重视的是它被书写为一种叙事,一种与当时社会情境密切相关的叙事,它反映了当时叙事文本的文化结构:民族融合、诸子立说、始祖崇拜、文化下移等等。帝系有其一定的价值,但不能完全相信它的"真实"性,它是在特定的时空里被采集记录下来,反映着特定时空的集体认同,是一种文化记忆中的"真实"。对于这样一个研究对象,我们不能用求真的方法,不能陷入像传统西方神话学那样"历史的"或者"寓意的"动机决定论的思考窠臼。

同样,对于"疑古"和"走出疑古"我们都要谨慎,疑古和走出疑古都应当建立在证明古史的基础上,既不是为了完全推翻古史,也不是为了完全相信古史,都不能走过了头,过犹不及。

第二节　尧舜禹的关系

20世纪20年代,顾颉刚先生曾指出,禹的传说起源最早,尧舜的传说是晚于禹的;而尧舜禹的禅让是墨家创造出来的,再由儒家的宣传而广泛流传起来。现在根据新出土材料,顾先生的这些观点都需要修正。

一、尧舜禹关系的来源

崔述指出:"夫《尚书》但始于唐、虞,及司马迁作《史记》乃起于黄帝,谯周、皇甫谧又推之以至于伏羲氏,而徐整以后诸家遂上溯于开辟之初,岂非以其识愈下则其称引愈远,其世愈后则其传闻愈繁乎?"[①]顾颉刚的"层累的造成的中国古史"说实源于崔述。

1923年,顾氏在《与钱玄同先生论古史书》中说明了其"层累地造成的中国古史"三个意思:

第一,可以说明"时代愈后,传说的古史期愈长"。如这封信里说的,周代人心目中最古的人是禹,到孔子时有尧舜,到战国时有黄帝神农,到秦有三皇,到汉以后有盘古等。

第二,可以说明"时代愈后,传说中的中心人物愈放愈大"。如舜在孔子时只是一个"无为而治"的圣君,到《尧典》就成了一个"家齐而

_____

① [清]崔述:《崔东壁遗书·补上古考信录卷上》,上海:上海古籍出版社,1983年版,第28页。

后国治"的圣人,到孟子时就成了一个孝子的模范了。

　　第三,我们在这上,即不能知道某一件事的真确状况,但可以知道某一件事在传说中的最早的状况。我们即不能知道东周时的东周史,也至少能知道战国时的东周史;我们即不能知道夏商时的夏商史,也至少能知道东周时的夏商史。①

在"层累说"的架构下,对于尧舜禹的关系,顾颉刚认为《诗经》中有若干禹,但尧舜不曾一见,尚书(除《尧典》、《皋陶谟》)有若干禹,但尧舜也不曾一见,故尧舜禹的传说,禹起先尧舜后起是无疑的。"东周的初年只有禹,是从《诗经》上可以推知的,东周的末年更有尧舜,是从《论语》上可以看到的。"②继而又在《讨论古史答刘胡二先生》中说:"《诗经》和《尚书》(除首数篇)中全没有说到尧舜,似乎不曾知道有他们似的;《论语》中有他们了,但还没有清楚的事实;到《尧典》中,他们的德行政事才灿然大备了。"顾颉刚先生根据《诗》、《书》和《论语》对尧舜禹记载的多少,"觉得禹是西周时就有的,尧舜是到春秋末年才起来的。越是起得后,越是排在前面"③。顾颉刚之所以得出这样武断的结论,是因为他对有些典籍的成书年代判断失误,如他认为《左传》是战国时的著作,《尚书》中的《尧典》、《皋陶谟》也靠不住,而这些文献中有大量尧舜的故事。

　　新见西周铜器燹公盨铭文中有禹受天命治水土的记载,裘锡圭先生根据禹受上帝之命的记述,认为"在这样的传说里,根本不可能有作为禹之君的人间帝王尧、舜的地位。顾氏认为尧、舜传说较禹的传说后起,禹跟尧、舜本来并无关系的说法,当然也是正确的"④。裘锡圭同意顾氏的观点。对此,笔者认为还可以进一步探讨。因为"天命"观是西周时期流行的思想⑤,不能由于"天命"的存在便抹杀了尧舜的存在。在上博简《子羔》篇第九简中,子羔问于孔子曰:"三王者之作也,皆人子也,而其父贱而不足称也

① 顾颉刚:《与钱玄同先生论古史书》,《古史辨》第一册,上海:上海古籍出版社,1982年版,第60页。

② 顾颉刚:《与钱玄同先生论古史书》,《古史辨》第一册,上海:上海古籍出版社,1982年版,第63页。

③ 顾颉刚:《自序》,《古史辨》第一册,上海:上海古籍出版社,1982年版,第51~52页。

④ 裘锡圭:《新出土先秦文献与古史传说》,《中国出土古文献十讲》,上海:复旦大学出版社,2004年版,第22页。

⑤ 关于"天命"思想,下文将有详细阐述。

欤？殴（抑）亦成天子也欤？"①对三王（禹、契、后稷）既称"人子"，又称"天子"（天帝之子）。可见"燹公盨关于禹受'天命'的记法，丝毫也不意味着在当时对禹的整个传说中不可能有关于舜和尧等人的地位以及禹同舜之间关系的内容，只不过在燹公盨铭文中确未包括这些内容罢了"②。

顾颉刚之所以认为尧舜后起，是因为使用默证法的结果。当时张荫麟已指出其弊端："试问《诗》、《书》（除《尧典》、《皋陶谟》）是否当时历史观念之总记录，是否记载唐虞事迹有系统的历史，又试问其中有无涉及尧舜事迹之需要。"③此说得很有道理。再如黄帝，在顾颉刚看来那是战国人造出来的，因为《诗》、《书》中没有黄帝的记载。但是《逸周书·尝麦》篇记载了黄帝的事迹，过去大家认为《尝麦》篇成书较晚。据李学勤先生研究，该篇中的很多文字类似西周较早的金文，而且篇中黄帝、蚩尤和启之五观等故事，与《吕刑》蚩尤作乱、苗民弗用灵可以相呼应，据而推断："《尝麦》有可能是穆王初年的作品。"④如此，黄帝的传说在西周也是有的。故不能据有限的传世文献的记载而断定传说人物的有无。

顾颉刚先生"层累地造成的中国古史"观虽有积极的一面，但亦有可商榷的地方。钱穆先生在其《国史大纲》中对这一观点提出了异议：

> 从一方面看，古史若经后人层累地造成；惟据另一方面看，则古史实经后人层累的遗失而淘汰。层累之造成之伪古史固应破坏，层累遗失的真古史，尤应探索。此其一。各民族最先历史无不从追记起来，故其中断难脱离"传说"与带有"神话"之部分。若严格排斥传说，则古史即无从说起。此其二。且神话有起于传说之后者，如因看《三国演义》而怀疑陈寿《三国志》。此其三。假造亦与传说不同，如后起史书整段的记载与描写，或可出于假造，以成于一手也。如《尚书》之《尧典》、《禹贡》等。其散见各书之零文短语，则多系往古传说，非出后世一人或一派所伪造。其以流传普遍。如舜与禹其人等。此其四。欲

①马承源主编：《上海博物馆藏战国楚竹书（二）》，上海：上海古籍出版社，2002年版，第192～193页。

②谢维扬：《古书成书和流传情况研究的进展与古史史料学概念——为纪念〈古史辨〉第一册出版八十周年而作》，《文史哲》2007年第2期，第52页。

③张荫麟：《评近人对于中国古史之讨论》，《古史辨》第二册，上海：上海古籍出版社，1982年版，第273页。

④李学勤：《尝麦篇研究》，《古文献丛论》，上海：上海远东出版社，1996年版，第94页。

排斥某项传说,应提出与此传说相反之确据。否则此传说即不能断其
必为伪或必无有。亦有骤视若两传说确切相反,不能并立,而另一番
新的编排与新的解释,而得其新鲜之意义与地位者。此其五。①

钱穆的这段论说针对"层累的造成的古史观"而发,对传说的流传问题提出
了看法,有一定的理论高度。他提出:研究古史不能排斥传说;层累的真古
史尤应探索;有些神话起于传说之后;排斥某种传说应提出相反之确据;零
文短语之古传说非后世伪造等,这些观点都有一定的道理。特别是钱穆先
生提到的"若严格排斥传说,则古史即无从说起","不能因神话而抹杀传
说",充分注意到了传说对于古史研究的重要性。

　　确如钱穆先生所言,在没有文字记载的时代,历史就是以神话和传说
的方式世代口耳相传。等到有了文字,肯定先记载当下的历史,然后才会
追记以前的历史,即钱穆先生所说的"各民族最先历史无不从追记起来,故
其中断难脱离'传说'与带有'神话'之部分"。因此晚出文献所记载的上古
传说不能一概抹杀,或视为伪造,应当审慎的分析文本。另外,即便是"层
累",它也是有一定原则,并非胡乱地层累,"我们的古史传说是有系统的,
燧人、伏羲的传说,可以说明前氏族社会,尧舜禹的传说可以说明氏族社
会,夏代传子的记载,可以说明着氏族社会晚期的父系家长制。如果是由
于后人无原则地堆积,一定会次序颠倒,伏羲也许到大禹的下面"②。对于
层累说,要用辩证的观点去看待,既要看到它的长处,又要不避讳它的短
处,要充分考虑它的复杂性。因此,简单地用"层累说"来概括尧舜禹传说
的兴起是不够全面的,更不足以说明中国上古传说演变过程中的所有
问题。

二、尧舜禹禅让传说

　　对于禅让传说,近现代学人各持己说,未有定论。杨向奎《禅让传说起
于墨家考・书后》曾把郭沫若、顾颉刚、钱穆、蒙文通等人对于尧舜禅让说
的考订,归纳为三种说法:一是郭沫若、钱穆的选举说,二是蒙文通的争夺

---

①钱穆:《国史大纲》(修订本),北京:商务印书馆,1994年版,第8~9页。
②杨向奎:《"古史辨"派的学术思想批判》,《文史哲》1952年第2期。

说,三是顾颉刚的儒墨的创造宣传说。① 近人王玉哲先生则认为尧舜禹时代正处于民主选举到王权世袭的过渡阶段,禅让与篡夺的并存正是"传贤"制向"传子"制过渡阶段的真实反映。② 其观点亦值得注意。以上诸说,或依据文献记载,或出于推断,持之有据,各有道理,很难考究谁对谁错。但古书当中既然有这么多的记载,肯定有一定的史实成分,像《尧典》这样记载禅让的文献,虽然成书较晚,出于后人之手,但其中传说的"内核",并非完全后人捏造。最近新出土竹简中有关于禅让传说的内容,使过去大家纠缠的一些问题有了进一步的认识。

(一)出土文献中的禅让传说

上海博物馆藏战国竹简《子羔》、《容成氏》,郭店楚简《唐虞之道》都有禅让传说的内容,而以《唐虞之道》最具鼓吹性。

上博简《子羔》的简序,陈剑先生曾作过重新编排,现将相关内容简1＋简6＋简2录之于下:

> □有虞氏之乐正瞽瞍之子也。子羔曰:何故以得为帝? 孔子曰:昔者而弗世也,善与善相受也,故能治天下,平万邦,使无有小大𨾭脆,使皆【1】得其社稷百姓而奉守之。尧见舜之德贤,故让之。子羔曰:尧之得舜也,舜之德则诚善【6】与? 伊(抑)尧之德则甚明与? 孔子曰:钧(均)也。舜童于童土之田,则【2】③

《子羔》篇借子羔与孔子问答的形式,说明舜之所以能为帝,是因为"昔者而弗世也,善与善相受也"。"弗世"即"禅而不传"的意思④,禅而不传才能"治天下,平万邦"。另外,尧之德甚明、舜之德诚善,也是能成此禅让之事的关键因素。

上博简《容成氏》篇首云"……[尊]卢氏、赫胥氏、乔结氏、仓颉氏、轩辕氏、神农氏、□□氏、墟遟氏之有天下也,皆不授其子而授贤",把禅让得历

---

①杨向奎:《禅让传说起于墨家考·书后》,《古史辨》第七册(下),上海:上海古籍出版社,1982年版,第107～109页。

②王玉哲:《尧、舜、禹"禅让"与"篡夺"两种传说并存的新理解》,《古史集林》,北京:中华书局,2002年版,第20～25页;原载《历史教学》1986年第1期。

③陈剑:《上博简〈子羔〉、〈从政〉篇的竹简拼合与编连问题小议》,《战国竹书论集》,上海:上海古籍出版社,2013年版,第24页。

④孟蓬生:《上博竹书(二)字词札记》,朱渊清、廖名春主编:《上博馆藏战国楚竹书研究续编》,上海:上海书店出版社,2004年版,第473页。

史追溯的如此遥远；又说"尧以天下让于贤者，天下之贤者莫之能受也。万邦之君皆以其邦让于贤"，效仿尧之禅让竟有万邦之君，其对禅让的鼓吹和夸饰由此可见。后面又讲了尧让舜、舜让禹、禹让皋陶和益等事。如：

> 尧有子九人，不以其子为后，见舜之贤也，而欲以为后。【12】

> 舜乃老，视不明，听不聪。舜有子七人，不以其子为后，见禹之贤也，而欲以为后。禹乃五让以天下之贤【17】者，不得已，然后敢受之。

> 禹有子五人，不以其子为后，见【33】皋陶之贤也，而欲以为后。皋陶乃五让以天下之贤者，遂称疾不出而死。禹于是乎让益，启于是乎攻益自取。【34】①

这里有两点需要注意。一是"禹乃五让"的记载，传世文献中虽有禹避舜之子于阳城的传说，但没有明确说明是"五让"，而且"让"的对象也不是商均，而是"天下之贤者"。这是《容成氏》作者对禹谦让美德的夸赞和推崇。二是《容成氏》"启于是乎攻益自取"的记载，是不同于《孟子·万章上》和《史记·夏本纪》的记载的。②《孟子》和《夏本纪》记载的益启之间的王位传递是平和的，益是谦让，启则是得民意，二者并未发生实质性的冲突。可见孟子所代表的儒家对于上古帝王是曲意维护的。而《容成氏》则用了"攻"来描述他们之间的王位争夺，这和《竹书纪年》的记载相同。由此又看出《容成氏》可能并非儒家的作品。

如果说《子羔》和《容成氏》是偏重于讲史，那么郭店简《唐虞之道》则重在说理，论说"禅而不传"的重大意义："唐虞之道，禅而不传。尧舜之王，利天下而弗利也。禅而不传，圣之盛也。利天下而弗利也，仁之至也。……必正其身，然后正世，圣道备矣。故唐虞之[道，禅]也。"③这种论调至始至

---

① 李零整理：《容成氏》，马承源主编：《上博博物馆藏战国楚竹书（二）》，上海：上海古籍出版社，2003 年版，第 258、263、276 页。释文及简序参考陈剑《上博简〈容成氏〉竹简拼合与编连问题小议》，《上博馆藏战国楚竹书研究续编》，上海：上海书店出版社，2004 年版，第 328～332 页。

② 《孟子·万章上》云："禹荐益于天，七年，禹崩。三年之丧毕，益避禹之子于箕山之阴。朝觐讼狱者，不之益而之启，曰：'吾君之子也。'讴歌者，不讴歌益而讴歌启，曰：'吾君之子也。'"见焦循：《孟子正义》，北京：中华书局，1987 年版，第 647 页。《史记·夏本纪》本于《孟子》，也说："三年之丧毕，益让帝禹之子启，而避居箕山之阳。禹子启贤，天下属意焉。及禹崩，虽受益，益之佐禹日浅，天下未洽。故诸侯皆去益而朝启，曰：'吾君帝禹之子也。'于是启遂即天子之位，是为夏后帝启。"

③ 荆门市博物馆编：《郭店楚墓竹简》，北京：文物出版社，1998 年版，第 157 页。

终贯穿全篇：

> 尧舜之行，爱亲尊贤。爱亲故孝，尊贤故禅。孝之杀，爱天下之
> 民。禅之传，世亡隐德。孝，仁之冕也。禅，义之至也。六帝兴于古，
> 皆由此也。……知[天下]之政者，能以天下禅矣。
>
> 禅而不传义恒[绝，夏]始也。
>
> 禅也者，上德授贤之谓也。上德则天下有君而世明，授贤则民举
> 效而化乎道。不禅而能化民者，自生民未之有也，如此也。①

由此可见《唐虞之道》对禅让的推崇。发掘者根据墓葬形制、器物特征等判
断郭店墓的下葬年代"具有战国中期偏晚的特点，其下葬年代当在公元前
4 世纪中期至前 3 世纪初"②。因此，该篇的抄写年代当在战国中期以前，
李存山先生明确指出《唐虞之道》当写于公元前 318 年燕王哙让国事件
之前。③

《子羔》与《唐虞之道》学界多认为是儒家作品，《容成氏》所属学派还未
确定。这几篇文献的出土，可以纠正顾颉刚先生关于儒家禅让说的观点。
裴锡圭先生指出："顾颉刚以为孟子、荀子对禅让的态度可以代表战国时代
整个儒家的态度，并且认为儒家著作中完全肯定禅让的内容，都只能出自
荀子之后受墨家影响的儒家之手。《唐虞之道》和《子羔》的出土，证明这种
看法是错误的。"④

《孟子·万章上》有一段话：

> 万章问曰："人有言：至于禹而德衰，不传于贤而传于子。有诸?"
> 孟子曰："否，不然也。天与贤，则与贤；天与子，则与子……其子之贤
> 不肖，皆天也，非人之所能为也。……唐、虞禅，夏后、殷、周继，其义
> 一也。"⑤

---

①荆门市博物馆编：《郭店楚墓竹简》，北京：文物出版社，1998 年版，第 157～158 页。参考李零：
　《郭店楚简校读记》，北京：北京大学出版社，2002 年版。

②湖北省荆门市博物馆：《荆门郭店一号楚墓》，《文物》1997 年第 7 期，第 47 页。

③李存山：《先秦儒家的政治伦理教科书——读楚简〈忠信之道〉及其他》，《中国文化研究》1998 年
　冬之卷（总第 22 期），第 23 页。

④裴锡圭：《新出土先秦文献与古史传说》，《中国出土古文献十讲》，上海：复旦大学出版社，2004 年
　版，第 33 页。

⑤[清]焦循：《孟子正义》，北京：中华书局，1987 年版，第 646～652 页。

从这段论述看,孟子是既没有倡导禅让,也没有反对传子,而是认为"唐、虞禅,夏后、殷、周继,其义一也"。孟子对于禅让已经不像《唐虞之道》那样坚持,因此孟子很有可能经历过燕国让国的悲剧,所以他才会对禅让与传子进行重新整合,而且"在孟子所作的整合中,不再拘泥于'禅'与'传'两种不同的政权更迭形式,而是更强调要顺乎天而应乎人"①。

《礼记·礼运》篇有一段话则与《子羔》和《唐虞之道》相近:

> 大道之行也,天下为公,选贤与能,讲信修睦。故人不独亲其亲,不独子其子……是谓大同。今大道既隐,天下为家,各亲其亲,各子其子,货力为己,大人世及以为礼……故谋用是作,而兵由此起。禹、汤、文、武、成王、周公由此其选也。……是谓小康。②

此段文字认为大同时代是禅让,"天下为公,选贤举能";小康时代是传子,"天下为家,各亲其亲",并且认为小康时代自禹起,所谓"禹、汤、文、武、成王、周公,由此其选也"。"天下为家",郑玄注云:"传位于子。"孔颖达云:"天下为家者,父传天位与子,是用天下为家也,禹为其始也。"③这与《唐虞之道》"禅而不传义恒[绝,夏]始也"含义相近。而与孟子缓和禅让与传子的对立不同。

由此可知,《礼记·礼运》的时代当在《唐虞之道》和《孟子》之间。所以,在孟子之前,包括传世文献《礼运》在内,对禅让说是积极提倡的。因此,顾颉刚"所以会产生禅让说起于墨家的想法,主要是由于他把孟、荀对禅让说的消极和反对的态度,当成了整个儒家对禅让说的态度"④。还有就是他对《礼记·礼运》篇著作时代的判断错误,他把《礼运》看作是荀子之后的作品了。过去,由于受疑古思潮的影响,很多人认为《礼记》(包括《大戴礼记》)所收诸篇是战国晚期至汉代的作品。现在从新出土文献的有关资料来看,这一估计显然要晚。郭店简和上博简的儒家作品中有不少篇章

---

① 李存山:《反思经史关系:从"启攻益"说起》,《中国社会科学》2003 年第 3 期,第 80 页。
② [清]阮元校刻:《十三经注疏·礼记正义》(清嘉庆刊本),北京:中华书局,2009 年版,第 3062～3063 页。
③ [清]阮元校刻:《十三经注疏·礼记正义》(清嘉庆刊本),北京:中华书局,2009 年版,第 3062～3063 页。
④ 裘锡圭:《新出土先秦文献与古史传说》,《中国出土古文献十讲》,上海:复旦大学出版社,2004 年版,第 34 页。

与大、小戴《礼记》有关，如郭店简和上博简都有《缁衣》篇，上博简《民之父母》与《礼记·孔子闲居》的前半篇相合，上博简《武王践阼》与《大戴礼记·武王践阼》有同源关系，上博简《内礼》与《大戴礼记》的《曾子立孝》，郭店简《性自命出》与《礼记·檀弓下》也有相近的内容。郭店简和上博简典籍的撰成时间不晚于战国中期，大、小戴《礼记》中各篇的撰成时间，也应有不少不晚于战国中期。①

当然顾颉刚先生的《禅让传说起于墨家考》也有贡献，裘锡圭先生给予了客观的评定："顾氏指出战国时代盛传的尧舜禅让等传说，把受禅者说成有贤德的平民，这种说法只有在战国时代的社会背景下才能产生，决不反映历史事实。这是完全正确的。指出这一点，是《禅让考》的主要贡献。"②但是，把"禅让说"说成纯是战国人伪造，则是有待商榷的，因为无论如何竹简中的这些禅让材料并不能都是伪造的，它总有一些"史实素地"在里面。

(二)先秦诸子禅让说辨析

从出土材料关于禅让传说的记载我们可以看出，在战国时代确实普遍流传禅让传说。下面我们分析一下先秦诸子关于禅让说的论述。

儒家文献中盛赞禅让之举者，除了上文所说的《礼记·礼运》、《孟子》，还有《论语·尧曰》篇："尧曰：'咨！尔舜！天之历数在尔躬，允执其中。四海困穷，天禄永终。'舜亦以命禹。"③《颜渊》篇："舜有天下，选于众，举皋陶，不仁者远矣；汤有天下，选于众，举伊尹，不仁者远矣。"④《尚书》中的《尧典》所载的禅让故事最为详细：

> 帝曰："畴咨若时登庸？"放齐曰："胤子朱启明。"帝曰："吁！嚚讼可乎？"⑤

> ……　……

> 帝曰："咨！四岳。朕在位七十载，汝能庸命，巽朕位？"岳曰："否德忝帝位。"曰："明明扬侧陋。"师锡帝曰："有鳏在下，曰虞舜。"帝曰：

①参看裘锡圭《出土文献与古典学重建》，李学勤主编：《出土文献》第四辑，上海：中西书局，2013年版，第10～11页。

②裘锡圭：《新出土先秦文献与古史传说》，《中国出土古文献十讲》，上海：复旦大学出版社，2004年版，第37页。

③[清]阮元校刻：《十三经注疏·论语注疏》(清嘉庆刊本)，北京：中华书局，2009年版，第5508页。

④[清]阮元校刻：《十三经注疏·论语注疏》(清嘉庆刊本)，北京：中华书局，2009年版，第5440页。

⑤[清]阮元校刻：《十三经注疏·尚书正义》(清嘉庆刊本)，北京：中华书局，2009年版，第256页。

"俞？予闻，如何？"岳曰："瞽子，父顽，母嚚，象傲；克谐以孝，烝烝乂，不格奸。"帝曰："我其试哉！女于时，观厥刑于二女。"厘降二女于妫汭，嫔于虞。帝曰："钦哉！"①

⋯⋯ ⋯⋯

帝曰："格！汝舜。询事考言，乃言底可绩，三载。汝陟帝位。"舜让于德，弗嗣。正月上日，受终于文祖。②

《荀子》对于禅让是矛盾的，《成相》篇说："请成相，道圣王，尧、舜尚贤身辞让。⋯⋯舜授禹，以天下，尚得推贤不失序。"③《正论》篇又云："世俗之为说者曰：'尧舜擅让。'是不然。⋯⋯诸侯有老，天子无老。有擅国，无擅天下，古今一也。夫曰'尧舜擅让'是虚言也，是浅者之传，陋者之说也。"④《孟子》、《荀子》之所以对禅让的态度如此消极，可能"因为有了燕国的'让国'悲剧，而且孟子亲临其事，所以孟子要对理想与现实、禅让与传子进行新的整合"⑤。

墨家主张"尚贤"，禅让说在他们这里得到最积极的发挥：《尚贤上》云："古者尧举舜于服泽之阳，授之政，天下平。禹举益于阴方之中，授之政，九州成。汤举伊尹⋯⋯文王举⋯⋯西土服。"⑥《尚贤中》："古者舜耕历山，陶河濒，渔雷泽，尧得之服泽之阳，举以为天子，与接天下之政，治天下之民。"⑦《尚贤中》的这段话与上博简《容成氏》所述舜的经历很相似："昔舜耕于历丘，陶于河滨，渔于雷泽，孝养父母，以善其亲，乃及邦子。"再从《容成氏》推崇禅让的主张来看，《容成氏》的有些内容可能吸收了墨家学派的作品，或者《容成氏》即出自墨子后学之手也不无可能。

在早期的法家商鞅那里也还是"尚贤"的，《商君书·修权篇》说："尧舜之位天下也，非私天下之利也，为天下位天下也；论贤举能而传焉，非疏父

---

① [清]阮元校刻：《十三经注疏·尚书正义》（清嘉庆刊本），北京：中华书局，2009年版，第258页。
② [清]阮元校刻：《十三经注疏·尚书正义》（清嘉庆刊本），北京：中华书局，2009年版，第264～265页。
③ [清]王先谦：《荀子集解》，北京：中华书局，2013年版，第546～547页。
④ [清]王先谦：《荀子集解》，北京：中华书局，2013年版，第391～397页。
⑤ 李存山：《反思经史关系：从"启攻益"说起》，《中国社会科学》2003年第3期，第80页。
⑥ [清]孙诒让：《墨子间诂》，《孙诒让全集》本，北京：中华书局，2009年版，第47页。
⑦ [清]孙诒让：《墨子间诂》，《孙诒让全集》本，北京：中华书局，2009年版，第57～58页。

子亲越人也,明于治乱之道也。"①《战国策·秦策一》中也有秦孝公"疾且不起,欲传商君,辞不受"②的记载。但到韩非那里,为了打倒儒墨的学说,而树立自己的学说,对于上古的禅让是不承认的,《韩非子·说疑》云"舜逼尧,禹逼舜,汤放桀,武王伐纣,此四王者,人臣弑其君者也"③,把舜禹说成了逼上弑君的人。其实这很容易理解,因为法家是主张圣法之治,根本不崇拜圣王之治,所以更不需要禅让了。但《韩非子》也有"禅让"的遗说在里面,如《十过》里还有"尧禅天下,虞舜受之;……舜禅天下,而传之于禹"④这样的话。

　　道家主张一任自然,虽不尚贤,也不经世,但道家却也有关于禅让的故事,《庄子·让王》篇记载了尧舜让天下的五件故事:尧让天下于许由,许由不受;尧让天下于子州支父;舜让天下于子州支伯;舜以天下让善卷;舜以天下让石户之农。其他篇中亦有关于尧舜禅让的记载,如《秋水》"昔者尧舜让而帝"⑤,《天运》"尧授舜,舜授禹"⑥,《天地》"尧治天下,伯成子高立为诸侯。尧授舜,舜授禹,伯成子高辞为诸侯而耕"⑦等。

　　杂家《吕氏春秋》中也有相关记载,如《行论》:"尧以天下让舜。"⑧《去私》中有:"尧有子十人,不与其子而授舜;舜有子九人,不与其子而授禹,至公也。"⑨这段话与上博简《容成氏》关于尧舜禅让的记载颇为相似:"尧有子九人,不以其子为后,见舜之贤也,而欲以为后。……舜有子七人,不以其子为后,见禹之贤也,而欲以为后。"只是在尧舜有子多少人上有分歧。或许《吕氏春秋》的编者是看到过《容成氏》的。

　　由此看来,先秦诸子文献中关于禅让传说的记载真是比比皆是,即便是法家也有禅让传说的痕迹在里面。唯有《古本竹书纪年》有"昔尧德衰,为舜所囚也","舜囚尧,复偃塞丹朱,使不与父相见也"⑩,与法家的论述相

①高亨:《商君书注译》,北京:中华书局,1974年版,第113页。
②范祥雍笺证:《战国策笺证》,上海:上海古籍出版社,2006年版,第136页。
③[清]王先慎:《韩非子集解》,北京:中华书局,1998年版,第70～71页。
④[清]王先慎:《韩非子集解》,北京:中华书局,1998年版,第324页。
⑤[清]郭庆藩:《庄子集释》,北京:中华书局,2012年版,第578页。
⑥[清]郭庆藩:《庄子集释》,北京:中华书局,2012年版,第528页。
⑦[清]郭庆藩:《庄子集释》,北京:中华书局,2012年版,第428页。
⑧许维遹集释:《吕氏春秋集释》,北京:中华书局,2009年版,第568页。
⑨许维遹集释:《吕氏春秋集释》,北京:中华书局,2009年版,第29页。
⑩方诗铭、王修龄:《古本竹书纪年辑证》(修订本),上海:上海古籍出版社,2005年版,第66、68页。

似;《战国策·燕策》"禹名传天下于益,其实令启自取之",当是纵横家权势之论。

因此,禅让传说绝不是出于某家的伪造,"要知道春秋末期和战国时的学术空气是相当自由的,各学派中间的互相驳斥是并不容情的。一家造谣,正诒别家以口实,何以别家全闭口无言,默示承认?"①禅让传说应该是广泛流传的,有一定的历史的影子在里面,"广泛流传的禅让传说很可能的确保留了远古时代曾经实行过的君长推选制的史影"②。

第三节　鲧禹启的关系

一、鲧与禹之关系

鲧禹的关系,除了母子说③、婚姻联盟说④,学者多认为是父子关系。

顾颉刚早期并不承认鲧禹为父子关系。他在《鲧禹的传说》中说:

> 鲧的名字出现较晚,直到《墨子》里才见(《洪范》是《墨子》以后的书)。他与禹本来有没有关系,很是问题,因为《墨子》说鲧是上帝的元子,被上帝所刑,上帝又曾任命过。但《墨子》是反对"杀其父而赏其子"的办法的。……所以我们怀疑墨子是不以鲧禹为父子的。不过《山海经》和《天问》等记载原始神话的书里已经把鲧、禹说成父子,或许只是墨家的传说特异。⑤

---

① 徐旭生:《我们怎样来治传说时代的历史》,《中国古史的传说时代》,桂林:广西师范大学出版社,2003 年版,第 28 页。

② 裘锡圭:《新出土先秦文献与古史传说》,《中国出土古文献十讲》,上海:复旦大学出版社,2004 年版,第 37 页。

③ 如:龚维英《鲧为女性说》,《活页文史丛刊》1979 年第 12 辑;龚维英《〈天问〉鲧禹传说难点考释》,《荆州师专学报》1996 年第 6 期;程蔷《鲧禹治水神话的产生与演变》,见钟敬文主编《民间文艺学文丛》,北京:北京师范大学出版社,1982 年版,第 54～72 页。

④ 田兆元:《神话与中国社会》,上海:上海人民出版社,1998 年版,第 121 页。

⑤ 顾颉刚、童书业:《鲧禹的传说》,《童书业史籍考证论集》,北京:中华书局,2005 年版,第 126 页;又载《古史辨》第七册下编。在《鲧禹的传说》发表之前,顾颉刚亦曾说道:"至于禹,他的来踪去迹不明,在古史上的地位是独立的(父鲧子启全出于伪史,不足信)。他不是周族的祖先而为周族所称,不是商族的祖先而亦为商族所称,他的神话是普遍的。地位的独立,神话的普遍,维有天神才能如此。"见顾颉刚《讨论古史答刘胡二先生》,《古史辨》第一册,上海:上海古籍出版社,1982 年版,第 109～110 页。

《尚书·洪范》较早地记载了鲧禹的关系："鲧陻洪水，汩陈其五行，帝乃震怒，不畀洪范九畴，彝伦攸斁。鲧则殛死，禹乃嗣兴，天乃锡禹洪范九畴，彝伦攸叙。"①但顾颉刚先生认为《洪范》是《墨子》以后的书，所以得出鲧的名字出现的较晚这一结论，又认为墨子反对"杀其父而赏其子"的办法，而得出墨家否认鲧禹为父子。但他又不回避其他文献里记载的鲧禹的父子关系，而承认"或许墨家的传说特异"。其实，《洪范》的时间并不像顾氏所说的比《墨子》还晚。李学勤经过多方考证指出"《洪范》为西周作品是完全可能的"②。裘锡圭先生在释读燹公盨铭文时也说："《洪范》完全有可能在周初就已基本写定。"③这样，《洪范》里所载的"鲧则殛死，禹乃嗣兴"鲧禹先后相承关系，就可以提前到西周时期。至于顾颉刚先生认为墨子反对"杀父赏子"，墨家不以鲧禹为父子，则有些牵强。我们知道，上古社会往往是一个家族世代从事某个职业，鲧禹也可能为治水家族，杀父赏子并不为奇，比如禹伐共工，但共工后裔四岳仍辅佐禹治理洪水。

而且即便是《天问》记载鲧禹父子关系的时间也比《墨子》早。《天问》有"伯禹愎（腹）鲧，夫何以变化？纂就前绪，遂成考功"④，记载了鲧生禹的故事。《天问》的成书年代，过去认为是屈原所著，但顾颉刚认为该篇"说了邃古之后，就说到鲧和禹，后来虽也说到尧、舜，但远不及说鲧、禹的热闹，颇有《诗经》以后《论语》以前之风。篇中称人王曰'后'，称上帝曰'帝'，亦曰'后帝'，这也是和《诗》、《书》相同而和《孟子》、《离骚》等大异的"⑤。因此指出《天问》的写作时间当在战国之初。刘起釪先生亦认为"当成于春秋之末，至迟在战国初年"⑥。既然《天问》的成书年代在春秋末期，那么其中记载的故事更要早于成书年代，因此，《天问》亦可以将鲧禹的这种父子关系向前推至春秋初期甚至西周晚期。

另外，《山海经》虽成书较晚，但它记载的上古传说却是很早的，比较好

①[清]阮元校刻：《十三经注疏·尚书正义》(清嘉庆刊本)，北京：中华书局，2009 年版，第 397～398 页。

②李学勤：《叔多父盘与〈洪范〉》，《中国古代文明研究》，上海：华东师范大学出版社，第 105 页；原载《华学》第五辑，广州：中山大学出版社，2001 年版。

③裘锡圭：《燹公盨铭文考释》，《中国历史文物》2002 年第 6 期，第 23～24 页。

④[宋]洪兴祖：《楚辞补注》，北京：中华书局，1983 年版，第 90 页。

⑤顾颉刚：《中国上古史研究讲义》，北京：中华书局，2002 年版，第 22 页。

⑥刘起釪：《古史续辨》，北京：中国社会科学出版社，1991 年版，第 8 页。

地保存了早期神话传说的面貌。《山海经》中有一段话既可以和《洪范》相对读，也可以与《天问》相发明，颇值得注意。《海内经》说："洪水滔天，鲧窃帝之息壤以堙洪水，不待帝命。帝令祝融杀鲧于羽郊。鲧复生禹。帝乃命禹卒布土以定九州。"①这里讲鲧不待帝命而被杀，《洪范》说帝乃震怒而鲧被殛，实际上讲的是一件事——鲧得罪了天帝而被杀。而"鲧复生禹"和《天问》的记载是相同的。再者，《山海经·大荒西经》和《古本竹书纪年》的记载也再现了鲧禹的关系。《大荒西经》："开上三嫔于天，得《九辩》与《九歌》以下。此天穆之野，高二千仞，开焉得始歌《九招》。"②"开"即"启"。"天穆之野"，《海外西经》又作"大乐之野"、"大遗之野"。禹之子启所登临的"天穆之野"高二千仞，原是一个极为神秘的圣地。巧合的是，《古本竹书纪年》在说到鲧的诞生地时也提到了"天穆"，其云"颛顼产伯鲧，是维若阳，居天穆之阳"③，而"天穆"和"若阳"有关。吕思勉先生认为若读作桑，若水即空桑之水。④ 空桑的地理位置，据郝懿行考证，《山海经》内空桑有三，其一在莘虢之间⑤，今河南伊洛一带，传说中的"有夏之虚"即在此。由此可知，鲧和启（禹之子）的发源地也是非常相近的，这更为鲧禹关系在空间上拉近了一步。

到了《左传》、《国语》的时代，鲧禹先后相继之说已经普遍盛行：

> 《左传·昭公七年》："昔尧殛鲧于羽山，其神化为黄熊，以入于羽渊，实为夏郊，三代祀之。"⑥
>
> 《左传·僖公三十三年》："舜之罪也殛鲧，其举也兴禹。"⑦
>
> 《左传·文公二年》："故禹不先鲧，汤不先契，文、武不先不窋。"⑧
>
> 《国语·周语下》："其在有虞，有崇伯鲧，播其淫心，称遂共工之

---

① 袁珂校注：《山海经校注》，成都：巴蜀书社，1993 年版，第 536 页。
② 袁珂校注：《山海经校注》，成都：巴蜀书社，1993 年版，第 473 页。
③ 方诗铭、王修龄：《古本竹书纪年辑证》（修订本），上海：上海古籍出版社，2005 年版，第 66 页。
④ 吕思勉：《吕思勉读史札记》（增订本）上册，上海：上海古籍出版社，2005 年版，第 44 页。
⑤ ［清］郝懿行：《山海经笺疏》，北京：中国致公出版社，2016 年版，第 167 页。
⑥ ［清］阮元校刻：《十三经注疏·春秋左传正义》（清嘉庆刊本），北京：中华书局，2009 年版，第 4050 页。
⑦ ［清］阮元校刻：《十三经注疏·春秋左传正义》（清嘉庆刊本），北京：中华书局，2009 年版，第 3980 页。
⑧ ［清］阮元校刻：《十三经注疏·春秋左传正义》（清嘉庆刊本），北京：中华书局，2009 年版，第 3992 页。

过,尧用殛之于羽山。其后伯禹念前之非度。"①

《国语·鲁语上》:"鲧鄣洪水而殛死,禹能以德修鲧之功。"②

《国语·鲁语上》:"夏后氏禘黄帝而祖颛顼,郊鲧而宗禹。"③

《国语·晋语五》:"是故舜之刑也殛鲧,其举也兴禹。"④

《国语·吴语》:"今王既变鲧、禹之功,而高高下下,以罢民于姑苏。"⑤

从上引文句来看,《左传》、《国语》都把鲧、禹说成是前后相续,把鲧、禹绑在一起的,但是如果要细加推敲我们就会发现,这些句子当中并没有明确说明禹是鲧的儿子,鲧是禹的父亲。不像《洪范》还有个"嗣"字,也不像《山海经》"鲧复生禹"来得直接。这倒是一个奇怪的现象。

战国时期,鲧禹的父子关系排入了大一统的帝王世系中,如《帝系》篇明确记载:"颛顼产鲧,鲧产文命,是为禹。"这种关系像是被写入了宪法一样,成了以后史书必须遵循的条例。后来的《竹书纪年》、《史记·夏本纪》和晋皇甫谧《帝王世纪》等,都是"黄帝—昌意—颛顼—鲧—禹"这样排列下来。《山海经》中关于鲧世系的有些记载不同于《帝系》。如:

《海内经》:"黄帝生骆明,骆明生白马,白马是为鲧。"⑥

《大荒南经》:"有人焉,鸟喙,有翼,方捕鱼于海。大荒之中,有人名曰驩头。鲧妻士敬,士敬子曰炎融,生驩头。驩头人面鸟喙,有翼,食海中鱼,杖翼而行。维宜芑苣,穋杨是食。有驩头之国。"⑦

骆明、白马,不见其他文献记载。驩头可能为鲧的另一支后裔,亦不见他处。这说明《山海经》所记的世系或者是早期的传说,还没有被整齐划一;或者是不同于中原文化传统的另一文化传统,至于它反映的是哪一地域的

---

①徐元诰集解:《国语集解》,北京:中华书局,2002 年版,第 94 页。

②徐元诰集解:《国语集解》,北京:中华书局,2002 年版,第 157 页。《礼记·祭法》所载与此相同,云:"鲧鄣鸿水而殛死,禹能修鲧之功。"见[清]阮元校刻:《十三经注疏·礼记正义》(清嘉庆刊本),北京:中华书局,2009 年版,第 3451 页。

③徐元诰集解:《国语集解》,北京:中华书局,2002 年版,第 159 页。

④徐元诰集解:《国语集解》,北京:中华书局,2002 年版,第 375 页。

⑤徐元诰集解:《国语集解》,北京:中华书局,2002 年版,第 542 页。

⑥袁珂校注:《山海经校注》,成都:巴蜀书社,1993 年版,第 528 页。

⑦袁珂校注:《山海经校注》,成都:巴蜀书社,1993 年版,第 435 页。

文化传统,有待进一步深入研究,蒙文通先生主张是巴蜀文化系统①,亦值得重视。

二、禹与启之关系

20 世纪 30 年代受疑古思潮的影响,很多学者否认夏代的存在,在这样的学术背景下,启更是一个神话中的人物,或是其他传说人物的分化。如童书业说:"启会乘龙上天,自然是个神性的人物,他的传说特别与音乐有关,或许原来是个乐神。"②而陈梦家则认为夏世即商世,启源于契③,杨宽则颇疑启为王亥传说之分化。④ 至于启和禹、夏发生关系自然也认为是很晚的事情。如顾颉刚说:"直到墨子,才把禹与夏正式发生了关系。……自禹和夏发生关系之后,禹才与启发生了父子的关系。"⑤

今天,随着考古学的发达,我们对古史有了更科学的认识,对夏代的存在已经不再怀疑。对于古书的成书年代也有了新的认识。

《逸周书·世俘》篇有"崇禹生开",开即"启"。《世俘》篇记武王征伐四方,顾颉刚⑥、郭沫若等人都曾认为其可信,裘锡圭更是通过《世俘》篇内一段关于武王狩猎的记载,与甲骨卜辞里关于商王狩猎的记载进行对比,认为二者文例极为相似,关于人祭的记载也与卜辞相似,所以《世俘》当作于周初⑦。因此,禹与启为父子之说在周初就已经流行。周代时禹的传说已经盛行,同时启作为夏的开国君主更不会是周人的编造,所以禹启的相承关系应比较可靠。

---

① 蒙文通:《略论〈山海经〉的写作时代及其产生地域》,《先秦诸子与理学》,桂林:广西师范大学出版社,2006 年版。
② 顾颉刚、童书业:《夏史三论》(1936 年),《古史辨》(第七册),海口:海南出版社,2005 年版,第 608 页。该文虽署名顾颉刚、童书业,但主要为童书业所写。
③ 陈梦家:《商代的神话与巫术》,《陈梦家学术论文集》,北京:中华书局,2016 年版,第 60～61 页。
④ 杨宽:《中国上古史导论》第十六篇《启太康与王亥蓐收》(1938 年),《古史辨》第七册,海口:海南出版社,2005 年版,第 220 页。
⑤ 顾颉刚、童书业:《夏史三论·前记》(1936 年),《古史辨》第七册,海口:海南出版社,2005 年版,第 606 页。
⑥ 顾颉刚《〈逸周书·世俘篇〉校注、写定与评论》(《文史》第 2 辑)以刘歆引用的《古文尚书·武成》逸文与《逸周书·世俘》比较,论述《世俘》必然是西周时代的一篇文献,进而认定它即是古文《尚书》所亡逸之《武成》篇。
⑦ 裘锡圭:《谈谈地下材料在先秦秦汉古籍整理工作中的作用》,《古代文史研究新探》,南京:江苏古籍出版社,1992 年版,第 47 页。

　　值得注意的是,清华简《厚父》篇亦有禹、启的传说,简文先说"禹……
建夏邦",紧接着便说"启惟后,帝亦弗巩启之经德"①,很明显禹、启是前后
相继的两位夏王。从文辞、思想以及某些字的书写特征来看,清华简《厚父》
篇很可能是周初的文献。② 因此,禹启的这种关系至少在周初就已经流传。

　　文献中这种关系的叙述主要有《孟子·万章上》《竹书纪年》《史记·
夏本纪》,不过这些文献的叙事主体是禹、益和启的传位问题。《淮南子》却
将禹启的关系神话化:"禹治鸿水,通轩辕山,化为熊。谓涂山氏曰:'欲饷,
闻鼓声乃来。'禹跳石,误中鼓。涂山氏往,见禹方熊,惭而去。至嵩高山
下,化为石,方生启。禹曰:'归我子!'石破北方而启生。"③郭璞在注《山海
经》时也说到了启母化为石而生启的故事。④

　　《山海经》中还记载了禹另一支系的情况:

　　　　《大荒北经》:"有毛民之国,依姓,食黍,使四鸟。禹生均国,均国
　　　生役采,役采生修鞈,修鞈杀绰人。帝念之,潜为之国,是此毛民。"⑤

《国语·晋语四》云黄帝之子二十五宗,其得姓者十四人,为十二姓,中有依
姓,据此则毛民当是黄帝之裔。《海外东经》"毛民之国在其北",郝懿行注
云:"毛民国依姓,禹之裔也。"⑥然禹亦黄帝族,则毛民者,虽非其直接裔
属,亦其同族子孙也。文中所提均国、役采、修鞈,不见他书记载,这一谱系
可能是禹的另一支系。

---

① 李学勤主编:《清华大学藏战国竹简》(伍),上海:中西书局,2015年版,第110页。
② 如程浩《清华简〈厚父〉"周书"说》(李学勤主编:《出土文献》第5辑,上海:中西书局,2014年版)
　　认为《厚父》是一篇周初的"书"类文献,赵平安先生《谈谈战国文字中值得注意的一些现象——
　　以清华简〈厚父〉为例》指出《厚父》篇有些字的写法保留了西周金文的一些特征,"推想《厚父》成
　　书很早,早期抄本用更古的文字书写,所以辗转传抄到战国中晚期尚有古体遗迹"(复旦大学出
　　土文献与古文字研究中心编:《出土文献与古文字研究[第6辑]——复旦大学出土文献与古文
　　字研究中心成立十周年纪念文集》,上海:上海古籍出版社出版,2015年版,第308页)。郭永秉
　　先生说:"《厚父》的思想和语言,基本上同周初的《尚书》西周金文中反映出来的情况是高度一致
　　的,因此《厚父》完全有可能是在西周流传的夏代传说基础之上编写出来以顺应周朝统治的一篇
　　文章。"见郭永秉《论清华简〈厚父〉应为〈夏书〉之一篇》,李学勤主编:《出土文献》第7辑,上海:
　　中西书局,2015年版,第131页。
③ 《汉书·武帝纪》颜师古注引,今本《淮南子》无。
④ 《山海经·中山经》记:"又东三十里,曰泰室之山。"郭璞注:"启母化为石而生启,在此山,见《淮
　　南子》。"
⑤ 袁珂校注:《山海经校注》,成都:巴蜀书社,1993年版,第484页。
⑥ [清]郝懿行:《山海经笺疏》,北京:中国致公出版社,2016年版,第334页。

三、禹与夏之关系

　　周人称夏为"夏"或"夏后"。《诗经》、《尚书》中多篇并言周以前有夏。如《诗经》中，《大雅·荡》："殷鉴不远，在夏后之世。"①《商颂·长发》："韦顾既伐，昆吾夏桀。"②《尚书》中，《召诰》："相古先民有夏，……今时既坠厥命。""我不可不监于有夏，亦不可不监于有殷。"③《多士》："有夏不适逸，……乃命尔先祖成汤革夏，俊民甸四方。"④《多方》："惟帝降格于夏，有夏诞厥逸。"⑤《立政》："迪惟有夏，乃有室大竞。"⑥在中国古代言必称三代，没有人怀疑过夏代的存在。如《尚书·召诰》指出夏商皆为"服天命惟有历年"的王朝，却都"既坠厥命"，周人要以二代为监。这是明确把夏、殷和自己的周列为前后相承的三个受天命的王朝。《尚书》的《多士》、《多方》、《立政》诸篇及《诗·荡》并言周以前有夏、殷，《商颂·长发》中还出现了夏桀。

　　卜辞中无"夏"字，但有"土方"一词，《诗经》、《楚辞》中也有"土方"，《商颂·长发》："洪水茫茫，禹敷下土方。"《天问》："禹之力献功，降省下土方。"⑦郭沫若认为卜辞中的"土方"即夏人建立的方国，其地望在殷之西北。⑧　程憬的《夏民族考》亦赞成此说。⑨　实际上在甲骨文中还是存在一些夏朝的史影的："例如在甲骨文祭祀卜辞里，祖先总是或以上甲为首，或以大乙（汤）为首，同时伊尹的地位也极重要，这显然是因为大乙是代夏的第一位先王。如果没有夏朝和伐桀之事，这种现象怎样解释呢？至于上甲以及上甲的父亲王亥，为汤的六世、七世祖先，实际就是生活在夏朝的人物。"⑩

---

① [清]阮元校刻：《十三经注疏·毛诗正义》（清嘉庆刊本），北京：中华书局，2009 年版，第 1194 页。
② [清]阮元校刻：《十三经注疏·毛诗正义》（清嘉庆刊本），北京：中华书局，2009 年版，第 1353 页。
③ [清]阮元校刻：《十三经注疏·尚书正义》（清嘉庆刊本），北京：中华书局，2009 年版，第 451、452 页。
④ [清]阮元校刻：《十三经注疏·尚书正义》（清嘉庆刊本），北京：中华书局，2009 年版，第 467 页。
⑤ [清]阮元校刻：《十三经注疏·尚书正义》（清嘉庆刊本），北京：中华书局，2009 年版，第 485 页。
⑥ [清]阮元校刻：《十三经注疏·尚书正义》（清嘉庆刊本），北京：中华书局，2009 年版，第 490 页。
⑦ [宋]洪兴祖：《楚辞补注》，北京：中华书局，1983 年版，第 97 页。
⑧《郭沫若全集》历史编第一册《中国古代社会研究·夏禹的问题》，北京：人民出版社，1984 年版，第 308～309 页。胡厚宣亦有专文《甲骨文土方为夏民族考》（《殷墟博物苑苑刊》[创刊号]，北京：中国社会科学出版社，1989 年版），认为"土通杜，杜通雅，雅通夏，是土即夏也"。
⑨ 程憬：《夏民族考》，《大陆杂志》1932 年第 1 卷第 6 期。
⑩ 李学勤：《近年出土文献与中国文明的早期发展》，《三代文明研究》，北京：商务印书馆，2011 年版，第 12 页。

对夏代的怀疑始于康有为,他提出"上古茫昧无稽"说。疑古派继之,胡适更抛出"东周以上无史论",夏史的地位开始动摇。夏曾佑《中国古代史》以太古三代为传疑时代,认为"由开辟至周初,为传疑之期,因此期之事并无信史"。①

我们先来看古史辨派对夏代的态度。

1923 年 5 月 30 日,胡适在致顾颉刚信中说:"以山西为中心之夏民族,我们此时所有的史料实在不够用,只好置之于'神话'与'传说'之间,以俟将来史料的发现。"②受胡适影响,童书业也说:"夏以前的古史十分之七八是与神话传说打成一片的,它的可信的成分贫薄到了极点!"③顾颉刚在追溯夏代历史时,认为"从种种方面知道商以前确有这一个大国,但究竟是怎样状况,因为没有得到他们的遗物,已经'茫昧无稽'"④。现存典籍中"除《史记》所载王名外,竟是一片空白"⑤。杨宽走得更远,在《中国上古史导论·说夏》中竟认为"夏"从名称到历史都是由神话演变而来的。总之,以顾颉刚为代表的古史辨派认为夏代是"传说的成分极多,史实的成分极少"⑥。

对于"古史辨"派的大胆疑古,信古派极力反对。柳诒徵是守旧派的代表,对顾颉刚的观点多次反驳。对于夏代的有无,他更是极力维护夏代的存在,他说:"孔子能言夏礼,墨子多用夏政。箕子尝陈《鸿范》,魏绛实见《夏训》。《孝经》本于夏法,《汉志》亦载《夏龟》。《七月》、《公刘》之诗,多述夏代社会礼俗,可与《夏小正》参证。《小戴记》、《王制》、《内则》、《祭义》、《明堂位》诸篇,凡言三代典制者,往往举夏后氏之制为首。是夏之文献虽荒落,然亦未尝不可征考其万一也。"⑦

释古派代表王国维,在研究了商朝先公先王的世系之后,说:"《史记》所述商一代世系,以卜辞证之,虽不免小有舛驳而大致不误,可知《史记》所

---

① 夏曾佑:《中国古代史》,北京:商务印书馆,1955 年版,第 5 页。夏曾佑的《中国古代史》原名《最新中学中国历史教科书》,亦简称《中国历史教科书》,1933 年商务印书馆出版大学课本,列入大学丛书,改名为《中国古代史》。
② 顾颉刚:《答刘胡两先生书》,《古史辨》第一册,上海:上海古籍出版社,1982 年版,第 98～99 页。
③ 童书业:《自序二》,《古史辨》第七册上编,上海:上海古籍出版社,1982 年版,第 2 页。
④ 顾颉刚:《三皇考·自序》,《古史辨》第七册中编,上海:上海古籍出版社,1982 年版,第 45 页。
⑤ 顾颉刚:《顾颉刚读书笔记》第十卷,台北:联经出版事业有限公司,1990 年版,第 7974 页。
⑥ 顾颉刚、童书业:《夏史三论》,《古史辨》第七册下编,上海:上海古籍出版社,1982 年版,第 195 页。
⑦ 柳诒徵:《中国文化史》,上海:上海古籍出版社,2001 年版,第 80～81 页。

据之《世本》全是实录,而由殷周世系之确实,因之推想夏后氏世系之确实,此又当然之事也。"①钱穆与王国维有类似的看法,他说:"司马迁为《殷本纪》,序列自契至汤十四世,今安阳出土甲骨颇多为之互证者;马迁《夏本纪》又载自禹至桀十四世,年世略与自契至汤相当。马迁论殷事可信,何以论夏事不可信? 马迁记殷事有据,何以记夏事独无据? 马迁之所睹记,其不复传于后者夥矣,若必后世有他据乃可为信,则是马迁者独为殷商一代信史以掩其于夏、周之大为欺伪者耶?"②今天,《夏本纪》所载的夏代历史的可靠性已经得到学界的认可。这对重新评估中国古代文明的长度有深远的意义,将逐步改变人们对中国古代文明史的传统认识。

新中国建立后,随着考古发掘快速发展,虽然夏代文字仍然没有发现,但豫西偃师二里头遗址与晋南夏县东下冯遗址的发现与研究,"使人们对夏文化有了一定的认识,夏王朝的存在已不容置疑"。"豫西登封王城岗遗址、禹县瓦店遗址的发现,使人们对夏文化的认识有可能一直追溯到禹、启时代。"③夏代作为我国历史的开端④,作为我国古代文明发展中的起始阶段,是不容否认的事实,对夏朝的怀疑应该而且必须成为历史。

对于中国的上古史,我们应该有这样一个整体性的观点:夏代是存在的,夏代的历史既有史实也有传说,还需要进一步研究;夏代以前,文献上还有个"虞",这个时代的文化可能也已经很发达了;再往前的所谓"五帝时代"就只能称为传说时代了,从比较可靠的古书来看,黄帝、颛顼、帝喾跟尧舜的情况很不一样,五帝的系统不是历史的实际,三皇的系统就更不用说了。⑤

禹与夏是怎样发生关系的,顾颉刚早在《与钱玄同先生论古史书》中就

---

① 王国维:《古史新证——王国维最后的讲义》,北京:清华大学出版社,1994 年版,第 52~53 页。
② 钱穆:《〈崔东壁遗书〉序》,崔述:《崔东壁遗书》,上海:上海古籍出版社,1983 年版,第 1048 页。该序作于 1935 年 12 月 28 日,后来又在其《中国文化史导论》中进一步申述其说,并又提出一条理由"是《尚书》里《召诰》《多士》《多方》诸篇,西周初年的君臣,他们追述以前王朝传统,都是夏、殷周连说,这是西周初年人人口中的古史系统,宜可遵信",认为"不妨相信古代却有一个夏王朝"。见《中国现代学术经典·钱宾四卷》(下册),石家庄:河北教育出版社,1999 年版,第730 页。
③ 李学勤、裘锡圭:《新学问大都由于新发现——考古发现与先秦、秦汉典籍》,《文学遗产》2000 年第 3 期,第 14~15 页。
④ 在文献中有"虞夏商周"连称,有些学者认为在夏代之前还应该有一个虞代,如杨向奎等人即有专文论述。
⑤ 参考裘锡圭、曹峰《"古史辨"派、"二重证据法"及其相关问题——裘锡圭先生访谈录》,《文史哲》2007 年第 4 期,第 5~16 页。

提出："我们应该注重'禹'和'夏'并没有发生了什么关系","书中最早把'夏''禹'二字联属成文的,我尚没有找到"。① 在《讨论古史答刘胡二先生》中,将禹与夏有没有关系作为一个问题提了出来,他以《诗》、《书》只言"夏"或"禹",而无"夏禹"连称,经过推论,认为"禹与夏没有关系,是我敢判定的"②,并对禹与夏何以发生关系作了推想。后来又在《夏史三论·前记》中对此问题进行了说明:"足见禹与夏是毫无关系的。直到墨子,才把禹与夏正式发生了关系……禹与夏发生关系在前,鲧与夏发生关系在后。自禹和夏发生关系之后,禹才与启发生了父子关系。……"③

　　张荫麟对于顾颉刚的观点进行了反驳,他说《诗》、《书》、《论语》均不能使用默证。换言之,即吾不能因《诗》、《书》、《论语》未说及禹与夏之关系,遂谓其时之历史观念中禹与夏无关。而顾氏所谓'禹与夏的关系,……直至战国中期方始大盛,《左传》、《墨子》等书即因此而有夏禹的记载;……禹与夏没有关系,是我敢判定的。'云云,绝对不能成立。"④郭沫若亦根据《秦公簋》铭文说"(秦公簋)上言'禹迹',下言'夏',则夏与禹确有关系",最后总结道:"禹与夏就文献中所见者确有关系,此必为夏民族之传说人物,可无疑。又夏民族与匈奴族有近亲之关系,当为中原之先住民族,此事于将来大规模的地底发掘上可望得到实物上的证据。"⑤

　　顾颉刚先生的默证法实是不足取的,上古文献保存下来的甚少,如再以其晚出而疑其伪,那我们实在没有多少可靠的资料可以利用了。同样作为疑古派成员的童书业后期对夏与禹的关系已经与顾颉刚先生有着截然相反的论调了,《左传·襄公二十九年》:"见舞《大夏》者,曰:'美哉!勤而不德,非禹,其谁能修之。'"⑥童书业在其《春秋左传研究》中对此句话有一句案语,云:"此以'大夏'为禹所作之乐,可为禹为夏之始王之证。"⑦看来

①顾颉刚:《与钱玄同先生论古史书》,见《顾颉刚集》,北京:中国社会科学出版社,2001年版,第5页。

②见顾颉刚编著《古史辨》第一册,上海:上海古籍出版社,1982年版,第117~118页。

③见吕思勉、童书业编著《古史辨》第七册下编,上海:上海古籍出版社,1982年版,第198页。

④见顾颉刚编著《古史辨》第二册,上海:上海古籍出版社,1982年版,第279页。

⑤郭沫若:《中国古代社会研究》,石家庄:河北教育出版社,2002年版,第293、296页。

⑥[清]阮元校刻:《十三经注疏·春秋左传正义》(清嘉庆刊本),北京:中华书局,2009年版,第4360页。

⑦童书业:《春秋左传研究》(校订本),北京:中华书局,2006年版,第17页。童书业又说:"鲧禹是否夏族之先,姑假定为是,然亦非无可疑之处。鲧禹神话极丰富而复杂,是否确有其人而为古代部落酋长,后渐神化? 亦只能存疑,现时尚不能臆断。"(第19页)。

童书业对禹是夏之始王亦有肯定的一面。

《国语·鲁语》记载虞夏商周四族祭祀自己的宗族,其中夏后氏祭黄帝、颛顼、鲧、禹、杼。禹是夏人祭祀的宗神之一。《郑语》里明确标明虞夏商周这几代的宗神是:虞幕、夏禹、商契、周弃,禹已经明确称为"夏禹"。《左传》、《墨子》中亦皆有"夏禹"之说。对于这些战国早期的文献记载,我们不能视而不见,更何况它们在被书写成文字之前已经广泛的流传了。如果按照顾颉刚先生的观点,古书为晚出,是"层累地造成"的,便不敢相信,那就违背了文献的成书及流传演变规律。前世的事到后世才被记载,这是因为文字发明的晚,以及文字载体的不发达、史官的倾向等多方面因素造成,这是书写的遮蔽,不能因此而怀疑所有的文献以及文献记载的内容。

更有幸的是,《清华大学藏战国竹简(伍)》中有一篇《厚父》,有学者指出它是一篇《夏书》,记录了夏王与其臣厚父的对话,其中有"禹……川,乃降之民,建夏邦"[①]这样的话,明确说明了禹建夏邦。《厚父》篇的成书年代前文已言,它很可能是一篇西周初年的文献,如此,早在西周初年,禹和夏就已经发生联系了,而且这种联系很清楚——禹建立了夏邦。《厚父》也成为现在所能看到的最早明确说明禹和夏关系的一篇文献。顾颉刚先生认为禹与夏没有关系,禹和夏发生关系是很晚的事情,大概到战国中期方始大盛。现在看来顾先生的说法应该修正了。

第四节　禹的性质:重新看待禹的传说

顾颉刚及"古史辨"派致力于将上古传说还原为神话。在这样的学术背景和研究方法的指导下,禹的圣王形象变成了神话人物[②],禹的人格属性变成了神格属性。根据学界对《尚书·周书》各篇成书年代的最新研究成果及新出土材料燹公盨等,禹传说最早出现的时间当在商末周初甚或更早;在西周天命思想下,西周文献中的"天命禹"叙事赋予禹的是人格特征,而不是神格特征。至于禹传说被赋予的神话色彩——表现出禹的神性(而

①李学勤主编:《清华大学藏战国竹简(伍)》,上海:中西书局,2015年版,第110页。
②明确将禹称为"圣王"的是汉初贾谊《新书》,《新书·数宁》:"臣闻之:自禹以下五百岁而汤起,自汤已下五百余年而武王起,故圣王之起,大以五百为纪。"(阎振益、钟夏校注:《新书校注》,北京:中华书局,2000年版,第30页)其云"臣闻之",则这种说法至少在战国时已经流传。

不是神格）——则是神权时代巫觋文化神话思维的遗留。

一、禹的出现

1923 年 2 月 25 日，顾颉刚在《与钱玄同先生论古史书》中言："《商颂·长发》说：'洪水芒芒，禹敷下土方；……帝立子生商。'禹的见于载籍以此为最古。"禹是"周代人心目中最古的人。"①在这里需要说明的是，顾颉刚直接运用了王国维关于《商颂》成书时代为西周中叶的结论②。而《商颂》是否成书于西周中叶，未为定论，当时即有不同的观点③。后来顾颉刚先生在《讨论古史答刘胡二先生》中认为"《吕刑》为穆王时所作，似尚可信"，据此进一步提出"禹是西周中期起来的"④论断。又在《论〈今文尚书〉著作时代书》一文中重申此观点。

顾颉刚先生对《尚书》各篇成书年代的认定，现在看来都比实际成书年代偏晚一些。从《逸周书》中的《世俘》、《商誓》、《尝麦》，再到《尚书》中的《洪范》、《吕刑》、《立政》都提到了禹，而且它们的成书年代又基本在周初。⑤ 因此，从传世文献的记载来看，至少在周初就有禹传说在流传，顾颉刚先生禹传说晚起的观点是靠不住的，他的史料的选择及结论都是有问题的。⑥

近年发现的西周中期青铜器燹公盨铭文记载了禹的事迹。据此实物的证明，禹的传说在西周中期肯定是被广泛流传的。裘锡圭先生指出："虽然燹公盨恰好是西周中期器，但是这却并不能成为支持顾氏'禹是西周中期起来的'说法的证据。在此盨铸造的时代，禹的传说无疑已经是相当古

---

① 顾颉刚：《与钱玄同先生论古史书》，《古史辨》第一册，上海古籍出版社，1982 年版，第 62 页。
② 曹书杰、杨栋：《疑古与新证的交融——顾颉刚与王国维的学术关联》，《文史哲》2010 年第 3 期。
③ 陆懋德即认为："《商颂》之国句多与《鲁颂》相似，决不能指为西周作品，虽王君（王国维）有此说，而亦未及举出证据来，亦不必从也……则《商颂》为东周作品。"见陆懋德《评顾颉刚〈古史辨〉》，《古史辨》第二册，上海：上海古籍出版社，1982 年版，第 347 页。
④ 顾颉刚：《讨论古史答刘胡二先生》，《古史辨》第一册，上海古籍出版社，1982 年版，第 126、133 页。
⑤ 关于这几篇文献成书年代的具体讨论参见下编第六章第一节。
⑥ 李锐先生进一步指出："《商誓》、《洪范》、《立政》、《吕刑》、《尝麦》诸篇都提到禹。而且，西周早中期的材料中，禹之前有蚩尤、重黎以及赤（炎）帝、黄帝、少昊等。顾先生在'层累说'中，仅仅根据《诗经》说'《生民》是西周作品，在《长发》之前，还不曾有禹一个观念'，不仅在史料选择上是有问题的，其结论也是不可信的。"见其《由新出文献重评顾颉刚先生的"层累说"》，《人文杂志》2008 年第 6 期，第 142 页。

老的被人们当作历史的一个传说了。"①爰公盨这种实物,是任何人都无法推翻的,西周中期被记录下来,而在这之前一定是广泛流传的,西周初期,甚至更早都有禹的传说流传。同时爰公盨的发现也证明了以上几篇文献成书年代是较早的。

至此,西周初期有禹的传说应该没有什么问题了,能否再往前推溯呢?

我们知道《洪范》记载了箕子向武王陈述"天锡禹洪范九畴"的事。爰公盨铭文"天命禹",与《洪范》的"天锡禹",都以天命的形式叙述禹的事迹,亦与周初天命思想相一致。爰公盨为西周中期器,进一步证明《洪范》的成书要在西周中期以前。裴锡圭先生在释读爰公盨铭文一些词语时,即多以《洪范》为背景,指出在铸造爰公盨的时候(大概是恭、懿、孝时期),"《洪范》已是人民所熟悉的经典了,由此看来,《洪范》完全有可能在周初就已基本写定"②。如果该篇所述箕子向武王陈述洪范九畴之事属实的话,那么,禹的传说在商末箕子时即已流传。另外《诗经·商颂》中也有关于禹的记载,《长发》云:"濬哲维商,长发其祥。洪水茫茫,禹敷下土方。"③《殷武》云:"天命多辟,设都于禹之绩。"④《商颂》的成书年代说法不一,从《诗篇》中所用"帝"、"后"、"方"等词来看,明显是《诗经》早期作品的特征,不排除其初本是从商代流传下来的可能。

通过讨论以上几篇记载禹传说文献的成书年代,我们可以得出这样的结论,顾颉刚关于禹传说起于西周中期的说法是靠不住的,禹的传说在周初即已经被记录下来,在商末甚至更早都有禹传说的流传。

二、关于禹的性质

关于禹的性质,顾颉刚向来认为禹(包括尧舜)是儒家虚构的传说人物,其持论有二:一是认为禹来源于动物,一是认定他为神话中的人物。

①裴锡圭:《新出土先秦文献与古史传说》,《中国出土古文献十讲》,上海:复旦大学出版社,2004 年版,第 22 页。

②裴锡圭:《爰公盨铭文考释》,《中国历史文物》2002 年第 6 期,第 23~24 页。但是,裴先生谨慎起见,说:"不过我们无法保证,在《洪范》与爰公盨铭无关的内容中,一定不会有后来羼入的东西;也不敢说我们对盨铭的释读不会有错误。所以对《洪范》的时代问题,还没有到下最后结论的时候。"

③[清]阮元校刻:《十三经注疏·毛诗正义》(清嘉庆刊本),北京:中华书局,2009 年版,第 1350 页。

④[清]阮元校刻:《十三经注疏·毛诗正义》(清嘉庆刊本),北京:中华书局,2009 年版,第 1354 页。

在禹的来源问题上，顾颉刚说："至于禹从何来？禹与桀何以发生关系？我以为都是从九鼎上来的。禹，《说文》云，'虫也，从厹，象形。'厹，《说文》云，'兽足蹂地也'。以虫而有足蹂地，大约是蜥蜴之类。我以为禹或是九鼎上铸的一种动物，当时铸鼎象物，奇怪的形状一定很多，禹是鼎上动物的最有力者；或者有敷土的样子，所以就算他是开天辟地的人。（伯祥云，禹或即是龙，大禹治水的传说与水神祀龙王事恐相类。）流传到后来，就成了真的人王了。"①

顾颉刚禹之为虫的观点可能来源于崔适。崔适《史记探源》卷二：

> 《集解》："《谥法》曰：'受禅成功曰禹。'"案：此言谬矣。禹之本义为虫名，犹鲧之本义为鱼名，夔、龙、朱虎、熊罴之本义为毛虫、甲虫之名也。受禅成功，乃禹之勋业，岂禹之字义乎？②

顾颉刚曾在北大哲学门学习，崔适便在哲学门给他们授经学史课程，顾颉刚忆及此事说："他年已七十，身体衰弱得要扶了墙壁才能走路，但态度却是这般地严肃而又诚恳，我们全班同学都十分钦敬他。"③崔适即便没在课堂上讲述他的"禹之本义为虫名"的观点，顾颉刚也应该看过他的《史记探源》④。

顾颉刚的说法，当时即引起了刘掞藜、胡堇人、柳诒徵等人的激烈反对。反对者指出顾的推想不能使人满意，并且存在默证问题，"因用不到牵入禹的事而不将禹牵入诗去，顾君乃遂谓作此诗的诗人那时没有禹的观念，然则此诗也因用不到牵入公刘、太王、王季、文王、武王而不将公刘、太王、王季、文王、武王牵入诗去，我们遂得说《生民》作者那时也没有公刘、太王、王季、文王、武王的观念吗？"⑤在反对者的雄辩前，顾颉刚亦觉得自己的论断欠妥，随即说："我上一文疑禹为动物，出于九鼎，这最引起两先生的

①顾颉刚：《与钱玄同先生论古史书》，《古史辨》第一册，上海：上海古籍出版社，1982年版，第63页。
②崔适：《史记探源》，长春：时代文艺出版社，2009年版，第26页。
③顾颉刚：《秦汉的方士与儒生·序》，上海：上海人民出版社，1958年版，第6页。
④顾颉刚在其《中国上古史研究讲义》中曾引用过崔适《史记探源》中的说法，见《中国上古史研究讲义》，北京：中华书局，2002年版，第43页。
⑤刘掞藜：《读顾颉刚君〈与钱玄同先生论古史书〉的疑问》，《古史辨》第一册，上海：上海古籍出版社，1982年版，第83页。

反对,我与此并不抗辩,因为这原是一个假设。"①继而在《古史辨》第二册《自序》中又说:"最使我惆怅的,是有许多人只记得我的'禹为动物,出于九鼎'的话,……其实,这个假设,我早已自己放弃。就使不放弃,也是我的辨论的枝叶而不是本干;这一说的成立与否和我的辨论的本干是没有什么大关系的。这是对我最浅的认识。"②

但顾颉刚始终没有放弃禹为动物的观点。1952 年他在一条《叔向名禹》(《虬江市隐杂记》第 4 册)的笔记中说:

> 《叔向父敦铭》云"叔向父禹曰"。孙诒让曰:"《说文》:'蠁,知声虫也。重文蜎,司马相如说:从向。'《玉篇·虫部》云:'蠁,禹虫也。'若然,'禹'、'蠁'一虫,禹字叔向,即取虫名为义。向,即蜎之省。此可证司马相如、顾野王说矣。"(《古籀余论》卷中)禹之为虫,又得一证。③

1954 年他又在一则《高山族之蛇图腾》(《法华读书记》第 21 册)的笔记中说:

> 自平伯《红楼梦研究》受批判,时有人诋禹为一条虫之说。案予谓禹为虫,原本《说文》;"虫"为动物总名,非软体动物之专名也。近在中央民族学院见台湾高山族之器物,其族以蛇为图腾,其器物亦多蛇形之刻镂,或延体于筒,或伸颈于壶,或蟠于人像之两肩。以此可以推想禹为夏族之图腾,其器物刻镂亦必若此。夏器固尚未发现,然观殷、周铜器,所有盘螭、盘虺纹者,疑即禹图腾之遗留也。④

关于禹的神性,顾颉刚说:"禹尽可以是一个历史上的人物,但从春秋上溯到西周,就所见的材料而论,他确是一个神性的人物。更古的材料,我们大家见不到,如何可以断说他的究竟。至于春秋以下的材料,我早已说过,他确是人了。"⑤"至于禹,他的来踪去迹不明,在古史上的地位是独立的(父鲧子启全出于伪史,不足信)。他不是周族的祖先而为周族所称,不是商族

①顾颉刚:《讨论古史答刘胡二先生》,《古史辨》第一册,上海:上海古籍出版社,1982 年版,第 118 页。
②顾颉刚:《自序》,《古史辨》第二册,上海:上海古籍出版社,1982 年版,第 3 页。
③顾颉刚:《顾颉刚读书笔记》第四卷,台北:联经出版事业公司,1990 年版,第 2664 页。
④顾颉刚:《顾颉刚读书笔记》第五卷,台北:联经出版事业公司,1990 年版,第 3798 页。
⑤顾颉刚:《自序》,《古史辨》第一册,上海:上海古籍出版社,1982 年版,第 65 页。

的祖先而亦为商族所称，他的神话是普遍的。地位的独立，神话的普遍，惟有天神才能如此。"①"禹是南方民族的神话中的人物。"②

针对当时学术界愈演愈烈的疑古倾向，王国维表示不满，他在《古史新证》专论"禹"的一章中说：

> 夫自《尧典》、《皋陶谟》、《禹贡》皆纪禹事，下至《周书·吕刑》亦以禹为三后之一，《诗》言禹者尤不可胜数，固不待藉他证据，然近人乃复疑之，故举此二器（按指秦公敦及齐侯钟），知春秋之世东西二大国无不信禹为古之帝王且先汤而有天下也。③

王国维有意引用出土器物证明"禹为古之帝王"，显然是对顾颉刚否定尧舜禹论断的辩驳。但王国维《古史新证》第一、二章在被收入《古史辨》第一册时，顾颉刚在上引之文后附加了一段《跋》语：

> 颉刚案：读此，知道春秋时齐、秦二国的器铭中都说到禹，而所说的正与宋、鲁二国的《颂》诗中所举的词意相同。他们都看禹为最古的人，……他们都不言尧、舜，仿佛不知道有尧、舜似的。可见春秋时人对于禹的观念，……我前在《与钱玄同先生论古史书》中说："那时（春秋）并没有黄帝、尧、舜，那时最古的人王只有禹。"我很快乐，我这个假设又从王静安先生的著作里得到了两个有力的证据！④

顾氏仍津津乐道于他的"假设"，并自认为从王国维那里得到了证据。

顾颉刚的禹为神的论调得到了"古史辨"同仁的认可和支持，如 1939 年丁山著《禹平水土本事考》论证了禹的神格的演变，他说："禹之为禹得名于雨，雨神为其最初神格，继因祷雨山川而演变为山川之神；因农业发达，社稷之祀尊于一切，禹之神格，再变为后土，为稷神。"⑤童书业先生亦言："鲧禹神话极丰富而复杂，是否确有其人而为古代部落酋长，后渐神化？亦

---

① 顾颉刚：《讨论古史答刘胡二先生》，《古史辨》第一册，上海：上海古籍出版社，1982 年版，第 109~110 页。
② 顾颉刚：《讨论古史答刘胡二先生》，《古史辨》第一册，上海：上海古籍出版社，1982 年版，第 127 页。
③ 王国维：《古史新证——王国维最后的讲义》，北京：清华大学出版社，1994 年版，第 6 页。
④ 见顾颉刚编著《古史辨》第一册，上海：上海古籍出版社，1982 年版，第 267 页。
⑤ 丁山：《禹平水土本事考》，《文史》第 34 辑，北京：中华书局，1992 年版，第 22 页。

只能存疑,现时尚不能臆断。"①

　　1965 年冬至 1966 年春,顾颉刚在北京香山养病时,曾给何启君讲中国古代史,此时他对禹是神是人有了调和的看法:

　　　　周时,在文字上已有禹这个人。中国的历史,先有神话,再到传说,再到历史,所以,禹可以有两个说法:一说有其人;二说无其人。或者说:本有其人,或传而为神;或者说,禹原为神,后为人。

　　　　总之,可以说,黄帝、尧、舜,用历史科学来考察,肯定是没有的。禹,可能有,可能没有。黄帝、尧、舜、禹,可能将来在甲骨文中,发现文字证据。②

顾颉刚认为禹可能有其人也可能无其人说法的前提条件,是"中国的历史,先有神话,再到传说,再到历史",这句话涉及神话的发生论,以及神话与历史的关系问题,这里暂且搁置不论。

　　近年发现的燹公盨中有"天命禹敷土,随山濬川"的文字,裘锡圭先生认为这一记载可以支持顾颉刚先生的禹为神性的说法:"在上古传说中,禹本具有神性,是上帝派到下界来平抑洪水、整理大地的。这在上世纪 30 年代顾颉刚、童书业所写的《鲧禹的传说》一文中,已经说得很清楚了。"③其实"天命禹敷土",还要考虑这一叙事是否受到西周时期天命观思想的影响。因为,"天"不仅可以命禹,同样可以命文王、武王,文王、武王是历史人物,而不具有神性。如何区别禹与文王武王的不同,是问题的关键,值得进一步探讨。

三、禹:人神叠合的传说人物

　　神话的来源问题是很复杂的,马克思关于神话"都是用想象和借助想象以征服自然力,支配自然力,把自然力加以形象化"④的描述实际上属于自然学派的解释,即把神话视为用隐喻和寓言的形式表达的原始科学。用这种方法来解释某些早期关于自然的神话还是可以的,但不能用它解说所

①童书业:《春秋左传研究》(校订本),北京:中华书局,2006 年版,第 19 页。
②顾颉刚著、何启君整理:《中国史学入门》,北京:北京出版社,2002 年版,第 26 页。
③裘锡圭:《燹公盨铭文考释》,《中国出土古文献十讲》,上海:复旦大学出版社,2004 年版,第 48 页。
④〔德〕马克思:《〈政治经济学批判〉导言》,《马克思恩格斯选集》第二卷,北京:人民出版社,1975 年版,第 113 页。

有的神话,特别是文明时代产生的神话。很显然,禹的神话传说,从其产生的时间及内容来看都不是原始的自然神话,不能简单地将其"历史化"处理,而得出禹是由神向人演化的结论。

马林诺夫斯基也指出:"神话底自然学派的解释,不但忽略了神话底文化功能,而且凭空给原始人加上许多想象的趣意,并将几种清楚可以分别的故事类型弄得混合,分不清甚么是童话,甚么是传说,甚么是英雄记,甚么是神灵的故事——即神话。"①马林诺夫斯基揭示了神话来源的复杂性并强调了神话的文化功能。"神话历史化"问题并不像顾颉刚描述的这么简单,"中国的神话,在开始阶段就是一种综合的混沌状态,神话与历史的区分并转化,是西方严格划分学科体系的观念的影响,这对我们认识自己的神话特征实际上是一种障碍"②。

古史辨派的神话研究,其目的是要将古史中的神话传说成分剔除出去,即把部分古史还原为神话。他们认为古代的神话人物被人化(人王化)而进入古史系统,演变为英雄先祖及圣君帝王,如顾颉刚先生说:

> 古人对于神和人原没有界限,所谓历史差不多完全是神话。人与神混的,如后土原是地神,却也是共工氏之子,实沈原是星名,却也是高辛氏之子。人与兽混的,如夔本是九鼎上的罔两,又是做乐正的官;饕餮本是鼎上图案画中的兽,又是缙云氏的不才子。兽与神混的,如秦文公梦见了一条黄蛇,就作祠祭白帝;鲧化为黄熊而为夏郊。此类之事,举不胜举。……自春秋末期以后,诸子奋兴,人性发达,于是把神话中的古神古人都"人化"了。人化固是好事,但在历史上又多了一层的作伪,而反淆乱前人的想像祭祀之实,这是不容掩饰的。③

顾颉刚的论述实际上是神话历史化问题,他指出了春秋以后诸子对神话进行了理性化解释,使得神话失去了本来面目而成为历史。所以顾颉刚在《古史辨》第一册《自序》中对禹的性质作了全面的描述:

---

① 〔英〕马林诺夫斯基:《巫术科学宗教与神话》,李安宅译,上海:上海文艺出版社,1987 年版,第 117~118 页。

② 金立江:《中国神话"历史化"的再思考》,《百色学院学报》2009 年第 1 期,第 41 页。

③ 顾颉刚:《答刘胡两先生书》,《古史辨》第一册中编,上海:上海古籍出版社,1982 年版,第 100~ 101 页。

西周中期,禹为山川之神,后来有了社稷,又为社神(后土)。其神
职全在土地上,故其神迹从全体上说,为铺地,陈列山川,治洪水;从农
事上说,为治沟洫,事耕稼。耕稼与后稷的事业混淆,而在事实上必先
有了土地然后可兴农事,易引起禹的耕稼先于稷的观念,故《閟宫》有
后稷缵禹之绪的话。又因当时神人的界限不甚分清,禹又与周族的祖
先并称,故禹的传说渐渐倾向于"人王"方面,而与神话脱离。①

顾颉刚注意到了神话历史化问题是值得肯定的。但问题是历史先于神话
呢?还是神话先于历史呢?《左传·昭公二十九年》言"封为上公,祀为贵
神"②,只有做过特别贡献的人才被封为上公,其官世袭,死后受祭祀。此
义甚明,是人在"神"(话)之前,"神"(话)在人之后。所以先是历史的神话
化,然后才是神话的历史化。《国语·鲁语上》:"夫圣王之制祀也,法施于
民则祀之,以死勤事则祀之,以劳定国则祀之,能御大灾则祀之(韦昭注:夏
禹是也),能捍大患则祀之。非是族也,不在祀典。"③然后一一说明上古圣
王之所以被祀的原因。从中可以看出"社稷山川之神,皆有功烈于民者
也"④,正是由于其有功于民,人民才祭祀它,才成为神。所以上古之"神"
并不是凭空而造的,它实源于有功于民的"人"。如"燧人氏"、"有巢氏"因
有功于民,"而民说之,使王天下"(《韩非子·五蠹》)。⑤

只从文献记载的角度来看,顾颉刚对禹从神到人的演变看似有一定道
理,但是他只把历史追溯到所谓的"神话阶段",而没有再往前追溯,只局限
在文献的记载上。但由于文字产生的时代较晚,流传下来的古籍又很少,
所以书写本身有很大的遮蔽性。"事实上,氏族和部落比关于他们来源的
神话要古老的多。尽管如此,透过这样的神话,或者把这样的神话仅仅作
为氏族和部落的代号,仍然可以从传说材料中理出当时历史的一些头绪
来。"⑥因此,即便我们把禹的传说看作是神话,我们也要追溯这种圣王(英

---

①顾颉刚:《讨论古史答刘胡二先生》,《古史辨》第一册中编,上海:上海古籍出版社,1982年版,第
　114页。

②[清]阮元校刻:《十三经注疏·春秋左传正义》(清嘉庆刊本),北京:中华书局,2009年版,第
　4611页。

③徐元诰集解:《国语集解》,北京:中华书局,2002年版,第154~155页。

④徐元诰集解:《国语集解》,中华书局,2002年版,第161页。

⑤[清]王先慎:《韩非子集解》,北京:中华书局,1998年版,第442页。

⑥郭沫若主编:《中国史稿》第一册,北京:人民出版社,1976年版,第108页。

雄)神话的来源在何处,即禹的最初的神圣性背景是什么。

据张光直先生分析,仰韶文化的社会中无疑有巫觋人物,而且他们可以通天地,其背后有着特殊的宇宙观。① 无论在哪一方面,"神巫总是社会中最重要的人物,他能规定人民的仪式生活,判决争讼,保证收获,防止疫病,施魔术以加害敌人,而且也常带战士临阵。除此以外,他是部落的神话和古俗的权威,将这些高等学问教给人民的也是他"②。在仰韶期,已经出现社祭,但还没有出现系统化祭祖的证据,而到了龙山期,祭祖的证据突然普遍地出现。所以从新石器时代一直到殷商时代,"祭祖与祭社同有绝顶的重要性"③。在中华文明的起源与发展过程中,神权与王权混而为一,政治与宗教始终没有完全分离。

在这样一个人神杂糅的时代背景下,禹本是一个人,但他拥有王权,很可能又是一个巫,从而具有巫的神性。后世有关禹的传说中便有了神话色彩的特征,比如禹治水传说、禹步传说中禹所具有的超人能力、神异之举,都是巫觋文化神话思维的遗留,当然也有后人的加工想象以及神话传说本身的次生演变。

因此,禹是一个人、神叠合的具有双重性质的传说人物。顾颉刚先生的错误在于截断横流,直接从西周文献记载入手,而没有再往前追溯。之所以产生这种错误,其根源还在于缺乏考古学的知识和视野。与顾颉刚具有不同知识背景的李济对禹的性质就有不同看法,李济先生说:"史学家可以继续地对于大禹这个人物的真相,予以不断地努力求证,这类人物的存在的可能性,显然是很大的。"④

但是仍有一些学者继续申说顾颉刚先生的观点,如艾兰先生的《龟之谜》通过论述认为:"禹创立夏朝和尧舜禅让的传说都是从商代的神话发展演变而来。"⑤燹公盨出现以后仍然坚持"关于禹所建立的夏代的传说,原是商人的一个神话",并说:"顾颉刚在20世纪20年代提出,禹在传世文献

---

① 张光直:《中国考古学论文集》,北京:三联书店,1999 年版,第 149~150 页。
② 林惠祥:《文化人类学》,北京:商务印书馆,1991 年版,第 186 页。
③ 张光直:《中国考古学论文集》,北京:三联书店,1999 年版,第 135 页。
④ 李济:《史前文化的鸟瞰》,中研院历史语言研究所"中国上古史编辑委员会"编《中国上古史(待定稿)》第一本"史前部分",台北:中研院历史语言研究所,1972 年 12 月,第 479 页。
⑤〔美〕艾兰:《龟之谜——商代神话、祭祀、艺术和宇宙观研究》,汪涛译,北京:商务印书馆,2010 年版,第 93 页。

中出现得最早,尧与舜都是后起的。他还进一步指出,禹原来是一个天神,在周代渐渐转变成一个历史人物。禹最初与夏代并无关系。新近面世的燹公盨铭文与上述观点并不矛盾。"①

我们认为,如果按照实证的精神,一定要找出科学的证据来证明禹的确是实有其人,在现在的条件下很难办到,因为我们还没找到夏代的文献,我们也没有从考古挖掘中找到有关大禹的遗物。即便将来考古技术更发达了,恐怕也不能实现。因为"社会科学的方法论必须从根本上不同于自然科学的方法论,因而实证主义者在自然科学模式的基础上统一科学的企图是错误的"②。理性和科学的证据自身的基础问题仍然悬而未决。因此,如果说一定要"拿出证据来",大禹可能永远不能进入"信史"中来,那么我们的上古史就永远处于"真空"状态。而理性告诉我们,这样的"实证"是不符合历史发展规律的,没有像大禹这些传说时代人物的伟绩,就不可能产生中国的古代文明,我们就看不到考古发掘出来的夏文化,也看不到商周的灿烂文明。中国早期文明的长度、广度和高度是不可估量的。

---

① 〔美〕艾兰:《浅析燹公盨》,载江林昌等主编《中国古代文明研究与学术史——李学勤教授优俪七十寿庆纪念文集》,保定:河北大学出版社,2006 年版,第 37 页。
② 〔英〕安德鲁·埃德加:《哈贝马斯:关键概念》,杨礼银、朱松峰译,南京:江苏人民出版社,2009 年版,第 122 页。

第二章　夏禹族源问题初论

夏族的发源地问题关涉中华文明起源研究的关键环节,一直是学术界讨论的前沿话题。对这一问题我们回顾了学界的各种说法,并在前贤的基础上进一步申论夏族当来源于西北,禹前期主要活动在晋南,为避商均而进入豫西,定都阳城,此后夏朝的政治中心基本就在豫西一带,至夏桀亡国后,夏又经晋南逐步向西北退却,在退至汉中一带时,夏族的一支进入蜀地。所以,蜀地的禹迹当是夏遗民带去的,禹生石纽是一种文化,而不是历史。

第一节　夏禹族源诸说

学界至今对夏人的起源问题仍然存在分歧,现将几种主要观点介绍如下[①]:

(一)豫西说

钱穆在《国史大纲》中说:"大抵夏人先起今河南嵩山山脉中,在伊、洛上游,其势力逐次沿伊、洛向东北下游而移殖。"[②]和钱穆一脉相承的是徐旭生,他认为探索夏文化的区域,"第一是河南中部的伊洛平原及其附近,尤其是颍水谷的上游登封禹县地带"[③]。支持此说的有徐中舒、吴汝祚、邹衡、李民等。徐中舒先生说:"夏文化的中心地带已经查明,就是分布在河南的龙山文化和二里头文化。"[④]邹衡强调"夏文化主要是在伊洛地区河南

---

① 夏禹族源诸说前人已有梳理,如张国硕《夏商周三族起源研究述评》(《中国史研究动态》1996年第10期)、吕琪昌《青铜爵、斝的秘密》第四章第一节《夏文化起源研究概述》(杭州:浙江大学出版社,2007年版,第182~188页)等,本节多有参考,但为适合"综述"之文例,多有删削或增益。

② 钱穆:《国史大纲》(修订本),北京:商务印书馆,1996年版,第16、19页。钱穆著《国史大纲》大约始于1933年任国立北京大学"中国通史"讲席之时,张国硕、吕琪昌认为最早倡导豫西者为徐旭生先生,欠确。

③ 徐旭生:《1959年夏豫西调查"夏墟"的初步报告》,见郑杰祥编《夏文化论文选集》,郑州:中州古籍出版社,1985年版,第135页。原载《考古》1959年第11期。

④ 徐中舒:《夏史初曙》,《徐中舒历史论文选辑》,北京:中华书局,1998年版,第1349页。

龙山文化的基础上产生的"①。李民认为夏族"最初的中心地区在现今河南登封、禹县","应该是夏族的发祥地"。② 持此说的还有陈旭、田昌五、李先登等先生。③

（二）晋南说

李民先生先提出"豫西说"，后又改为"晋南说"。《试探夏族的起源与播迁》认为"禹部落最早活动的中心地区，当在今山西翼城至夏县一带"，"夏族由北向南播迁，至太康时已进入豫西"。④ 王克林亦认为"夏族起源于晋南"。⑤ 刘起釪先生《由夏族原居地纵论夏文化始于晋南》从五个方面详细论述了夏人西起晋南，然后东进豫境。⑥ 史道祥《关于夏文化起源的探索》指出："从古本《竹书纪年》及相关文献的系统排列与分析，我们明确地看到夏族起源晋南并始终把它作为根据地；夏族的三次大的循环迁徙皆沿黄河南北，对所到之处的地方文化吸收乃至同化从而成自己文化的一部分。"⑦

詹子庆先生则对豫西说和晋南说进行了融合："豫西说、晋南说各有理由……不过从时间先后来看，豫西在先，晋南继后，我们可从目前已发掘的考古资料来相互印证，豫西的夏文化资料更为丰富些，与其相对应的晋南夏文化资料相比，其时间又略为早些。"⑧

（三）东方说

杨向奎先生是此说的代表，他先后撰写了《夏本纪越王勾践世家地理

①邹衡：《关于探讨夏文化的条件问题》，《华夏文明》第一集，北京：北京大学出版社，1987年版，第175页。

②李民：《〈尚书·甘誓〉所反映的夏初社会——从〈甘誓〉看夏与有扈的关系》，《河南文博通讯》1979年第4期，第4页。

③陈旭：《关于夏文化问题的一点认识》，《郑州大学学报》（社会科学版）1980年第3期，第67～72页。田昌五：《夏文化探索》，《文物》1981年第5期，第18～26、58页。李先登：《对夏文化探索若干问题的看法》，《华夏文明》第一集，第234～244页。

④李民：《试探夏族的起源与播迁》，《郑州大学学报》（哲学社会科学版）1985年第2期，第77、80页。

⑤王克林：《龙图腾与夏族的起源》，《文物》1986年第6期，第56页。

⑥刘起釪：《由夏族原居地纵论夏文化始于晋南》，《华夏文明》第一集，北京：北京大学出版社，1987年版，第18～52页。

⑦史道祥：《关于夏文化源的探索——由古本〈竹书纪年〉夏代"西河"地望谈起》，《郑州大学学报》（哲学社会科学版）1989年第2期，第90页。

⑧詹子庆：《走进夏代文明》，长春：东北师范大学出版社，2006年版，第104页。

考》、《夏代地理小记》和《夏民族起于东方考》等文①,针对傅斯年《夷夏东西说》夏代起于西方说,提出"古代民族的政治中心经常迁徙,不能固定在一点上,夏初在少康以前,他们的基地在东方,也就是在山东、河南、河北三省之交,少康以后逐渐西移,至少在夏后皋的时代,夏代迁至后来所谓的'夏墟'"②。后来顾颉刚先生在《中国疆域沿革史》中也采纳了这种说法。50年代杨向奎在与顾颉刚的通信中仍坚持二十年前的主张,夏是自东至西迁徙,所以西方才有夏的踪迹。顾颉刚先生则认为是"恐自西而东,又自东而西"③。据杨向奎回忆,六十年代初徐旭生重新提出此问题,仍然主张夏在西方,并找杨向奎讨论,但最后谁也没说服谁。④ 晚年杨向奎仍著《评傅孟真的夷夏东西说》坚持其说。⑤

提出夏代起于东方的还有程德祺先生,他认为"大汶口文化是夷夏族炎黄时代到虞舜时代的共同创造,山东龙山文化是夷夏族在夏朝时期的共同创造"⑥。杜在忠先生据考古分析认为"豫西洛阳平原和颍水流域的二里头文化及史前文化遗存中,反映的一系列大汶口—龙山文化因素,可这样认为,在野蛮时代后期阶段,泰山周围夷夏部族的一支沿黄河故道开辟了一条东西走廊,并在豫西一带盘据下来,与当地先民融合慢慢形成自己的文化共同体"⑦。最近温玉春又著有几篇论文,认为夏氏族起于东方应

---

① 分别载于《禹贡》1935年第3卷第1期、《禹贡》1935年第3卷第12期,《禹贡》1937年第7卷第6~7期。

② 杨向奎:《回忆〈禹贡〉》,王煦华编:《顾颉刚先生学行录》,北京:中华书局,2006年版,第123页。

③ 顾颉刚:《顾颉刚读书笔记》第五卷,台北:联经出版事业公司,1990年版,第3111页。杨向奎在1953年5月8日致顾颉刚的信中说:"夏代不可能是那样规模大的一个帝国。西方、西北方有'夏'的称呼,东方也有夏德踪迹,这不能说明是同时的事。我以为夏原来在东方,夏后皋时候已迁陕洛一带。灭亡之后遗族西迁,于是西方有它的踪迹。夏是一个由氏族社会走向奴隶社会的过渡时代,那样大规模的帝国似不可能。这样自东而西迁徙的说法,二十年前我即如此主张,至今未变,而且我总以为我的说法对,将来发掘一定会证成我的说法。"两人的通信保存在《顾颉刚读书笔记》第五卷,第3110~3111页。

④ 杨向奎:《回忆〈禹贡〉》,王煦华编:《顾颉刚先生学行录》,北京:中华书局,2006年版,第123页。

⑤ 杨向奎:《评傅孟真的〈夷夏东西说〉》,《夏史论丛》,济南:齐鲁书社,1985年版,第151~158页。

⑥ 程德祺:《夏为东夷说》,《中央民族学院学报》1979年第4期,第21页。

⑦ 杜在忠:《试论二里头文化的渊源:兼述泰山周围大汶口—龙山文化系统的族属问题》,《杜在忠学术文存》,北京:文物出版社,2014年版,第105~106页;原载《史前研究》1985年第3期。后来在其《山东二斟氏考略》一文中再次强调其观点,见《华夏文明》第一集。

该说是有相当根据的了；夏氏族起于东方的可能性远远大于起于西方①。

(四)东南说

顾颉刚先生在《讨论古史答刘胡二先生》中认为禹是南方民族的神话中的人物。② 李晓路认为："夏文化的活动中心……应该在长江下游两岸地区。"③陈剩勇《东南地区：夏文化的萌生与崛起》一文认为"夏代前期的盟会、婚姻、征伐、祭祀、丧葬等一系列国之大事，几乎都发生在东南地区，这就表明，夏王朝崛起于东南，夏代前期的疆域仍然在东南地区"④。后来陈先生又在《中国第一王朝的崛起》一书中，全面论证了其"夏文化萌生崛起于东南史前文化圈、夏民族的原居地在长江下游地区"的观点。⑤ 胡悦谦先生《试谈夏文化的起源》主张夏禹族源和安徽有关系："夏后氏原居江淮之间的涂山至南巢地区，屡遭洪水之灾，禹平治洪水有功，舜帝推荐为部落联盟的大酋长。"⑥

(五)西方说

1937 年，顾颉刚先生在《禹贡》半月刊发表《九州之戎与戎禹》⑦一文，放弃了"禹是南方民族的神话中的人物"之旧说，认为禹起于西方，童书业在该文的《跋》语中对此说极力称赞："禹与西方民族有关，自有此文，盖为定论矣。"并提出了南源说不能成立的理由："越国自认为禹后，乃战国以后之事。越本芈姓……《史记·楚世家》云：'熊渠……立其……少子执疵为越章王。'则越为熊渠之子越章王之封地，其证甚明，越焉得为禹后耶？涂山即会稽，(涂山疑即嵩山附近之三涂，其名由姜姓民族携至东方者)……会稽之传说则又由越民族之传播而北上；故不能以禹与涂山会稽之关系证

①温玉春、张进良：《夏氏族起于山东考》，《河北师范大学学报》(哲学社会科学版)2000 年第 4 期，第 84～89 页。另有《夏氏族迁至河南的考古学证明》，《文物春秋》2002 年第 6 期，第 1～5 页。

②顾颉刚：《讨论古史答刘胡二先生》，《古史辨》第一册，上海：上海古籍出版社，1982 年版，第 127 页。

③李晓路：《夏文化地望在东南地区说》，《江汉论坛》1987 年第 11 期，第 66 页。

④陈剩勇：《东南地区：夏文化的萌生与崛起》，《东南文化》1991 年第 1 期，第 21 页。

⑤陈剩勇：《中国第一王朝的崛起》，长沙：湖南人民出版社，2002 年版。

⑥胡悦谦：《试谈夏文化的起源》，《华夏文明》第一集，北京：北京大学出版社，1987 年版，第 309 页。吴汝祚先生亦持此论，认为夏桀奔南巢、禹娶涂山说明禹与夏的关系，"应在禹以前在经济上、文化上已有较多的来往"。见吴汝祚《后岗二期文化煤山类型与二里头文化的关系以及桀奔南巢》，《中原文物》1994 年第 2 期，第 67～72 页。

⑦见吕思勉、童书业编著《古史辨》第七册(下)，上海：上海古籍出版社，1982 年版，第 117～138 页。

禹之传说发生于南土。……龙之传说与实物非必南方独有。……治水之传说……非必南方民族特有之情形。……综上所论,禹起南方之说似不如禹起西方之说为可能。"①1968 年,顾颉刚先生在一条读书笔记《中国古代民族分合的线索》中说:"夏——在今陕西中部,后迁于东方洛阳,其疆域远及山东。其宗神为禹。姒姓。"②吴锐《"禹是一条虫"再研究》重提这一话题,认为夏文化的渊源可能在西部渭水流域。③

郭沫若主编的《中国史稿》第一册认为:"'禹敷下土方',土方从甲骨卜辞推测,在商朝的西北方向,估计在河套一带地方。夏后氏当是从这里沿黄河南下到今河南西部原共工氏所在的地区的。"④卫聚贤亦有《夏民族起于西北补正》一文。⑤ 姬乃军《关于夏文化发祥地的思考》一文支持郭沫若的观点,并以陕北地区发现夏文化陶器及大量龙山文化晚期的玉器,认为"应把目光投向西北地区,特别是陕北黄土高原。……是很可能解决夏文化发祥地这一重要学术课题的"⑥。

(六)四川说

在 20 世纪上半叶曾有一些学者持此看法,后来已渐趋平寂。其代表有罗香林、姜蕴刚、林名均、陈志良等人。⑦ 20 世纪 60 年代台湾学者赵铁寒亦提出夏民族起于巴蜀。⑧ 90 年代李学勤先生提出"禹生于今四川的传说起源甚早","有着相当深远的历史背景"。⑨ 这立即激起了四川学者探讨这一"历史背景"的热情,纷纷撰文支持此说,代表学者有:林向、李绍明、冯广宏、段渝、谭继和、谢兴鹏等,其主要观点是夏禹文化与古羌文化、古蜀文化有着渊源甚长的亲缘关系。

①见吕思勉、童书业编著《古史辨》第七册(下),上海:上海古籍出版社,1982 年版,第 139~140 页。
②顾颉刚:《顾颉刚读书笔记》第十卷,台北:联经出版事业公司,1990 年版,第 7716 页。
③吴锐:《"禹是一条虫"再研究》,《文史哲》2007 年第 6 期,第 35~47 页。
④郭沫若主编:《中国史稿》第一册,北京:人民出版社,1976 年版,第 120 页。
⑤卫聚贤:《夏民族起于西北补正》,《说文月刊》1940 年 8 月第 1 卷合订本,第 399~402 页。
⑥姬乃军:《关于夏文化发祥地的思考》,《考古与文物》1999 年第 1 期,第 35 页。
⑦罗香林:《夏民族发祥于岷江流域说》,姜蕴刚:《治水及其人物》,林名均:《四川治水者与水神》,均载《说文月刊》第 3 卷第 9 期。陈志良:《禹生石纽考》,《禹贡》半月刊第 6 卷第 6 期。
⑧赵铁寒:《夏民族与巴蜀的关系》,《古史考述》,台北:正中书局,1965 年版,第 88~103 页。
⑨李学勤:《禹生石纽说的历史背景》,《大禹及夏文化研究》,成都:巴蜀书社,1993 年版,第 200~205 页。

　　上述诸说中,以"豫西说"的支持者最多,而且多能在考古上取得可能的证据。不过,"豫西说"多针对夏代早期或所谓夏代建国之前不久的部分,追溯到王湾类型龙山文化而已。"晋南说"亦是传统观点,其他"山东说"、"东南说"、"西北说"则相对弱势。而"四川说"近年又有崛起之势。之所以会出现这么多分歧,主要是因为文献记载互相抵牾,学者或专据一书,或对其他文献视而不见,或对文献缺乏精审考证,或对考古文化随意牵合。

第二节　夏禹族源及其发展

　　关于夏族的起源及发展,我们支持顾颉刚先生的观点——夏族当先起源于陕西、山西等西北地区,后逐渐向东发展,至河南嵩山附近。夏桀灭亡以后,夏族的一支又返回到西部,遂有"大夏"、"西夏"之称。顾颉刚先生最早在《九州之戎与戎禹》提出了禹起西方之说。后来又在一则名为《夏》的读书笔记中说:

　　　　夏本在西方,后来发展至东方,而西土并未放弃。故夏后皋之墓在殽山,或是巡守道死于此,遂葬焉。

　　　　其后东夏为商所灭,桀奔南巢,其子奔匈奴而为其君,又有一大部分迁居西土,而有"大夏"之名。

　　　　夏为中土第一王朝,由原始社会进至奴隶社会。

　　　　夏灭有扈,为古代盛传之事,此说明夏人之征服东夷。历代经师说扈为夏之同姓国,又说扈在鄠县,皆非也。

　　　　周居西土,故自称曰夏。至其是否与夏同族,文献尚无可证。……①

这则读书笔记言简意赅地叙述了夏的起源与发展。后来顾先生又在与刘起釪合写的《尚书甘誓校释译论》对此说作了进一步的阐释:"夏后氏这一部落联盟的活动区域首先当在较西的陕西以东、山西一带,是逐渐向东发展的。这些传说中的地点,正好反映夏族向东发展的历程。可能在启以

---

① 顾颉刚:《顾颉刚读书笔记》第十卷,台北:联经出版事业公司,1990年版,第7594页。顾先生还在《中国古代民族分合的线索》这则读书笔记中说:"夏在今陕西中部,后迁于东方洛阳,其疆域远及山东。其宗神为禹。姒姓。"见《顾颉刚读书笔记》第十卷,第7716页。

前,其活动区域基本在平阳、安邑、晋阳等今山西省境,再东向就达到河南,因而遇到郑州附近的有扈氏的阻挡。有扈部落向西抗击有夏部落,就在洛阳附近的甘水一带作战,结果夏族胜利,才开始以阳城作为政治中心。"① 再到后来刘起釪写《由夏族原居地纵论夏文化始于晋南》②一文时,仍认为这一说法是正确的,是符合当时历史实际的。顾、刘两先生的意见是可取的。只是夏族进入豫西的时间,是禹时还启时有待进一步探讨。下面我们即在前贤的基础上进一步申论此说,并作些补充说明。

一、夏族与周族的关系问题

在文献中,周人常常自称为"有夏"、"时夏",在论述夏族起源问题之前有必要对夏周关系作点说明。《诗》、《书》中的相关记载比较多:

> 《康诰》:"用肇造我区夏,越我一二邦以修我西土。"③
>
> 《君奭》:公曰:"君奭! 在昔上帝割申劝宁王之德,其集大命于厥躬?惟文王尚克修和我有夏。"④
>
> 《立政》:"其在受德暋,惟羞刑暴德之人,同于厥邦;乃惟庶习逸德之人,同于厥政。帝钦罚之,乃伻我有夏,式商受命,奄甸万姓。"⑤
>
> 《周颂·时迈》:"允王维后,明昭有周,式序在位。载戢干戈,载櫜弓矢。我求懿德,肆于时夏,允王保之。"⑥
>
> 《周颂·思文》:"思文后稷,克配彼天。立我烝民,莫匪尔极。贻我来牟,帝命率育。无此疆尔界,陈常于时夏。"⑦

从这些语句中,可以看出,周人向以夏部族自居。周人为什么以夏自居,学

---

① 顾颉刚、刘起釪:《〈尚书·甘誓〉校释译论》,《尚书校释译论》,北京:中华书局,2005 年版,第 867 页。原载《中国史研究》1979 年第 1 期。

② 刘起釪:《由夏族原居地纵论夏文化始于晋南》,田昌五主编:《华夏文明》第一集,北京:北京大学出版社,1987 年版。

③ [清]阮元校刻:《十三经注疏·尚书正义》(清嘉庆刊本),北京:中华书局,2009 年版,第 431 页。

④ [清]阮元校刻:《十三经注疏·尚书正义》(清嘉庆刊本),北京:中华书局,2009 年版,第 477 页。杨筠如谓:"此有夏即谓有周。《立政》'乃伻我有夏',《康诰》'用肇造我区夏',皆其例也。"(《尚书覈诂》,西安:陕西人民出版社,2005 年版,第 371 页)

⑤ [清]阮元校刻:《十三经注疏·尚书正义》(清嘉庆刊本),北京:中华书局,2009 年版,第 491 页。

⑥ [清]阮元校刻:《十三经注疏·毛诗正义》(清嘉庆刊本),北京:中华书局,2009 年版,第 1269~1270 页。

⑦ [清]阮元校刻:《十三经注疏·毛诗正义》(清嘉庆刊本),北京:中华书局,2009 年版,第 1271 页。

界多有不同意见,有周居夏地说,有婚姻关系说,还有政治因素说,莫衷一是。① 我们认为以上说法有其合理性,同时可能还有以下两种因素:

其一,周曾是夏的属国。《左传·昭公九年》载:"王使詹桓伯辞于晋,曰:'我自夏以后稷,魏、骀、芮、岐、毕,吾西土也'。"杜注:"在夏世以后稷功,受此五国为西土之长。骀在始平武功县所治釐城,岐在扶风美阳县西北。"②是说后稷以后,这五国被夏封为周的属地。《国语·周语》亦云:"昔我先世后稷,以服事虞、夏。及夏之衰也,弃稷弗务,我先王不窋用失其官,而自窜于戎狄之间。"③服事虞夏说明了后稷和夏的关系。

从先周的起源地来看,其地理位置与夏也非常近,应该在夏的控制范围之内。关于先周的起源地。一是山西说,以钱穆先生为代表,认为周人后稷所封的"邰"和公刘所居的豳都在今山西一带,在古公亶父的时候始迁至岐山。④ 一是陕西说,以郭沫若、范文澜等为代表,认为陕甘一带的泾渭流域为周人的起源地。从考古学上来说,山西更有可能为先周的起源地。⑤ 但无论是陕西还是山西,这些地区都应该在夏的掌控之下。

其二,周人继承了夏人的农业功绩。《论语·宪问》:"禹稷躬稼,而有天下。"⑥《论语·泰伯》:"(禹)卑宫室而尽力乎沟洫。"⑦《淮南子·氾论》

---

① 如孙作云《诗经与周代社会研究》认为是"周""夏"二族自古以来的婚姻关系,以及周居夏地。朱东润《诗三百篇探故》认为"周"本为地名,至古公亶父迁于此地,始取其地名为部族名;而"夏"则是最初的部族名,因为周人以夏之遗民自居。

② [清]阮元校刻:《十三经注疏·春秋左传正义》(清嘉庆刊本),北京:中华书局,2009 年版,第4466 页。

③ 徐元诰集解:《国语集解》,北京:中华书局,2002 年版,第 3～4 页。

④ 钱穆:《周初地理考》,《古史地理论丛》,北京:三联书店,2005 年版,第 3～76 页。钱穆主张先周民族源自山西,此观点得到吕思勉、陈梦家、邹衡、王玉哲、许倬云等人的支持。他在晚年的《师友杂忆》中曾有一段回忆,对自己的《周初地理考》颇感自豪:"今年春,许倬云自美返台,面告余,彼曾集大陆数十年来新出土诸铭文详为考订,乃知余论周初地理可相证明。余闻之大喜。窃意此乃乃余五十年前创见。五十年来,未有人加以驳议,亦未有人加以阐发,几如废纸,置于不论不问之列。今乃得许君为之成其定论,此亦余晚年与身亲闻一大喜事也。"见《八十忆双亲·师友杂忆》,北京:三联书店,2005 年版,第 349 页。

⑤ 王克林:《略论夏文化的源流及其有关问题》,《夏史论丛》,济南:齐鲁社,1985 年版,第 79～80页。杨善群也认为周族的起源地在晋西南,后来迁至关中。见杨善群《周族的起源地及其迁徙路线》,《史林》1991 年第 3 期,第 39～45 页。

⑥ [清]阮元校刻:《十三经注疏·论语注疏》(清嘉庆刊本),北京:中华书局,2009 年版,第 5453 页。

⑦ [清]阮元校刻:《十三经注疏·论语注疏》(清嘉庆刊本),北京:中华书局,2009 年版,第 5404 页。

言："禹劳天下，死而为社；后稷作稼穑，死而为稷。"①《史记·封禅书》云："自禹兴而修社祀，后稷稼穑，故有稷祠，郊社所从来尚矣。"②所以，夏族可能是崇尚农业的民族。而周族也是农业民族，并且是"缵禹之绪"。《诗经·大雅·生民》讲述周人始祖后稷的业绩，被尊为农神，可见周族的兴起与农业有着密切关联。《鲁颂·閟宫》亦言："是生后稷，降之百福。黍稷重穋，稙稚菽麦。奄有下国，俾民稼穑。有稷有黍，有稻有秬。奄有下土，缵禹之绪。"③《诗经》中多有这样的农事诗。

后稷缵禹之绪，文献中多有记载。《逸周书·商誓》曰："在昔后稷，惟上帝之言，克播百谷，登禹之绩。"④《商誓》为西周初期作品。李学勤先生认为该篇"确信系周初之作"，《商誓》篇的"重要性绝绝不下于《尚书》中的周初各篇，它或许正是删《书》之余"⑤。所以周人继承夏人的农业功绩，发展农耕生活是有一定的可信度的。《诗经》中亦有这样的记载：《大雅·文王有声》："丰水东注，维禹之绩。"⑥《大雅·韩奕》："奕奕梁山，维禹甸之。"⑦《小雅·信南山》："信彼南山，维禹甸之。"⑧该篇《诗序》云："《信南山》刺幽王也，不能修成王之业，疆理天下，以奉禹功，故君子思古焉。"⑨

另外，在当时条件下，西北是适宜农业生产的。西北地区为黄土平原，气候温暖，土地肥沃，雨量较多，又有黄河水源。而东方水泽太多，又多丘陵。童书业先生即说："盖中国之西北方地势高低不平，一逢水潦即成州之形状，故九州之传说即起于此地，治水之传说亦产生于此；'降丘宅土'，非必南方民族特有之情形也。"⑩

周人源于西北，从夏周这种关系来看，夏族也当源于西北。

---

①刘文典：《淮南鸿烈集解》，北京：中华书局，1989 年版，第 460 页。
②［汉］司马迁：《史记》卷二十八，北京：中华书局，1959 年版，第 1357 页。
③［清］阮元校刻：《十三经注疏·毛诗正义》（清嘉庆刊本），北京：中华书局，2009 年版，第 1326 页。
④黄怀信、张懋镕、田旭东：《逸周书汇校集注》，上海：上海古籍出版社，2007 年版，第 452 页。
⑤李学勤：《商誓篇研究》，《古文献丛论》，上海：上海远东出版社，1996 年版，第 85 页。
⑥［清］阮元校刻：《十三经注疏·毛诗正义》（清嘉庆刊本），北京：中华书局，2009 年版，第 1134 页。
⑦［清］阮元校刻：《十三经注疏·毛诗正义》（清嘉庆刊本），北京：中华书局，2009 年版，第 1229 页。
⑧［清］阮元校刻：《十三经注疏·毛诗正义》（清嘉庆刊本），北京：中华书局，2009 年版，第 1010 页。
⑨［清］阮元校刻：《十三经注疏·毛诗正义》（清嘉庆刊本），北京：中华书局，2009 年版，第 1009 页。
⑩童书业：《〈九州之戎与戎禹〉跋》，《古史辨》第七册（下），上海：上海古籍出版社，1982 年版，第 140 页。

二、禹前期在晋南

(一)冀州问题

文献中多认为尧、舜、禹都曾居在冀州(即今山西)。《左传·哀公六年》:"《夏书》曰:'唯彼陶唐,帅彼天常,有此冀方。'"杜预注曰:"唐虞及夏同都冀州。"孔颖达疏曰:"尧治平阳,舜治蒲坂,禹治安邑。三都相去各二百余里,俱在冀州,统天下四方,故云'有此冀方'也。"[①]《史记·五帝本纪》:"舜,冀州之人也。"张守节《正义》曰:"蒲州河东县本属冀州,《宋永初山川记》云:'蒲坂城中有舜庙,城外有舜宅及二妃坛。'《括地志》云:'妫州有妫水,源出城中。《耆旧传》云即舜釐二女于妫汭之所。外城中有舜井,城北有历山,山上有舜庙。'"[②]

考古学上的陶寺文化(以山西襄汾陶寺遗址而名)即主要分布在山西汾水流域的临汾地区。一般认为陶寺文化仍属中原龙山文化范畴,其早期是从庙底沟二期文化直接发展而来。陶寺文化的年代大约在公元前2500年至前1990年之间,因此有学者认为陶寺文化是陶唐氏文化。[③]而夏代的纪年一般认为在公元前2100年至公元前1600年之间,这样陶寺文化的晚期已经进入夏代纪年的范围之内,禹部族作为有虞的附属而生活在晋南是可以理解的。

《左传·昭公元年》载子产曰:"迁实沈于大夏,主参,唐人是因,以服事夏商。其季世曰唐叔虞……及成王灭唐。而封大叔焉,故参为晋星。"[④]《左传·定公四年》说:"分唐叔以大路密须之鼓,阙巩沽洗,怀姓九宗,职官五正,命以唐诰,而封于夏虚,启以夏政。疆以戎索。"[⑤]天马—曲村西周遗

---

①[清]阮元校刻:《十三经注疏·春秋左传正义》(清嘉庆刊本),北京:中华书局,2009年版,第4695页。

②[汉]司马迁:《史记》卷一,北京:中华书局,1959年版,第32页。

③如:李民《尧舜时代与陶寺遗址》,《史前研究》1985年第4期;邹衡《关于探讨夏文化的条件问题》,《华夏文明》第一集,北京:北京大学出版社,1987年版;王文清《陶寺遗存可能是陶唐氏文化遗存》,《华夏文明》第一集,北京:北京大学出版社,1987年版;许宏、安也致《陶寺类型为有虞氏遗存论》,《考古与文物》1991年第6期。

④[清]阮元校刻:《十三经注疏·春秋左传正义》(清嘉庆刊本),北京:中华书局,2009年版,第4393~4394页。

⑤[清]阮元校刻:《十三经注疏·春秋左传正义》(清嘉庆刊本),北京:中华书局,2009年版,第4637页。

址以及晋侯墓的发现已经确认夏墟和唐的地望就在晋南。所以分封唐叔的晋南地区即以前的夏墟,这个夏墟可能就是禹在没有进入豫西之前的主要活动地。郭沫若据《诗经·商颂·长发》"禹敷下土方"也说:"土方从甲骨卜辞推测,在商朝的西北方向,估计在河套一带。夏后氏当是从这里沿黄河南下到今河南西部原共工氏所在地区的。"①

(二)禹在山西的都城

文献中有禹都安邑、平阳、晋阳的记载,皆在山西:

> 《世本》:"夏禹都阳城,避商均也。又都平阳,或在安邑,或在晋阳。"(《史记·封禅书》正义引)②

> 《世本·居篇》:"禹都咸阳,正当亳西也,及后乃徙安邑。"(《礼记·缁衣》正义引)③

> 《史记·夏本纪》:"(禹)即天子位。"《集解》云:"皇甫谧曰:都平阳,或在安邑,或在晋阳。"④

> 《水经注·涑水》:"安邑,禹都也。"⑤

> 《史记·吴太伯世家》索隐:"夏都安邑,虞仲都大阳之虞城,在安邑南,故曰夏虚。"⑥

对禹都安邑,有学者表示怀疑,顾颉刚即言:"洪颐煊《禹都阳城考》谓古籍中言禹都皆言阳城或阳翟,两地同属颍川郡,终夏之世未尝都安邑;独皇甫谧作《帝王世纪》,妄谓禹都安邑。《尚书》孔传与皇甫谧说合,足为《伪古文》出于皇甫谧之证。"⑦但也有学者认同古书的记载。如曲英杰就认为禹都可能是汾浍之南、河水之北涑水流域的夏县安邑,以安邑为禹都似更接近于当时的历史实际。⑧ 关于安邑的地理位置,旧说在今山西夏县北,现

①郭沫若主编:《中国史稿》第一册,北京:人民出版社,1976年版,第120页。

②[汉]司马迁:《史记》卷二十八,北京:中华书局,1959年版,第1371页。

③[清]阮元校刻:《十三经注疏·礼记正义》(清嘉庆刊本),北京:中华书局,2009年版,第3581页。古书中无禹都咸阳之说,或为平阳之讹。

④[汉]司马迁:《史记》卷二,北京:中华书局,1959年版,第82页。

⑤陈桥驿校证:《水经注校证》,北京:中华书局,2007年版,第169页。

⑥[汉]司马迁:《史记》卷三十一,北京:中华书局,1959年版,第1446页。

⑦顾颉刚:《顾颉刚读书笔记》第五卷,台北:联经出版事业公司,1990年版,第2868页。洪颐煊:《禹都阳城考》,载《筠轩文录》卷四。

⑧曲英杰:《禹都考辨》,《华夏文明》第一集,北京:北京大学出版社,1987年版,第280~293页。

亦有古迹遗存,当可靠。丁山、赵铁寒①以为在平陆县北五十里之虞城,恐不足信。

　　平阳以平水之阳得名,在今山西临汾县西南部。晋阳,旧说在今山西太原,近代学者多认为不可信。赵铁寒以为平阳即晋阳,"平阳以居平河之阳而得名,而平水又名晋水,故平阳亦得名为晋阳","禹所都之平阳,或晋阳,实今临汾一地也"②。平阳、安邑都可能曾为禹都,这些都城的地理位置均不出晋之境。禹在舜时为司空,治理洪水,禹部族起初是依附于舜的,陶寺文化多认为是虞舜时代的遗存,因此,夏族起初在山西活动是可以成立的。至于禹为什么会有多个都城,可能是因为禹曾多次迁都,它们只是在时间上先后有别。禹为什么屡次迁都?张光直提出:"三代各代都有一个永恒不变的'圣都',也各有若干迁徙行走的'俗都'。圣都是先祖宗庙的永恒基地,而俗都虽也是举行日常祭仪所在,却主要是王的政、经、军的领导中心。圣都不变,缘故容易推断。而俗都屡变,则以追寻青铜矿源为主要的因素。"③据张光直先生所论,禹之都城或多是"俗都"亦有可能。

三、避商均于阳城:禹入豫西

　　文献载禹为了避商均而都于阳城,自从禹进入豫西,夏代的政治中心基本就在河南了。而禹迁阳城可能即是夏文化发展的一个转折点,夏文化从晋南发展到了豫西。禹迁都阳城以后,山西的都城便成了"夏墟"。

　　《史记·封禅书》正义引《世本》云:"夏禹都阳城,避商均也。"④《孟子·万章上》云:"舜崩,三年之丧毕,禹避舜之子于阳城,天下之民从之,若尧崩之后,不从尧之子而从舜也。"赵岐注:"阳城,箕山之阴,皆嵩山下深谷之中以藏处也。"⑤孟子此段话,虽没有明说阳城为禹都,但万民所从,足见其城市之大,足具都城之规模。又据赵岐注,阳城在嵩山下,嵩山多鲧禹传说,可见孟子所言必有一定的依据。舜崩之时,禹治水已成功,其族民当已从山西迁往豫西嵩山地带。其他禹与阳城的相关记载还有:

①赵铁寒:《夏代诸帝所居考》,《古史考述》,台北:正中书局,1965 年版,第 62 页。
②赵铁寒:《夏代诸帝所居考》,《古史考述》,台北:正中书局,1965 年版,第 64 页。
③张光直:《夏商周三代都制与三代文化异同》,《中国青铜时代》(二集),北京:三联书店,1990 年版,第 15 页。
④[汉]司马迁:《史记》卷二十八,北京:中华书局,1959 年版,第 1371 页。
⑤[清]焦循:《孟子正义》,北京:中华书局,1987 年版,第 647 页。

《古本竹书纪年》:"禹都阳城。"①

《世本·居篇》:"禹都阳城。"②

《史记·夏本纪》:"禹辞辟舜之子商均于阳城。"③

《帝王世纪》:"阳城有启母冢。"(《续汉志·郡国志二》注引)④

《国语·周语上》:"昔伊洛竭而夏亡。"韦昭注:"禹都阳城,伊洛所近。"⑤

《国语·周语上》:"昔夏之兴也,融降于崇山。"韦昭注:"崇,崇高山也,夏居阳城,崇高所近。"⑥

《水经注·颍水》:"颍水迳其县(阳城)故城南,昔舜禅禹,禹避商均,伯益避启,并于此也。"⑦

不过《括地志》却说禹居阳城,只是为了避商均而暂时居住,并非定都于此,其云:"自禹至太康与唐、虞皆不易都城,然则居阳城为禹避商均时,非都之也。"⑧阳城的地望,据《史记集解》引刘熙曰:"今颍川阳城是也。"⑨丁山先生认为禹都的"阳城故名当曰唐城",在山西"翼城西者较确"⑩。沈长云则提出"禹都阳城即濮阳说"⑪。

还有禹居(都)阳翟之说。《史记·货殖列传》:"颍川、南阳,夏人之居也。"《集解》引徐广曰:"禹居阳翟。"⑫《汉书·地理志》:颍川郡阳翟县,班固自注:"夏禹国。"颜注引应劭曰:"夏禹都也。"⑬《帝王世纪》云:"禹受封为夏伯,在《禹贡》豫州外方之南……今河南阳翟是也。"⑭《水经注·颍

①方诗铭、王修龄:《古本竹书纪年辑证》(修订本),上海:上海古籍出版社,2005年版,第1页。

②孙冯翼辑:《世本》,《世本八种》,北京:中华书局,2008年版,第10页。

③[汉]司马迁:《史记》卷二,北京:中华书局,1959年版,第82页。

④徐宗元辑:《帝王世纪辑存》,北京:中华书局,1964年版,第55页。

⑤徐元诰集解:《国语集解》,北京:中华书局,2002年版,第27页。

⑥徐元诰集解:《国语集解》,北京:中华书局,2002年版,第29页。

⑦陈桥驿校证:《水经注校证》,北京:中华书局,2007年版,第512页。

⑧[汉]司马迁:《史记·周本纪》正义引,[唐]李泰等著,贺次君辑校:《括地志辑校》,北京:中华书局,1980年版,第172页。《史记·五帝本纪》正义引作"禹居洛州阳城者,避商均,非时久居也"。

⑨[汉]司马迁:《史记》卷二,北京:中华书局,1959年版,第82页。

⑩丁山:《由三代都邑论其民族文化》,《古代神话与民族》,北京:商务印书馆,2005年版,第4页。

⑪沈长云:《禹都阳城即濮阳说》,《中国史研究》1997年第2期,第11~18页。

⑫[汉]司马迁:《史记》卷一百二十九,北京:中华书局,1959年版,第3269页。

⑬[汉]班固:《汉书》卷二十八上,北京:中华书局,1962年版,第1560页。

⑭徐宗元辑:《帝王世纪辑存》,北京:中华书局,1964年版,第48页。

水》："颍水自堨东径阳翟县故城北,夏禹始封于此,为夏国。"①

　　洪颐煊《禹都考》认为阳城、阳翟同属颍川郡,两地相近,所以,禹所都阳城或者本在阳翟。金鹗不赞同此说,认为："阳城在嵩山之南,今河南府登封县是也。若阳翟今在开封府禹州,其地各异。……阳翟为禹所封之国,而阳城则为禹之都,此确解也。"②顾颉刚亦认同金鹗之说,即阳翟为禹封之国,阳城为禹都。可备一说。

　　然《左传·昭公四年》曰："四岳、三涂、阳城、大室、荆山、中南,九州之险也。"③《史记·六国年表》韩文侯二年,"伐郑取阳城"。《秦本纪》"攻韩取阳城",所涉"阳城"皆为汉颍川阳城,即在今河南登封市告成镇附近。④李学勤先生认为禹都阳城是战国时的一般观点,有一定的可靠性:

> 　　《纪年》记夏代各王的都邑,比其他文献更为详尽。"禹都阳城"之说,即首先见于《纪年》,与《世本》的《居篇》相同,可见这是战国中叶已有的通行见解,是关于禹都所在最早的记录。至于太康、羿、相、杼、胤甲、桀所居,《纪年》都有记载。大家知道,今辑《世本》虽系战国末所作,但同类讲世系的书籍早有渊源,《周礼·小史》即有"奠系世"的记述。这类书籍不仅叙述世系的传承,如《世本》便有《居篇》、《作篇》等等。《纪年》所述度邑,可能即由古老的这种书籍而来。⑤

1959 年,徐旭生先生调查"夏墟",他认为嵩山脚下的古阳城"是一种最普遍的说法,也是较正确的说法"⑥。1977 年,在登封告成镇东北山坡上发现春秋战国阳城遗址,出土战国陶器有"阳城仓器"印记,陶量亦有"阳城"字样,汉瓦有"阳城"印记。此类带字陶器的出土有力地证明此阳城之地望与年代。⑦

---

① 陈桥驿校证:《水经注校证》,北京:中华书局,2007 年版,第 513 页。

② 《求古录礼说》卷四,转引自《顾颉刚读书笔记》第五卷,台北:联经出版事业公司,1990 年版,第
　　3131 页。

③ [清]阮元校刻:《十三经注疏·春秋左传正义》(清嘉庆刊本),北京:中华书局,2009 年版,第
　　4415 页。

④ 参看钱穆:《史记地名考》卷六"阳城条",台北:三民书局,1984 年版,第 148~149 页。

⑤ 李学勤:《古本〈竹书纪年〉与夏代史》,《走出疑古时代》(修订本),沈阳:辽宁大学出版社,1997 年
　　版,第 51~52 页;原载《华夏文明》第一集,北京:北京大学出版社,1987 年版。

⑥ 徐旭生:《1959 年夏豫西调查"夏墟"的初步报告》,《考古》1959 年第 11 期,第 592~600 页。

⑦ 见《文物》编辑委员会编:《文物考古工作三十年》,北京:文物出版社,1979 年版,第 274 页。

1977 年,登封告成镇王城岗遗址发掘了东西并列的两座龙山文化晚期城堡,时间在距今约 4100 年左右,约为夏代初年。该遗址中已有了夯筑而成的城墙,城内有建筑基址、青铜器残片和刻有原始文字的陶器残片。学者对此多有论述,认为王城岗城址可能和"禹都阳城"有关,也有学者认为此城址作为都城不够规模①。

近年王城岗西侧又发现一座面积约 30 万平方米的大城,大城的北城壕向东延伸将王城岗古城围护其中,因此有人认为,王城岗古城为大城的宫城或宗庙社稷之所在。李伯谦说:"王城岗龙山文化晚期大城应即'禹都阳城'之阳城,东周阳城当以'禹都阳城'即在附近而得名,而早于大城的王城岗龙山文化晚期小城则可能是传为禹父的鲧所建造,从而为夏文化找到了一个起始点。"②也有学者认为大城和小城是同时期修建而成,是一体的,大城即是禹都阳城,而小城就是禹都的宗庙建筑。③

自从禹定都于阳城以后,夏代的政治中心基本上就在河南中西部。文献中亦有这方面的记载:

《国语·周语上》:"昔伊洛竭而夏亡。"④

《战国策·魏策一》:"夏桀之国,左天门之阴,而右天溪之阳,庐睪在其北,伊洛出其南。"⑤

《史记·周本纪》"自洛汭延于伊汭,居易毋固,其有夏之居。"⑥

《史记·吴起列传》:"夏桀之居,左河济,右泰华,伊阙在其南,羊肠在其北,修政不仁,汤放之。"⑦

---

① 如:杨宝成《登封王城岗与"禹都阳城"》(《文物》1984 年第 2 期,第 63～66 页),京浦《禹都阳城与王城岗遗址》(《文物》1984 年第 2 期,第 67～69 页),裴明相《论登封王城岗城堡的性质》(《夏文化研究论集》,北京:中华书局,1996 年版,第 60～65 页),马世之《王城岗遗址的再探讨》(《中原文物》1995 年第 3 期,第 53～57 页),安金槐《豫西夏代文化初探》(《中国历史博物馆馆刊》1979 年第 1 期),安金槐《试论登封王城岗龙山文化城址与夏代阳城》(《中国考古学会第四次年会论文集》,北京:文物出版社,1985 年版,第 1～6 页)等一系列论文。

② 李伯谦:《〈登封王城岗考古发现与研究(2002—2005)〉序》,《中国文物报》2007 年 8 月 29 日。

③ 杨肇清:《略论登封王城岗遗址大城与小城的关系及其性质》,《中原文物》2005 年第 2 期,第 33～35 页。

④ 徐元诰集解:《国语集解》,北京:中华书局,2002 年版,第 27 页。

⑤ 范祥雍笺证:《战国策笺证》,上海:上海古籍出版社,2006 年版,第 1252 页。

⑥ [汉]司马迁:《史记》卷四,北京:中华书局,1959 年版,第 129 页。《集解》引徐广曰:"夏居河南,初在阳城,后居阳翟。"《索隐》曰:"言自洛汭及伊汭,其地平易无险固,有夏之旧居。"

⑦ [汉]司马迁:《史记》卷六十五,北京:中华书局,1959 年版,第 2166 页。

《史记·货殖列传》:"颍川,南阳,夏人之居也。"①
《汉书·地理志》:"颍川,南阳,本夏禹之国。"②

由上可知,禹以后一直到夏桀,豫西地区一直是夏人活动的主要地区。从考古文化上也可以得出同样的结论,从时间上看,二里头文化的年代范围为公元前19世纪中叶到前16世纪中叶,"夏商周断代工程"将夏代纪年框定为公元前2070年至前1600年,因此,二里头文化的主体当是夏代中晚期的夏文化。根据目前的资料判断,二里头文化主要分布在河南省中西部和山西省西南部。足以说明河南省西中部是禹以后的夏文化中心。但还有一点值得注意的是,二里头文化向西到达陕西关中,而向东只到达豫东,可以从侧面说明西部一直是夏族的根据地,夏族是从西部逐渐向东发展。

四、夏亡后西迁

顾颉刚先生有一条读书笔记概括了夏亡后的迁徙,他说:"假定夏亡之后,大夏即立国于山西,继迁甘肃,当商代。其后迁于新疆,当西周。其后迁于阿母河,当东周。为亚历山大所灭,当战国。为大月氏所臣,当西汉。如此,亦说得过去。大夏之名,逐渐西移,而其东方之虚,则为中土人所不能忘。故谓之曰'正北'者,指山西之大夏言也;谓之曰'西北'者,指甘肃、新疆之大夏言也。至其居阿母河南,则自张骞西征而始知之。"③夏亡之后,夏族的一支逐渐向西北迁徙。正如郭沫若所说:"夏民族被殷人驱逐后,多逃往北方,殆是事实。"④

夏有东夏、西夏之分。文献中的"东夏"一般泛指东方,如《吕氏春秋·察今》:"东夏之命,古今之法,言异而典殊。"高诱注:"东夏,东方也。"⑤处于东方的国家也泛称"东夏"。如《左传·襄公二十二年》:"晋人征朝于郑,郑人使少正公孙侨对曰:'……间二年,闻君将靖东夏。'"⑥此处"东夏"即指处在东方的齐国。《国语·楚语上》:"析公奔晋,晋人用之,寔谗败楚,使

---

①[汉]司马迁:《史记》卷一百二十九,北京:中华书局,1959年版,第3269页。
②[汉]班固:《汉书》卷二十八下,北京:中华书局,1962年版,第1654页。
③顾颉刚:《顾颉刚读书笔记》第五卷,台北:联经出版事业公司,1990年版,3126页。
④郭沫若:《中国古代社会研究》,北京:人民出版社,1964年版,第277页。
⑤许维遹:《吕氏春秋集释》,北京:中华书局,2009年版,第390页。
⑥[清]阮元校刻:《十三经注疏·春秋左传正义》(清嘉庆刊本),北京:中华书局,2009年版,第4286~4287页。

不规东夏。"韦昭注："东夏，蔡沈也。"①为什么东方的国家称为东夏，大概是夏的影响力太大，夏本在西而逐渐向东扩展，故西方的称为西夏，东方的称为东夏。

"西夏"见于《逸周书·史记篇》："昔者西夏性仁非兵，城郭不修，武士无位，惠而好赏……唐氏伐之，城郭不守，武士不用，西夏以亡。"②此西夏不知是国名还是地名，顾颉刚说："西夏者，汤灭夏之后，夏族迁于河东所建之国也。故别之曰'西'。……唐之灭西夏当在商代中叶。西夏亦曰大夏，《左传》、《国语》所记者也。"③《礼记·缁衣》又有"西邑夏"，郑玄解释说："伊尹始仕于夏，此时就汤矣。夏之邑在亳西。"④夏在汤都亳邑之西故曰西邑夏。

"大夏"当是亡后的夏族主体，逐渐向其起源地西北退却。《左传·昭公元年》："迁实沈于大夏。"杜注："大夏，今晋阳县。"⑤晋阳在山西汾水流域内。此处的大夏大概是商代时的大夏。《逸周书·王会篇》云："其西：……禹氏驹验，大夏兹白牛，犬戎文马而赤鬣缟身……"⑥又云："正北空同、大夏……月氏。"⑦禹氏即月氏。《王会篇》讲成王在洛阳举行成周之会，各方国进贡，大夏的地理位置很明确，与月氏、犬戎皆在成周之西。由此可知，在周初之时，夏部族后裔"大夏"已经往西迁徙了，和犬戎等生活在一起了。

至战国时期，大夏已经迁至流沙以西今新疆地区了。《山海经·海内东经》："国在流沙外者，大夏、竖沙、居繇、月支之国。"⑧《史记·封禅书》载齐桓公语："寡人……西伐大夏，涉流沙，束马悬车，上卑耳之山。"《三国志》

---

① 徐元诰集解：《国语集解》，北京：中华书局，2002 年版，第 490 页。

② 黄怀信、张懋镕、田旭东：《逸周书汇校集注》，上海：上海古籍出版社，2007 年版，第 968 页。

③ 顾颉刚：《顾颉刚读书笔记》第七卷，台北：联经出版事业公司，1990 年版，第 5277 页。

④ [清]阮元校刻：《十三经注疏·礼记正义》(清嘉庆刊本)，北京：中华书局，2009 年版，第 3580 页。孔疏云："案《世本》及《汲冢古文》并云禹都咸阳城，正当亳邑也。及后乃徙安邑。郑以为汤都偃师为亳邑，则是安邑亦在亳西也。"古书中无禹都咸阳之说，或为平阳之讹。

⑤ [清]阮元校刻：《十三经注疏·春秋左传正义》(清嘉庆刊本)，北京：中华书局，2009 年版，第 4393 页。

⑥ 黄怀信、张懋镕、田旭东：《逸周书汇校集注》，上海：上海古籍出版社，2007 年版，第 884～885 页。

⑦ 黄怀信、张懋镕、田旭东：《逸周书汇校集注》，上海：上海古籍出版社，2007 年版，第 919 页。

⑧ 袁珂校注：《山海经校注》，成都：巴蜀书社，1993 年版，第 380 页。

注引《魏略》:"西王母西有修流沙,流沙西有大夏国。"①至汉代时已经西徙至阿姆河流域了,《史记·大宛列传》说:"大夏在大宛西南二千余里妫水南,其俗土著,有城屋,与大宛同俗。"②

第三节　"禹生石纽"传说的文化解析

20世纪上半叶曾有学者提出夏民族源于四川,"禹生石纽"是可信的③,后来渐趋平寂。但近几年此说又有抬头之势,在李学勤先生提出"禹生石纽传说是很重要的,它反映着古代的历史实际","有着相当深远的历史背景"④之后,一些四川学者,纷纷撰文探讨这一"历史背景",认为夏禹文化与羌文化、蜀文化有亲缘关系,进而提出"禹生石纽"是历史事实,禹生于四川,夏族也起源于四川。在现有条件下,这种说法恐怕还不能成为定论。我们认为"禹生石纽"不可信,作为传说,它是"禹生于石"这一神话叙事的置换变形;石是夏民族的崇拜物,随着夏遗民迁入四川,"禹生于石"的传说亦进入川蜀,与川西北的大石传说相融合,当这一传说流传到汶山石纽时便产生了变异,"禹生于石"变成"禹生石纽"了。

一、"禹生于石"的神话叙事

文献中有禹生于石、启母化石生启的记载(第五章第四节将有详述,此处从略)。禹生于石的传说,反映了早期民间信仰的宗教意义。在原始人的宗教意识中,坚硬、粗粝、持久的物体本身就是一种神圣的象征,而石头就代表了这种象征,正是因为如此,人们才对它产生崇敬。泰勒在《原始文化》中描述了世界上很多国家和民族对石头崇拜的现象。中国古代文献中亦有关于石头崇拜的记载。如传说中的女娲炼五彩石以补天,足显五彩石具有神异的力量。《尚书·禹贡》叙述九州贡品时,青州:"岱畎丝、枲、铅、

---

①[晋]陈寿:《三国志·魏书》卷三十,北京:中华书局,1959年版,第865页。

②[汉]司马迁:《史记》卷一百二十三,北京:中华书局,1959年版,第3164页。

③如:罗香林《夏民族发祥于岷江流域说》、姜蕴刚《治水及其人物》、林名均《四川治水者与水神》,均载《说文月刊》第3卷第9期;陈志良《禹生石纽考》,载《禹贡》第6卷第6期。

④李学勤:《禹生石纽说的历史背景》,《走出疑古时代》(修订本),沈阳:辽宁大学出版社,1997年版,第227、225页

松、怪石。"孔传："怪，异；好石似玉者。岱山之谷出此五物，皆贡之。"①《山海经》中也记述了大量的奇异之石。考古发掘中的出土石器更是很多，二里头遗址出土镶嵌绿松石铜牌，镶嵌技术熟练，是件艺术精品；还有用绿松石制作的龙的形象。

石是人们常见的一种东西，而各种奇异之石更是受到人们的喜欢，赋予其不同的价值及意义。人类原始时代信仰"万物有灵论"，石头被赋予生殖能力，随着对石头的崇拜，进而将石头人格化。石头又有丰产的作用，所以才有禹生于石，启母石的传说。因此，"禹生于石"是以丰富的民俗文化和宗教意义为基础的传说，是原生态的神话，具有原型意义。而"禹生石纽"这样的传说既没有民俗背景也没有宗教意义，显然是次生态的神话传说。

我们知道"西方神话注重保留的是这些传说中的具体细节，而中国神话注重保留的却只是它的骨架和神韵，而缺乏对于人物性格和事件细节的描绘"②。原生态的神话是以"非叙述性"作为自己美学原则的特殊原型，而次生态神话更追求情节的完整性。从神话的叙事结构上来分析，"禹生于石"的叙事结构是不完整的，在表述上具有模糊性和泛化性，因为石是普遍存在的东西；而"禹生石纽"则明确表达了空间的确定性，禹出生的地点即石纽，这样的叙事结构就显得完整了，具有了一定的情节性。同时，从"禹生于石"到"禹生石纽"的演化也反映了神话思维的特性，假如说神话思维"与确定的法则相联系，那么这种法则并非可以与自然思维和科学思维中的法则相提并论。科学思维总是欲求发现事物之内在性质和恒常关系。但在神话中，并不承认这种内在恒常性质的存在"③。神话思维并不以我们通常的思维方式去解释事物。

二、"禹生石纽"传说的演绎

新历史主义批评家弗雷德里克·詹姆森说："历史本身在任何意义上不是一个本文，也不是主导本文或主导叙事，但我们只能了解以本文形式或叙事模式体现出来的历史，换句话说，我们只能通过预先的本文或叙事

---

①〔清〕阮元校刻：《十三经注疏·尚书正义》（清嘉庆刊本），北京：中华书局，2009年版，第311页。

②〔美〕浦安迪：《中国叙事学》，北京：北京大学出版社，1996年版，第41～42页。

③〔德〕恩斯特·卡西尔：《符号·神话·文化》，李小兵译，北京：东方出版社，1988年版，第120页。

建构才能接触历史。"①将"禹生石纽"传说的演变过程做一系统梳理,可以帮助我们还原禹生石纽传说的本貌,亦可以帮助我们更好地认识历史与文本之间的关系。

"禹生石纽"说最早见于《孟子》佚文,《史记·六国年表》集解引皇甫谧语:"孟子称禹生石纽,西夷人也。"②皇甫谧《帝王世纪》,清人多讥之,而且《孟子》佚文甚少,所以这条佚文的可信性暂且存疑。从现存文献来看,禹生石纽说起于扬雄,其《蜀王本纪》直称:"禹本汶山郡广柔县人,生于石纽,其地名刳儿坪。"③至后汉赵晔的《吴越春秋》,也说禹的母亲因吃薏苡而生下了禹,生地就在石纽,地属蜀西川。④ 西晋皇甫谧《帝王世纪》则又把禹兴于西羌、生于石纽进行了进一步的杂糅,云:"夏禹生于石纽,长于西羌,西夷之人也。"⑤再至东晋常璩《华阳国志·蜀志》则直言"石纽乡,禹所生也",而且将其神奇化:"夷人营其地,方百里不敢居牧;有过,逃其野中不敢追,云畏禹神,能藏三岁,为人所得,则共原之,云禹神灵佑之。"⑥顾颉刚先生曾详细比较了《蜀王本纪》与《华阳国志》中有关蜀史的异同,指出:"扬氏所录固多不经之言,而皆蜀地真实之神话传说。常氏书雅驯矣,然其事既非民间之口说,亦非旧史之笔录,乃学士文人就神话传说之素地而加以渲染粉饰者。"⑦可谓经典之论。

司马迁没说出禹的具体出生地,而晚于司马迁的扬雄这些人倒把禹的

①〔美〕弗雷德里克·詹姆森:《马克思主义与历史主义》,载张京媛主编《新历史主义与文学批评》,北京:北京大学出版社,1993年版,第19页。

②徐宗元辑:《帝王世纪辑存》,北京:中华书局,1964年版,第51页。

③见陈寿《三国志·蜀书·秦宓传》注引,北京:中华书局,1959年版,第975页。

④《吴越春秋·越王无余外传》:"嬉于砥山,得薏苡而吞之,意若为人所感,……地曰石纽,石纽在蜀西川也。"见周生春《吴越春秋辑校汇考》,上海:上海古籍出版社,1997年版,第101页。纬书中亦有相关论述,如《遁甲开山图》:"女狄暮汲石纽山下泉,水中得月精,如鸡子,爱而含之,不觉而吞,遂有娠,十四月,生夏禹。"(《太平御览》卷四引)《遁甲开山图》:"大禹……化生石纽山泉。"(《绎史》卷十一引)

⑤[南朝宋]范晔:《后汉书》卷八十三《逸民列传》注引《帝王纪》,北京:中华书局,1965年版,第2773页。

⑥[晋]常璩著,任乃强校注:《华阳国志校补图注》,上海:上海古籍出版社,1987年版,第190页。《水经注》有相似的记载:"(广柔)县有石纽乡,禹所生也。今夷人公营之,地方百里,不敢居数。有罪逃野,捕之者不追;能藏三年,不为人得,则公原(愿)之,言大禹之神所佑之也。"

⑦顾颉刚:《〈蜀王本纪〉与〈华阳国志〉所记蜀国事》,《论巴蜀与中原的关系》,成都:四川人民出版社,1981年版,第78页。

出生地说得这么详细。冯汉骥先生认为禹生石纽说实源于"禹兴于西羌"一语①。禹兴于西羌最早见于陆贾《新语》,《术事篇》言:"文王生于东夷,大禹出于西羌。"②随后有司马迁的《史记·六国年表》云:"夫作事者必于东南,收功实者常于西北。故禹兴于西羌,汤起于亳,周之王也,以丰镐。"司马迁的《史记》最有影响力,此说一出,响应者甚多:

> 《韩诗外传》卷五:"禹学乎西王国。"③
> 《盐铁论·国疾》:"禹出西羌,文王生北夷。"④
> 《易林·兑之萃》:"舜登大禹,石夷之野,征诣王庭,拜治水土。"⑤
> 《后汉书·逸民列传》载戴良语:"我若仲尼长东鲁,大禹出西羌,独步天下,谁与为偶!"⑥
> 《吴越春秋·越王无余外传》:"(高密)家于西羌,地曰石纽;石纽,在蜀西川也。"⑦

从文献上来看,夏族与西北地区有着很深的渊源,夏族很有可能是兴起于西北,后逐渐向东发展至豫西,至夏桀败亡后,又有一大部分迁居西土。在西北地区夏族与羌戎长期杂居相处。所以顾颉刚先生的《九州之戎与戎禹》说大禹的神话传说源于戎羌,大禹是戎羌的宗祖神。顾先生之说实是颠倒了主次,因为夏文化要比羌戎文化发达,羌戎文化只能被夏文化同化,所以应当是戎羌的传说源于大禹,禹的丰功伟绩恩泽到戎羌,禹才成了戎羌的宗祖神。根据甲骨卜辞中所记载的羌,其活动范围东至山西地区、太行山一带,在地理分布上,羌与夏是融居在一起的,夏之始祖便成为戎之始祖,遂有"戎禹"之称。童书业遂云:"综上所论,禹起南方之说似不如禹起西方之说为可能。顾师此文从九州四岳之原在地,推测禹传说之起源,立

---

① 冯汉骥:《禹生石纽辨》,《说文月刊》第 4 卷合刊本,1944 年;该文后收入《川大史学·冯汉骥卷》,成都:四川大学出版社,2006 年版。
② 王利器:《新语校注》,北京:中华书局,1986 年版,第 43 页。
③ 许维遹:《韩诗外传集释》,北京:中华书局,1980 年版,第 195 页。
④ 王利器:《盐铁论校注》(定本),北京:中华书局,1992 年版,第 333～334 页。
⑤ 徐传武、胡真校注:《易林汇校集注》,上海:上海古籍出版社,2012 年版,第 2129 页。
⑥ [南朝宋]范晔:《后汉书》卷八十三,北京:中华书局,1965 年版,第 2773 页。
⑦ 周生春:《吴越春秋辑校汇考》,上海:上海古籍出版社,1997 年版,第 101 页。

论确而阐发精,禹与西方民族有关,自有此文,盖为定论矣。"①

　　正是由于禹与羌戎有这样的关系,所以才有司马迁"禹兴西羌"的说法。那么禹兴西羌又怎么演变成了禹生石纽,而且石纽又怎么成了四川的汶山郡呢? 冯汉骥先生说:

　　　　西汉之初,既有"禹兴西羌"之说,其后武帝开冉駹置汶山郡,羌人每来蜀为佣,蜀人对于汶山郡之羌人,知之渐稔。禹既有兴于西羌之说,而汶川有羌人,禹即可以生于汶山郡了,稍为富于想象力者,便可及之。又因《淮南子·修务训》有禹生于石,及焦氏《易林》有禹生石夷的说法,因而又附会到"石纽"了。由此以后,愈传愈真,愈传愈详密了。……②

冯先生认为汶山郡有羌人,禹兴西羌便兴在汶山郡了,又有禹生于石的传说,遂有禹生汶山石纽之说。此说看似有道理,但是还有进一步追溯的空间,即汶山郡的羌人是自古就有吗? 还是从西北地区迁过去的? 从冯著的后文可以看到,他是主张羌人在战国末年迁往汶川的。

　　但是,我们认为禹生石纽的传说,当是"禹生于石"的演变,夏族禹、启的出生都与石有关。"禹生于石"的传说是随着羌人或夏族后裔从中原迁往川蜀而带过去的,而川蜀之地亦广泛存在大石传说,这给"禹生于石"传说的传播提供了便利。而历史的传承者又喜欢接受带有"神话"典型的"历史"。正如艾历亚德所说:"集体的记忆保持对一历史事件之回忆到何程度? (在这一问题上)我们看到一个历史上的人物向一个神话中的英雄的转变……在史诗上受赞扬的人物之历史性并不能长久抵抗'神话化'(mythicization))的侵蚀作用。历史事件之本身,不论如何重要,并不停留在民众的记忆以内,且对历史事件的记忆,除非其历史事件接近一个既有的神话典型,也不能激起诗人的想象力。"③所以,"禹生于石"的传说就很容易地的被蜀地的人们接受了。当"禹生于石"传说流传到汶山"石纽"的时候,遂变成了"禹生石纽"。

①童书业:《〈九州之戎与戎禹〉跋》,《古史辨》第七册(下),上海:上海古籍出版社,1982年版,第140页。
②冯汉骥:《禹生石纽辨》,《川大史学·冯汉骥卷》,成都:四川大学出版社,2006年版,第24页。
③转引自方艳:《从〈穆天子传〉看神话历史》,《百色学院学报》2009年第3期,第27页。

三、"禹生石纽"传说的历史背景

最近在三峡出土的东汉景云碑,碑文"术禹石纽、汶川之会"引起了学者的重视。该碑碑文为阴刻隶书,凡 13 行,每行约 30 字,全文共 367 字。碑成于隶书成熟和鼎盛的东汉后期,是汉碑中罕见的精品,是研究巴蜀古史的新材料。[①] 李学勤先生对景云碑作了考证,提出了禹生石纽是先秦的传说,他说:"我认为,这个碑最重要的就是表明汉初的时候,所有人都知道这里有大禹的石纽,时间不是在刻碑的东汉熹平时期,也不是景云所处的汉和帝时期,而是西汉初的时期,所有人都认为这里是大禹的石纽。大家知道,那个时候经常都在打仗,哪有工夫去编造故事,可见这个传说一定是先秦的。"[②]如果禹生石纽确实是先秦的传说。那么这一传说的历史背景又是什么呢?

(一)帝系传说与蜀文化

在《大戴礼记·帝系》中,蜀的先世为黄帝。《帝系》说:"昌意娶于蜀山氏,蜀山氏之子谓之昌濮氏,产颛顼。"[③]至常璩《华阳国志》则说:"蜀之为国,肇于人皇,与巴同囿。"[④]褚少孙《补三代世表》说:"蜀王,黄帝后世也。"因此,依照传统的帝王世系,蜀是从三皇五帝时起就与中原同为一系。

20 世纪 40 年代,顾颉刚先生撰有《古代巴蜀与中原的关系说及其批判》一文,对包括《帝系》在内的文献中有关巴蜀与中原的资料进行了系统地梳理。最后总结说:"可见那些古代巴蜀史事的记载可信的实在太有限了。最有害的是常璩的根据谶纬以叙述巴蜀的古史,罗泌的根据谶纬和道教经典以建立全部古史,⋯⋯其真有传说的背景的,如青阳降居江水,颛顼生于若水,禹生于石纽,实亦无几,其起源亦甚迟。至于真的历史的事实,则只有蚕丛等为蜀王,巴与楚有国际关系的两点而已。"并提出自己的观点:"古蜀国的文化究竟是独立发展的,它的融合中原文化是战国以来的

---

①魏启鹏:《读三峡新出东汉景云碑》,《四川文物》2006 年第 1 期。

②李学勤:《在"全国大禹文化研讨会"上的演讲》,《通向文明之路》,北京:商务印书馆,2010 年版,第 45 页。该文原载《先秦史研究动态》2007 年第 2 期、《大禹文化》2008 年第 1 期、《中华文化研究通讯》2008 年第 3 期。

③方向东:《大戴礼记汇校集解》,北京:中华书局,2008 年版,第 737 页。

④[晋]常璩著,任乃强校注:《华阳国志校补图注》,上海:上海古籍出版社,1987 年版,第 113 页。

事。这是在'求真'的目的之下所必有的收获,大家不必替它惋惜。"①顾颉刚先生的"(巴蜀)融合中原文化是战国以来的事"虽然稍嫌滞后,但是对于巴蜀和中原文化的交往还是承认的,也承认禹生石纽传说是有背景的,只不过他认为起源甚迟。

《帝系》所记古史传说的可靠性我们在第一章中已经作了论述,它可能反映一定的史实素地,但它不是历史。李学勤先生在其《〈帝系〉传说与蜀文化》一文中依据《帝系》等文献,说:"蜀山氏当时的位置虽未可定,但从昌意居若水、颛顼也生于若水看,其在后来蜀国范围内是无疑的;"②"传说中的世系显示,蜀和虞、夏、楚有共同的先世。……蜀国的陶盉、牙璋等确与二里头文化有明显的联系。蜀、夏同出于颛顼的传说绝不是偶然的。"③我们注意到《山海经·海内南经》有一条这样的记载:"夏后启之臣曰孟涂,是司神于巴,人请讼于孟涂之所,其衣有血者乃执之,是请生。居山上,在丹山西。丹山在丹阳南,丹阳居属也。"④文称夏后启之臣夏涂主司神于巴,把夏和巴蜀的交往提前到了夏启时代。《山海经》这条文献可能是对《帝系》蜀、夏同出于颛顼的演绎,其可信度到底有多少,由于没有其他文献支持,因此难以定论。但它从一定程度上反映了夏与蜀的在帝系族源上的关系。

(二)夏遗民迁入四川

李学勤先生在《禹生石纽说的历史背景》一文中,认为"禹生石纽"的产生有三种可能:第一,禹生石纽是羌人到来以前蜀人的传说,因为按传说蜀人源出黄帝、与禹有血缘关系;第二,禹生石纽是羌人带来的传说,而羌人与禹都属西戎;第三,禹生石纽是夏人自己的传说,夏人老家本在四川,禹生于石纽,后来北上都于中原。并说"无论如何,禹生石纽的传说是很重要

---

① 顾颉刚:《古代巴蜀与中原的关系说及其批判》,《论巴蜀与中原的关系》,成都:四川人民出版社,1981 年版,第 69、70 页。

② 李学勤:《〈帝系〉传说与蜀文化》,《走出疑古时代》(修订本),沈阳:辽宁大学出版社,1997 年版,第 219 页。

③ 李学勤:《〈帝系〉传说与蜀文化》,《走出疑古时代》(修订本),沈阳:辽宁大学出版社,1997 年版,第 221 页。

④ 袁珂校注:《山海经校注》,成都:巴蜀书社,1993 年版,第 326 页。

的,它反映着古代的历史实际"①。

我们认为以上三种可能都不成立,"禹生石纽"传说当是异文化与土著文化的相结合的产物。所谓异文化即禹的传说("禹生于石")是由夏人或是被夏同化了的羌人迁徙到蜀地而带去的;所谓土著文化是指川西北有着许多大石传说。"禹生于石"的传说与大石传说的结合,再加上汶山"石纽"的出现,即产生了"禹生石纽"的传说。钱穆先生曾言:"盖古人迁徙无常,一族之人,散而之四方,则每以其故居移而名其新邑,而其一族相传之故事,亦随其族人足迹所到,而递播以递远焉。"②这段话可以更好地帮助我们了解民族迁徙对于传说的深远影响。

先看夏人的迁徙。杜金鹏先生即说:"四川地区的'禹迹'并非指禹本人的遗迹,实际上恐怕不过是夏遗民迁入四川地区的一种历史反映而已。"③那么夏人有没有迁入四川地区的可能呢?

不少学者认为四川三星堆文化与中原二里头文化之间存在着一定的关系,比如三星堆出土的陶盉,其形制特征与偃师二里头出土的极为相似。三星堆玉石器中的玉璋、玉戈、玉圭等器物在型制上与二里头文化也有很多相似之处。还有三星堆发现的铜牌饰与二里头的铜牌饰亦有相关联的地方,"广汉一带的古文化与中原的二里头文化的联系,有不少线索可寻。嵌绿松石牌饰是一种非常特异的器物,竟在相隔遥远的两地出现,极其值得注意"④。三星堆铜牌饰时代,大约相当于夏代晚期到商代前期。有学者专门对两地铜牌饰器型的异同和演变做过研究,认为三星堆铜牌饰明显受二里头文化影响。⑤杜金鹏先生通过对三星堆遗址和二里头遗址的比较研究指出:"三星堆二期文化很可能是在夏末商初时,由迁入成都地区的夏遗民,与当地土著居民相结合所创造的一种新型文化遗存,它所包含的一些二里头文化因素,可能就是由夏遗民带来的夏文化分子。"⑥对于三星

①李学勤:《禹生石纽说的历史背景》,《走出疑古时代》(修订本),沈阳:辽宁大学出版社,1997年版,第226～227页。
②钱穆:《古史地理论丛》,北京:三联书店,2005年版,第8页。
③杜金鹏:《三星堆文化与二里头文化的关系及相关问题》,《四川文物》1995年第1期,第7页。
④李学勤:《从一件新材料看广汉铜牌饰》,引自《中国文物报》1997年11月3日。
⑤赵殿增:《三星堆与二里头铜牌饰研究》,载《殷商文明暨纪念三星堆遗址发现七十周年国际学术研讨会论文集》,北京:社会科学文献出版社,2003年版。
⑥杜金鹏:《三星堆文化与二里头文化的关系及相关问题》,《四川文物》1995年第1期,第7页。

堆与二里头文化的关系,我们主张二者相互影响,不主张"传播论",二者是在独立发展的基础上,吸收了它者的文化因素。

那么夏遗民是怎样进入四川的呢,那时候有没有交通的可能? 李学勤先生在《商文化怎样传入四川》中认为商文化传入四川有两条途径:其一,"经淮至江,越过洞庭湖,同时溯江穿入蜀地。这很可能是商文化通往成都平原的一条主要途径"。其二,由汉中(城固县)入川。城固已经发现有二里岗期青铜期,所以由汉中入川的路线,其价值也不容低估。[①] 李先生的第一条途径有点大费周章,不太可行。第二条途径倒是可行的,夏被商灭以后,经山西逐步向西北退却,等到达陕西南部的汉中地带时,极有可能有一部分夏人改变了向西北转徙的方向,转而折向南行,进入川北。

另外,在商卜辞以及文献中也有蜀与中原交往的记载。商代卜辞中有蜀的记载,但其地理位置,有不同说法,有的认为是四川的蜀[②],有的认为是山东的蜀[③]。现在看来很有可能就是四川的蜀。因为三星堆文化已经彰显了其与二里头中原文化的关系。我们看卜辞中记载的蜀与商的关系:

> 丁卯卜,共贞:至蜀,我又史?(《前》8·3·8)
>
> 氐蜀射三百。(《铁》2·3·8)
>
> □寅卜,贞:王共人,征蜀?(《后》2·27·7)
>
> 贞:吴弗其? 羌、蜀?(《铁》105·3)

第一条卜辞是商王遣使臣到蜀;第二条是蜀向商王进贡射手;第三条是要讨伐羌、蜀的卜问。看来商与蜀的相互交往是经常性的。[④]

周原甲骨中也有关于周人伐蜀的记载[⑤]。《尚书·牧誓》则记载了蜀参与了周武王伐纣的战争。《逸周书·世俘篇》又有:"新荒命伐蜀。"[⑥]新入藏国家博物馆的西周中期青铜器柞伯鼎上的铭文,记述了周王朝对南方蛮夷方国昏的战争。李学勤先生对鼎铭文例进行了研究,认为当时叙述征

---

① 李学勤:《商文化怎样传入四川》,《中国文物报》1989 年 7 月 21 日。

② 唐兰:《天壤阁甲骨文存考释》,北平:辅仁大学出版,1939 年版,第 54～55 页。

③ 胡厚宣:《卜辞中所见之殷代农业》,《甲骨学商史论丛》第二集,石家庄:河北教育出版社,2002 年版。陈梦家则认为商卜辞中的蜀"大约皆在殷之西北、西南,决不若今日之远处边陲也",意谓不当远在四川,见其《商代地理小记》,《禹贡》1937 年第 7 卷第 6,7 合期,第 105 页。

④ 岳红琴:《〈禹贡〉成书西周中期说》,《学海》2006 年第 2 期。

⑤ 1976 年发现的周原先周卜辞编号 68 卜甲有"兹,伐蜀"的刻辞。

⑥ 黄怀信、张懋镕、田旭东:《逸周书汇校集注》,上海:上海古籍出版社,2007 年版,第 430 页。

伐采取"命"、"至"和"馘俘"的格式,与《逸周书》记武王克商的《世俘》相似,其"至"均指抵达征伐的目的地,从而纠正了该篇注释诸家的误解,进而指出:"'新荒命伐蜀',受命的庚子已在六月初,这时新荒可能已在距蜀很近的地方,所以五天后即'至'其目的地。这样看来,蜀不是不可能是今四川的蜀国。"①

《华阳国志》还记载了巴蜀参与禹会诸侯、武王伐纣的盛事,《巴志》云:"禹会诸侯于会稽,执玉帛者万国,巴蜀往焉。周武王伐纣,实得巴蜀之师,著乎《尚书》,巴师勇锐,歌舞以凌殷人。"②虽系传说,或许有一定的史影。既然商周时期,蜀都与中原有相互交往的记录,那么在商前期夏遗民进入四川也是可能的事情。因此,徐中舒先生指出:"四川是古代中国的一个经济文化区,但它并不是孤立的;也不是与其他地区,尤其是与中原地区没有联系的。四川的地形,山高水急,……实际上这样艰险的环境,也不能限制我们勇敢勤劳的祖先的足迹。我们只要看古中国西部人民为适应高山峻岭与横断山脉的环境而创制了栈道和索桥,这些东西决不是中原文物的复制,而是在战国时代秦并巴蜀以前早已就在四川建设成功的工程。"③

(三)川西的大石传说

关于川西的大石传说,童恩正先生所著的《古代的巴蜀》一书中曾论及川西的大石遗迹④,他认为川西一些民族树立大石的习俗,应该有着很古老的来源,就蜀族而言,恐怕与石棺葬俗有关。《华阳国志·蜀志》云:"有蜀侯蚕丛,其目纵,始称王。死,作石棺、石椁,国人从之,故俗以石棺椁为纵目人冢也。"⑤这种以石棺葬是有着深层的象征含义的。"石头保护墓室免受动物和强盗的侵害,尤其可以抗拒'死亡',因为就像石头不会损坏一样,死者的灵魂也必须继续像以前一样存在(以后这些史前时代的墓场石头变成为男根的象征,使得这层含义更加清楚,因为男根象征存在、权力和

---

①李学勤:《从柞伯鼎铭谈〈世俘〉文例》,《通向文明之路》,北京:商务印书馆,2010年版,第129页;原载《江海学刊》2007年第5期。

②[晋]常璩著,任乃强校注:《华阳国志校补图注》,上海:上海古籍出版社,1987年版,第4页。

③徐中舒:《论巴蜀文化》,成都:四川人民出版社,1981年版,第1页。

④童恩正:《古代的巴蜀》,成都:四川人民出版社,1979年版,第76~83页。

⑤[晋]常璩著,任乃强校注:《华阳国志校补图注》,上海:上海古籍出版社,1987年版,第118页。

延续）。"①川西北的民族对石头是有着崇拜心理的。

据童恩正先生介绍,川西的大石遗迹可以概括为:墓石、独石、列石,其中独石又包括石笋、武丁担、石镜、天涯石、地角石、支机石、五块石等。而且四川还多有乞子石,如凉山之乞子石,《太平御览》卷五十二引《郡国志》云:"乞子石,在马湖(今四川雷波县)南岸,东石腹中出一小石,西石腹中怀一小石,故僰人乞子于此,有验,因号乞子石。"②南溪之乞子石,《太平寰宇记》卷七十九云:"在州(戎州南溪县)南五里,两石夹青衣江,树对立,如夫妇之相向。古老相传,东石从西,乞子将归。故风俗云人无子,祈祷有应。"③又阳安之乞子石,《太平寰宇记》卷七十六曰:"石乳城水在县(四川简州阳安县)北二十一里玉女灵山,东北有泉,西北两岸各有悬崖,腹有石乳房一十七眼,状如人乳流下,土人呼为玉华池。每三月上巳日,有乞子者,漉得石即是男,瓦即是女,自古有验。"④

正是这些对石的信仰和崇拜,"禹生于石"传说在这里颇受欢迎,当这一传说流传到汶山石纽时,神话叙事的非逻辑性开始产生作用,"石纽"这一"无意义"的符号隐喻变成了"有意义"的神话叙事,正如埃德蒙·利奇所说:"神话逻辑的陈述与一般实在经验逻辑法则相冲突,但是,只要说话者和听话者,或者表演者和观众具有同样的有关超自然的时空和超自然存在属性的传统观念,他们就可在'大脑中'表现意义。这些属性在整个人类社会具有一种普遍的一致性。"⑤于是"禹生于石"的传说演绎成"禹生石纽"的传说了。因此,海登·怀特说:"对于事情的描述并不是事情本身,在历史学家所理解的过去某一地区'发生的某事'和他们在对这件事的叙述中所描述的'发生了什么'之间产生了大量的问题。在这一过程中所产生的问题不仅仅是感觉、概念和思想的问题,而且是语言、比喻和话语的问题。"⑥

---

①〔美〕米尔恰·伊利亚德:《神圣的存在——比较宗教的范型》,晏可佳、姚蓓琴译,桂林:广西师范大学出版社,2008 年版,第 207 页。
②〔宋〕李昉等编:《太平御览》,石家庄:河北教育出版社,1994 年版,第 423 页。
③〔宋〕乐史:《太平寰宇记》,北京:中华书局,2007 年版,第 1593 页。
④〔宋〕乐史:《太平寰宇记》,北京:中华书局,2007 年版,第 1538 页。
⑤〔英〕埃德蒙·利奇:《文化与交流》,郭凡等译,上海:上海人民出版社,2000 年版,第 73 页。
⑥〔美〕海登·怀特:《旧事重提:历史编撰是艺术还是科学?》,陈恒译,载陈启能等主编《书写历史》第一辑,北京:三联书店,2003 年版,第 23 页。

　　综上,我们说"禹生石纽"这一历史叙事情节并没有基于"真实的过去",它是"禹生于石"这一神话叙事在流传过程中的变异,具体说就是夏遗民带入四川的传说与当地文化融合而产生的置换变形。但这一"虚构的过去"一旦被书写为一种叙事,在一定的社会情境与叙事文化中便开始广泛流传开来。

第三章　禹平水土传说新证

大禹治水传说涉及内容很多,而且每个问题自古至今都纷争不已,如《尧典》、《禹贡》的相关问题,经学家以及史学家都做过不同程度的解释,至今仍不能达成一致意见。再如九州问题,禹治水的区域问题、治水的方法等,每一个问题探讨起来都很复杂,仅前人的研究成果就需要下一番功夫廓清梳理。笔者学力有限,无法逐一探讨,因此,在本章内笔者只就几个问题提出一些意见。关于《禹贡》的成书问题,笔者认为今天看到的《禹贡》,很可能是战国以后形成的定本,但是其最初的蓝本当在西周初年甚或更早形成,在漫长的流传过程中,不断地附着了各时代的痕迹。而禹和九州的关系,笔者认为禹只是按照当时已形成的"九州"观念去治理水土,并不具备划定九州的足够能力。关于禹平水土的问题,笔者认为禹治水是为了"敷土",历史叙事中的"大禹治水"实是对大禹功绩的一种误读,"敷土"才是大禹的真实目的和主要功绩。

第一节　禹治水传说的背景

一、禹治水有无问题的争论

大禹治水文献中多有记载,但从 20 世纪 20 年代开始,疑古学派对大禹治水开始怀疑否定,而传统经学派则据理力争。

疑古派主将顾颉刚认为,大禹只是神话中的人物,是主管山川田土的神,遍治四方名山一事,在禹的时代不是人力所能做到的。当时支持顾颉刚的有丁文江、杨宽等人。岑仲勉、孙淼等亦持此说。但也有学者认为大禹治水确有其事,如赵光贤、金景芳、吕绍刚等。也有学者虽然认为禹治水的范围不像《禹贡》所记那么广,但却承认禹曾治水这一传说。如钱穆即说:"以今推之,古者大禹治水之说,其殆始于蒲解之间乎?……依实论之,上不及龙门，下不至碣石，当在伊阙、砥柱之间耳。"[①]吕思勉亦指出，《尚书·皋陶谟》载禹之言曰："予决九川，距四海，濬畎浍距川。"[②]"九川但言其多，……云浚畎浍距川，则但开通沟渎耳，初未有疏江导河之事也，此盖禹治水实迹。"[③]徐旭生亦言："洪水所指主要地是黄河下游及它的流域。淮水流域的一部分也可能包括在内，此外全无关系。"[④]为更清楚地展示近世著名学者对这一问题的看法，特列表如下：

表 3—1　近现代学者持"禹治水不可信"说汇总表

学者	观点摘要	出处	备注
白鸟库吉	"中国举土悉荡……若果真如是，禹如何能于十三年中以一人之功克治耶？"	白鸟库吉《中国古传说之研究》，《日本学者研究中国史论著选译》（第一卷），中华书局，1992 年版，第 4 页。	
顾颉刚	从论证大禹的天神性和神职出发，认为大禹只是神话中的人物，是主管山川田土的神，"无论如何，遍治四方名山一事，在禹的时代决计不是人力所能的"。	《九州之戎与戎禹》，《古史辨》第七册下，上海古籍出版社，1982 年版，第 121 页。	有学者认为顾颉刚的疑古可能受日本学者影响。
丁文江	"禹治水之说绝不可信。"非人力所能为。"就是要用现代的技术来疏导长江，都是不可能的。石器时代的禹如何有这种能力？"	丁文江《论禹治水说不可信书》，《古史辨》（第一册），上海古籍出版社，1982 年版，第 208 页。	
杨宽	"我们从进化过程看来，禹那时也决没有平'荡荡怀山襄陵'的洪水本领。"	杨宽《禹治水传说之推测》，《民俗周刊》，第 116～118 期合刊。	可能受丁文江影响。
岑仲勉	大禹治水的传说，确属于神话性质。	岑仲勉《黄河变迁史》，人民出版社，1957 年版，第 73 页。	
吕思勉	"《禹贡》、诸子所言禹事，皆以意敷陈之辞"，"禹之治水亦仅限于一隅"。	吕思勉《共工、禹治水》，载《吕思勉读史札记》，上海古籍出版社，1982 年版，第 73 页。	

---

①钱穆：《周初地理考》，《古史地理论丛》，北京：三联书店，2004 年版，第 29 页。
②［清］阮元校刻：《十三经注疏·尚书正义》（清嘉庆刊本），北京：中华书局，2009 年版，第 296 页。
　此段文句，今本《尚书》属《益稷》篇。
③吕思勉：《唐虞夏史考》，《古史辨》第七册，海口：海南出版社，2005 年版，第 652 页。
④徐旭生：《中国古史的传说时代》，桂林：广西师范大学出版社，2003 年版，第 161 页。

续表

学者	观点摘要	出处	备注
孙淼	"禹'凿龙门'、'辟伊阙'、'疏九河',以及'瀹济漯而注诸海,决汝汉排淮泗而注之江'等等,都是后人附会之词,不可凭信。"	孙淼《夏商史稿》,文物出版社,1987年版,第163页。	
徐旭生	认为禹所导治的水并不大,只是一条小水,名曰"共水",其地在今河南辉县附近。洪水发生及大禹所施工的地域,主要是兖州。豫州的东部及徐州的一部分也可能有些小施工。	徐旭生《中国古史的传说时代》,科学出版社,1960年版,第133页。	

表 3—2　近现代学者认为"禹治水可信"说汇总表

学者	观点摘要	出处	备注
章太炎	我却以为大禹治水,他不过督其成,自有各部分工去做;如果要亲自去,就游历一周也不能,何况凿成!在那时人民同受水患,都有切身的苦痛,免不得合力去做,所以"经之营之,不日成之"了,《禹贡》记各地土地腴瘠情形,也不过依报告录出,并不必由大禹亲自调查。	《国学概论》,中华书局,2004年版,第3页。	章太炎主张"经史非神话"。
于省吾	"《禹贡》为晚周人所拟作信矣,或谓禹无治水与区画九州之事,未免由疑古而蔑古矣。"	《〈尚书·立政〉新证》,《双剑誃群经新证·双剑誃诸子新证》,上海书店出版社,1999年版,第121页。	于省吾先生是新证派代表人物。
李济	至于大禹治水的传说,更有其实质的背景。	《中国上古史待定稿》第1本,1972年12月,第479页。	
钱穆	"晚清之季,康有为始创托古改制之论,谓尧舜禹古代之事,皆孔子儒家托古伪造,以便于求改当时之政制。于是顾颉刚继之有《古史辨》,谓禹乃一大虫,其事尽属神话。一时轰传,是为中国新起之考古学。然而治水一事,则后世有之,不得谓古人无有。"但钱穆认为:"禹之治河,上不及龙门,下不至碣石,当在伊阙底柱之间耳。"	《现代中国学术论衡》之《中国考古学》,三联书店,2001年版,第143页。《古史地理论丛》,三联书店,2005年版,第29页。	

续表

学者	观点摘要	出处	备注
赵光贤	禹确曾带领民众进行过治理洪水的工作,并"发挥了无比的力量"。	《关于大禹治水的传说》,《历史教学》1955 年第 4 期	
金景芳吕绍刚	"大禹其人,治水其事,是有文献可征的","大禹治水之事,言之凿凿。	金景芳、吕绍刚《尚书·虞夏书新解》,辽宁古籍出版社,1996 年版,第289 页。	
沈长云	禹治洪水为信史。当夏代或夏代以前,我国中原大地上确实发生过不止一次的洪水。	《论禹治洪水真象兼论夏史研究诸问题》,《学术月刊》1994 年第 6 期。	沈长云为赵光贤弟子,沈说系传承其师。
程元敏	禹平治水土是信史。	《天命禹平治水土》,《上博馆藏战国楚竹书研究续编》,上海书店,2004年版,第 311～326 页。	
杨善群	由于历史上疑古思潮的影响,学术界将大禹治水往往视为"神话",或将信将疑。《禹贡》所述大禹治水的地域应该是符合当时的情况的。	《大禹治水地域与作用探论》,《学术月刊》2002年第 10 期。	
李学勤	古史传说应该说是我们历史的一部分。是我们上古的历史里,带有文化色彩的一部分。这是比较实事求是,比较科学的说法。如果这样看的话,大禹治水的传说也是一样的,带有神话色彩,可是它还是有一定的史实的背景和依据。我们最近发现了西周的东西,上面明确记载了大禹治水的事情。可见,这个传说的来源,确实是非常悠久的。	《夏商周断代工程首席专家李学勤教授谈黄河文明》,见 http://news.qq.com/a/20050929/000748.html。	李先生论调的基础是"走出疑古时代"、"重估中国古代文明"。

从上列两表可以看出,随着考古发掘及自然科学知识的发达,学者对禹治水越来越倾向于确有其事。特别是钱穆先生的说法最为中肯,他说:"然而治水一事,则后世有之,不得谓古人无有。今人力主求变求新,惟治水乃古人已有之事,后世皆有水患,不得谓尧舜禹之时独不能有水患。治

水有方,亦不得谓当尽变其旧亦求其新。"①这样的论断既平实又客观,非为求变求新。

二、禹时代的气候环境

从自然科学的角度来研究大禹时代到底有没有洪水发生,是近年学界比较关注的问题。据考古学、天文学等多学科交叉研究认为夏朝建立前夕确实有大洪水发生过,而大禹能够治水成功可能主要是由于以后的气候好转。② 另外,黄河改道也有一定的规律性,根据黄河三角洲的地理特点,四千年前黄河北流改道正是鲧禹治水的时期。③

近年,在考古发现的龙山时代后期文化遗址中,发现了几处洪水泛滥遗迹,如山西襄汾陶寺城址、河南辉县孟庄城址、青海民和喇家遗址等。河南辉县的孟庄城址是中原地区目前发现的最大的龙山文化城址,有学者从该城址的保存状况与古今地形,以及城墙的高度、考古学文化面貌的变化等方面分析研究,认为此城址在公元前 2100 年前后的龙山晚期毁于洪水。④ 在长江下游地区的良渚文化遗址中,也发现多处洪水泛滥形成的淤泥层。如吴江梅堰遗址良渚文化层上有淤泥层,浙江吴兴钱山漾、上海闵行区马桥、青浦果园村等遗址的良渚文化层上,也发现有淤泥层。⑤ 据野外实地调查,在淮河流域、黄河流域,都发现有距今 4000 年前后异常洪水事件的地质记录。所以无论是黄河流域还是长江流域,在公元前 2100 年前后,确实有洪水发生,洪水发生的原因,可能由当时气候变化所致。也有学者研究指出洪水出现可能与当时的降温有关⑥。

三、禹前治水的传说人物

在文献记载中,除了有大量的禹治水传说之外,在禹之前还有一些和

---

① 钱穆:《中国现代学术论衡》,桂林:广西师范大学出版社,2005 年版,第 162 页。
② 吴文祥、葛全胜:《夏朝前夕洪水发生的可能性及大禹治水真相》,《第四纪研究》2005 年第 6 期,第 741 页。
③ 周述椿:《四千年前黄河北流改道与鲧禹治水考》,《中国历史地理论丛》1994 年第 1 期,第 71~83 页。
④ 袁广阔:《关于孟庄龙山城址毁因的思考》,《考古》2000 年第 3 期,第 39~44 页。
⑤ 王巍:《公元前 2000 年前后我国大范围文化变化原因探讨》,《考古》2004 年第 1 期,第 71 页。
⑥ 夏正楷、杨晓燕:《我国北方 4kaB.P.前后异常洪水事件的初步研究》,《第四纪研究》2003 年第 6 期,第 667~674 页。

洪水有关的传说人物,如女娲、共工、鲧等。《淮南子·览冥》描述了女娲治水的情形:

> 往古之时,四极废,九州裂,天不兼覆,地不周载,火爁炎而不灭,水浩洋而不息,猛兽食颛民,鸷鸟攫老弱,于是女娲炼五色石以补苍天,断鳌足以立四极。杀黑龙以济冀州,积芦灰以止淫水。苍天补,四极正,淫水涸,冀州平,狡虫死,颛民生。①

女娲治水,竟能用"芦灰"以止"浩洋而不息"之水,而且能炼石补天,断鳌足立四极,其超人之能力,已是具有神性的神话人物了。不知何故,这种极富幻想的女娲治水神话却很少见于其他古籍记载。

共工,有些典籍记载称"共工氏","共工",可以是人名,也可以是氏族名,更可以是官名,我们只需要在具体的语言环境里区别对待就可以了,而不必一定要有一个客观而唯一的答案。其他传说人物都是治水,而共工却是引发洪水的反面人物,文献多载其"振滔洪水":《淮南子·本经》:"舜之时,共工振滔洪水,以薄空桑。"②《淮南子·兵略》:"共工为水害,故颛顼诛之。"③为什么会有共工"振滔洪水"的记载呢?我们知道共工是一个好战的人物,与颛顼④、祝融、高辛⑤、女娲(《路史·太昊纪下》)、禹等都有征战的传说,所以共工留给后人的是恶的形象,《尧典》里把他定为"四凶"之一。这样一个恶人,把他描述成制造洪水的元凶是不足为奇的。同时,共工治水"壅防百川",其治水方法不对,他在上游堵塞,造成洪水四散,危害了其他部族的利益,其他部族就认为他是罪魁祸首,因此,《国语·周语下》载太子晋语:"古之长民者,不堕山,不崇薮,不防川,不窦泽。……昔共工弃此道也,虞于湛乐,淫失其身,欲壅防百川,堕高堙庳,以害天下。"⑥共工就成了"虞于湛乐,淫失其身","以害天下"的罪人。

---

①刘文典:《淮南鸿烈集解》,北京:中华书局,1989年版,第306～307页。

②刘文典:《淮南鸿烈集解》,北京:中华书局,1989年版,第255页。

③刘文典:《淮南鸿烈集解》,北京:中华书局,1989年版,第490页。

④《淮南子·天文》:"昔者共工与颛顼争为帝,怒而触不周之山,天柱折,地维绝。天倾西北,故日月星辰移焉。地不满东南,故水潦尘埃归焉。"(见《淮南鸿烈集解》,北京:中华书局,1989年版,第80页)《兵略》亦云:"颛顼尝与共工争矣。"(第489页)

⑤《淮南子·原道》:"昔共工之力,触不周之山,使地东南倾,与高辛争为帝,遂潜于渊,宗族残灭,继嗣绝祀。"(见《淮南鸿烈集解》,北京:中华书局,1989年版,第22页)

⑥徐元诰集解:《国语集解》,北京:中华书局,2002年版,第92～94页。

关于鲧治水的传说,有以下几个特点:一是,鲧禹治水是前后相承的,而且许多文献都认为鲧禹是父子关系,这一点我们在第一章讨论过。二是,鲧治水是失败的,而禹治水却是成功的。鲧治水为什么失败,这是由当时战国时期的时势造成的。

综上所述,从地质学、气候学以及考古发掘的洪水遗迹来看,史前确有洪水发生;从文献记载来看,尧舜禹时都有治理洪水的叙述,且在禹之前亦有治水的传说人物鲧、女娲,以及引发洪水的共工。因此,我们说禹治水传说有一定的史影,并不是完全凭空虚造的。

第二节　《禹贡》成书及禹划九州问题

《禹贡》的最初蓝本可能是周初史官所追记,自西周中后期慢慢形成定本。在漫长的流传过程中,逐渐附加了各时代的内容。九州并不是古代的行政区划,而是公元前两千年前后就实际存在的自然地理区系,禹并未划定,禹所治的"九州"很可能就是《左传·昭公四年》司马侯所论的"九州",即豫西陕中地区。大禹的治水成功却强化了"九州"的记忆,禹成了《禹贡》虚拟的主人公,文献中便有了禹划九州的记载。

一、《禹贡》的成书

《禹贡》是中国古代文献中公认为一篇具有系统性地理观念的作品。该篇记载了大禹平治水土,制定贡赋的功绩,是一篇非常重要的文献,要研究大禹平治水土的传说,必然要论及《禹贡》。该篇不仅涉及的问题非常多,而且作为历史文献本身其成书和来历也多有争议,自宋儒以来,对《禹贡》山川的争执更是聚讼不已。

《禹贡》的成书年代向有分歧,大致有以下几种意见[①]:

1.禹时(史官)所作:汉代出现的《书序》、司马迁和班固虽然都没有明确说明《禹贡》为禹所作,但《禹贡》所载诸事却都归于禹的名下。《史记·夏本纪》"禹乃行相地宜所有以贡,及山川之便利"[②],下文便直接抄录《禹

---

①参看顾颉刚、刘起釪:《尚书校释译论》,北京:中华书局,2005年版,第832~843页;岳红琴:《〈禹贡〉与夏代社会》,郑州大学,2015年博士论文,第20~25页。

②[汉]司马迁:《史记》卷二,中华书局,1959年版,第51页。

贡》。《汉书·地理志》："尧遭洪水,怀山襄陵,天下分绝,为十二州,使禹治之。"下文亦抄录《禹贡》。以后各注家相延承下来。夏禹时期文字尚没有发明,更不可能产生这样一篇内容复杂而井然有序的文献。

2.西周时期说:王国维《古史新证》认为"周初人所作。"①辛树帜《禹贡新解》提出:"《禹贡》成书年代,应在西周的文、武、周公、成、康全盛时代,下至穆王为止。它是当时的太史所录。"②其说认为非成于一时,是值得肯定的,但他没有说明《禹贡》写作历时长久的原因。徐旭生《读山海经札记》认为成书西周或春秋③。李民亦持西周说④。

3.春秋时期说:康有为《孔子改制考》认为《禹贡》是孔子所作⑤。王成组亦持此说。⑥

4.战国时期说:顾颉刚是这一说的主要代表,且影响很大。他在《论今文尚书制作时代书》⑦中最早提出此说。持战国说的还有郭沫若、童书业、史念海等。屈万里先生认为不得早至春秋以前,而不迟至战国中叶以后⑧。陈连庆通过对《禹贡》的研究认为:"《禹贡》是地道的战国作品。"⑨

在以上诸说中,以战国说影响较大。但最近发现的简帛文献让战国说变得不再那么强势。上博简《容成氏》记载了禹治理九州洪水的故事,可知《禹贡》成书应该是早于《容成氏》的。《禹贡》和不少先秦古书一样,其成书非一时一人一地。如果断然地把它定为某时期的作品是不恰当的。它应该是在最初的蓝本形成之后,在长期的流传过程中,不断地增添新的内容,所以会反映出不同时代的痕迹。

那么,《禹贡》最初的蓝本当形成于什么时候呢?《禹贡》记述了九州的地理分野,我们先来看九州的问题,如果能梳理出"九州"观念形成的脉络,将有益于这一问题的解决。

---

① 王国维:《古史新证——王国维最后的讲义》,北京:清华大学出版社,2000年版,第3页。
② 辛树帜:《禹贡新解》,北京:农业出版社,1964年版,第9页。
③ 徐旭生:《中国古史的传说时代》,桂林:广西师范大学出版社,2003年版,第353页。
④ 根据2009年其在"超星名师讲坛"上所讲的"《尚书》研究"。
⑤ 康有为:《孔子改制考》,北京:中华书局,2012年版。
⑥ 王成组:《从比较研究重新估定〈禹贡〉形成的年代》,《西北大学学报》(哲学社会科学版)1957年第4期;又见王成组《中国地理学史》,北京:商务印书馆,2005年版,第13页。
⑦ 见顾颉刚编著《古史辨》第一册,上海:上海古籍出版社,1982年版。
⑧ 屈万里:《尚书集释》,台北:联经出版事业公司,1983年版,第47~48页。
⑨ 陈连庆:《〈禹贡〉研究》,《夏史论丛》,济南:齐鲁书社,1985年版,第211页。

甲骨文和西周金文还没有发现"九州"这一词,《逸周书·尝麦》篇内有"九州□〔牧〕伯咸进,在中","九隅无遗"。① 《尝麦》篇为西周时期作品,由此说明至少在西周时期已经有九州的观念,只是九州的名称和区域没有明确的记载,当然肯定不会与战国时期九州的名称和区域相同。

《诗经》中也没有出现九州,但却有以"九"划分区域的观念。《商颂·长发》:"帝命式于九围。"毛注云"九围,九州也"②,"式"郑玄解释为"用",这句话是说天命商汤用事于天下(九州)。《商颂·玄鸟》:"方命厥后,奄有九有。"毛注云:"九有,九州也。"郑笺云:"汤有是德,故覆有九州,为之王也。"③《商颂·长发》中亦有:"九有有截,韦顾既伐,昆吾夏桀。"④

《商颂》中反复出现"九有"这样的词,那么《商颂》成书于何时呢? 过去学者多认为是周代宋人祭祀祖先的作品,如王国维《说商颂》即云"《商颂》盖宗周中叶宋人所作以祀其先王"⑤。最近,学者将其与甲骨殷金文相比较,发现《商颂》文字大部分可与甲骨文及同期金文相对读,而且《商颂》中的族名、王名、地名亦见于甲骨文中。⑥ 另外,《商颂》"古帝命"与𢙀公盨铭文"天命禹"的辞例非常相近,《玄鸟》"古帝命武汤,正域彼四方",郑笺云:"古帝,天也。天帝命有威武之德者成汤。"⑦所以,"古帝命"实即"天命"。这与西周中期器𢙀公盨铭"天命禹敷土"辞例一致。所以《商颂》的祖本当作于商代,其为"商诗"应该是可能的。后来周代商,其文本一为周室所藏,一为商之后裔宋人所传。《国语·鲁语下》所云:"昔正考父校商之名颂十二篇于周大师,以《那》为首。"⑧道出了《商颂》的两种流传途径。

《商颂》既然作于商代,正说明商代就有了"九州"的观念。《商颂》虽然提到了"禹敷下土方"(《长发》),"设都于禹之绩"(《殷武》)。但其中却没有

---

① 黄怀信、张懋镕、田旭东:《逸周书汇校集注》,上海:上海古籍出版社,2007 年版,第 726、732 页。
② [清]阮元校刻:《十三经注疏·毛诗正义》(清嘉庆刊本),北京:中华书局,2009 年版,第 1351 页。
③ [清]阮元校刻:《十三经注疏·毛诗正义》(清嘉庆刊本),北京:中华书局,2009 年版,第 1344 页。
④ [清]阮元校刻:《十三经注疏·毛诗正义》(清嘉庆刊本),北京:中华书局,2009 年版,第 1353 页。
⑤ 王国维《观堂集林》卷二,北京:中华书局,1959 年版,第 113～118 页。
⑥ 参看:陈炜湛《商代甲骨文金文词汇与〈诗·商颂〉的比较》(《中山大学学报》[社会科学版]2002 年第 1 期),江林昌《甲骨文与〈商颂〉》(《福州大学学报》[哲学社会科学版]2010 年第 1 期),徐宝贵《出土文献资料与诗经学三个问题论考》(《出土文献与古文字研究》第 2 辑,上海:复旦大学出版社,2008 年版,第 380 页),江林昌《史墙盘与〈商颂〉》(《华学》第 8 辑,北京:紫禁城出版社,2006 年版)等文。
⑦ [清]阮元校刻:《十三经注疏·毛诗正义》(清嘉庆刊本),北京:中华书局,2009 年版,第 1344 页。
⑧ 徐元诰集解:《国语集解》,北京:中华书局,2002 年版,第 205 页。

反映禹与九州的文字。现在传世文献记载禹与"九州"之关联的，一为《尚书·禹贡》以及《书序》的"禹别九州"，一为《左传·襄公四年》引《虞人之箴》"芒芒禹迹，画为九州"。[①] 由于这些文献的年代比较复杂，暂不细述。先说说春秋时器叔夷钟、镈，该器器主为齐国的叔夷，但其先祖却为宋国人，铭文在追溯其祖先时提到了禹：

> 夷典其先旧及其高祖：虩虩（赫赫）成唐（汤），有敢（严）在帝所，尃（溥）受天命，翦伐夏后，败厥灵师。伊少（小）臣唯楠（辅），咸有九州，处禹之堵。[②]

这段铭文提到了"咸有九州，处禹之堵"，值得注意[③]。叔夷作为宋人在追忆其先祖的功业时可谓如数家珍，其中成汤受天命伐夏，以及伊小臣（即伊尹）辅佐，皆符合夏商之际的真实历史。这种对家族史的传承当渊源有自，很可能出自商之典籍史册，所谓"典其先旧"是也。因此，最后说到的"咸有九州，处禹之堵"亦不是随意虚设之词。成汤拥有"九州"，而处在"禹之堵"，"九州"和"禹"明确相连在一起。

　　如果把上文提到的《玄鸟》"九有"（九州）和《殷武》"设都于禹之绩"加起来，基本上就等于钟铭"咸有九州，处禹之堵"了。值得注意的是，上博简《容成氏》也说到商汤"征九州之师，以略四海之内"，可以与此互证。我们知道叔夷钟的年代是春秋时期，其文献史料的年代相对史事本身晚了很多，但是其记载的史事却与作于商代的《商颂》相合。"如果我们承认叔夷对祖先功业的追溯是严肃的，那其中让叔夷引以为傲的祖先功业'咸有九州，处禹之堵'也就不可能是虚设之词"[④]，古人对于家族的历史记忆具有传承性和可靠性。因此，史料的年代晚，并不代表其所记载的史事不可靠，史料的年代与史事的年代是两个问题。所以，无论是作为祭祖乐歌的《商颂》，还是追忆先祖的钟铭，它们记载的史事并不是无水之源、无本之木，恰

---

①［清］阮元校刻：《十三经注疏·春秋左传正义》（清嘉庆刊本），北京：中华书局，2009 年版，第4196 页。

②中国社会科学院考古研究所编：《殷周金文集成》（修订增补本），北京：中华书局，2007 年版，第329～330 页。

③对这段铭文的解读，本节受到了宁镇疆先生的启发，多有参考。参看宁镇疆：《由历史记忆的传承再说涉禹三器所述大禹史事的可靠性》，《中原文化研究》2014 年第 3 期。

④宁镇疆：《由历史记忆的传承再说涉禹三器所述大禹史事的可靠性》，《中原文化研究》2014 年第3 期，第 46 页。

恰相反,重大事件的历史记忆往往具有连续性和牢固性。由此可知,早在商代很可能就有了"九州"的观念。

关于九州的地理范围。《左传·昭公四年》:"四岳、三涂、阳城、大室、荆山、中南,九州之险也。"①顾颉刚考证这里的"九州",大致涵盖今陕西中部、河南西部。《禹贡》中的九州就是在这样的基础上加以扩大而成的②。后来顾颉刚仍坚信此说,1962 年其读书笔记《"九州"由专名变通名》说:"鲧禹,本西方民族之宗神;九州,本西方民族之居地。其后鲧禹神话传而至东,九州之说亦传而至东,其义遂变而为分析天下为九土。"③近年邵望平《〈禹贡〉"九州"的考古学研究》认为九州并不是古代的行政区划,而是公元前两千年前后就实际存在的自然地理区系,周文化影响所及,周人地理知识已大大超出了《禹贡》九州的范围。因此顾颉刚认为《禹贡》九州是战国时依据诸雄分野和当时的地理知识托古假设出来的观点是不正确的。所以,《禹贡》中的九州观念应当是很早的,其地理范围也不止局限在黄河流域。鉴于此,邵望平先生说:"九州篇的蓝本很可能出自商朝史官之手,是商人对夏代的追记。当然也有可能是西周初年对夏、商的追记。九州篇蓝本的出现不迟于西周初年。"④

2002 年发现的燹公盨大约是西周中期的青铜器,铭文起首即说:"天命禹敷土,随山濬川。"《禹贡》即有"禹敷土"这三个字,《禹贡》的序亦有"随山濬川",所以《禹贡》和《尚书序》是有一定根据的,或者以更早的古书为据,或者以当时大众的观念为据。《禹贡》篇末说"禹锡玄圭,告厥成功",顾颉刚对这句话有很好地解释,他说:"禹告成功于上帝,上帝把玄圭赏赐与他,与《洪范》的'天锡禹洪范九畴'正是一例的事实。"赐玄圭于禹的没有说是人间的帝王尧或舜,"可见做《禹贡》的人对于禹的观念还是《诗》、《书》上的禹的观念,而不是诸子上的禹的观念"⑤。只不过,顾颉刚先生认为《洪

---

① [清]阮元校刻:《十三经注疏·春秋左传正义》(清嘉庆刊本),北京:中华书局,2009 年版,第 4415 页。
② 顾颉刚:《九州之戎与戎禹》,《禹贡》卷 7 第 6、7 期,后收入《古史辨》第七册。
③ 顾颉刚:《顾颉刚读书笔记》第八卷,台北:联经事业出版公司,1990 年版,第 6050 页。
④ 邵望平:《〈禹贡〉"九州"的考古学研究》,苏秉琦主编:《考古学文化论集》(二),北京:文物出版社,1989 年版,第 29 页。
⑤ 顾颉刚:《讨论古史答刘胡二先生》,《古史辨》第一册,海口:海南出版社,2005 年版,第 123 页。

范》是东周间的作品①，而我们认为它很可能成书于西周时期。

另外，周人向以夏人自称，对于夏人的传说是乐于言说的，而作为代夏的商人是不大可能颂说夏禹的功绩的。因此，我们认为《禹贡》的最初蓝本可能是周初史官所追记，出于商朝史官之手的可能性很小，自西周中后期慢慢形成定本。至春秋、战国在漫长的流传过程中，逐渐附加了各时代的内容。

二、禹未划九州

《尚书·禹贡》叙述了禹治九州的功绩。《左传·襄公四年》也说"芒芒禹迹，画为九州，经启九道"②。司马迁更将《禹贡》所记内容直录在《史记·夏本纪》中，并说"开九州，通九道"。那么禹是否确曾对九州进行划定呢？对这一问题，学者或一概否定，或据理肯定。

《禹贡》中有些地名、山川名是战国时才出现的，由此，顾颉刚考证《禹贡》成书于战国，认为《禹贡》所载禹划九州应是附会之说③。在《九州之戎与戎禹》中又说："九州即今河南之西部及陕西之中部，由戎居之九州，演化而为天下之代称之九州，更演化为帝尧之十二州。"④吕思勉先生亦说："古代交通不便，又各部族之间，多互相敌视，本部族以外的情形，就茫昧不明。"九州"决非如《禹贡》所述，跨今黄河、长江两流域"⑤。

金景芳先生不否认《尚书·禹贡》所记述的内容是有问题的，因为尧、舜时代的传说，留到后世不可能如此细致、具体。但他认为，"综合许多材料加以分析，可以证明禹画九州这个基本事实，是可信的"⑥。于省吾先生亦说："或谓禹无治水与区画九州岛之事，未免由疑古而蔑古矣。"⑦曲英杰则对《禹贡》所经的九州，逐一考证了其具体地理位置，认为禹划九州当以

①顾颉刚：《论〈今文尚书〉著作时代书》，《古史辨》第一册，海口：海南出版社，2005年版，第171页。

②[清]阮元校刻：《十三经注疏·春秋左传正义》（清嘉庆刊本），北京：中华书局，2009年版，第4196页。

③顾颉刚：《〈禹贡〉注释》，《中国古代地理名著选读》第1辑，北京：学苑出版社，2005年版。

④顾颉刚：《九州之戎与戎禹》，《古史辨》第七册，海口：海南出版社，2005年版，第574页。

⑤吕思勉：《吕著中国通史》，上海：华东师范大学出版社，1992年版，第322页。

⑥金景芳：《禹在历史上的伟大作用》，《古史论集》，济南：齐鲁书社，1981年版，第92页；原载《史学月刊》1980年第2期。

⑦于省吾：《〈尚书·立政〉新证》，转引自顾颉刚、刘起釪《尚书校释译论》第四册，北京：中华书局，2005年版，第1696页。

水为界,各州之分是长期发展自然形成的。① 陈剩勇先生运用考古资料和历史地理文献,通过对上古领土意识和疆域观念的分析,认为"禹序九州"实有此事。②

禹和九州的传说可能很早就有,但禹绝不可能划分《禹贡》所描述的如此大的"九州"范围。根据考古学者的意见,古代九州"实为黄河长江流域公元前第三千年间龙山时期即已形成,后历三代变迁仍继续存在的一种人文地理区系"③。大禹治水应该正是按照这种已经形成的九州区系,而依次平治水土的。所以九州并不是大禹区划的,《天问》即言:"九州安错? 川谷何洿?"王逸注云:"言九州错厕,禹何所分别之?"④对禹划九州表示怀疑。《山海经·海内经》"帝乃命禹卒布土以定九州"⑤,此处"定"当作"安定九州"解,而不是划定九州。《大戴礼记·五帝德》记禹:"巡九州,通九道,陂九泽,度九山。为神主,为民父母,左准绳,右规矩,履四时,据四海,平九州,戴九天,明耳目,治天下。"⑥此处说到"九州"时,一曰巡,二曰平,没有说区划九州的事。新近发现的燹公盨也没有提禹划九州的事情。

上博简《容成氏》叙述了很多禹的事迹,在说到禹治九州之水时,其云:

> 禹亲执畚耜,以陂明都之泽,决九河之阻,于是乎夹州、涂(徐)州始可处。禹通淮与沂,东注之海,于是乎竞州、莒州始可处也。禹乃通蒌与易,东注之海,于是乎蓏州始可处也。禹乃通三江五湖,东注之海,于是乎荆州、扬州始可处也。禹乃通伊、洛,并瀍、涧,东注之河,于是乎叙(豫)州始可处也。禹乃通泾与渭,北注之河,于是乎虘州始可处也。禹乃从汉以南为名谷五百,从汉以北为名谷五百。天下之民居奠,乃□食,乃立后稷以为絰。⑦

简文说禹将某某河流疏通开,然后某州就可以居处了,很明显九州是早就有了的,禹只不过是把九州的河流疏导开。划定九州跟禹是没有关系的。

---

① 曲英杰:《"芒芒禹迹,画为九州"述论》,《九州》第 3 辑,北京:商务印书馆,2003 年版。

② 陈剩勇:《"九州"新解》,《东南文化》1995 年第 4 期。

③ 邵望平:《〈禹贡〉九州风土考古学丛考》,《九州学刊》1988 年第 2 卷第 2 期。

④ [宋]洪兴祖:《楚辞补注》,北京:中华书局,1983 年版,第 91 页。

⑤ 袁珂校注:《山海经校注》,成都:巴蜀书社,1993 年版,第 536 页。

⑥ 方向东:《大戴礼记汇校集解》,北京:中华书局,2008 年版,第 729 页。

⑦ 陈剑:《上博简〈容成氏〉的编连与拼合问题小议》,《上博馆藏战国楚竹书研究续编》,上海:上海书店出版社,2004 年版,第 329 页。

因此,刘起釪先生指出,《禹贡》是"托用'禹'的名字来名篇","既然《禹贡》作者是根据自然地理区划九州,而实际上已存在着长期形成的这一人文地理区系,当然就客观地据以反映这一区系而写成《禹贡》了"①。

禹所划的"九州"很可能就是《左传·昭公四年》司马侯所论的"九州",即豫西陕中地区。大禹的治水成功却强化了"九州"的记忆,后来有了大九州的概念,禹的地位越来越显赫,再加上战国时期大国吞并小国,统一观念的出现,遂有了禹划大九州的传说,后人便把这一丰功伟绩归在了大禹头上。禹成了《禹贡》虚拟的主人公。文献中便到处有了大禹划九州的记载。

禹既没有划定九州,当然也不可能遍治九州之水,只不过当时禹治水的功绩比较大,或者其治水方法得到了大家的认可。亦有可能大禹先把本部族居住地域的洪水治理好,然后其他各部族闻知禹能治水,遂请他相助治理,于是大禹或亲自去治理或派自己的族人去治理。于是后人就把治水的伟业全都加在了禹一个人身上。《禹贡》、《容成氏》皆是后人对禹治水的追溯,不乏想象的成分在里面。

第三节　禹平水土新解——从"敷土"到"治水"的演变

大禹治水传说流传千载,大禹更成为治水英雄,人们津津乐道于他的治水业绩,称颂他的治水之功。但在早期的文本叙述中,"敷土"却是大禹传说叙事的主体,治水的传说是后来逐渐加入的。尧舜禹时代正是洪水期,洪水已是大家习以为常之事,而生存和生活才是最为紧要之务,"敷土"便是势所必然。因此,在西周以至春秋时期,人们传颂的乃是禹的敷土之功,到战国时期,由于出现了疏水灌溉的方法,"禹敷土"开始转变为"禹治水",并逐渐夸大禹治水的能力。将禹平水土传说的演变过程做一系统梳理,可以帮助我们还原大禹治水传说的本貌,亦可以帮助我们更好地认识历史与文本之间的关系。

一、禹之功在敷土

根据考古学、天文学、地质学、气候学等多学科交叉研究的成果,在公

---

① 顾颉刚、刘起釪:《尚书校释译论》第二册,北京:中华书局,2005年版,第521～522页。

元前 2200 年至前 2000 年,确实有洪水发生,洪水发生的原因,可能是当时气候变化所致,而且是普遍发生在北半球的一次气候突变事件。气候变化导致降水量的增加或降水时间的延长,致使异常洪水发生。因此,禹平水土传说有一定的可信性。但有学者指出在公元前 2000 年之后,气候开始好转,"大禹之所以能够治水成功可能主要得益于 4000aB.P. 以后的气候好转而并非人力之能所为"①。如果此说可信的话,那么文献中夸大禹治水之功的记载则是不可靠的,禹平治水土的真实历史有待进一步挖掘。

早期文献中多记载禹的功劳在降土。《天问》言:"禹之力献功,降省下土四方。"王逸注云:"言禹以勤力献进其功,尧因使省迨下土四方也。"②禹的功劳在降下土方。《大戴礼记·五帝德》曰,舜"使禹傅土,主名山川,以利于民"③,舜让禹作的事主要是"傅土"。《诗经》中说到禹时,也重在说禹治土的伟绩:

> 《小雅·信南山》:"信彼南山,维禹甸之。"④
> 《大雅·韩奕》:"奕奕梁山,维禹甸之。"⑤
> 《鲁颂·阂宫》:"奄有下土,缵禹之绪。"⑥
> 《商颂·长发》:"濬哲维商,长发其祥,洪水芒芒,禹敷下土方。"⑦
> 《商颂·殷武》:"曰商是常,天命多辟,设都于禹之绩。"⑧

《诗经》中凡六次提到"禹",唯有《文王有声》:"丰水东注,维禹之绩。"⑨是说禹治丰水,另有两处为甸山,其他几处皆与"土"有关。即便《长发》说到"洪水芒芒",但紧承其语的仍是"禹敷下土方"。

我们再看《尚书》中的西周文献。首先便是《禹贡》⑩,其开篇即言:"禹敷土,随山刊木,奠高山大川。"《书序》:"禹别九州,随山濬川,任土作贡。"

① 吴文祥、葛全胜:《夏朝前夕洪水发生的可能性及大禹治水真相》,《第四纪研究》2005 年第 6 期,第 747 页。
② [宋]洪兴祖:《楚辞补注》,北京:中华书局,1983 年版,第 97 页。
③ 方向东:《大戴礼记汇校集解》,北京:中华书局,2008 年版,第 718 页。
④ [清]阮元校刻:《十三经注疏·毛诗正义》(清嘉庆刊本),北京:中华书局,2009 年版,第 1010 页。
⑤ [清]阮元校刻:《十三经注疏·毛诗正义》(清嘉庆刊本),北京:中华书局,2009 年版,第 1129 页。
⑥ [清]阮元校刻:《十三经注疏·毛诗正义》(清嘉庆刊本),北京:中华书局,2009 年版,第 1326 页。
⑦ [清]阮元校刻:《十三经注疏·毛诗正义》(清嘉庆刊本),北京:中华书局,2009 年版,第 1350 页。
⑧ [清]阮元校刻:《十三经注疏·毛诗正义》(清嘉庆刊本),北京:中华书局,2009 年版,第 1354 页。
⑨ [清]阮元校刻:《十三经注疏·毛诗正义》(清嘉庆刊本),北京:中华书局,2009 年版,第 1134 页。
⑩ 笔者认为《禹贡》的定本可能成于战国,但在西周时期可能即有其早期的蓝本在流传。

和新发现西周中期青铜器燹公盨铭文:"天命禹尃(敷)土,陹(堕)山浚川,乃釐方设征。"文句基本相同。《吕刑》说:"皇帝清问下民……乃命三后恤功于民……禹平水土,主名山川。"①禹恤功于民者,在平水土,"土"仍然是重要的功绩。

文献中除了说禹之功在降土以外,还说人们都住在禹降的土——即"禹迹"上。文献中多有"禹迹"、"禹之绩"。《书·立政》有"其克诘尔戎兵,以陟禹之迹";《诗·文王有声》"维禹之绩";《殷武》"设都于禹之绩";《逸周书·商誓篇》"在昔后稷……登禹之绩";《左传·襄公四年》"芒芒禹迹";《昭公元年》"远绩禹功";《哀公元年》"复禹之绩";《秦公簋》"鼏宅禹賣"。关于迹、绩,于省吾先生有过讨论,他指出:"经传之'迹'、'绩'本字皆应作'賣',即'蹟'字,与'迹、速、绩'并通,而传、笺多训为功绩,非也。"最后说:"賣,谓其踪迹所至之区域也。"②更确切地说"賣"应该是指禹所平治过的土地。因为在《商颂》中,《长发》说"洪水芒芒,禹敷下土方",《殷武》中则说"设都于禹之绩",禹敷下的土方即是禹之绩。所以,裘锡圭先生说:"古人将大地称为'禹之迹'、'禹迹'、'禹之绩'、'禹之堵',就是以禹敷土的传说为主要背景的。"③

而且,西周东周的人都说他们住在禹迹上,都受了禹的恩泽,顾颉刚先生在《洪水之传说及治水等之传说》中作了总结④,现录之于下:

　　《诗·商颂·长发》:"洪水芒芒,禹敷下土方,外大国是疆。幅陨既长,有娀方将,帝立子生商。"⑤

　　《商颂·殷武》:"天命多辟,设都于禹之绩。"⑥

以上宋人。

　　《尚书·立政》:"其克诘尔戎兵以陟禹之迹,方行天下,至于海表,

①[清]阮元校刻:《十三经注疏·尚书正义》(清嘉庆刊本),北京:中华书局,2009 年版,第 528 页。

②于省吾:《〈尚书·立政〉新证》,《双剑誃群经新证·双剑誃诸子新证》,上海:上海书店出版社,1999 年版,第 121 页。

③裘锡圭:《燹公盨铭文考释》,《中国出土古文献十讲》,上海:复旦大学出版社,2004 年版,第 49 页。

④参见顾颉刚:《洪水之传说及治水等之传说》,《顾颉刚民俗学论集》,上海:上海文艺出版社,1998 年版,第 81～92 页。

⑤[清]阮元校刻:《十三经注疏·毛诗正义》(清嘉庆刊本),北京:中华书局,2009 年版,第 1350 页。

⑥[清]阮元校刻:《十三经注疏·毛诗正义》(清嘉庆刊本),北京:中华书局,2009 年版,第 1354 页。

罔有不服。"①

《诗经·文王有声》:"丰水东注,维禹之绩。四方攸同,皇王维辟。"②

《诗经·信南山》:"信彼南山,维禹甸之。"③

《诗经·韩奕》:"奕奕梁山,维禹甸之。"④

《左传·昭公元年》:"天王使刘定公劳赵孟于颍,馆于洛汭。刘子曰:'美哉禹功,明德远矣,微禹,吾其鱼乎!吾与子弁冕端委,以治民,临诸侯,禹之力也。子盍亦远绩禹功而大庇民乎'"⑤

以上周人。

《诗经·鲁颂·闷宫》:"赫赫姜嫄,……是生后稷。……奄有下土,缵禹之绪。"⑥

以上鲁人。

《叔夷钟》:"虩虩(赫赫)成唐(汤),有严在帝所,溥受天命,……咸有九州,处禹之堵。"(《集成》00275)⑦

《史记·齐太公世家》:"吕尚……先祖尝为四岳,佐禹平水土甚有功。"⑧

以上齐人。

《秦公簋》:"鼏宅禹迹。"(《集成》04315)⑨

《史记·秦本纪》:"秦之先……大费,与禹平水土。"⑩

---

① [清]阮元校刻:《十三经注疏·尚书正义》(清嘉庆刊本),北京:中华书局,2009年版,第495页。
② [清]阮元校刻:《十三经注疏·毛诗正义》(清嘉庆刊本),北京:中华书局,2009年版,第1134页。
③ [清]阮元校刻:《十三经注疏·毛诗正义》(清嘉庆刊本),北京:中华书局,2009年版,第1010页。
④ [清]阮元校刻:《十三经注疏·毛诗正义》(清嘉庆刊本),北京:中华书局,2009年版,第1229页。
⑤ [清]阮元校刻:《十三经注疏·春秋左传正义》(清嘉庆刊本),北京:中华书局,2009年版,第4389~4390页。
⑥ [清]阮元校刻:《十三经注疏·毛诗正义》(清嘉庆刊本),北京:中华书局,2009年版,第1326页。
⑦ 中国社会科学院考古研究所编:《殷周金文集成》(修订增补本),北京:中华书局,2007年版,第329~330页。
⑧ [汉]司马迁:《史记》卷三十二,北京:中华书局,1959年版,第1477页。
⑨ 中国社会科学院考古研究所编:《殷周金文集成》(修订增补本),北京:中华书局,2007年版,第2685页。
⑩ [汉]司马迁:《史记》卷五,北京:中华书局,1959年版,第173页。

以上秦人。

> 《史记·越王勾践世家》:"越王勾践,其先禹之苗裔,而夏后帝少康之庶子也,封于会稽,以奉守禹之祀。"①

以上越人。

商[宋]人、周人、鲁人、齐人、秦人、越人都说他们住在禹迹上,所以人们最看重的禹的功劳是敷土。另外,在保存较多原始传说的《山海经》中,也有把禹布土作为头等大事的记录。《海内经》载:"洪水滔天……帝乃命禹卒布土以定九州。"②洪水滔天之时,帝命禹的差事仍然是"卒布土以定九州"。为什么会这样呢? 因为在洪水之时,是不可能短时间内就把洪水治理掉的,他们首先是要生存,要生存就要有土地,所以"敷土"才是当时最重要的任务。所以《淮南子·人间》有禹"平治水土,使民得陆处"的记载。

我们还注意到,新出土的文献中,"禹"下面是有一"土"的,郭店简《成之闻之》作"大壴"。叔夷钟以及上博简中亦是写作"壴"。当是对禹敷土功绩的尊称,犹如作为农神的后稷,"稷"是有"禾"旁的。再如文王、武王,"文"、"武"在金文中都加"王"旁,写作"玟"、"珷"。正是由于禹的功劳在敷土上,所以,禹被尊为社神。如《淮南子·氾论》云:"禹劳天下,死而为社。"③《史记·封禅书》则曰:"自禹兴而修社祀,后稷稼穑,故有稷祠,郊社所从来尚矣。"④

二、豳公盨"天命禹敷土"

2002 年保利艺术博物馆收藏了一件西周中期青铜器豳公盨,铭文记载了大禹治水的传说,并提出了有德于民的观念,内容十分重要,其价值与意义已经得到了学术界的重视。为了方便讨论,先把铭文录之于下:

> 天命禹尃(敷)土,陞(堕)山浚川,廼(乃)畴(畴)方执(设)征,降民监德,乃自作配享,民成父母,生我王作臣,厥贵唯德。
>
> 民好明德,忧在天下,用厥邵好,益求妻(?)懿德,康亡不懋,孝友

---

① [汉]司马迁:《史记》卷四十一,北京:中华书局,1959 年版,第 1739 页。
② 袁珂校注:《山海经校注》,成都:巴蜀书社,1993 年版,第 536 页。
③ 刘文典:《淮南鸿烈集解》,北京:中华书局,1989 年版,第 460 页。
④ [汉]司马迁:《史记》卷二十八,北京:中华书局,1959 年版,第 1357 页。

訏明，巠（经）好祀，无諆（凶）心，好德婚媾，亦唯协天埶（釐）。用孝神，复用祓禄，永孚于宁。

　　懋公曰："民唯克用兹德，亡（无）诲（悔）！"①

关于禹治水的传说，在文献中多有记载，其中以《尚书》、《国语》、《孟子》、《墨子》、《淮南子》、《史记》等所述较详。该铭文所述禹的事迹，把禹平水土传说的最早文物例证一下子提前到西周中期。

盨铭起首即言"天命禹敷土"，既没有先说"天命禹堕山"，也没有先说"天命禹濬川"，似重在强调"土"上。在文献中，"敷"，亦作"傅"，如《史记·夏本纪》"禹……命诸侯百姓兴人徒以傅土，行山表木，定高山大川"②；《荀子·成相》篇："禹傅土，平天下，躬亲为民行苦劳。"③还有作"布"的，如《山海经·海内经》："禹鲧是始布土，均定九州。"郭璞注："布犹敷也。"④《诗经·小雅·小旻》毛传曰："敷，布也。"看来敷、傅、布意思相同，都是说禹在治理土。

因此，千百年来流传的大禹治水的传说，很有可能应是大禹治土，治水只是为了得到土，堕山也是为了得到土。洪水来了以后，人们便跑到地势高的山川或高地上，这时耕种的土地已经被淹没，所以为了居住生活，为了生产种植，敷土成了当时最为紧迫和最为重要的事情。洪水在传说中的尧、舜、禹时代都有，在当时是大家习以为常的，司空见惯的事情，是人们无法抗拒的自然现象，所以治水倒不是人们首先考虑的事，敷土倒是最紧要的。在黄河下游的平原地区，考古发现"距今四千多年的龙山时代的遗址，多位于高于周围数米的人工堆筑的'堌堆'之上"⑤。显然这种人工的"堌堆"正是敷土形成的新的生活场所。《说文》川部："州，水中可居曰

①释文参考：裘锡圭《懋公盨铭文考释》，原载《中国历史文物》2002年第6期，又见其《中国出土文献十讲》，上海：复旦大学出版社，2004年版，第46～77页；李学勤《论懋公盨及其重要意义》，原载《中国历史文物》2002年第6期，又见其《中国古代文明研究》，上海：华东师范大学出版社，2005年版，第126～136页；李零《论懋公盨发现的意义》，《中国历史文物》2002年第6期；陈英杰《懋公盨铭文再考》，《语言科学》2008年第1期。

②［汉］司马迁：《史记》卷二，北京：中华书局，1959年版，第51页。

③［清］王先谦：《荀子集解》，北京：中华书局，2013年版，第548页。

④袁珂：《山海经校注》，成都：巴蜀书社，1993年版，第532页。

⑤王巍：《公元前2000年前后我国大范围文化变化原因探讨》，《考古》2004年第1期，第71页。

州。……昔尧遭洪水，民居水中高土，或曰九州。"①正是当时人们生活的真实写照。《墨子·辞过》中说："古之民未知为宫室时，就陵阜而居，穴而处。"②所以，有一段时期我们的先民是住在丘、陵之上的。

铭文中有"降民"一词，裘锡圭先生认为是指降生下民，"大概上古传说认为洪水使下民死亡殆尽，所以在禹平水土之后，上帝要降民"③。似不妥。李学勤先生的释读倒可从，他认为"降民"相当于《禹贡》中的"降丘宅土"，"说的是民众因洪水已退，从避水的丘陵下来，重新居住在平地上"④。这样解读更符合实际。《淮南子·齐俗篇》载："禹之时，天下大雨，禹令民聚土积薪，择丘陵而处之。"等洪水被治理，土地被平整后，"于是民得下丘居土"⑤。

上博简《容成氏》中也有一段关于禹治水的记载，其叙述很有特点。其文云："禹亲执枌〈枚〉（耒）耜，以陂明都之泽，决九河之阻，于是乎夹州、徐州始可处。……于是乎竞州、莒州始可处也。……于是乎蓏州始可处也。……于是乎荆州、扬州始可处也。……于是乎豫州始可处也。……于是乎虘州始可处也。……天下之民居奠。"⑥我们发现不论禹是决河，还是通江，还是注海，其后总是要说某州可处也，其义甚明，水得到疏通以后，人们才有地可处，而且最后总结说"天下之民居奠"。与燹公盨"降民"意思相关。

铭文中的"🜉"，裘锡圭先生认为此字从"辥"得声，其读音应与"祷"、"曹"相近，"桒方"当读为"畴方"。"畴"有类意，使方有类聚⑦。李学勤先生释为"差"，表示区别的意思⑧。"设征"，即规定各自的贡赋。此字释为

①［汉］许慎撰，［宋］徐铉校定，愚若注音：《注音版说文解字》，北京：中华书局，2015 年版，第239 页。

②［清］孙诒让：《墨子间诂》，《孙诒让全集》本，北京：中华书局，2009 年版，第 30 页。

③裘锡圭：《燹公盨铭文考释》，《中国出土古文献十讲》，上海：复旦大学出版社，2004 年版，第57 页。

④李学勤：《论燹公盨及其重要意义》，《中国古代文明研究》，上海：华东师范大学出版社，2005 年版，第 133 页。

⑤［汉］司马迁：《史记》卷二，北京：中华书局，1959 年版，第 54 页。

⑥马承源：《上海博物馆藏战国楚竹书（二）》，上海：上海古籍出版社，2002 年版，第 268～272 页。

⑦裘锡圭：《燹公盨铭文考释》，《中国出土古文献十讲》，上海：复旦大学出版社，2004 年版，第53 页。

⑧李学勤：《论燹公盨及其重要意义》，《中国古代文明研究》，上海：华东师范大学出版社，2005 年版，第 133 页。

"畴"或者"差",都有类别土地的意思,和《书序》"任土作贡"意思相同。因此,《禹贡》中记载禹把土地分成等级是有一定来源的,也说明禹的主要任务是治土。

三、治土的方法:堕山濬川

铭文中的"陉",裘锡圭先生认为是"堕"的初文,"陉"的字形象一个人用手使"阜"上的土堕落,所从的"圣"后来变为"左"。"堕山"后来演变成"随山",如:

> 《皋陶谟》:禹曰:"予乘四载,随山刊木,……予决九川,距四海,濬畎浍距川。"①
>
> 《禹贡》书序:"禹别九州,随山濬川,任土作贡。"②
>
> 《禹贡》:"禹敷土,随山刊木,奠高山大川。"③
>
> 《史记·河渠书》引《夏书》:"禹抑洪水……以别九州,随山浚川,任土作贡。"④
>
> 《史记·夏本纪》:"禹乃遂与益、后稷奉帝命,命诸侯百姓兴人徒以傅土,行山表木,定高山大川。"⑤
>
> 《淮南子·修务》:"禹……随山刊木,平治水土,定千八百国。"⑥

而且汉以后的学者多认为"随"是随行的意思。如《禹贡锥指》卷一引汉郑玄注:"必随州中之山而登之,除木为道以望观所当治者,则归其形而度其功焉。"《禹贡》伪孔传注:"随行山林,斩木通道。"孔颖达疏:"随其所至之山,刊除其木,深大其川。"⑦ 他们丝毫没有察觉"随"与"堕"的关系。裘锡圭先生认为"随山"是对"堕山"的一种"误读"("随"本作"遀",亦从

---

① [清]阮元校刻:《十三经注疏·尚书正义》(清嘉庆刊本),北京:中华书局,2009 年版,第 296 页。今本《尚书》为《益稷》篇。

② [清]阮元校刻:《十三经注疏·尚书正义》(清嘉庆刊本),北京:中华书局,2009 年版,北京:中华书局,2009 年版,第 307 页。

③ [清]阮元校刻:《十三经注疏·尚书正义》(清嘉庆刊本),北京:中华书局,2009 年版,第 307 页。

④ [汉]司马迁:《史记》卷二十九,北京:中华书局,1959 年版,第 1409 页。

⑤ [汉]司马迁:《史记》卷二,北京:中华书局,1959 年版,第 51 页。

⑥ 刘文典:《淮南鸿烈集解》,北京:中华书局,1989 年版,第 631 页。

⑦ [清]阮元校刻:《十三经注疏·尚书正义》(清嘉庆刊本),北京:中华书局,2009 年版,第 307 页。

"隋")①。为什么会发生变化,裴先生以为可能是顾颉刚先生提出的关于
鲧禹治水方法的观念发生了变化。

关于"堕山",见于文献中的《国语·周语下》:

> 灵王二十二年,谷、洛斗,将毁王宫。王欲壅之,太子晋谏曰:"不
> 可。晋闻古之长民者,不堕山,不崇薮,不防川,不窦泽。……
>
> 昔共工弃此道也,虞于湛乐,淫失其身,欲壅防百川,堕高埋庳,以
> 害天下。皇天弗福,庶民弗助,祸乱并兴,共工用灭。其在有虞,有崇
> 伯鲧,播其淫心,称遂共工之过,尧用殛之于羽山。其后伯禹念前之非
> 度,厘改制量,象物天地,比类百则,仪之于民,而度之于群生,共之从
> 孙四岳佐之,高高下下,疏川导滞,钟水丰物,封崇九山,决汨九川,陂
> 鄣九泽,丰殖九谷,汩越九原,宅居九隩,合通四海。……②

只是,这里"堕山"的不是禹,而是共工和鲧,禹是"疏川导滞"。为什么把共
工、鲧与禹对立起来?顾颉刚在《鲧禹的传说》里认为由于战国时出现了防
洪筑堤和疏水灌溉两种办法,筑堤害多而利少,疏水有利而无弊,由此防洪
水的典故便渐归于上帝所殛的鲧,而疏洪水的故事就归于上帝所兴的禹。

"堕",韦昭注:"毁也。"其实,"堕山"与《诗经》中的"甸"山一样,都是
"敷土"的一种方法。《诗·韩奕》:"奕奕梁山,维禹甸之。"毛传:"甸,治也。
禹治梁山,除水灾。"笺云:"梁山之野,尧时俱遭洪水。禹甸之者,决除其
灾,使成平田,定贡赋于天子。"③郑笺"使成平田"正是甸山所要达到的目
的。《小雅·信南山》"信彼南山,维禹甸之",郑笺:"信乎彼南山之野,禹治
而丘甸之。"④此处的"丘甸"可能与堕山类似。《禹贡》"奠高山大川"亦是
治山的一种"敷土"方法。

铭文中的"𤔫",裴锡圭先生认为是"濬"字的初文,"濬"与"浚"为一字
异体。⑤"濬"是"睿"的古文,《说文·谷部》训睿为"深通川也"⑥,并引《虞

①裴锡圭:《豳公盨铭文考释》,《中国出土古文献十讲》,上海:复旦大学出版社,2004年版,第49~
　51页。

②徐元诰集解:《国语集解》,北京:中华书局,2002年版,第92~96页。

③[清]阮元校刻:《十三经注疏·毛诗正义》(清嘉庆刊本),北京:中华书局,2009年版,第1229页。

④[清]阮元校刻:《十三经注疏·毛诗正义》(清嘉庆刊本),北京:中华书局,2009年版,第1010页。

⑤裴锡圭:《豳公盨铭文考释》,《中国出土古文献十讲》,上海:复旦大学出版社,2004年版,第51页。

⑥[汉]许慎撰,[宋]徐铉校定,愚若注音:《注音版说文解字》,北京:中华书局,2015年版,第240页。

书》曰:"睿畎浍距川。"《尚书·洪范》有:"视曰明,听曰聪,思曰睿。"伪孔传:"必通于微。"孔颖达疏:"王肃云:睿,通也,思虑苦其不深,故必深思使通于微也。"[1]所以"濬"有"深"意思,《说文》的训释可从。

因此,我们认为濬川,即深通川,一是为了疏通水道,使水流畅通,这主要是针对大的河流;一是为了得到土地,一些小的河流、沼泽、湖泊需要把水导走,留下更多土地,犹如今天之围湖造田。

在疏通水道这层意思上,《孟子·滕文公下》最能说明情况:

> 当尧之时,水逆行,泛滥于中国,蛇龙居之,民无所定,下者为巢,上者为营窟。……使禹治之。禹掘地而注之海,驱蛇龙而放之菹,水由地中行,江淮河汉是也。险阻既远,鸟兽之害人者消,然后人得平土而居之。[2]

洪水泛滥,"民无定所",人没有居住和生活的地方,"禹掘地而注之海","水由地中行"正可谓"深通川","然后人得平土而居之",人得到了土地,居住生活在"禹迹"上。

"濬川",学者多认为这就把禹治水采用疏导方法之说的时间大大提前了,因为顾颉刚先生在《鲧禹的传说》中认为禹疏水之说开始盛倡于墨子。[3] 顾氏同时指出在鲧、禹治水较早的传说中,鲧、禹用的都是相同的"堙"、"填"的方法。鲧之所以失败,是由于"不待帝命",而不是"堙洪水"。自从上引《国语·周语》把鲧用填、禹用疏对立起来以后,战国直至以后皆把这种观念作为背景。裘锡圭先生已经指出:"顾文认为鲧禹治水方法相对立的说法是后起的,确是卓识,但将这种说法出现的时代定为战国,似嫌稍晚。"[4]纠缠于鲧禹的治水方法之别,其实意义不大,"同一时代的人,知识大抵相类,禹的治水,能否一变共工及鲧之法,实在是一个疑问。堙塞和疏导之法,在一个小区域之内,大约共工、鲧、禹,都不免要并用的"[5]。

但是,我们认为与其把"堙"、"填"说成是治水的方法,倒不如说成是治

①[清]阮元校刻:《十三经注疏·尚书正义》(清嘉庆刊本),北京:中华书局,2009 年版,第 400 页。
②[清]焦循:《孟子正义》,北京:中华书局,1987 年版,第 447 页。
③《鲧禹的传说》系顾颉刚与童书业合作完成,见童书业《童书业史籍考证论集》,北京:中华书局,2005 年版,第 145 页。
④裘锡圭:《燹公盨铭文考释》,《中国出土古文献十讲》,上海:复旦大学出版社,2004 年版,第 52 页。
⑤吕思勉:《吕著中国通史》,上海:华东师范大学出版社,1992 年版,第 322 页。

土的方法恰当。"堙"、"填"和"堕山"其实是都是为了得到土地。堕山犹如今天在山上修筑梯田,"堙"、"填"犹如今天之围湖造田,都是为了开辟农田。关于"堙"、"填"洪水,在文献中多见:

《天问》:"洪泉极深,何以窴之? 地方九则,何以坟之?"[1]

《山海经·海内经》:"洪水滔天。鲧窃帝之息壤以堙洪水,不待帝命。帝令祝融杀鲧于羽郊。鲧复生禹。帝乃命禹卒布土以定九州。"[2]

《庄子·天下》曰:"昔禹之湮洪水,决江河而通四夷九州也,名山三百,支川三千……置万国。"[3]

《淮南子·地形》:"禹乃以息土填洪水,以为名山。"高诱注:"息土不耗减,掘之益多,故以填洪水。"[4]

其中,《天问》、《山海经》、《淮南子》中保存的神话传说多具有原始性,有一定的来源。

四、由敷土到治水的转变

战国以后的文献中,开始重在叙说禹治水的功绩,敷土的传说已经不占主导地位,这是因为春秋战国时候土地已经不再是人民急需的东西,江河泛滥倒是常有发生的事情,治理江河泛滥便能想起大禹治水。再加上当时儒墨对尧舜禹的推崇,因此大禹治水的传说经久不衰。而且我们注意到在治水传说的叙事中开始夸大禹的治水能力,特别是其"决江疏河"的能力。出现这种转变的背景当是顾颉刚先生指出的战国时候出现了疏水灌溉的方法,而且这种方法比筑堤防洪有更多优点。

出现这种转变的支点主要表现在《尧典》、《皋陶谟》、《禹贡》三篇文献上。《尧典》载尧时"汤汤洪水方割,荡荡怀山襄陵,浩浩滔天"。尧命鲧治理,鲧"九载,绩用弗成"。后舜又命禹作司空,说:"咨禹,汝平水土,惟时懋哉!"从《尧典》里我们可以看出,治理洪水非一时之功,仅鲧就治理了九年;舜命禹平水土,不仅治水还要治土。

---

[1]〔宋〕洪兴祖:《楚辞补注》,北京:中华书局,1983年版,第90页。
[2]袁珂校注:《山海经校注》,成都:巴蜀书社,1993年版,第536页。
[3]〔清〕郭庆藩:《庄子集释》,北京:中华书局,2012年版,第1071页。
[4]刘文典:《淮南鸿烈集解》,北京:中华书局,1989年版,第133页。

《皋陶谟》:"禹曰:'洪水滔天,浩浩怀山襄陵,下民昏垫。予乘四载,随山刊木,暨益奏庶鲜食。予决九川,距四海,濬畎浍距川;暨稷播奏庶艰食鲜食。懋迁有无化居。烝民乃粒,万邦作乂。'"①《皋陶谟》继续渲染"洪水滔天"的气势,禹的能量大得很,竟然能"决九川,距四海",显然是在夸大其疏导治水的能力。和《孟子》的口吻很相似,《滕文公上》说:"当尧之时,天下犹未平,洪水横流,泛滥于天下。……禹疏九河,瀹济、漯而注诸海,决汝、汉,排淮、泗而注之江,然后中国可得而食也。"②所以《皋陶谟》的作成当在战国时期,但是其中却有很古的语词,如"随山刊木"、"濬畎浍距川"与燹公盨铭文"堕山"、"濬川"相近,当源于古书。

还有《禹贡》中的"九州攸同,四隩既宅,九山刊旅,九川涤源,九泽既陂,四海会通。……东渐于海,西被于流沙,朔南暨声教,讫于四海,禹锡玄圭,告厥成功"③。禹的功劳大得很,四海之内皆禹迹。《禹贡》的最初蓝本可能很早,但在最后的写定时肯定受到了战国时代的影响。

《尧典》、《皋陶谟》、《禹贡》成了以后文献记载禹治水传说的"模式"。如:

> 《吕氏春秋·爱类》:"昔上古龙门未开,吕梁未发,河出孟门,大溢逆流,无有丘陵沃衍平原高阜尽皆灭之,名曰鸿水。禹于是疏河决江,为彭蠡之障,干东土,所活者千八百国,此禹之功也。勤劳为民,无苦乎禹者矣。"④

> 《淮南子·修务》:"禹……决江疏河,凿龙门,辟伊阙,修彭蠡之防,乘四载,随山刊木,平治水土,定千八百国。"⑤

> 《淮南子·本经》:"舜乃使禹疏三江五湖,辟伊阙,导廛、涧,平通沟陆,流注东海。鸿水漏,九州干,万民皆宁其性,是以称尧舜以为圣。"⑥

> 《淮南子·要略》:"禹之时天下大水。禹身执畚锸,以为民先。剔

---

①[清]阮元校刻:《十三经注疏·尚书正义》(清嘉庆刊本),北京:中华书局,2009年版,第296页。

②[清]焦循:《孟子正义》,北京:中华书局,1987年版,第374~377页。

③[清]阮元校刻:《十三经注疏·尚书正义》(清嘉庆刊本),北京:中华书局,2009年版,第320~323页。

④许维遹:《吕氏春秋集释》,北京:中华书局,2009年版,第594~595。

⑤刘文典:《淮南鸿烈集解》,北京:中华书局,1989年版,第631页。

⑥刘文典:《淮南鸿烈集解》,北京:中华书局,1989年版,第256页。

河而道九岐,凿江而通九路,辟五湖而定东海。"①

《史记·夏本纪》:"(禹)陆行乘车,水行乘船,泥行乘橇,山行乘檋,行山刊木。……以决九川致四海,浚畎浍致之川。"②

从中,我们看出,这些文句几乎都是对《尧典》、《皋陶谟》、《禹贡》的演绎。至汉武帝时,《尚书》立于学官,封建史学遂以此为法典,禹的治水的事迹就以此为模型传了下来。所以顾颉刚说:"二千年来,古代传说为儒家所统一,故吾人所知之洪水事件不出《尚书》与《孟子》二书所指示者。其发于尧时,平于禹手,平之法为疏导。已成天经地义。"③

---

① 刘文典:《淮南鸿烈集解》,北京:中华书局,1989 年版,第 710 页。

② [汉]司马迁:《史记》卷二,北京:中华书局,1959 年版,第 79 页。

③ 顾颉刚:《洪水之传说及治水等之传说》,《顾颉刚民俗学论集》,上海:上海文艺出版社,1998 年版,第 81 页。

第四章　大禹征伐传说探析

尧舜禹时代,万邦林立,邦国之间征伐不断,所以,新出土文献郭店简《唐虞之道》有言:"[虞]用威,夏用戈,征不服也。爱而征之,虞夏之始也。"①是说夏禹之时开始用戈征伐不服的国家。本章对禹伐共工、禹征三苗、禹伐有扈及禹杀防风等禹的征伐传说作一系统的梳理,说明禹通过征伐,逐渐树立自己的威信,逐渐壮大夏部族的势力,最后成天下共主之功。

第一节　禹伐共工

杨宽先生的"鲧即共工"说在 20 世纪 30 年代颇为流行,顾颉刚、童书业、丁山等先生亦纷纷支持此说。本节我们对杨宽先生指出的鲧和共工传说的相同点进行辨析,认为此说不成立,鲧和共工应当是分属于两个不同的族系。

一、共工非鲧

关于"鲧即共工"的说法,最早由张治中先生提出,但没有专文发表。其后,童书业先生的《五行说起源的讨论》(《古史辨》第五册)以及顾颉刚、童书业合作的《鲧禹的传说》(《古史辨》第七册)亦曾提及。② 最具有代表性的应该是杨宽先生,他在《大美晚报·历史周刊》曾写有两篇专文论证"共工即鲧说",后来汇编在《中国上古史导论》第十二篇《鲧共工与玄冥冯夷》中。③ 丁山先生的《由鲧堙洪水论舜放四凶》一文亦支持此说。④ 孙作

---

① 荆门市博物馆编:《郭店楚墓竹简》,北京:文物出版社,1998 年版,第 157 页。参考李零《郭店楚简校读记》,北京:北京大学出版社,2002 年版。

② 《鲧禹的传说》中的鲧即共工说亦当是童书业的观点,60 年代童书业所著《春秋左传研究》仍持此说,见该书卷一《社稷》篇。

③ 杨宽:《中国上古史导论》,《古史辨》第七册,上海:上海古籍出版社,1982 年版,第 329~335 页。本节所引杨氏论述皆出自此篇,不一一作注。

④ 该文收在丁山所著《古代神话与民族》,北京:商务印书馆,2006 年版。此文写于 1939 年 7 月,亦受杨文影响。

云在《蚩尤考》一文中几乎全部引用杨氏的论证。[1] 杨氏主要是从共工和鲧传说的相类来论证此说的，共钩稽出九个相同点。对杨氏的观点亦有学者持反对意见，如杨国宜先生认为其"意见很新颖，但证据似乎不足，很难视为定论"[2]。近有李传江撰有专文，对此观点表示"并不完全赞同"[3]。笔者亦对此说持不同看法。

　　杨宽先生关于共工和鲧传说的九个相同点，是其"共工即鲧"说的主要证据，支持其说的学者更是直接摘引杨氏的论述。因此我们有必要先对杨宽先生的九个"相同点"逐一辨析。

　　1.古史传说以洪水之灾为共工振滔而成，又以为鲧堙洪水而致大灾，其相同者一。

　　这是杨氏提出的第一个相同点，这个结论是由两个因果句构成：其一，共工振滔而成洪水之灾；其二，鲧堙洪水而致大灾。《淮南子·本经》篇说："舜之时，共工振滔洪水，以薄空桑。"[4]共工振滔是主观地人为去造成水灾，《国语·周语下》说得最清楚："昔共工氏弃此道，虞于湛乐，淫失其身，欲壅防百川，堕高堙庳，以害天下。"[5]鲧则不同，鲧是主动去消除水患，只是因为治水方法不对而"绩用弗成"，遂致罪名。《山海经·海内经》："洪水滔天，鲧窃帝之息壤以堙洪水，不待帝命。"[6]鲧为救治洪水竟不待帝命，其义举如此，与共工淫佚失道成鲜明对比。

　　2.殛鲧者或谓尧，或谓舜，而流诛共工者亦或为尧，或谓舜。其相同者二。

　　杨氏此"相同"实经不起推敲，单从尧舜在位时间来说，至少也得几十年，在这期间同时完成诛鲧和流共工是可能的，更何况若把尧舜看成尧部族和舜部族，时间会更长。因此把发生在同一时期的两件事情说成是相同，恐怕从逻辑上说不过去。而且两人被殛或诛的地点也不同：《左传·昭

①孙作云：《蚩尤考》，《中国古代神话传说研究》，开封：河南大学出版社，2003 年版，第 215～217页，该文作于 1940 年。
②杨国宜：《共工传说史实探源》，《文史》第 3 辑，北京：中华书局，1963 年版，第 61 页。
③李传江：《"共工与鲧之关系"新释》，《兰台世界》2008 年第 4 期。此文对共工与鲧之关系做了有益的探索。
④刘文典：《淮南鸿烈集解》，北京：中华书局，1989 年版，第 255 页。
⑤徐元诰集解：《国语集解》，北京：中华书局，2002 年版，第 92～93 页。
⑥袁珂校注：《山海经校注》，成都：巴蜀书社，1993 年版，第 536 页。

公七年》"尧殛鲧于羽山"①,《孟子·万章上》"舜……殛鲧于羽山"②;《韩非子·外储说右上篇》"举兵而流共工于幽州之都"③,《孟子·万章上》"舜流共工于幽州"④。一个是羽山,一个是幽州,且在孟子眼里流共工和殛鲧即为两件事,同为舜所作。

3.《逸周书》言"共工自贤",而《吕氏春秋·行论篇》谓鲧自以为得地之道,可为三公;其相同者三。

《逸周书·史记》篇:"昔有共工自贤,自以无臣,久空大官,下官交乱,民无所附,唐氏伐之,共工以亡。"⑤很显然共工是以"君"的身份出现的,而《吕氏春秋·行论》篇:"尧以天下让舜。鲧为诸侯,怒于尧曰:'得天之道者为帝,得地之道者为三公。今我得地之道,而不以我为三公。'"⑥鲧是以"诸侯"的身份出现的。两人的身份地位本就不同,且一个以为"自贤",一个以为"得地之道",说的本不是同一件事。

4.杀鲧者为祝融,诛共工者又为祝融,其相同者四。

杨氏据《史记·楚世家》"重黎为帝喾高辛居火正,甚有功,能光融天下,帝喾命曰祝融"⑦,得出重黎即为祝融。又据《山海经·海内经》"帝令祝融杀鲧于羽郊"⑧,《史记·楚世家》"共工氏作乱,帝喾使重黎诛之而不尽"⑨,得出杀鲧者和诛共工者同为祝融,看似推论合理,其实有许多矛盾隐含在里面不易察觉。首先,同是杨氏所据《山海经·海内经》又说"祝融降处江水,生共工",既然共工为祝融所生,怎么又能诛共工呢?其次,《楚世家》是说"共工氏作乱",而非共工,杨氏有偷梁换柱之嫌,祝融诛共工氏可信,诛自己的儿子就不太可信了。再者祝融诛鲧和诛共工氏可为互不相干的两件事,不必因为同是祝融而定为"相同"。

5.所说鲧与共工卿浮游化熊入渊事又绝类,明为一传说之分化。

①［清］阮元校刻:《十三经注疏·春秋左传正义》(清嘉庆刊本),北京:中华书局,2009 年版,第4450 页。

②［清］焦循:《孟子正义》,北京:中华书局,1987 年版,第 628 页。

③［清］王先慎:《韩非子集解》,北京:中华书局,1998 年版,第 324 页。

④［清］焦循:《孟子正义》,北京:中华书局,1987 年版,第 628 页。

⑤黄怀信、张懋镕、田旭东:《逸周书汇校集注》,上海:上海古籍出版社,2007 年版,第 959～960 页。

⑥许维遹:《吕氏春秋集释》,北京:中华书局,2009 年版,第 568 页。

⑦［汉］司马迁:《史记》卷四十,北京:中华书局,1959 年版,第 1689 页。

⑧袁珂校注:《山海经校注》,成都:巴蜀书社,1993 年版,第 536 页。

⑨［汉］司马迁:《史记》卷四十,北京:中华书局,1959 年版,第 1689 页。

《国语·晋语八》："郑简公使公孙成子来聘,平公有疾,……客问君疾。对曰:'……今梦黄熊入于寝门,不知人鬼乎? 亦厉鬼邪?'子产曰:'……侨闻之:昔者鲧违帝命,殛之于羽山,化为黄熊,以入于羽渊,实为夏郊,三代举之。'"①《路史注》引《汲冢琐语》:"晋平公梦朱熊窥其屏,恶之而疾,问于子产。对曰:'昔者共工之卿浮游败于颛顼,自沉于淮。……'"杨氏据此而下结论说:"此二事同为晋平公有疾而问子产,一梦黄熊,一梦朱熊;所说鲧与共工卿浮游化熊入渊事又绝类,明为一传说之分化。"

我们仔细分析上面两条文献可得出几点差异②:其一,殛鲧于羽山的是帝尧③,败共工之卿浮游的是颛顼;其二,鲧入的是羽渊,韦昭注为"羽山之渊",共工之卿自沉的是淮。两地相距甚远。其三,晋平公的梦不同,子产的解说亦不同。梦黄熊子产解之于鲧,梦朱熊子产解之于共工之卿。另王家台秦简第501简亦出现共工之名,共工之名出现在易占的卦辞中,亦可证子产以"共工之卿"解"朱熊"之梦不虚,不能硬说是从鲧的传说中分化出来。

6.《尧典》谓鲧"方命圮族",而《淮南子》则谓共工"与颛顼争,宗族残灭",此鲧与共工传说相同者六。

方命圮族,孔传注曰:"圮,毁。族,类也。言鲧性很戾,好此方名,命而行事,辄毁败善类。"④是说鲧性乖异,不能任贤,用他治水,只能毁坏善类,这与鲧之性格相关(下文有论述)。所以"方命圮族"与宗族残灭无关。我们再来看共工"宗族残灭"这一问题,《国语·周语下》亦说"共工用灭",共工果真是"继嗣绝祀"吗? 其实不然,《史记·楚世家》曰:"共工氏作乱,帝使重黎诛之而不尽,帝乃以庚寅日诛重黎。"⑤太史公谓"诛之而不尽"应该是符合事实的。《礼记·祭法》云"共工氏之霸九州也,其子曰后土,能平九州,故祀以为社"⑥,《山海经·海内经》"共工生后土、后土生噎鸣",《左

①徐元诰集解:《国语集解》,北京:中华书局,2002年版,第437页。
②参见李传江:《"共工与鲧之关系"新释》,《兰台世界》2008年第4期。
③韦昭注云:帝,尧也。李传江文认为是祝融,不确。
④[清]阮元校刻:《十三经注疏·尚书正义》(清嘉庆刊本),北京:中华书局,2009年版,第256页。
⑤[汉]司马迁:《史记》卷四十,北京:中华书局,1959年版,第1689页。
⑥[清]阮元校刻:《十三经注疏·礼记正义》(清嘉庆刊本),北京:中华书局,2009年版,第3450页。

传·昭公二十九年》"共工氏有子曰句龙,为后土,此其二祀也,后土为社"①,由此看来继嗣并没有绝祀②。

7.鲧称伯鲧,有子禹,能平九州,死为社,共工伯九有,有子句龙,能平九土,亦为社;此其传说相同者七。

《左传·昭公二十九年》:"共工氏有子曰句龙,为后土……后土为社。"《淮南子·氾论》篇:"禹劳天下,死而为社。"后土和禹都死而为社,其实这里有个先后顺序问题,即后土被祀为社在前,禹在后。③《山海经·海内经》说得比较清楚:"祝融降处于江水,生共工,共工生术器,术器首方颠,是复土穰,以处江水。共工生后土,后土生噎鸣,噎鸣生岁十有二。洪水滔天。鲧窃帝之息壤以堙洪水,不待帝命。帝令祝融杀鲧于羽郊。鲧复生禹。帝乃命禹卒布土以定九州。"④"洪水滔天"在共工之孙噎鸣之时,因此,鲧窃息壤,禹布土定九州远在共工之后。能平水土者,死为社,确实为两传说之相同点,但上古多洪水,各个族群把其本族治水英雄死后推为社神符合当时社会实际,从而就会有多个"平水土死为社"这样的传说流传,而不应理解为一传说之分化,更恰当的说法应该是多传说之合流。

8.禹既有伐共工说,又有惩父之说,是鲧与共工传说相同者八。

《汉书·地理志》东海郡"祝其,《禹贡》羽山在南,鲧所殛"⑤。《续汉书·郡国志》东海郡亦云:"祝其,有羽山。"刘昭注云:"殛鲧之山。杜预曰在县西南。《博物记》曰:'东北独居山,西南有渊水,即羽泉也,俗谓此为惩父山。'"⑥杨宽先生据此认为:"俗谓羽山为惩父山,当必先有禹惩鲧之传说。"羽山是否惩父山,《汉书》和刘昭注都没有明说,《汉书》说羽山在祝其县南,据刘昭注所引《博物记》说"县东北独居山……俗谓此为惩父山",很明显惩父山在县东北,羽山在县南。"独居山南有渊水,即羽泉"也符合这一地理方位。因此,杨氏羽山为惩父山之说不确,禹伐共工为惩父之说也就不攻自破,关于禹伐共工下文将会详细论述。

---

①[清]阮元校刻:《十三经注疏·春秋左传正义》(清嘉庆刊本),北京:中华书局,2009年版,第4613页。
②参看杨国宜《共工传说史实探源》,《文史》第3辑,北京:中华书局,1963年版,第67页。
③魏建震:《禹治水与夏代社祭祀》,《古籍整理研究学刊》2008年第2期。
④袁珂校注:《山海经校注》,成都:巴蜀书社,1993年版,第534～536页。
⑤[汉]班固:《汉书》卷二十八上,北京:中华书局,1962年版,第1588页。
⑥[南朝宋]范晔:《后汉书》,北京:中华书局,1965年版,第3458页。

9.鲧与共工同因进谏不听而被诛。谏语且相同。是其传说相同者九。杨宽先生所据材料为《吕氏春秋》和《韩非子》：

《吕氏春秋·行论》："尧以天下让舜。鲧为诸侯，怒于尧曰：'得天之道者为帝，得地之道者为三公。今我得地之道，而不以我为三公。'以尧为失论，欲得三公，怒甚猛兽，欲以为乱。比兽之角能以为城，举其尾能以为旌。召之不来，仿佯于野以患帝。舜于是殛之于羽山，副之以吴刀。"①

《韩非子·外储说右上》云："尧欲传天下于舜，鲧谏曰：'不祥哉，孰以天下而传之于匹夫乎？'尧不听，举兵而诛杀鲧于羽山之郊。共工又谏曰：'孰以天下而传之于匹夫乎？'尧不听，又举兵而流共工于幽州之都。于是天下莫敢言无传天下于舜。"②

杨宽先生认为《吕氏春秋》中的鲧谏传说演化为两支，即《韩非子》中的鲧谏和共工谏。我们知道在上古传说的世系中共工是排在鲧的前面的，怎么能说共工是由鲧演化的呢。再者鲧谏这一传说是有来源的，《楚辞·离骚》："鲧婞直以亡身兮，终然夭乎羽之野。"③《天问》："鸱龟曳衔，鲧何听焉？"④《山海经·海内经》："鲧窃帝之息壤以堙洪水，不待帝命。"可以看出鲧是一个刚直不阿、敢拼敢干、率性而为的人，正因为这样才有鲧谏的传说。而共工则是刚愎自用的形象，《逸周书·史记》篇："昔有共工自贤，自以无臣，久空大官。"这样一个狂妄自大之人何来直谏之传说。再者除《韩非子》之外，别无他载此事，恐是《韩非子》为说理而编造的。柳诒徵认为："《韩非子》、《吕览》称鲧与共工不慊于尧、舜，盖以《书》有四罪之文，故谩为共工、鲧反对之说。"⑤因此，鲧谏传说演化为两支，恐不能成立。

以上我们对杨宽先生关于鲧和共工传说的九点相同进行了逐一辨析，认为杨先生的鲧即共工说不成立。下面我们再提出几条关于此说不成立的反证：

其一，有禹承鲧治水，而无禹承共工治水之传说。大禹治水之传说，古

①许维遹：《吕氏春秋集释》，北京：中华书局，2009年版，第568～569页。
②[清]王先慎：《韩非子集解》，北京：中华书局，1998年版，第324页。
③[宋]洪兴祖：《楚辞补注》，北京：中华书局，1983年版，第19页。
④[宋]洪兴祖：《楚辞补注》，北京：中华书局，1983年版，第89页。
⑤柳诒徵：《中国文化史》，上海：上海古籍出版社，2001年版，第59页。

籍记载颇多,而且多说是鲧治水失败,禹继父业,改变治水方法,最终治水成功。如《天问》言鲧"顺欲成功,帝何刑焉?"伯禹"纂就前绪,遂成考功",又言:"鲧何所营,禹何所成?"①如果鲧即共工的话,那么古书中应该有禹承共工治水的些许记载,但古籍中却没有片言只语。顾颉刚对禹承鲧亦有论述,他在《讨论古史答刘胡二先生》中说:"在传说中,鲧是先禹治水的人……禹既继鲧而兴,自与相类。"②童书业在论述鲧禹治水时,亦言"鲧始'布土',禹成鲧之功,自此九州'均定'",③而且认为鲧禹的故事以治水为中心。④

　　其二,禹为鲧后的记载比比皆是,但没有禹为共工后的记载。鲧与禹的父子关系,屡见于《国语·周语》、《山海经》、《世本》、《大戴礼记·帝系篇》、《史记·五帝本纪》、《夏本纪》等典籍。赵铁寒先生据此而说:"在我们没有考古学上积极的反证,足以推翻群籍以前,只可相信于一时。"⑤詹子庆先生则通过对文献的考证指出:"鲧禹是父子关系,禹是鲧纳有莘氏女子所生,史书屡见记载,盖当无须怀疑。"⑥相反禹为共工后的记载却不见于典籍。《左传·昭公二十九年》云:"共工氏有子曰句龙,为后土。……后土为社。"⑦杨宽先生认为"句龙即为禹",并解释说:"禹为社,句龙为后土,'禹'字秦公簋作'禼',疑即从'虫'从'九',九即虬之本字,'虬龙'与'句龙'音义相同。"此种解释稍显牵强附会,令人难以信服。

　　其三,共工氏为炎帝系,鲧禹为黄帝系。《山海经·海内经》:"炎帝之妻赤水之子听訞生炎居,炎居生节并,节并生戏器,戏器生祝融,祝融降处江水,生共工,共工生术器,术器首方颠,是复土穰,以处江水。共工生后土,后土生噎鸣,噎鸣生岁十有二。"⑧由此可知祝融、共工、后土均为炎帝之裔。吕思勉云:"《山海经》诚荒怪,然世系为古人所重,虽与神话相杂,不

①[宋]洪兴祖:《楚辞补注》,北京:中华书局,1983年版,第90~91页。

②见顾颉刚编著《古史辨》第一册,上海:上海古籍出版社,1982年版,第119页。

③童书业:《春秋左传研究》(校订本),北京:中华书局,2006年版,第17页。

④童书业:《春秋左传研究》(校订本),北京:中华书局,2006年版,第19页。

⑤赵铁寒:《夏民族的图腾演变》,《古史考述》,台北:正中书局,1965年版,第85页。

⑥詹子庆:《走进夏代文明》,长春:东北师范大学出版社,2006年版,第96页。

⑦[清]阮元校刻:《十三经注疏·春秋左传正义》(清嘉庆刊本),北京:中华书局,2009年版,第4613页。

⑧袁珂校注:《山海经校注》,成都:巴蜀书社,1993年版,第534~536页。

得全虚。云炎帝生祝融，祝融生共工，可见实为炎帝之族。"①李学勤先生亦说："《山海经》说炎帝之后有祝融，祝融之后有共工，是南方的系统。"②另外湖南长沙子弹库出土的楚帛书中，有"炎帝乃命祝融以四神降，……共攻(工)□步十日四时……"等语，进一步印证了炎帝、祝融和共工在上古传说中的族系关系。郭沫若在考证我国古代传说中的氏族和部落时，亦指出"在传说的炎帝后裔中，比较有点头绪的是共工部落"③。关于鲧禹为黄帝系，《史记·夏本纪》说得最清楚："禹者，黄帝之玄孙而帝颛顼之孙也。禹之曾大父昌意，及父鲧皆不得在帝位，为人臣。"④《五帝本纪》则说："自黄帝至舜、禹皆同姓而异其国号。"⑤

其四，共工氏有治历法的传说，鲧禹族则没有这方面的记载。楚帛书中即有共工制定历法的记载："共攻(工)□步十日四时。"此可与夸父逐日相联系，逐日即古代人民测量日影制定历法的神话表述。《山海经·海内经》有"共工生后土，后土生噎鸣，噎鸣生岁十有二"。又《大荒北经》："大荒之中，有山名曰成都载天，有人珥两黄蛇，把两黄蛇，名曰夸父。后土生信，信生夸父。"⑥这样说来，夸父为共工曾孙。所以共工与夸父实为同一部族，与历法关系甚密。有学者认为"楚帛书不称夸父，而言共工，当然可以看作神话中常见的错位现象"⑦，恐怕没有注意到《山海经》中共工族系的记述。

其五，鲧和共工同时出现在同一文献的同一叙述中。此类记载很多，如《今本竹书纪年》载帝尧陶唐氏纪年："十九年，命共工治河。六十一年，命崇伯鲧治河。七十三年春正月，舜受终于文祖。七十五年，司空禹治河。一百年，帝陟于陶。"⑧今本《竹书纪年》真伪问题现今学界有不同的声音，

①吕思勉：《先秦史》，上海：上海古籍出版社，2005 年版，第 62 页。

②李学勤：《古史、考古学与炎黄二帝》，《走出疑古时代》，沈阳：辽宁大学出版社，1997 年版，第 43 页。当然李学勤先生认为炎帝一系是在南方，与其观点不同，笔者认为上古族群的聚居不可能一分为二，中原为黄帝系，南方为炎帝系。

③郭沫若：《中国史稿》第一册，北京：人民出版社，1976 年版，第 109 页。

④[汉]司马迁：《史记》卷二，北京：中华书局，1959 年版，第 49 页。

⑤[汉]司马迁：《史记》卷一，北京：中华书局，1959 年版，第 45 页。

⑥袁珂校注：《山海经校注》，成都：巴蜀书社，1993 年版，第 487 页。

⑦陈斯鹏：《楚帛书甲篇的神话构成、性质及其神话学意义》，《文史哲》2006 年第 6 期，第 8～9 页。

⑧方诗铭、王修龄：《古本竹书纪年辑证》(修订本)附王国维《今本竹书纪年疏证》，上海：上海古籍出版社，2005 年版，第 207～209 页。

夏含夷先生即认为其书不伪,今本与古本是两个不同的整理本子。①《国语·周语》等文献中亦以共工和鲧并列。

其六,禹攻共工的传说有,禹攻鲧的传说则没有。如果鲧即共工,则禹攻共工,成了子伐父,于理不合。关于禹攻共工下文将详细探讨,此不赘述。

杨宽谓鲧即共工的观点,实是对其"神话分化说"理论的一种演绎。童书业在《古史辨》第七册的序言中对"神话分化说"给予了解释:"所谓神话分化说者,就是主张古史上的人物和故事,会得在大众的传述中由一化二化三以至于无数。"我们认为神话分化说有存在的可能性,但不具有普遍性。上古之传说多为口耳相传,口耳相传是上古先民祖辈对幼辈承传祖先事迹的重要手段,这种口传的变异程度是很小的。"古代的人不惟没有空闲,来臆造许多事实以欺骗后人,并且保存沿袭传说的人对于他们所应承先传后的东西,总是认为神圣;传说的时候不敢任意加减。"②因而不能将"神话分化说"夸大化,进而把任何相似之传说定为一种传说之分化演变。

二、禹伐共工

在论述禹伐共工之前,我们先讨论一下"共工"这一词的含义。共工,有人名、官名③、氏族名之争。官名之称当源于《左传·昭公十七年》"共工氏以水纪,故为水师而水名"④,对此,清末的崔述已怀疑其不可靠:"共工氏之为帝为霸,不可考矣;但以《春秋传》推之,则与黄、炎、二皞固未有差别也。不知《国语》有所传耶? 抑以共工似官名,不似代名,遂臆度之而云然耶?"⑤我们认为共工最初有可能是一个人名,但后来肯定就是一个氏族名了,因为"在古书中多传共工氏的事迹,上及远古,下到虞夏,可以指明共工

①〔美〕夏含夷:《也谈武王的卒年版——兼论〈今本竹书纪年〉的真伪》,《文史》第29辑,北京:中华书局,1988年版。
②徐旭生:《中国古史的传说时代》(增订本),北京:文物出版社,1985年版,第20页。
③《史记·五帝本纪》作"于是以垂为共工",《汉书·百官公卿表叙》作"垂作共工利器用",皆以共工为官名。《尚书》伪孔传云:"共,谓供其职事。"孔颖达正义云:"要帝意,言共谓共此职也。"皆以"共"为"供"意,可从。
④〔清〕阮元校刻:《十三经注疏·春秋左传正义》(清嘉庆刊本),北京:中华书局,2009年版,第4523~4524页。
⑤〔清〕崔述:《崔东壁遗书》,上海:上海古籍出版社,1983年版,第41页。

在古代为一显著的氏族"①。且古籍中有"共工氏"之称。在原始社会时期,氏族首领的名字与本氏族的称号往往是一致的。摩尔根《古代社会》介绍的易洛魁人的氏族就是"氏族个别成员的名字,也就表明了他属于哪一氏族","酋长必须从本氏族成员中选出,他的职位在氏族内部世袭"。② 金景芳、吕绍纲据此认为:"文献中所说共工非指一个人,而是先后几个人。他们都是共工这个氏族的代表,时间有先后……共工是一个氏族,酋长屡换,而氏族常在。"③所说甚确。吕思勉亦云:"然则共工后虽败亡,其初固为一强族。"④

在《左传·昭公十七年》中有这么一段记载:

> 昔者黄帝氏以云纪,故为云师而云名。炎帝氏以火纪,故为火师而火名。共工氏以水纪,故为水师而水名。太皞氏以龙纪,故为龙师而龙名。我高祖少皞挚之立也,凤鸟适至,故纪于鸟,为鸟师而鸟名。⑤

从这段文字来看,共工氏确曾在黄帝、炎帝之后而王天下,与太皞氏、少皞氏等都曾繁盛一时。

《国语·周语下》曰:"共(韦注:共,共工也)之从孙四岳佐之,……祚四岳国,命以侯伯,赐姓曰姜,氏曰有吕,谓其能为禹股肱心膂,以养物丰民人也。"⑥指出四岳是共工之从孙,赐炎帝姓,氏曰有吕,由此可知,在四岳之时,共工族裔开始附着在炎帝一系上,在此之前共工一族是没有氏族名的。禹和共工之族裔才开始和平相处,而在此之前,禹和共工是经常有冲突的两个氏族。古籍中所见禹伐共工之事有:

> 《山海经·海外北经》:"共工之臣曰相柳氏,九首,以食于九山。相柳之所抵,厥为泽溪。禹杀相柳,其血腥,不可以树五谷种。禹厥

①徐旭生:《中国古史的传说时代》(增订本),北京:文物出版社,1985年版,第137页。

②〔德〕马克思、恩格斯:《马克思恩格斯选集》第四卷,北京:人民出版社,1975年版,第81～83页,

③金景芳、吕绍纲:《〈尚书·虞夏书〉新解》,沈阳:辽宁古籍出版社,1996年版,第141页。王献唐先生《炎黄氏族文化考》亦有解说,云:"共工既为浑号,其子孙世袭其技,亦以共工呼之……凡其世胄,皆可呼为共工。"

④吕思勉:《先秦史》,上海:上海古籍出版社,2005年版,第62页。

⑤〔清〕阮元校刻:《十三经注疏·春秋左传正义》(清嘉庆刊本),北京:中华书局,2009年版,第4523～4524页。

⑥徐元诰集解:《国语集解》,北京:中华书局,2002年版,第95～97页。

之,三仞三沮,乃以为众帝之台。"①

《山海经·大荒西经》:"西北海之外,大荒之隅,有山而不合,名曰不周负子,有两黄兽守之。有水曰寒暑之水。水西有湿山,水东有幕山,有禹攻共工国山。"②

《山海经·大荒北经》:"共工之臣名曰相繇,九首蛇身自环,食于九土。其所歍所尼,即为源泽。不辛乃苦,百兽莫能处。禹湮洪水,杀相繇。其血腥臭,不可生谷。"③

《荀子·成相》篇:"禹有功,抑下鸿,辟除民害逐共工。"④

《荀子·议兵》篇:"舜伐有苗,禹伐共工。……皆以仁义之兵行于天下也。"⑤

《战国策·秦策一》:"舜伐三苗,禹伐共工,汤伐有夏。"⑥

从上述文献可以看出,禹伐共工的传说很普遍,特别是《山海经》多次记载。《山海经》成书非一时一地,记载了大量当时的口头传说,王国维在考证商先王时即充分利用了《山海经》,"于卜辞中发现'王亥'之名,嗣余读《山海经》、《竹书纪年》乃知王亥为殷之先公"⑦。可见《山海经》保留了上古时期的一些珍贵史料,由此可知《山海经》保存的禹伐共工的传说亦有一定的可靠性。

再从地理位置上论,两族邻近,必然会时有利害冲突。《礼记·祭法》曰:"共工氏之霸九州也。"又《国语·鲁语上》载:"共工氏之伯九有。"韦注:"有,域也。"⑧《诗经·商颂·玄鸟》:"古帝命武汤,正域彼四方。方命厥后,奄有九有。"毛传:"域,有也。九有,九州也。"⑨看来古"有"通"域"。"伯九有"也即霸九州。当然这里所说的九州,绝不是《禹贡》所说的九州,

①袁珂校注:《山海经校注》,成都:巴蜀书社,1993年版,第279~280页。
②袁珂校注:《山海经校注》,成都:巴蜀书社,1993年版,第443页。此处"有禹攻共工国山"与《大荒北经》"鲧攻程州之山"相类,程州,郝懿行谓盖亦国名。见《山海经校注》,第482页。
③袁珂校注:《山海经校注》,成都:巴蜀书社,1993年版,第489页。文中"相繇",郭璞云:"相柳也,语声转耳。"
④[清]王先谦:《荀子集解》,北京:中华书局,2013年版,第547页。
⑤[清]王先谦:《荀子集解》,北京:中华书局,2013年版,第330~331页。
⑥范祥雍笺证:《战国策笺证》,上海:上海古籍出版社,2006年版,第141页。
⑦王国维:《殷卜辞中所见先公先王考》,《观堂集林》,石家庄:河北教育出版社,第259页。
⑧徐元诰集解:《国语集解》,北京:中华书局,2002年版,第155页。
⑨[清]阮元校刻:《十三经注疏·毛诗正义》(清嘉庆刊本),北京:中华书局,2009年版,第1344页。

州应该更像《说文》里所说的意思,可能是九个氏族住在九个有水环绕的地方,共工氏在其中居于首要地位。①《左传·昭公四年》说:"四岳、三涂、阳城、大室、荆山、中南,九州之险也。"②此说"四岳"、"三涂"皆为九州之险,而四岳、三涂又与"有夏之居"相近,《逸周书·度邑》篇说"自洛汭延于伊汭,居阳无固,其有夏之居。我南望过于三涂,我北望过于有岳,丕愿瞻过于河,宛瞻于伊洛,无远天室。"③岳即四岳,大室即天室,两书记载略同。杨宽据此认为:足见夏和共工相距极近,很有冲突的可能性。禹攻共工,较为逼近事实,治水的传说大概即由攻共工的传说推演而成。④《逸周书·史记》篇:"昔有共工自贤,自以无臣,久空大官,下官交乱,民无所附,唐氏伐之,共工以亡。"⑤又载:"昔者西夏性仁非兵……唐氏伐之,城郭不守,武士不用,西夏以亡。"⑥这两段可能记载同一件事,如果这一推论不误,那么共工又称西夏,或许是指共工居住在夏族之西。

　　徐旭生认为共工氏居住地在今河南省辉县⑦。郭沫若认为"他们长期活动的地方应是今河南西部伊水和洛水流域",还说"夏后氏当是从这里沿黄河南下到今河南西部原共工氏所在地区的"⑧。王震中先生认为:"共工部落曾为古九州岛之伯,其前后活动范围,西起渭河上游,东至豫中嵩山脚下,北达豫北辉县及山西境内,南至熊耳山乃至南阳地区。在这一范围内,其活动中心,起初在渭河流域,后来移到中原地区。"⑨无论如何,共工族系活动的范围与禹当时活动地区豫西晋南应该相距不远。两族同在黄河流域的中游,生活环境相同,经常同时面临水患,而又各自治理各地区的洪

---

①郭沫若主编:《中国史稿》第一册,北京:人民出版社,1976年版,第109页。

②[清]阮元校刻:《十三经注疏·春秋左传正义》(清嘉庆刊本),北京:中华书局,2009年版,第4415页。

③黄怀信、张懋镕、田旭东:《逸周书汇校集注》,上海:上海古籍出版社,2007年版,第481页。

④参见杨宽《禹治水传说之推测》,《民俗周刊》第116~118期。杨宽在此文中是为了证明禹治水不可信,但其对禹攻共工的论证,却与鲧即共工说相矛盾。

⑤黄怀信、张懋镕、田旭东:《逸周书汇校集注》,上海:上海古籍出版社,2007年版,第959~960页。

⑥黄怀信、张懋镕、田旭东:《逸周书汇校集注》,上海:上海古籍出版社,2007年版,第968页。

⑦徐旭生:《中国古史的传说时代》(增订本),北京:文物出版社,1985年版,第137页。

⑧郭沫若主编:《中国史稿》第一册,北京:人民出版社,1976年版,第109、120页。许顺湛先生的观点与郭沫若相同,也持河南西部说。见许顺湛《五帝时代研究》,郑州:中州古籍出版社,2005年版。

⑨王震中:《共工氏主要活动地区考辨》,《人文杂志》1985年第2期。

水,当一方因治理不当,影响了别的氏族,就可能会引发冲突。① 如《淮南子·本经》篇:"舜之时,共工振滔洪水,以薄空桑。"就可能是在舜之时,共工因堵洪水,而使洪水威胁到了空桑地带(今曲阜)。近有学者指出陶寺文化与传说中的共工氏从图腾崇拜和分布流域上都有相切合之处,并进而认为陶寺文化应为共工氏的文化遗存,陶寺文化的发达程度与文献记载中"霸九州"的共工氏的显赫地位是相称的。② 如果此说可信的话,当发生水患时,那么居于河水下游豫西地区的禹族就要归咎于处于上游晋南地区的共工族,便引来战祸。

前面我们说到共工氏族为炎帝系,鲧禹族为黄帝系。自颛顼以至于禹,黄帝系有不少与共工争战的传说。《国语·周语》:"昔共工弃此道也。"韦昭注引贾逵曰:"共工,诸侯,炎帝之后,姜姓也。颛顼氏衰,共工氏侵凌诸侯,与高辛氏争而王也。"③《淮南子》的《兵略》篇、《天文》篇都有"共工与颛顼争为帝"的记载。高诱注曰:"共工伯于伏羲、神农之间,其后子孙任智刑以强,与颛顼、黄帝之孙争位。"④《逸周书·史记》篇:"昔有共工自贤,自以无臣,久空大官,下官交乱,民无所附,唐氏伐之,共工以亡。"⑤《韩非子》言尧"举兵而流共工于幽州之都"。《尧典》、《淮南子·修务》篇有舜"流共工于幽州"。战争如此频繁,实有世仇之感。故蒙文通说:"共工固世为诸侯之强,自伏羲以来下至伯禹,常为中国患,而共工固姜姓炎帝之裔也。"⑥

另有一则文献亦隐见两族之战。《大荒北经》:"应龙已杀蚩尤,又杀夸父,乃去南方处之,故南方多雨。"⑦《大荒东经》:"应龙处南极,杀蚩尤与夸父,不得复上。故下数旱,旱而为应龙之状,乃得大雨。"⑧应龙为禹治水之佐臣,《太平广记》"禹治水,应龙以尾画地,导决水之所出",和禹应为一族系,而夸父与共工又为一系,则应龙杀夸父实为禹对共工之战的继续。可

---

① 参看杨国宜《共工传说史实探源》,《文史》第 3 辑,北京:中华书局,1963 年版,第 65 页。

② 张锟,《共工与伯夷的考古学观察》,《李学勤教授伉俪七十寿庆纪念文集》,保定:河北大学出版社,2006 年版,第 247 页。

③ 徐元诰集解:《国语集解》,北京:中华书局,2002 年版,第 93 页。

④ 刘文典:《淮南鸿烈集解》,北京:中华书局,1989 年版,第 80 页。

⑤ 黄怀信、张懋镕、田旭东:《逸周书汇校集注》,上海:上海古籍出版社,2007 年版,第 959~960 页。

⑥ 蒙文通:《古史甄微》,上海:商务印书馆,1933 年版,第 36 页。

⑦ 袁珂校注:《山海经校注》,成都:巴蜀书社,1993 年版,第 487 页。

⑧ 袁珂校注:《山海经校注》,成都:巴蜀书社,1993 年版,第 413 页。

见禹与共工的战争可能不止一次,而且战争的规模亦应不小,袁珂先生即认为"禹会合天下群神,恐怕正是为了要对付共工"①。禹对共工氏进行了攻伐,削弱了共工氏的实力,而禹族的地位得到了提升,致使禹治水土,"共(工)之从孙四岳佐之"(《国语·周语下》)。

综上,我们对杨宽先生关于鲧和共工的相同点逐一进行了辨析,并提出了反证;同时又对禹伐共工进行了考证,认为禹伐共工的可能性很大,如果鲧即共工,禹伐共工即子伐父,于情理不通,因而鲧即共工是不成立的。我们认为鲧禹是黄帝系,共工是一个在上古长期存在的氏族,属于炎帝系,由于两族同在黄河中游地区活动,有着相同的生活环境,又经常同为水患所困,在治理洪水的过程中可能会因为治理的方法不对,而影响到别的氏族,从而产生冲突,而发生战争。禹伐共工,被多处文献所载,应该就是当时情况的反映。

第二节　禹征三苗

禹征三苗传说,反映了进入阶级社会之前,部落与部落之间为了争取生存地区,为了掠夺财物和奴隶,随便找个"弗用灵"之类的理由就可以侵略征伐。"禹征三苗而有天下",这场战争对夏禹部族有着非常重要的意义。

一、三苗的族源及变迁

三苗,一说是国名,《尚书·尧典》释文引马融王肃云:"国名。缙云氏之后为诸侯,盖饕餮也。"②一说是三族之苗裔,高诱注《淮南子·修务》篇时云:"三苗,盖谓帝鸿氏之裔子浑敦,少昊氏之裔子穷奇,缙云氏之裔子饕餮,三族之苗裔,故谓之三苗。"③此说有附会之嫌。但二者都说到三苗为缙云氏之后。《史记·五帝本纪》集解引贾逵云:"缙云氏,姜姓也,炎帝之苗裔,当黄帝时任缙云之官也。"④是缙云氏为炎帝之苗裔。三苗又为缙云

①袁珂:《中国古代神话》,北京:华夏出版社,2006年版,第262页。
②[清]阮元校刻:《十三经注疏·尚书正义》(清嘉庆刊本),北京:中华书局,2009年版,第270页。
③刘文典:《淮南鸿烈集解》,北京:中华书局,1989年版,第630页。
④[汉]司马迁:《史记》卷一,北京:中华书局,1959年版,第36页。

氏之后,则三苗亦为炎帝之苗裔。韦昭即云:"三苗,炎帝之后,诸侯共工也。"①《后汉书·西羌传》亦说:"西羌之本,出自三苗,姜姓之别也。"②由上所论,三苗是一诸侯国,为炎帝系缙云氏之后。③　三苗,在《尚书·吕刑》中又称"苗民"④,孔颖达正义云:"三苗之主,实国君也。顽凶若民,故谓之'苗民'。"据此,"民"乃是一种贬义之词。

　　三苗这样一个族群,和中原部族长期共存,其部族的迁徙、演变、发展相当复杂。近人对于古三苗疆域的考察,多有分歧。钱穆《古三苗疆域考》推论:"古者三苗疆域,不出今河南北部山西南部广运数百里间也。"⑤芮逸夫先生云:"约当四千余年前,在长江中游,北至岐山,南踰衡山,东西界鄱阳洞庭两湖,其地有一种名为苗、苗民或有功的部落,以其族类不一,又称三苗。"⑥童书业则认为:"虞夏与三苗有涉,则三苗似为中原民族或中原西部之民族,旧以为即今苗族,恐非。"⑦徐旭生《中国古史的传说时代》把三苗归于南方的苗蛮集团,蒙文通将其划属于江汉民族⑧,韩建业和杨新改的《苗蛮集团来源与形成的探索》,用考古佐证文献的方法认为苗蛮出自东夷集团。⑨　以上几种说法各有依据。

　　实际上,随着三苗的兴衰,其活动区域是不断变化的。孔颖达曾对三苗的兴衰作过描述:"言苗民者,有苗,九黎之后,颛顼代少昊,诛九黎,分流其子孙,为居于西裔者三苗。至高辛之衰,又复九黎之恶。尧兴,又诛之。尧末,又在朝。舜时,又窜之。后王深恶此族三生凶恶,故著其氏而谓之

①《尚书·吕刑》正义引。见[清]阮元校刻《十三经注疏·尚书正义》(清嘉庆刊本),北京:中华书局,2009 年版,第 527 页。

②[南朝宋]范晔:《后汉书》卷八十七,北京:中华书局,1965 年版,第 2869 页。

③吕思勉《中国民族史》即认为三苗为炎帝之后,非今日之苗族,见吕思勉《中国民族史两种》,上海:上海古籍出版社,2008 年版,第 176 页。

④《尚书·吕刑》:"苗民弗用灵,制以刑,惟作五虐之刑曰法。"《山海经》中亦见"苗民",《大荒北经》云:"颛顼生驩头,驩头生苗民,苗民厘姓,食肉。"此处把"苗民"说成是颛顼之后,不知何据。

⑤钱穆:《古三苗疆域考》,《古史地理论丛》,北京:三联书店,2004 年版,第 105 页。

⑥芮逸夫:《苗人考》,《香港大学五十周年纪念论文集》第二册,香港大学中文系,1966 年版,第320～321 页。

⑦童书业:《春秋左传研究》(校订本),北京:中华书局,2006 年版,第 19～20 页。

⑧蒙文通:《古代汉苗二族关系史辨误》,《历史研究》1989 年第 5 期。

⑨韩建业、杨新改:《苗蛮集团来源与形成的探索》,《中原文物》1996 年第 4 期。

民。民者冥也，言未见仁道。"①从少昊、颛顼至尧舜禹这样一个长时间段内，三苗有兴盛有衰落，兴盛时疆域会扩大，族群会迁徙，衰落时或战争失败时也有可能被迫迁徙。因此，对于三苗的活动区域及变迁要分时段进行论析。

首先，早期的三苗应该在陕西岐山扶风一带②。上文已言，三苗为炎帝之后，炎帝居姜水，郦道元认为姜水即岐水，在岐山一带。尧时，尧曾与有苗战于丹水。《吕氏春秋·召类》："尧战于丹水之浦，以服南蛮。"③皇甫谧《帝王世纪》："诸侯有苗氏处南蛮而不服，尧征之于丹水之浦。"④丹水源于秦岭东南部终南山（在今陕西商县西北），向东南流经河南，在湖北均县流入汉江。这说明尧时有苗逐渐沿丹水往豫西鄂北转移。

舜禹时，三苗已迁至湖北地区。即《战国策·魏策一》所述的："昔者三苗之居，左彭蠡之波，右洞庭之水，文山在其南，而衡山在其北。"⑤其他文献中亦有反映：

《淮南子·修务》篇："舜南征三苗，道死苍梧。"⑥

《韩诗外传》卷三："当舜之时，有苗氏不服，其不服者，衡山在南，岐山在北，左洞庭之波，右彭泽之水。"⑦

《史记·五帝本纪》："三苗在江淮、荆州数为乱。"⑧

《说苑·君道》："（有苗氏）大山在其南，殿山在其北，左洞庭之波，右彭蠡之川。"⑨

定州汉简《六韬》中，简 2230 有"舜伐有苗武……"的残文，而且简 0745、

①［清］阮元校刻：《十三经注疏·礼记正义》（清嘉庆刊本），北京：中华书局，2009 年版，第 3576 页。孔颖达认为苗民为九黎之后本于郑玄，《礼记·缁衣》正义引郑注《吕刑》云："苗民，谓九黎之君也。九黎之君，于少昊氏衰，而弃善道，上效蚩尤重刑，必变九黎。"文献中亦有"黎苗"连称的例子，《国语·楚语下》："三苗复九黎之德。"《国语·周语下》："无亦鉴于黎苗之王，下及夏商之季。"梁启超《太古三代载记》亦谓：三苗九黎，一族两名。

②钱穆《古三苗疆域考》谓三苗出自河南。

③许维遹：《吕氏春秋集释》，北京：中华书局，2009 年版，第 559 页。

④徐宗元辑：《帝王世纪辑存》，北京：中华书局，1964 年版，第 32 页。

⑤范祥雍笺证：《战国策笺证》，上海：上海古籍出版社，2006 年版，第 1252 页。

⑥刘文典：《淮南鸿烈集解》，北京：中华书局，1989 年版，第 631 页。

⑦许维遹：《韩诗外传集释》，北京：中华书局，1980 年版，第 108 页。

⑧［汉］司马迁：《史记》卷一，北京：中华书局，1959 年版，第 28 页。

⑨向宗鲁校证：《说苑校证》，北京：中华书局，1987 年版，第 5 页。

1175、2228、0302、1040 等简中都有"有苗"一词。简 0789 称"之□右□蠡之水建土鲜也"①，缺文可能即"彭蠡"，即吴起对魏武侯所云"三苗之居，左洞庭，右彭蠡。"饶宗颐据此认为"这与《史记·五帝纪》言'三苗在江淮荆州'正相符合"②。

在舜禹时，还有"迁三苗于三危"的传说。《尧典》中的"窜三苗于三危"和"分北三苗"，《皋陶谟》中有"何迁乎有苗"和"苗顽弗即工"，《禹贡》有"三危既宅，三苗丕叙"，说的皆是此事。三危的地望又有多种说法，其中以敦煌说较盛。《左传·昭公九年》杜预注："允姓，阴戎之祖，与三苗俱放三危者。瓜州，今敦煌。"③《水经注》："三危山在敦煌县南。"《括地志》："三危山有三峰，故曰三危，俗亦名卑羽山，在沙州燉煌县东南三十里。"④《元和郡县志》说："三危山在县（敦煌县）南三十里，有三峰故曰三危，《尚书》窜三苗于三危，即此山也。"⑤吕思勉《中国民族史》曾对三危之地望进行过辨正，认为三危在敦煌附近不足信。⑥ 三危的地理位置，在没有新材料出现的条件下，恐怕还是一时难以遽下结论。但也有可能，三危和昆仑、悬圃一样，只是神话中的一个地名而已。

三苗为炎帝之后⑦，而尧舜禹为黄帝之后，所以尧舜禹与三苗的战争，实则是黄帝族与炎帝族之间的战争。炎黄大战之后，黄帝之后裔拥有天下，而姜姓则只有几个国家。

二、禹征三苗

（一）尧舜与三苗的战和关系

自尧时对三苗的征伐即已开始。上引文献中已说到尧与有苗战于丹

---

① 河北省文物研究所定州汉墓竹简整理小组：《定州西汉中山怀王墓竹简〈六韬〉释文及校注》，《文物》2001 年第 5 期，第 80 页。

② 饶宗颐：《觊民、苗民考》，《华学》第 5 辑，广州：中山大学出版社，2001 年版，第 92 页。

③〔清〕阮元校刻：《十三经注疏·春秋左传正义》（清嘉庆刊本），北京：中华书局，2009 年版，第 4467 页。

④〔唐〕李泰等著，贺次君辑校：《括地志辑校》，北京：中华书局，1980 年版，第 228 页。

⑤〔唐〕李吉甫：《元和郡县图志》卷四十，北京：中华书局，1982 年版，第 1026 页。《太平寰宇记》本，卷一百五十三沙州敦煌县："三危山，其山有三峰，故曰三危。俗亦名曰昇雨山。在县东南二十里。《书》'窜三苗于三危'，是此山。"（北京：中华书局，2007 年版，第 2956 页）

⑥ 吕思勉：《中国民族史》，北京：东方出版社，1996 年版，第 216～217 页。

⑦ 关于三苗为炎帝后之说，吕思勉先生在其《中国民族史》中已早有论证，本节多有参考。

水，舜与三苗的争战古书中也多见：《尚书·尧典》以三苗为"四罪"之一，为舜所放。《孟子·万章下》："舜流共工于幽州，放驩兜于崇山，杀三苗于三危，殛鲧于羽山，四罪而天下咸服，诛不仁也。"①与《尧典》叙事相同。《荀子·议兵篇》有"舜伐有苗"②。《吕氏春秋·召类》篇称："舜却苗民，更易其俗。"③《淮南子·兵略》言"舜伐有苗"，而《修务》还记载了舜因为征三苗，而"道死苍梧"。定州汉墓竹简《六韬》亦有"舜伐有苗武"（简2230）的记载④。尧舜为什么要伐三苗呢？郭璞在注《山海经·海外南经》时解释说："昔尧以天下让舜，三苗之君非之，帝杀之，有苗之民叛入南海为三苗国。"⑤是说三苗之君反对尧禅位于舜，而引发尧舜对三苗的征伐。这种说法是否可靠已经不可考了。

还有一些文献记载了舜、禹以德服三苗的事迹：

《荀子·成相》："禹劳心力，尧有德，干戈不用三苗服。"⑥

《韩非子·五蠹》："当舜之时，有苗不服，禹请攻之。舜曰：'不可。上德不厚而行武，非道也。'乃修政三年，执干戚舞，有苗乃服。"⑦

《淮南子·缪称》："中君子之意，忠也；忠信形于内，感动应于外，故禹执干戚，舞于两阶之间，而三苗服。"⑧

《淮南子·齐俗》："故当舜之时，有苗不服。于是舜修政偃兵，执干戚而舞之。"⑨

《淮南子·氾论》："舜执干戚而服有苗。"⑩

值得注意的是，《上海博物馆藏战国楚竹书》（九）有一篇《举治王天下·舜王天下》亦讲到舜以德服三苗，简文云："舜王天下，三苗不宾，舜不割其道，

①［清］焦循：《孟子正义》，北京：中华书局，1987年版，第628页。

②［清］王先谦：《荀子集解》，北京：中华书局，2013年版，第330页。

③许维遹：《吕氏春秋集释》，北京：中华书局，2009年版，第559页。

④河北省文物研究所定州汉墓竹简整理小组：《定州西汉中山怀王墓竹简〈六韬〉释文及校注》，《文物》2001年第5期，第77页。

⑤袁珂校注：《山海经校注》，成都：巴蜀书社，1993年版，第235页。

⑥［清］王先谦：《荀子集解》，北京：中华书局，2013春版，第547页。

⑦［清］王先慎：《韩非子集解》，北京：中华书局，1998年版，第445页。

⑧刘文典：《淮南鸿烈集解》，北京：中华书局，1989年版，第324页。

⑨刘文典：《淮南鸿烈集解》，北京：中华书局，1989年版，第359页。

⑩刘文典：《淮南鸿烈集解》，北京：中华书局，1989年版，第431页。

不撼其……"①所谓不割其道,整理者云:"意不以武力强制其俗,舜以为行武难以服众,行德喻教化民。"②为什么会有德服的记载,可能是舜禹和三苗相处时,不仅有战争,还有和平相处的时候。当双方利益冲突不是很大,便相互让步;或者三苗势力明显不如对手时,只有请和,以示降服。后世记载者为了凸显舜禹之德,遂有德服之叙。如《韩诗外传》卷三云:"当舜之时,有苗不服……以其不服,禹请伐之,而舜不许,曰:'吾喻教犹未竭也。'久喻教,而有苗民请服。天下闻之,皆薄禹之义,而美舜之德。"③很好地夸饰了舜的教化功能。

(二)禹伐三苗的可能性

禹征三苗前,有一篇誓词。这一誓词有两个不同的版本:其一是《墨子·兼爱下》所载:

> 禹曰:"济济有众,咸听朕言,非惟小子敢行称乱,蠢兹有苗,用天之罚,若予既率尔群对诸群以征有苗。"④

其二,是伪古文《尚书·大禹谟》所载:

> 禹乃会群后。誓于师曰:"济济有众,咸听朕命。蠢兹有苗,昏迷不恭,侮慢自贤,反道败德。君子在野,小人在位。民弃不保,天降之咎。肆予以尔众士,奉辞伐罪。尔尚一乃心力,其克有勋。"⑤

晚书《大禹谟》为后人编辑,是伪《书》。比较这两篇誓词也可以看出,《大禹谟》抄袭了《墨子》部分文句,另外可能还抄袭了其他古书。

《墨子·非攻下》对禹征三苗记载的最为详细:"昔者三苗大乱,天命殛之,日妖宵出,雨血三朝,……禹亲把天之瑞令,以征有苗。"⑥有学者认为"日妖宵出"和《古本竹书纪年》"三苗将亡……日夜出,昼日不出"⑦记载的是一次"天再昏"或"天再旦"的日食现象。此次日食现象亦见于定州出土《六韬》简文:

---

①马承源主编:《上海博物馆藏战国楚竹书(九)》,上海:上海古籍出版社,2012年版,第222页。

②马承源主编:《上海博物馆藏战国楚竹书(九)》,上海:上海古籍出版社,2012年版,第223页。

③许维遹:《韩诗外传集释》,北京:中华书局,1980年版,第108~109页。《说苑·君道》同于此。

④[清]孙诒让:《墨子间诂》《孙诒让全集》本,北京:中华书局,2009年版,第121页。

⑤[清]阮元校刻:《十三经注疏·尚书正义》(清嘉庆刊本),北京:中华书局,2009年版,第287页。

⑥[清]孙诒让:《墨子间诂》《孙诒让全集》本,北京:中华书局,2009年版,第146~148页。

⑦方诗铭、王修龄:《古本竹书纪年辑证》(修订本),上海:上海古籍出版社,2005年版,第68~69页。

有苗月蚀日断，三日不解，是非□。（简 1175）

有苗三日不见日，是非有苗之□耶？（简 2228）①

《六韬》过去认为是伪书，定州汉简的发现证明《六韬》不仅非伪，而且"其成书的年代应该在春秋晚期至战国时期"②。因此，定州汉简将这次日食的记载时间又往前推了一步，同时三种文献都有相关记载③，更说明了这一史料的可靠性，应该是有一定来源的。"夏商周断代工程"专家刘次沅先生指出："'日妖宵出'或'日夜出'应是一次'天再昏'现象；当黄昏日落前后日全食（或接近全食）发生，天色突然变黑；几分钟后全食结束，天色转亮；接着是正常的黄昏天黑过程。如果古人把日食引起的第一次天黑当作自然黄昏，那么其后出现的天色转亮就成了反常的'日夜出'了。"④因此，禹伐三苗时正值日食发生，这一史实便被史官记录并流传下来。

禹征三苗之前，三苗族域发生了一些奇异的自然现象，最不可思议的是"雨血"，就是天上下血。定州汉简《六韬》云"吾闻有苗雨血沾朝衣，是非有苗"（简 0745）⑤。《墨子》记载的更详细，不仅"雨血三朝"，血下了三个早晨，还有"龙生于庙，犬哭乎市，夏冰，地坼及泉，五谷变化，民乃大振"（《非攻下》）⑥。地坼及泉，描述的应该是地震发生时的景象。《竹书纪年》亦曰"三苗将亡，天雨血，夏有冰，地坼及泉，青龙生于庙，日夜出，昼日不出"⑦，与《墨子》所载略同。三苗发生如此毁灭性的天灾，给了夏部族攻打它们的有利时机。

《墨子·非攻下》云："禹亲把天之瑞令，以征有苗，四电诱祗，有神人面鸟身，若瑾以侍。"⑧这其中还隐藏着一条信息——禹征伐三苗时曾联合了

①河北省文物研究所定州汉墓竹简整理小组：《定州西汉中山怀王墓竹简〈六韬〉释文及校注》，《文物》2001 年第 5 期，第 80 页。

②韩立森：《定州西汉中山怀王墓竹简〈六韬〉的整理及其意义》，《文物》2001 年第 5 期，第 86 页。

③其他文献亦有相关记载：《随巢子》称为"日夜出，昼日不见"；《路史·后纪》称"日夜出，昼不见"；《开元占经》作"日为夜出"。

④转引自江林昌《夏商周文明新探》，杭州：浙江人民出版社，2001 年版，第 196 页。

⑤河北省文物研究所定州汉墓竹简整理小组：《定州西汉中山怀王墓竹简〈六韬〉释文及校注》，《文物》2001 年第 5 期，第 80 页。

⑥[清]孙诒让：《墨子间诂》，《孙诒让全集》本，北京：中华书局，2009 年版，第 146 页。《随巢子》亦说："昔三苗大乱，龙生于庙，犬哭于市。"（《太平御览》卷九百零五引，《太平御览》第八册，石家庄：河北教育出版社，1994 年版，第 230 页）

⑦方诗铭、王修龄：《古本竹书纪年辑证》（修订本），上海：上海古籍出版社，2005 年版，第 68～69 页。

⑧[清]孙诒让：《墨子间诂》，《孙诒让全集》本，北京：中华书局，2009 年版，第 147 页。

东夷民族。"有神人面鸟身,若瑾以侍",人面鸟身之神当是句芒,《山海经·海外东经》:"东方句芒,鸟身人面。"东夷民族多以鸟为崇拜物,句芒是他们的代表神。"若瑾",孙诒让疑为"奉珪"之误。句芒"奉珪以侍"说明了东方民族在禹的号令下也参与了对三苗的战争。

(三)禹伐三苗的原因及意义

禹为何伐三苗,从禹伐苗的誓词中我们只能得个含混的原因,什么"用天之罚",什么"昏迷不恭,侮慢自贤,反道败德"等之类的话。其实都是掩盖部族之间征伐兼并的幌子。

后世也有不同的解说,比如墨子在《兼爱下》中认为"禹之征有苗也,非以求以重富贵、干福禄、乐耳目也",而是为了"兴天下之利,除天下之害",很明显,墨子的解释是为了论证其"兼爱"之观点。而在《非攻下》中又说"三苗大乱,天命殛之",禹征有苗的原因又成了三苗自身的"大乱",这同样是墨子为了论证其"非攻"的观点,把禹征有苗说成是"诛",而非"攻",因此,其说并不完全可信。

现代学者金景芳先生提出禹伐有苗的原因是三苗阻碍了禹治水。《尚书·皋陶谟》有"苗顽弗即工",而《墨子·非攻下》说:"禹既已克有三苗,焉磨(厤)为山川,别物上下。"[①]这个"磨(厤)为山川,别物上下",与《商颂·长发》"禹敷下土方",《书序》"帝厘下土方,设居方,别生分类"的说法很相似,肯定是属于治水范围的工作。[②] 金先生的观点可备一说。

禹征三苗,不是一场普通的战争,人们常用"禹征三苗而有天下"来形容这场胜利的意义,如《墨子·非攻下》说:"昔者禹征有苗,汤伐桀,武王伐纣,此皆立为圣王。"[③]这场战争用时少,"三旬,苗民逆命……七旬,有苗格"(《尚书·大禹谟》),充分显示了禹部族雄厚的军事实力。所以,《墨子·非攻下》说"苗师大乱,后乃遂几","几"就是衰微的意思;《战国策·魏策一》亦称三苗"为政不善,而禹放逐之"[④]。由此禹的势力大增,而且禹克三苗以后,"卿制大极,而神民不违,天下乃静"[⑤]。卿制大极,孙诒让云疑

---

①[清]孙诒让:《墨子间诂》,《孙诒让全集》本,北京:中华书局,2009年版,第147页。

②金景芳:《禹在历史上所起的伟大作用》,《史学月刊》1980年第2期,第4页。

③[清]孙诒让:《墨子间诂》,《孙诒让全集》本,北京:中华书局,2009年版,第146页。

④范祥雍笺证:《战国策笺证》,上海:上海古籍出版社,2006年版,第1252页。

⑤[清]孙诒让:《墨子间诂》,《孙诒让全集》本,北京:中华书局,2009年版,第148页。

当为"郷制四极","郷"即"饗"之省。[1] 四极当指四方极远之国,意为禹伐三苗后在更广阔的领域建立了新的统治秩序。《随巢子》称:"禹乃克三苗,而神民不违,辟土以王。"足见禹伐三苗对于增强夏族势力有极大的促进作用。故顾颉刚《禅让传说起于墨家考》指出"禹得天下由于征有苗"[2]。

因此,有学者认为"三苗"在南方势力极大,其兴衰与我国上古时期南北统一战争的进程有关[3]。三苗败亡之后,一部分可能逃往西北方向陕西一带,即其原来的兴起地,另一部分可能逃到江南去了。同时,三苗退出其原居地之后,夏部族便有一部分人迁往江淮荆州地区。从民族的迁徙上来说,伐三苗的战争对华北古代居民的南迁具有重大推动作用;王权的产生途径与战争有直接联系。

第三节　《甘誓》与禹伐有扈传说

《甘誓》是夏后氏与有扈氏作战之际的誓师词,作为夏部族的重要史实,经过口耳相传,至少在周初应该已经形成定本。有扈即东夷部族的"九扈",其地在郑州一带。当夏族从晋南进入豫西时,与有扈势力发生冲突,遂在"甘"(今洛阳西南)发生了战争。古代史事传闻异辞容易发生分化,所以存在禹伐有扈和启伐有扈两种传说。

一、《甘誓》的成书年代

《尚书·甘誓》记载了夏后氏伐有扈的传说,《史记·夏本纪》说:"遂灭

---

①[清]孙诒让:《墨子间诂》,《孙诒让全集》本,北京:中华书局,2009年版,第148页。

②但从该文顾颉刚后记里看,这一观点实出自童书业。童书业《春秋左传研究》有相关论述:"禹之得天下,主要由于'征有苗'与'汤伐桀、武王伐纣'而'立为圣王'相同(《非攻下》)。《周语上》称'黎、苗之王',下称'夏、商之季',可见黎、苗亦曾为'王',与夏、商同。《墨子·兼爱下》引《禹誓》之文,与《汤誓》、《牧誓》之文极类,《非攻下》又言:'昔者三苗大乱,天命殛之……高阳乃命(禹于)玄宫,禹亲把天之睿令,以征有苗……禹既已克有三苗,焉磨(历)为山川,别物上下,郷制太极,而民不违,天下乃静,则此禹之所以征有苗也。'《随巢子》亦云:'昔三苗大乱……禹乃克三苗而神民不违,辟土以王。'并可为禹之有天下由于征有苗之证。"见童书业《春秋左传研究》(校订本),北京:中华书局,2006年版,第14~15页。

③参看郭伟川《古"三苗"新考——兼论"三苗"与南方诸族及楚国之关系》,《汕头大学学报》(人文社会科学版)2007年第2期,第12页。

有扈氏，天下咸朝。"①有扈氏被灭以后，已经没有可以和夏部族相抗衡的部落了，这对于增强禹的权势及夏部族的发展有很重要的意义。

在论述禹伐有扈之前，不得不对记载这场战争的《甘誓》作一番探讨。《甘誓》存在三个版本，一是保存在《尚书·虞夏书》中；一是在《墨子·明鬼》中；一是在《史记·夏本纪》中。《史记》中的《甘誓》实际上采自《尚书》，只是使用了当时汉代通用的语词对原文进行了一些改造。这样的话只剩下两个版本，分别代表了儒、墨两家。关于这两个本子，顾颉刚、刘起釪认为基本定型是在西周时期，"在春秋战国的传抄中，又分化成儒、墨两家互有异同的本子"②。

《甘誓》在《尚书》中属于《虞夏书》部分，20世纪初期疑古派学者对包括《甘誓》在内的《虞夏书》产生了怀疑，多认为是晚出。钱玄同认为："《甘誓》似非伪史，但中有'五行'、'三正'两词，则也被儒家改窜了。"③顾颉刚在《五德终始下的政治与历史》中说，《甘誓》是与《墨子》同时代的作品，不在战国末，就在西汉初。童书业在《五行说起源的讨论》中认为《甘誓》是春秋末战国初时候的作品。④ 杨向奎则说："《甘誓》绝不是夏代作品，但也不至于晚到西汉初，由它这种'五行'和'三正'的意义来定，应当是出于战国。"⑤陈梦家认为晋有六卿，有五正之官，又居夏墟，故多夏世之传说，所以此篇当为战国时晋人所作⑥。钱穆认为："《甘誓》、《汤誓》，以文体言，亦皆与《牧誓》不同，而转与《秦誓》相似，此亦可疑也。"⑦

当然亦有学者不赞成晚出说。郭沫若即云："《甘誓》一篇，文字本来极简单，而且也没有什么大道理在里面，大约总不是伪作。"⑧王国维《古史新证》认为《甘誓》"文字稍平易简洁，或系后世重编，然至少亦必为周初人所

---

① [汉]司马迁：《史记》卷二，北京：中华书局，1959年版，第84页。
② 顾颉刚、刘起釪：《尚书校释译论》，北京：中华书局，2005年版，第875页。原文载顾颉刚、刘起釪《〈尚书·甘誓〉校释译论》，《中国史研究》1979年第1期。此篇文章是顾颉刚晚年的作品，抑或代表了刘起釪的主张。
③ 钱玄同：《左氏春秋考证书后》，《古史辨》第五册，上海：上海古籍出版社，1982年版，第17页。
④ 见顾颉刚编著《古史辨》第五册，上海：上海古籍出版社，1982年版，第667页。
⑤ 杨向奎：《西汉经学与政治》，台北：独立出版社，2000年版，第14页。
⑥ 陈梦家：《尚书通论》，北京：中华书局，2005年版，第184页。
⑦ 钱穆：《西周书文体辨》，《中国学术思想史论丛》（一），北京：三联书店，2009年版，第172页。
⑧ 郭沫若：《中国古代社会研究》，石家庄：河北教育出版社，2000年版，第92页。

作"[①]。刘起釪认为"《甘誓》的写成文字,当在殷代或殷末到西周之间"[②]。还有学者持阙如态度,如李民先生认为:"《甘誓》是后世史官根据流传的启的言辞记录而成的,具体成书年代不详。"[③]

我们认为对《甘誓》的成书年代不应过于保守,禹伐有扈的传说文献多有记载,必有一定的史影,对有扈发动战争算得上是夏朝历史上的一件大事,这样的大事被后世普遍流传是可能的,因此当文字发明以后,被记述成篇的时代不应太晚。金景芳、吕绍纲先生即认为:"《甘誓》写定成篇的时间当在西周,材料则出于夏启时,是研究夏史的重要史料。"[④]

《甘誓》中有"今予为恭行天之罚",与《牧誓》"今予发惟恭行天之罚"完全相同。《甘誓》有可能是借用《牧誓》的文句,如果此说成立,那么《甘誓》的作者当时已见到《牧誓》,《甘誓》要稍后于《牧誓》,蒋善国据此说:"《甘誓》一定是周初以后根据传说编写的,至早成于西周中季,至晚成于战国初年。"[⑤]但是其对《牧誓》的成书年代主观定为周初,而没有给予考证。现在,我们已有了这个条件,由新出土青铜器利簋铭文"征商,佳甲子朝岁",与《牧誓》"时甲子昧爽,王朝至于商郊牧野"内容相合,可证《牧誓》为周初作品。因此,《甘誓》的蓝本亦有可能成于周初。且周初统治者为了安抚民心,大肆渲染周灭商是顺应天道,是"恭行天之罚"(《牧誓》),是"祗承上帝"、"恭天成命"(《武成》),是"天惟丧殷"、"天命不僭"。"恭行天罚"于此时是非常盛行的,《甘誓》的编者取"恭行天罚"亦当是受此影响。

综上,《甘誓》所记载的夏族对有扈的战争是夏代历史上的一件大事,夏族后裔肯定会世代口耳相传下来,当文字发明以后,这种族群记忆便有可能转化成文本记载,最初的《甘誓》蓝本可能在周初就已出现,至迟在西周晚期至春秋早期基本写定。

二、禹伐还是启伐

文献中有"禹伐有扈"和"启伐有扈"两种说法。《墨子·明鬼下》、《庄

---

①王国维:《古史新证——王国维最后的讲义》,北京:清华大学出版社,1994年版,第3页。

②刘起釪:《释〈尚书·甘誓〉的"五行"与"三正"》,《古史续辨》,北京:中国社会科学出版社,1991年版,第213页。

③李民、王健:《尚书译注》,上海:上海古籍出版社,2004年版,第89页。

④金景芳、吕绍纲:《〈尚书·虞夏书〉新解》,沈阳:辽宁古籍出版社,1996年版,第441页。

⑤蒋善国:《尚书综述》,上海:上海古籍出版社,1988年版,第202页。

子·人间世》①、《吕氏春秋·召类》②、《说苑·政理》篇都说是禹伐有扈。陈梦家指出《墨子》所据之本较早,"伐扈者为启,似先秦不如此"③,主张当为禹伐。《吕氏春秋·先己篇》④、《书序》、《史记·夏本纪》、《白虎通》则说是启伐有扈,高诱在注释《淮南子》时亦云启伐。《史记》当是采自《书序》。顾颉刚、刘起釪倾向于启伐,说:"我们从禹的历史传说还较分歧而开始建立夏王朝者实际是启这一点来看,倾向于《史记》这一说法。"⑤

其实,禹启都可能对有扈进行过征伐,不能根据片面的有限的文献资料而坚持认为一定是禹或一定是启⑥。孙诒让提出"或禹、启皆有伐有扈之事"⑦。钱穆先生亦言:"舜、禹、启以来,虞、夏氏族驱逐苗民以固西陲,又攻有扈以扩东土也。"⑧杨筠如亦说:"《左传·昭公元年》:'虞有三苗,夏有观扈,商有姺邳,周有徐奄。'以是言之,疑夏世之征扈,亦如《尧典》之再窜三苗,周代之屡征徐戎。征扈之事,当非一次,故致传闻异辞,莫可谌正矣。"⑨这些说法都是有道理的。

在没有文字记载的时候,像这种战争史实是靠口传的方式进行传播和流传的,既然是口传,就必然在传播过程中发生变异。郭沫若先生曾指出:"一样的传说有两种主人,这正是传说本身的一种特性。"⑩并提出上甲微也曾伐有扈这样一种说法。他认为禹伐有扈以后,有扈氏没有灭绝,可能迁往北方,与商先族的居住地邻近,因为在殷代的先人也有和有扈发生冲突的传说。他根据下面一条资料:

> 《山海经·大荒东经》:"有困民国,勾姓而食,有人曰王亥,两手操

① 《庄子·人间世》:"昔者尧攻丛枝、胥敖,禹攻有扈,国为虚厉,身为刑戮,其用兵不止,其求实无已。"见郭庆藩《庄子集释》,北京:中华书局,2012 年版,第 145 页。
② 《吕氏春秋·召类》:"禹攻曹魏、屈骜、有扈,以行其教。"见许维遹《吕氏春秋集释》,北京:中华书局,2009 年版,第 559 页。
③ 陈梦家:《尚书通论》,北京:中华书局,2005 年版,第 185 页。
④ 《吕氏春秋·先己篇》有"夏后伯启与有扈战于甘泽而不胜。"旧本"夏后伯启"作"夏后相",误。见许维遹《吕氏春秋集释》,北京:中华书局,2009 年版,第 72 页。
⑤ 顾颉刚、刘起釪:《尚书校释译论》第二册,北京:中华书局,2005 年版,第 865 页。
⑥ 《书序》、《史记·夏本纪》、《白虎通》说是启伐有扈,亦有可能是儒家为了维护禹的地位和形象。
⑦ [清]孙诒让:《墨子间诂》,《孙诒让全集》本,北京:中华书局,2009 年版,第 240 页。
⑧ 钱穆:《国史大纲》(修订本),北京:商务印书馆,1994 年版,第 16 页。
⑨ 杨筠如:《尚书覈诂》,西安:陕西人民出版社,2005 年版,第 132 页
⑩ 郭沫若:《中国古代社会研究》,北京:人民出版社,1964 年版,第 81 页。

鸟,方食其头。王亥托于有易河伯仆牛,有易杀王亥,取仆牛。"郭璞注引《竹书》云:"殷王子亥宾于有易而淫焉,有易之君绵臣杀而放之。是故殷上甲微假师于河伯以伐有易,灭之,遂杀其君绵臣也。"①

认为有易与有扈系传闻异辞,伐有扈氏的传说在殷代的先人也是有的。所以我们可以说《甘誓》或许就是上甲微伐有扈氏的誓辞。② 郭沫若先生对待传说的理念是正确的,但是认为《甘誓》或许就是上甲微伐有扈氏的誓辞则是值得商榷的。

传说在流传中会发生这样那样的变化,具体到禹伐有扈这一传说上,发生变异的内容主要有:事件的人物,事件发生的原因。下面我们来看禹伐有扈的原因在流传中发生的分歧。

三、伐有扈的原因

夏族和有扈为什么会发生战争,文献有两种截然相反的记述:一种认为有扈是义举,如《淮南子·齐俗》:"昔有扈氏为义而亡。"高注:"有扈,夏启之庶兄也,以尧、舜举贤,禹独与子,故伐启。"③《史记·夏本纪》叙述启即天子之位后,紧接着说"有扈氏不服"④,似是对启即位不服,为本应禅让为王的益打抱不平。一种认为有扈为不恭之举:

　　《逸周书·史记》:"有夏之方兴也,扈氏弱而不恭,身死国亡。"⑤
　　《说苑·政理》:"昔禹与有扈氏战,三陈而不服,禹于是修教一年,而有扈氏请服。"⑥
　　《论衡·恢国》:"夏启有扈叛逆。"⑦

哪种说法切合史实?我们先来看有扈和夏有没有亲族关系?《史记·夏本纪》说:"禹为姒姓,其后分封,用国为姓,故有夏后氏、有扈氏。"⑧有扈氏与

---

①袁珂校注:《山海经校注》,成都:巴蜀书社,1993 年版,第 404～406 页。
②郭沫若:《中国古代社会研究》,北京:人民出版社,1977 年版,第 82 页。
③刘文典:《淮南鸿烈集解》,北京:中华书局,1989 年版,第 357 页。
④[汉]司马迁:《史记》卷二,北京:中华书局,1959 年版,第 84 页。
⑤黄怀信、张懋镕、田旭东:《逸周书汇校集注》,上海:上海古籍出版社,2007 年版,第 952 页。
⑥向宗鲁校证:《说苑校证》,北京:中华书局,1987 年版,第 147 页。
⑦黄晖:《论衡校释》,北京:中华书局,1990 年版,第 824 页。
⑧[汉]司马迁:《史记》卷二,北京:中华书局,1959 年版,第 89 页。

夏似同源，均为姒姓部族。但顾颉刚、童书业《夏史三论》，据《逸周书·史记》，"有夏之方兴也，扈氏弱而不恭，身死国亡"，认为"扈是有夏方兴时的一个不恭的国，与夏都无亲族的关系"。①

《左传·昭公元年》："虞有三苗，夏有观扈，商有姺邳，周有徐奄。"②"夏有观扈"，与"商有姺邳"，"周有徐奄"并列而言，可知观扈确为夏所伐。另《国语·楚语》"启有五观"，韦昭注："《传》曰：'夏有观扈。'"③顾颉刚、童书业《夏史三论》："'扈''五'音近，'五观'当就是'观扈'的倒文。"④据此，扈当是叛乱的异姓诸侯。那它又属于哪一族呢？"扈"可能即少昊氏以鸟名官之"九扈"之一，字亦写作"雇"，即《诗经·商颂》"韦、顾既伐"之"顾"。"观"之本字作"萑"，亦鸟夷之一。杜预注："观国，今顿丘卫县。"是即韦也。⑤ 夏灭有扈是夏人对东夷的征服，在古代为盛传之事。扈和夏没有亲族关系，顾氏的说法是正确的。

下面来看甘、扈的地理位置。《汉书·地理志》云："鄠，古国。有扈谷亭。扈，夏启所伐。"⑥《括地志》云："雍州鄠县，本夏之扈国也。"⑦《史记·夏本纪》集解引马融曰："甘，有扈氏南郊地名。"索隐："夏启所伐，鄠南有甘亭。"正义："《地理志》云鄠县，古扈国，有户亭。"⑧如此，有扈氏故地当在今陕西的户县。但近世学者对此多表示怀疑。王国维说："甘亭扈谷之说，余未敢信。缘卜辞地名中有甘有雇，甘疑即《春秋》甘昭公所封之邑，雇疑即诸侯会于扈之扈，地当在周、郑间。"⑨吕思勉说："谓有扈在鄠县，则恐未然。禹启时兵力，恐尚不及此。甘恐即周时王子带封邑（见《左氏》僖公二十四年），在河南，正有夏之居也。"⑩甘之地理位置，吕思勉从王国维说。对扈在鄠县则持否定，认为禹启在河南，兵力不及陕西鄠县。顾颉刚认为

①顾颉刚、童书业：《夏史三论》，《古史辨》第七册下编，上海：上海古籍出版社，1982 年版，第 205 页。

②[清]阮元校刻：《十三经注疏·春秋左传正义》（清嘉庆刊本），北京：中华书局，2009 年版，第 4388 页。

③徐元诰集解：《国语集解》，北京：中华书局，2002 年版，第 484 页。

④顾颉刚、童书业：《夏史三论》，《古史辨》第七册下编，上海：上海古籍出版社，1982 年版，第 204 页。

⑤顾颉刚：《顾颉刚读书笔记》第九卷，台北：联经出版事业公司，1990 年版，第 7207 页。

⑥[汉]班固：《汉书》卷二十八上，北京：中华书局，1962 年版，第 1547 页。

⑦[唐]李泰等著，贺次君辑校：《括地志辑校》，北京：中华书局，1980 年版，第 24 页。

⑧[汉]司马迁：《史记》卷二，北京：中华书局，1959 年版，第 84 页。

⑨转引自杨筠如：《尚书覈诂》，西安：陕西人民出版社，2005 年版，第 131 页。

⑩吕思勉：《有扈考》，《吕思勉读史札记》（增订本），上海：上海古籍出版社，2005 年版，第 89 页。

"甘"在今河南洛阳西南①。钱穆先生在《史记地名考》中亦认为有扈不在陕西而在今河南原武县西北②。

《水经·甘水》云:"甘水出弘农宜阳县鹿蹄山。"郦道元注云:"山在河南陆浑县故城西北;""甘水东十许里,洛城南有故甘城焉,北对河南故城。"③其地在今洛阳西南。《左传·僖公二十四年》杜预注:"甘昭公,王子带也,食邑于甘。河南县西南,有甘水。"④《山海经·中次四经》:"釐山之首,曰鹿蹄之山,……甘水出焉,而北流注于洛,其中多泠石。"⑤从甘水所出鹿蹄山,所经故城,以及北流注于洛水,可知甘城当在河南洛阳西南。

关于扈的地理位置。王国维因卜辞地名中有"甘"有"雇",遂认为"扈"即卜辞中的"雇",在今河南原阳、原武一带。甘在今河南洛阳西南。夏后氏这一部落联盟的活动区域首先当在较西的陕西以东、山西一带,是逐渐向东发展的。可能在启以前,其活动区域基本在平阳、安邑、晋阳等今山西省境,再东向就达到河南,因而遇到郑州附近的有扈氏的阻挡,有扈部落向西抗击有夏部落,就在洛阳附近的甘水一带作战。⑥ 因此,《淮南子》所谓"有扈氏为义而亡"是没有任何根据的。《逸周书》云"扈氏弱而不恭,身死国亡","弱"是没有问题的,"不恭"则是为夏辩护了,因为利益是战争的直接驱动者,有扈氏阻碍了夏部族的扩张,必然被其所灭。

有扈即东夷部族的"九扈"之一,应该在河南郑州一带。当夏族从晋南进入豫西时,与有扈的势力发生了冲突,遂在甘地今洛阳西南一带发生了战争。为什么陕西会有"扈"与"甘"的记载呢?疑当是夏被商灭亡后,已融合到夏族的有扈部裔随夏族迁徙到陕西时带去的地名。

第四节 禹杀防风

禹杀防风的神话传说,至今仍在民间口头流传着。钟伟今、欧阳习庸

①顾颉刚、刘起釪:《尚书校释译论》第二册,北京:中华书局,2005年版,第868页。李民从其说,见李民:《尚书译注》,上海:上海古籍出版社,2004年版,第89页。
②钱穆:《史记地名考》,北京:商务印书馆,2001年版,第244页。
③陈桥驿校证:《水经注校证》,北京:中华书局,2007年版,第404页。
④[清]阮元校刻:《十三经注疏·春秋左传正义》(清嘉庆刊本),北京:中华书局,2009年版,第3946页。
⑤袁珂校注:《山海经校注》,成都:巴蜀书社,1993年版,第155页。
⑥顾颉刚、刘起釪:《尚书校释译论》第二册,北京:中华书局,2005年版,第866~867页。

主编的《防风氏资料汇编》卷六《口传实录》就是对今天口传防风神话的采录汇集。①作为口传神话，它没有受书写文本的限制，具有情节完整、叙述详尽等特点，但它毕竟经历了长时间的流传，其间必然产生变形或变异。利用这种活态的传承，我们可以与文本文献做对比研究，但要想从中寻出"历史"来则需要特别谨慎。

一、禹杀防风及相关神话传说

禹曾会群神于会稽，防风氏后至，禹便杀之。文献中记载防风氏神话以《国语》为最系统，《鲁语下》载：

> 吴伐越，堕会稽，获骨焉，节专车。吴子使来好聘，且问之仲尼，曰："无以吾命。"宾发币于大夫，及仲尼，仲尼爵之。既彻俎而宴，客执骨而问曰："敢问骨何为大？"仲尼曰："丘闻之：昔禹致群神于会稽之山，防风后至，禹杀而戮之，其骨节专车。此为大矣。"客曰："敢问谁守为神？"仲尼曰："山川之灵，足以纪纲天下者，其守为神；社稷之守者，为公侯。皆属于王者。"客曰："防风何守也？"仲尼曰："汪芒氏之君也，守封嵎之山者也，为漆姓。在虞、夏、商为汪芒氏，于周为长狄，今为大人。"客曰："人长之极几何？"仲尼曰："僬侥氏长三尺，短之至也。长者不过十之，数之极也。"②

这段话为司马迁所用，采入《史记·孔子世家》，亦被《孔子家语·辩物》所录③。《韩非子·饰邪》也有这一传说的简洁记述："禹朝诸侯之君会稽之上，防风之君后至而禹斩之。"④章太炎在《封建考》中对上引《鲁语》这段话

---

① 钟伟今、欧阳习庸主编：《防风氏资料汇编》（增订本），哈尔滨：黑龙江人民出版社，2013年版，第339～407页。

② 徐元诰集解：《国语集解》，北京：中华书局，2002年版，第202～203页。

③ 文句与《国语》稍有出入。《孔子家语·辩物》："吴伐越，堕会稽，获巨骨一节，专车焉。吴子使来聘于鲁，且问之孔子，命使者曰：'无以吾命也。'宾既将事，乃发币于大夫及孔子，孔子爵之。既彻俎而燕，客执骨而问曰：'敢问骨何如为大？'孔子曰：'丘闻之昔禹致群臣于会稽之山，防风后至，禹杀而戮之，其骨专车焉，此为大矣。'客曰：'敢问谁守为神？'孔子曰：'山川之灵，足以纪纲天下者，其守为神。诸侯社稷之守为公侯，山川之祀者为诸侯，皆属于王。'客曰：'防风何守？'孔子曰：'汪芒氏之君，守封嵎山者，为漆姓，在虞夏商为汪芒氏，于周为长翟氏，今曰大人。'"（杨朝明、宋立林：《孔子家语通解》，济南：齐鲁书社，2009年版，第194～195页）

④ ［清］王先慎：《韩非子集解》，北京：中华书局，1998年版，第126页。

有一番论述①,大意是像汪芒氏这样的神守之国在禹时应该很多,这些神守国不设兵卫,不务农战,被兼并摧毁亦是很平常之事。汪芒氏的国力如何,到底设不设兵卫,我们已无从得知。禹能杀而戮之足见禹的权力和威望。

在会稽有关禹的传说,除了禹致群神之外,还有三种:

其一,禹治水于会稽。《越绝书》卷八言禹救水到大越:"上茅山,大会计,爵有德,封有功,更名茅山曰会稽。……因病亡死,葬会稽。"②

其二,禹巡狩会稽,《史记》有记载,《夏本纪》说:"十年,帝禹东巡狩,至于会稽而崩。……或言禹会诸侯江南,计功而崩,因葬焉,命曰会稽。会稽者,会计也。"③《吴越春秋·越王无余外传》记载的最为详细:"(禹)即天子之位。三载考功,五年政定,周行天下,归还大越。登茅山,以朝四方群臣,观示中州,诸侯防风后至,斩以示众,示天下悉属禹也。乃大会计治国之道,内美釜山州镇之功,外演圣德,以应天心。遂更名茅山曰会稽之山。因传国政,休养万民,国号曰夏后。封有功,爵有德。"④《吴越春秋》实际上将《国语》"禹杀防风"和《史记》的禹巡狩综合在了一起。

其三,禹葬会稽的传说,除了上引《越绝书》、《史记·夏本纪》之外,《墨子·节葬下》、《淮南子·齐俗》也都有记载。⑤

会稽的禹传说如此丰富,其来源何在? 是会稽本地产生的呢,还是从外地流传过来的呢?

---

① 章太炎云:"防风,汪芒氏之君,守封嵎之山者也。于周亦有任、宿、须句、颛臾,实祀有济。盖此诸侯,类比者众,不守社稷,而亦不设兵卫。何以知其然也,周时千八百诸侯……故知神国无兵,而曹牢亦不选具。封嵎小山也,禹时尚有守者,然名川三百,合以群望,周之守者亦多矣。《春秋》所见才一百四十余国,自幽、平以上灭宗黜地者虽时有,虑不过十去二三,非十三而亡十二也。以神守之国,营于礿祥,不务农战,亦鲜与公侯好聘,故方策不能具,及其见并,盖亦摧枯拉朽之势已!"见章太炎《封建考》,《章太炎全集》(四),上海:上海人民出版社,1984 年版,第122 页。
② 李步嘉校释:《越绝书校释》,北京:中华书局,2013 年版,第 221 页。
③ [汉]司马迁:《史记》卷二,北京:中华书局,1959 年版,第 83、89 页。
④ 周生春:《吴越春秋辑校汇考》,上海:上海古籍出版社,1997 年版,第 107~108 页。
⑤ 《墨子·节葬下》:"禹东教乎九夷,道死,葬会稽之山;衣衾三领,桐棺三寸,葛以缄之,绞之不合,通之不陷,土地之深,下毋及泉,上毋通臭。既葬,收余壤其上,垄若参耕之亩。"《淮南子·齐俗》:"禹葬会稽之山,农不易其亩。"(高诱注:"禹会群臣于会稽,葬山阴之阳,不烦农人之田亩。")《越绝书》卷八云:"(禹)因病亡死,葬会稽。苇椁桐棺,穿圹七尺;上无漏泄,下无即水;坛高三尺;土阶三等,延袤一亩。……禹知时晏岁暮,年版加申酉,求书其下,祠白马禹井。井者,法也。以为禹葬以法度,不烦人众。"

二、会稽禹传说的来源

对于会稽地理位置，《史记·封禅书》云："禹封泰山，禅会稽。"所以，学者多倾向于山东说，浙江会稽多认为是后起的地名，禹不可能到过今浙江绍兴。钱穆先生可为代表，《吕氏春秋·有始览》："何谓九山？会稽、太山、王屋、首山、太华、岐山、太行、羊肠、孟门。何谓九塞？大汾、冥阨、荆阮、方城、殽、井陉、令疵、句注、居庸。"①钱穆先生对除会稽以外的八座山进行了考证，认为其地理位置皆在黄河两岸：太山即霍太山，在河东霍州；王屋在河东垣县东北；首山在蒲坂之南，河曲之中；太华在弘农华阴县；岐山在河西；太行在河内野王县北；羊肠在太原晋阳县北；孟门即壶口，在河东吉州西。因此钱穆说："然则九山者，其八皆在大河两岸，万不能会稽一山，独在浙江之绍兴。则古人所谓会稽，必别有所指，而非后世浙江绍兴之会稽，断断然矣。"②接着又对九塞进行了考证，认为"自殽以上皆在大河两岸，井陉以下稍远，亦均冀州山。九山、九塞，独会稽僻在南越，决不类。"③又在《史记地名考》卷十九吴越地名中说："会稽山，今浙江绍兴县南。谓大禹登会稽，其事殊不可信。"④

既然早期会稽地望不在浙江，那么，浙江会稽的禹迹又是怎么来的呢？可能有以下几方面原因：

其一，越为禹后说的影响。文献多载越为禹后，如《史记·越王句践世家》："越王句践，其先禹之苗裔，而夏后帝少康之庶子也，封于会稽，以奉守禹之祀。"《吴越春秋》亦言："禹以下六世，而得帝少康，少康恐禹祭之绝祀，乃封其庶子于越，号曰无余。"⑤受此影响，越地肯定会出现关于禹的传说，来宣扬越的久远。

其二，楚民族与夏民族有渊源，楚族的逐渐南迁把夏及禹的传说逐渐南移。在传说中，祝融被认为是楚人的始祖。《史记·楚世家》云："重黎为帝喾高辛居火正，甚有功，能光融天下，帝喾命曰祝融。"⑥祝融最初可能活

---

①许维遹：《吕氏春秋集释》，北京：中华书局，2009 年版，第 278～279 页。
②钱穆：《古史地理论丛》，北京：三联书店，2005 年版，第 21 页。
③钱穆：《古史地理论丛》，北京：三联书店，2005 年版，第 22 页。
④钱穆：《史记地名考》卷十九，台北：三民书局，1984 年版，第 584～585 页。
⑤周生春：《吴越春秋辑校汇考》，上海：上海古籍出版社，1997 年版，第 108 页。
⑥［汉］司马迁：《史记》卷四十，北京：中华书局，1959 年版，第 1689 页。

动在河南嵩山附近,所以,《国语·周语上》载内史过云:"昔夏之兴也,融降于崇山。"韦昭注:"融,祝融也;崇山,崇高山也,夏居阳城,崇高所近。"[①]《左传·昭公十七年》亦云:"郑,祝融之虚也。"[②]所以,祝融一族和夏族当有一定的渊源。顾颉刚先生即说:"从古典文献中搜集资料,也可以看出夏王朝和熊、盈两族关系的深切。祝融族的首一姓是己姓,也即是姒姓,而斟是姒姓明见《世本》(《左传》襄公四年《疏》引),是夏亦祝融族人,一也。《郑语》说'昆吾为夏伯',有如齐桓、晋文之于东周,是夏王朝的主要支持者,二也。夏后相失国,依靠斟观、斟寻而生存,三也。汤灭夏时,先伐韦、顾,继伐昆吾,可见韦、顾、昆吾诸己姓国家都是卫护夏政权的主要力量,四也。这四端,都是夏和祝融族的关系。"[③]而祝融八姓的最初位置,据徐旭生先生《中国古史的传说时代》考察,大部分都在河南、山东一带。王玉哲先生《楚族故地及其迁移路线》一文认为,在商末时,楚族开始东迁至江苏北部,到周初时,又南迁至江苏安徽间的大江流域,至周夷王时,开始沿长江西上,停留于江汉之间。所以,"夏禹的故事,可能随楚越民族的迁徙,而越传越远。凡楚越民族停趾之地,都可能有夏故事的流传"[④]。

其三,夏人一部分南迁,带去了禹的传说及地名。钱穆曾说:"盖古人迁徙无常,一族之人,散而之四方,则每以其故居移而名其新邑,而其一族相传之故事,亦随其族人足迹所到,而递播以递远焉。"[⑤]钱先生的这段话可以更好地帮助我们了解民族迁徙对于传说的深远影响。杨向奎先生即提出因为夏族部分人曾向南迁移到浙江,所以本来在山东的会稽也会迁到浙江,这样大禹杀防风氏的故事也就随之南下[⑥]。

禹杀防风氏的传说,充分说明禹俨然已成为当时部落联盟的盟主,而且具有生杀之权,夏部族的势力已经非常强大。纬书《河图括地象》有一段文字记载了禹杀防风夏后德盛的传说:

① 徐元诰集解:《国语集解》,北京:中华书局,2002年版,第29页。
② [清]阮元校刻:《十三经注疏·春秋左传正义》(清嘉庆刊本),北京:中华书局,2009年版,第4527页。
③ 顾颉刚:《鸟夷族的图腾崇拜及其氏族集团的兴亡——周公东征史事考证四之七》,《古史考》第六册,海口:海南出版社,2003年版,第109页。
④ 王玉哲:《楚族故地及其迁移路线》,《古史集林》,北京:中华书局,2002年版,第281页。原载《殷都学刊》1995年第1期。关于楚民族的来源,胡厚宣先生则有《楚民族源于东方考》。
⑤ 钱穆:《周初地理考》,《古史地理论丛》,北京:三联书店,2005年版,第8页。
⑥ 杨向奎:《夏本纪及越王勾践世家地理考实》,《禹贡》1935年3卷1期。

> 禹诛防风氏，夏后德盛，二龙降之。禹使范氏御之以行，经南方。防风神见禹，怒射之。有迅雷，二龙升去。神惧，以刃自贯其心而死。禹哀之，瘗以不死草，皆生，是名穿胸国。①（《艺文类聚》卷九十六引）

禹杀防风氏，夏后德盛，有二龙降下来为之驱使，虽有神话色彩，但也说明了夏的强势；又说防风氏怒射禹，禹不仅没有怪罪，反而用不死草疗治，像是一位有德的君王。这段文字以神话的形式反映了禹的权力的强大。这是一种历史的进步，标志着中国古代文明的进一步发展。

以上我们对大禹的征伐传说作了论述，禹通过战争增强了自己的权势，已经具有号令征伐，收取贡赋，终身任职等凌驾于普通民众之上的权力，后来又传位于启。这些都说明禹后期所领导的夏部族已经初步具备了早期国家的特点，更推动了中国早期文明的发展进程。

---

① 〔日〕安居香山、中村璋八辑：《纬书集成》，石家庄：河北人民出版社，1994 年版，第 1093 页。《山海经·海外南经》有"贯匈（胸）国"，只言"其为人匈（胸）有窍"，未说明其来源。《河图括地象》以禹和防风氏的神话形式对此作了解说。穿胸国神话为《博物志·外国》采用，文字大体相同，只是这里作"防风神见禹，怒射之"，《博物志》作"防风氏之二臣……见禹使，怒而射之"。

第五章　夏族"图腾"的文化阐释

上古神话传说是一种文化记忆,其中的文化编码有待解读和还原,但在解读和还原的过程中,我们不能全盘照搬西方的理论,如图腾理论,它未必就符合中国的文化特质,更何况"图腾"本身即是一个假设。在生产力不发达的原始社会,原始先民是大自然中的一分子,和大自然同生共栖,在与自然万物接触的时候,或据以为食,或用以为工具;在感情上或喜欢,或厌恶,或畏惧,或亲近。因此就会主观地对不同的动植物赋予不同的象征和隐喻。

因此,对于上古神话传说中的神异现象,应该重在阐述其中的文化意蕴,追溯其何时进入中国传统文化的源头,阐释它们被先民们赋予了什么样的文化因素——神话想象、信仰意义还是宗教价值等等,并梳理发展演变的历史脉络。在这个意义上,去争论某一动物或植物是否为图腾已经没有价值。当然,"准确的辨识神话和仪式中提到的每种动植物、石头、天体或自然现象这样复杂的工作,远非人种志学者力所能及。我们还必须知道每一文化在其自己的指意系统中赋予每种东西什么作用"[1]。追溯这种文化指意确实有一定的困难,但只有这样的研究才更有意义。

第一节　夏族图腾诸说

中国学界借用图腾说对中国上古文化作了很多的研究工作,但也出现了古史研究中的"泛图腾现象"[2]。比如丁山先生就从卜辞中辨认出两百以上的氏族来,并认为各有其不同的"图腾"。[3] 20 世纪 80 年代以来更是有不少学者用"图腾"去阐释古史中的一些文化现象。对此有些学者已经

---

[1]〔法〕列维-斯特劳斯:《野性的思维》,李幼蒸译,北京:商务印书馆,1987 年版,第 64 页。
[2] 常金仓:《古史研究中的泛图腾论》,《陕西师范大学学报》(哲学社会科学版)1999 年第 3 期,第 36~46 页。
[3] 丁山:《甲骨文所见氏族及其制度》,北京:科学出版社,1956 年版,第 32 页。

表示了忧虑,对夏族的图腾我们更要谨慎,因为夏朝已经不是图腾信仰的繁盛时代。

　　研究夏族图腾当用发展变化的视角去看待,一般认为图腾文化产生于旧石器时代中期,旧石器时代晚期比较繁盛,新石器时代便趋于衰退。在夏族的早期阶段,可能存在图腾信仰问题,但是随着社会的发展,文明的进步,图腾信仰会逐渐淡化,至少在夏朝建立前期——夏禹时期应该已经不明显。因为此时中国即将迈入文明时代,农业、畜牧业已经成熟,人们已经脱离了蒙昧无知的时期。而有学者却认为"夏部族的图腾标志始于大禹","自夏王朝建立后,夏族才具有自己的图腾名号的"①。这样的论说恐怕值得商榷。

　　据文献记载,夏族与许多动植物都有神圣的关系。夏人的图腾也一直有龙说、熊说、薏苡说等②。卫聚贤还持鱼图腾说。③ 于省吾认为薏苡和石都是夏族的图腾。④ 杨向奎先生则认为夏以玄鼋为图腾,而周以天鼋为图腾。"玄"与"天"古可通用。黄帝号轩辕,轩辕即"天鼋"或"玄鼋"。⑤ 王晖亦认为龟鼋为黄帝部落及其夏人周人的崇拜图腾。⑥

　　由此可见,学者在论到夏族的动植物崇拜时有泛图腾化的倾向,只要夏族和某一动物和植物有一点联系,便遽然下结论为夏族的图腾。夏族图腾有那么丰富吗?上古人民的信仰果真如此吗?恐怕未必。如果非要把这些动植物当作图腾的话,我们认为这些所谓的夏族"图腾"可能与夏人的迁徙有关。随着夏人族群的迁移,夏民族的文化逐渐和当地文化融合,在这一复杂的融合过程中,被本地化了的夏民族后裔在记载本民族的历史时,有可能会发生文化的错位,即把当地的文化或民族记忆当成自己先辈的历史,传给后世。即便这种文化错位发生的几率不大,产生的影响有限,但随着该地的"图腾"崇拜、祖先传说逐渐被夏族后人接受,该地的文化也

①蔡运章:《绿松石龙图案与夏部族的图腾崇拜》,杜金鹏、许宏主编:《二里头遗址与二里头文化研究》,北京:科学出版社,2006年版,第138页。

②何星亮先生论到夏族图腾时,则不偏不倚,一以概之地说"……大概其中一种是民族图腾,其他则为氏族、胞族、部落或家族图腾。"见何星亮《中国图腾文化》,北京:中国社会科学出版社,1992年版,第340页。

③卫聚贤:《古史研究》第3集,上海:商务印书馆,1937年版,第251页。

④于省吾:《略论图腾与宗教起源和夏商图腾》,《历史研究》1959年第11期,第64页。

⑤杨向奎:《宗周社会与礼乐文明·氏族篇》,北京:人民出版社,1992年版,第18～25页。

⑥王晖:《商周文化的比较研究》,北京:人民出版社,2000年版,第86页。

有可能被夏人当作自己祖辈的文化。这样就造成了族群文化的大混融。

鉴别某种动植物是不是该氏族的图腾,首先要看它是否是图腾时代的产物,另外要看它是否符合图腾的若干特点。宋兆麟先生曾归纳出图腾的四点特征[①]:第一,每个氏族都有自己的图腾,这个图腾的名称后来演变为姓;第二,本氏族为该图腾所生,两者有一定的血缘关系,并且创造不少图腾神话;第三,对本氏族的图腾有一套祭祀活动;第四,每个氏族对自己的图腾有若干禁忌,如禁说图腾名字、禁杀、禁食,甚至触摸图腾。综合以上四点特征,对于图腾我们要把握住最基本的两点,一是它要与本氏族的祖先在血缘上有直接关系;一是这个动植物必须是神圣的,是宗教崇拜的对象。如果用图腾的特征来识别和鉴定夏族所谓的"图腾"的话,以上关于夏族图腾诸说都是很难立得住脚的。因此,我们不太主张用"图腾"来界说和夏族有关系的动植物,而更愿意去用文化或人类学的知识去阐释它。这也是我们本章的标题上"图腾"为什么加引号的一个原因。

第二节　夏族的熊崇拜

从黄帝到禹都有与熊有关系的神圣叙事,记载这些叙事的文本的产生年代大约在春秋战国时期;而二里头文化铜牌饰多有熊的形象,那么熊的神圣性可以通过图像追溯到二里头文化时代。与图像叙事相比,关于熊的文字记载比较晚,这是书写的遮蔽。因此,我们从图像叙事的角度,对夏代有关"熊"文化进行透视描述。

一、神熊形象:从图像叙事到文本叙事

二里头文化遗址出土的铜牌饰,以其精美的镶嵌绿松石工艺而闻名于世,还有铜牌饰上的动物纹也很惹人注目,一般称其为饕餮纹。这种铜牌饰据王青《神秘的夏代遗宝:镶嵌铜牌饰》[②]介绍,除去三星堆遗址出土的三件大约有 13 件左右,其中三件是在二里头遗址出土,其余大多藏在国外博物馆。

[①]宋兆麟:《漫谈图腾崇拜》,《文史知识》1986 年第 5 期,第 89～90 页。
[②]王青:《神秘的夏代遗宝:镶嵌铜牌饰》,《寻根》2005 年第 2 期。本节对该文多有参考。

二里头遗址出土的三件铜牌饰为：第一件是
1981 年在河南偃师二里头遗址圪垱头村西北编号
为 M4 的墓葬中出土。该铜饰长 14.2 厘米、宽 9.8
厘米。青铜衬底，略呈弧角长方形，表面凸起，两侧
有四个系钮，用以固定在衣物上。牌饰是由绿松石
小片镶嵌而成，这些绿松石形态各异，多达数百块。
位置在墓主的胸前略偏左的地方。

图 5—1

1981 年二里头遗址出土

第二件为 1984 年二里头村南出土，二里头四期
11 号墓，长 16.5、宽 11 厘米。（照片见《考古》1986
年第 1 期图版柒）其位置也在墓主的胸前。

第三件为 1987 年二里头遗址 VI 区 57 号墓，二里头四期，长 15.9，宽
8.9 厘米（照片见《考古》1992 年第 4 期图版壹）。内部纹饰与上两件差别
较大，冠部为鳞甲纹，圆形眼，弯月眉，眼以下有明显表现鼻和须的纹饰。

图 5—2　　1984 年二里头遗址出土　　　图 5—3　　1987 年二里头遗址出土

下面我们主要探讨这些铜牌饰的图案。

李学勤先生《论二里头文化的饕餮纹铜饰》一文，对其中 10 件铜牌饰
做了介绍，并对照龙山文化遗物中的纹饰，和二里头陶片、玉器纹饰，认为
二里头文化铜饰的花纹是龙山和商代饕餮纹的中间链环。李先生说 1984
年出土的一件，以及和它时期相同或接近的各件（1987 年出土的一件除
外）图案当是龙的形象。① 自此观点一出，不少学者纷纷撰文支持，如朱乃

① 李学勤：《走出疑古时代》（修订本），沈阳：辽宁大学出版社，1997 年版，第 149～152 页。

诚《二里头文化"龙"遗存研究》①即认为铜牌饰图案是龙形象。

关于图 5—1 铜牌饰的图案,叶舒宪识为鸱鸮(猫头鹰)②;图 5—2,陆思贤③、叶舒宪识为熊。图 5—3,叶舒宪识为虎。关于第一件和第三件的识别还有不同的意见,但第二件解读为熊图案应该问题不大。

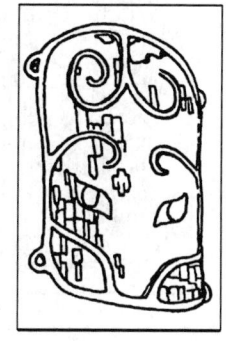

在所有现在能见到的十多件铜牌饰中,与图 5—2熊图案相似的铜牌饰竟达七件之多,主要有:甘肃天水博物馆藏铜饰,长 15 厘米,宽 10 厘米,轮廓纹饰与二里头 1984 年出土的极为相似,唯冠部有一对长角羊首纹④。美国哈佛大学赛克勒博物馆(Arthur M.Sackler Museum)收藏的 3 件铜牌饰,第 1 件长 17.2 厘米,宽

图 5—4
天水博物馆藏铜牌饰

11.3 厘米。第 2 件长 15.9 厘米,宽 9.8 厘米。第 3 件长达 26.6 厘米,顶部有一圭首形突起,镶嵌的绿松石片细密碎小,是目前所见铜牌饰中最为特殊的一件。

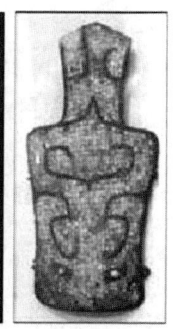

图 5—5　美国哈佛大学赛克勒博物馆藏三件铜牌饰

再有美国檀香山艺术学院所藏的一件镶嵌铜牌饰,长 16.5 厘米,宽8.6 厘米,冠部有高耸的凤羽纹⑤。1991 年,在英国伦敦展出了一件镶嵌铜

①朱乃诚:《二里头文化"龙"遗存研究》,《中原文物》2006 年第 4 期。
②叶舒宪:《二里头铜牌饰与夏代神话研究——再论"第四重证据"》,《民族艺术》2008 年第 4 期。
③陆思贤:《二里头遗址出土饰牌纹శ解读》,《中原文物》2003 年第 3 期。
④张天恩:《天水出土的兽面铜牌饰及相关问题》,《中原文物》2002 年第 2 期。
⑤朱仁星:《遗珍略影——檀香山艺术学院收藏中国文物选介》,《故宫文物月刊》1992 年第 5 期。

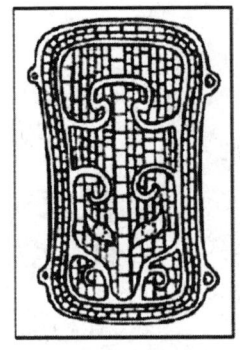 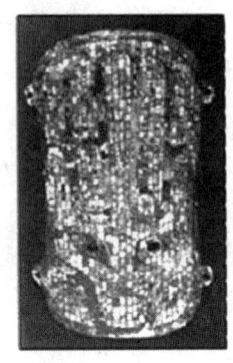 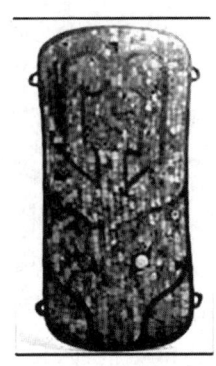

图5—6　英国伦敦展出铜饰　图5—7　美国檀香山艺术学院藏　图5—8　纽约展出铜饰

牌饰,长15厘米,形制与纹饰与1984年出土品相似①。1999年春,美国纽约又展出一件镶嵌铜牌饰,长14.8厘米,形制纹饰与1981年二里头出土品类似。赵殿增先生认为这些有着相似纹饰的铜牌饰:"根据有准确出土情况的铜牌可知,此式铜牌盛行于二里头文化四期,其特点是在典型的兽面纹上增加了装饰性的单线云纹图案,绿松石竖排,满嵌。从数量和形态看,此式可能是铜牌最流行时期的一种标准式样。"②

这些有着相似形制与纹饰的熊图案铜饰,不仅是沿用了一种艺术传统,而且是传承了信仰和神话,夏人对熊确实有着特殊的信仰传承,文献中即有关于鲧禹化熊的记载:

> 《国语·晋语八》:"昔者鲧违帝命,殛之于羽山,化为黄熊,以入于羽渊。"韦昭注:"羽山之渊,鲧既死而神化也。"③

> 《左传·昭公七年》:"昔尧殛鲧于羽山,其神化为黄熊,以入于羽渊,实为夏郊,三代祀之。"④

> 《楚辞·天问》:"化为黄熊,巫何活焉?"⑤

---

①后来收入李学勤和艾兰共同主编的《欧洲所藏中国青铜器遗珠》,北京:文物出版社,1995年版。

②赵殿增:《三星堆与二里头铜牌饰研究》,《殷商文明暨纪念三星堆遗址发现七十周年国际学术研讨会论文集》,北京:社会科学文献出版社,2003年版,第126页。

③徐元诰集解:《国语集解》,北京:中华书局,2002年版,第437页。

④[清]阮元校刻:《十三经注疏·春秋左传正义》(清嘉庆刊本),北京:中华书局,2009年版,第4450页。

⑤[宋]洪兴祖:《楚辞补注》,北京:中华书局,1983年版,第100页。王逸注云:"言鲧死后化为黄熊,入于羽渊,岂巫医所能复生活也?"

　　《淮南子》佚文："禹治鸿水,通轘辕山,化为熊。"①(《汉书·武帝纪》颜师古注引)

　　郭璞《山海经注》引《开筮》："鲧死三岁不腐,剖之以吴刀,化为黄龙。"②

图腾主义者认为鲧死后化熊是回归自己的图腾,当然这种图腾主义者有一个预设,即熊是夏族的图腾。而我们更提倡从信仰传承的角度去看待熊文化。

　　在夏之前的黄帝亦有与熊有关的传说。《今本竹书纪年》称(黄帝)"居有熊"③。《史记·五帝本纪》:"轩辕乃修德振兵,教熊罴貔貅貙虎,以与炎帝战于阪泉之野。"④《白虎通义·号篇》:"黄帝有天下,号曰有熊。"⑤黄帝和熊的渊源由此可知。还有伏羲号黄熊的记述,《帝王世纪》:"帝庖牺氏,风姓也。母曰华胥,燧人之世,有大人之迹出于雷泽之中,华胥履之,生庖牺于成纪,蛇身人首,有圣德,为百王先。帝出于震,未有所因,故位在东主春,象日之明,是以称大皞,一号黄熊氏。"(《礼记·月令》正义引)⑥黄帝号"有熊"与鲧禹化熊,按照图腾主义者的观点,黄帝和禹都是熊图腾,应该在族源上有一定的关系。⑦ 我们认为不能仅以与熊有关,就断定二者在族源上有关系,譬如商人与玄鸟有关,难道所有与鸟有关的民族都要和商人拉上关系吗,据现在出土的遗迹,或者遗物上的图案,从东北到东南,再到西

---

①《绎史》卷十二引《随巢子》亦云:"禹娶涂山,治鸿水,通轘辕山,化为熊。"

②《初学记》卷二十二引《归藏》云"大副之吴刀,是用出禹"和郭注所述相似。袁珂《山海经校注》云:"郭注黄龙,藏经本作黄能。"是"黄龙"疑为"黄能"之误。

③王国维:《今本竹书纪年疏证》,载方诗铭、王修龄《古本竹书纪年辑证》(修订本),上海:上海古籍出版社,2006 年版,第 203 页。

④[汉]司马迁:《史记》卷一,北京:中华书局,1959 年版,第 4 页。《列子·黄帝篇》:"黄帝与炎帝战于阪泉之野,帅熊、罴、狼、豹、貙、虎……"与《史记》记载相同。

⑤[清]陈立:《白虎通疏证》,北京:中华书局,1994 年版,第 60 页。相关记载又见《史记·五帝本纪》"黄帝者,少典之子,姓公孙,名轩辕",又云:"故黄帝为有熊。"《集解》引谯周曰:"黄帝,有熊国君少典之子也。"引皇甫谧曰:"有熊,今河南新郑是也。"引徐广曰:"号有熊。"另《帝王世纪》:"黄帝有熊氏,少典之子,姬姓,生寿丘。长于姬水,龙颜,有圣德,受国于有熊,居轩辕之丘,故因以为号。"(《艺文类聚》卷十一引)又《括地志》云:"郑州新郑县,本有熊氏之墟也。"

⑥徐宗元辑:《帝王世纪辑存》,北京:中华书局,1964 年版,第 3 页。

⑦也有学者提出周人亦以熊为图腾。孙作云《周先祖以熊为图腾考》说:"我以为黄帝号'有熊氏',即黄帝之族以熊为图腾。""从种种方面证明:这'大人之迹'就是熊迹,姜嫄履大人之迹而生子,就是履熊迹而生子,周人以熊为图腾。"见孙作云《〈诗经〉研究》,开封:河南大学出版社,2003 年版,第 93~94 页。

南都有关于鸟的形象,但东南、西南这些地方的人民与商族在血缘上是没有多少关系的。[①] 因此,还是应该从先民们对某种动植物的共同信仰去解释这种现象。无论是熊还是鸟,都是当时大自然中人民随处可见的动物,当这些动物被人民赋予一定的象征意义时,它们便开始通过一定的载体,或神话,或传说,或服饰等,承载相应的文化内涵。

二、"熊"的隐喻意象

在原始思维中人与自然是如何发生联系的,马林诺夫斯基曾对特罗布里恩群岛土著居民做过调查,他们在庆祝或祭祀活动时伴有神话故事和巫术仪式。卡西尔对这样的祭祀活动有感而发:"在这样的庆祝活动中的、跳着巫术舞蹈的人们,是彼此溶为一体并且与自然中的一切事物都溶为一体的。他们不是孤立的;他们的欢乐是被整个自然感觉到并且被他们的祖先分享的。空间与时间突然消失了;过去变为现在,人类的黄金时代回来了。"[②]因此,在原始先民的意识中,他们深信在人和自然之间有一种可以把一切事物统一起来的共同纽带——"整体的交感"。人和自然,人和自然界的万事万物可以超越个体而存在。

熊为什么受到人们的崇拜?叶舒宪认为:"北方地区的熊所特有的季节性活动规则,尤其是冬眠的习性,更加容易给初民造成一种能够死而复活的印象,于是熊就在史前信仰之中成为代表生死相互转化观的一个神奇标本,成为被崇拜的神秘和神圣对象。"[③]熊是否为图腾,我们暂且不论。但有一点是必须肯定,即熊作为一种意象在中华民族的早期信仰传承中是

---

①关于玄鸟传说,可参看饶宗颐:《〈诗〉与古史——从新出土楚简谈玄鸟传说与早期殷史》,《饶宗颐新出土文献论证》,上海:上海古籍出版社,2005 年版。

②〔德〕恩斯特·卡西尔:《人论》,甘阳译,上海:上海译文出版社,2004 年版,第 133 页。

③叶舒宪:《狼图腾,还是熊图腾——关于中华祖先图腾的辨析与反思》,《长江大学学报》(社会科学版)2006 年第 4 期,第 18 页。叶舒宪先生对"熊图腾"有专门的研究,曾发表一系列论文,后来还著有专书《熊图腾》,提出中华民族先民崇拜熊图腾,龙与熊有着直接的关系,龙的身上体现出熊的特征,熊龙一体,用熊图腾说可以解释龙的起源。对于叶舒宪先生的熊图腾说,学界多有不同的声音,如刘庆柱先生即指出,熊图腾学说在当前的考古体系中尚缺乏实证,甚至图腾崇拜学说本身也是西方对史前世界的一个假设。对于熊与龙的关系,刘庆柱也有不同的见解:"有些部落确实以熊为图腾,但那能作为中华民族的图腾吗?""既然以熊为图腾,熊是最高尚的,那怎么解释龙的地位呢?"见《"熊图腾说"证据不充分》,《江南时报》2006 年 8 月 15 日,第 8 版。

占有一定地位的。[①]

　　神话式的思维和隐喻式的思维是古人常见的思维方式,《诗经·小雅·斯干》:"吉梦维何？维熊维罴,维虺维蛇。大人占之:维熊维罴,男子之祥;维虺维蛇,女子之祥。"郑笺云:"熊罴在山,阳之祥也,故为生男;虺蛇穴处,阴之祥也,故为生女。"[②]郑玄用熊罴代表男性,用蛇虺代表女性,就是一种隐喻式的思维活动。上博简《容成氏》中的"熊旗"也是一种隐喻和象征。《容成氏》第19至21支简,在叙述完禹听政三年后,云:"四海之内及,四海之外皆请贡。禹然后始为之号旗,以辨其左右,思民毋惑。东方之旗以日,西方之旗以月,南方之旗以蛇,中正之旗以熊,北方之旗以鸟。"[③]禹为了辨其左右,于东、西、南、北、中五方制定了号旗。值得注意的是,中正之旗以熊,熊的形象成了旗帜的图案。有人遂以此为证,说熊成了禹的旗帜的图案,熊肯定是禹的图腾。其实"熊旗"只是取其象征之意,而非为图腾标示。如今天中国的国旗为五星红旗,即有其内在的象征含义。

　　《容成氏》五方之旗上的物名,《周礼》有相关记载,《春官·司常》云:"司常掌九旗之物名,各有属,以待国事。日月为常,交龙为旂,通帛为旜,杂帛为物,熊虎为旗,鸟隼为旟,龟蛇为旐,全羽为旞,析羽为旌。"郑注云:"物名者,所画异物则异名也。属,谓徽识也,《大传》谓之徽号。"[④]是说九种旗帜上各有自己的徽识。《春官·司常》下文续言:

　　　　及国之大阅,赞司马颂旗物:王建大常,诸侯建旂,孤卿建旜,大夫士建物,师都建旗,州里建旟,县鄙建旐,道车载旞,斿车载旌,皆画其象焉,官府各象其事,州里各象其名,家各象其号。[⑤]

此段文字是说九种旗帜分属于不同的阶层使用,而且使用的时间是"国之大阅",这与《容成氏》中禹制旗的动因有相似之处——即"四海之内及,四海之外皆请贡"之时。四海内外皆来请贡,如此规模,如此庞杂,为了分辨

①叶舒宪先生对此亦多有论述,如《大禹的熊旗解谜》一文(《民族艺术》2008年第1期)即多从文献记载和传统文化观念入手解说熊旗的象征意蕴,本节多有参考,除引用原文外,不再一一注释。

②[清]阮元校刻:《十三经注疏·毛诗正义》(清嘉庆刊本),北京:中华书局,2009年版,第937页。

③马承源主编:《上海博物馆藏战国楚竹书》(二),上海:上海古籍出版社,2002年版,第264～266页。

④[清]阮元校刻:《十三经注疏·周礼正义》(清嘉庆刊本),北京:中华书局,2009年版,第1783页。

⑤[清]阮元校刻:《十三经注疏·周礼正义》(清嘉庆刊本),北京:中华书局,2009年版,第1784页。

清楚,确实需要给以标示,加以识别。所以禹"然后始为之号旗,以辨其左右,思民毋惑"。旗帜上的日月、熊虎等物表达的又是什么意思呢? 郑玄给予了解释:

> 画熊虎者,乡遂出军赋,象其守猛,莫敢犯也。州里县鄙,乡遂之官,互约言之。鸟隼,象其勇捷也。龟蛇,象其扞难辟害也。道车,象路也。王以朝夕燕出入。斿车,木路也。王以田以鄙。全羽析羽五色,象其文德也。[①]

郑玄说得很明白,"象其守猛"、"象其勇捷"、"象其文德"等等,旗帜上的物象,皆取其象征义也。至于郑玄所述的象征义是否完全合乎历史真相姑且不论,起码在汉人的眼里,旗上的动物根本不是区别种族的标志,更不用谈所谓的"图腾"了。

上文我们提到的二里头出土铜牌饰,它们出土的位置其中两件位于胸前,一件在体侧,估计本来也在胸前,因故而滑落体侧。牌饰两侧各有系钮,应该是用来固定在衣物上的穿孔,所以,铜牌饰可能是一种饰件。问题是铜牌饰为什么会放在胸前呢? 在上古人们的知识视野里,心是人的主要器官,所思所想都在心;人死后心更是人的灵魂所在。在灵魂所在的地方放置一个凶猛怪兽的图像,可能是为了守护死后人的灵魂。因为熊是勇猛力量的象征,《太平御览》卷九百零八引《孝经援神契》说"赤熊见则奸宄自远"[②],所以熊便成了铜牌饰上的图案。这与《左传·宣公三年》王孙满所言铸鼎象物"使民知神奸","螭魅魍魉,莫能逢之"所要达到的功效应该是一样的。

三、物物相生的神话哲学理念

《淮南子》和《随巢子》言禹为了治鸿水,通轘辕山,化为熊。这一化熊的神话,其实没有太多的奥妙在里面。它只是人们对大禹这一治水英雄加注了一点神奇色彩而已。试想,大禹能把洪水治好,必然是不平凡的人,而熊这一动物,又是勇猛和力量的化身。当禹为了打通轘辕山时,化为熊,是先民们合理的想象和虚构。但是这种想象和虚构又不是凭空而来,不是灵

①[清]阮元校刻:《十三经注疏·周礼正义》(清嘉庆刊本),北京:中华书局,2009年版,第1784页。
②[宋]李昉等编:《太平御览》(第八册),石家庄:河北教育出版社,1994年版,第252页。

机一动而想出来的,它体现了物物相生、以形禅变、生命一体化的原始哲学理念。① 因此,鲧化熊入于羽渊的神话,同样不能把它解释成鲧族以水中动物为图腾。

《庄子·逍遥游》云:"北冥有鱼,其名为鲲。鲲之大,不知其几千里也。化而为鸟,其名为鹏。"②描述的鲲鹏神话,反映的正是鱼变成鸟这种物物相生的神话理念。《庄子·至乐》篇有一段话,专门论述了物物之间的禅变:

> 种有几? 得水则为继,得水土之际则为鼃蠙之衣,生于陵屯则为陵舄,陵舄得郁栖则为乌足。乌足之根为蛴螬,其叶为胡蝶。胡蝶胥也化而为虫,生于灶下,其状若脱,其名为鸲掇。鸲掇千日化而为鸟,其名为干余骨。干余骨之沫为斯弥,斯弥为食醯。颐辂生乎食醯,黄軦生乎九猷,瞀芮生乎腐蠸。羊奚比乎不箰,久竹生青宁,青宁生程,程生马,马生人,人又反入于机。万物皆出于机,皆入于机。③

万物都从自然中来,又回归自然。这是战国时人对物种演变、万物与自然关系的一种看法,而这种观念更是渊源有自。《山海经》中就有不少物物之间的变形神话。

人变为动物的神话:《北山经·北次三经》:"又北二百里,曰发鸠之山,其上多柘木。有鸟焉,其状如乌,文首、白喙、赤足,名曰精卫,其鸣自詨。是炎帝之少女名曰女娃,女娃游于东海,溺而不返,故为精卫,常衔西山之木石,以堙于东海。"④

人变为植物的神话:《中山经·中次七经》:"又东二百里,曰姑媱之山,帝女死焉,其名曰女尸,化为䔄草。其叶胥成,其华黄,其实如菟丘,服之媚人。"⑤

蛇化为鱼以及人死复生的神话:《大荒西经》:"有鱼偏枯,名曰鱼妇。

---

① 参看李炳海《中国古代神话演变的基本趋势》,《延边大学学报》(社会科学版)2003 年第 1 期,第 89 页。

② [清]郭庆藩:《庄子集释》,北京:中华书局,2012 年版,第 2 页。

③ [清]郭庆藩:《庄子集释》,北京:中华书局,2012 年版,第 624 页。

④ 袁珂校注:《山海经校注》,成都:巴蜀书社,1993 年版,第 111 页。《述异记》云:"昔炎帝女溺死东海中,化为精卫。偶海燕而生子,生雌状如精卫,生雄如海燕。今东海精卫誓水处,曾溺此川,誓不饮其水。一名誓鸟,一名禽,又名志鸟,俗呼帝女雀。"当为"精卫填海"神话的变异。

⑤ 袁珂校注:《山海经校注》,成都:巴蜀书社,1993 年版,第 171 页。

颛顼死即复苏。风道北来,天乃大水泉,蛇乃化为鱼,是为鱼妇。颛顼死即复苏。"①

　　诸如此类的变形神话还有很多。变形神话产生的动因是原始先民认为生命在物与物之间可以转化,进而实现生命的延续或再生。正如卡西尔所说:"他们的生命观是综合的,不是分析性。……它被看成是一个不中断的连续整体,……各不同领域间的界限并不是不可逾越的栅栏,而是流动不定的。在不同的生命领域之间绝没有特别的差异。没有什么东西具有一种限定不变的静止形态:由于一种突如其来的变形,一切事物都可以转化为一切事物。"②而支配这一切的法则,就是卡西尔所谓的"变形法则"。另外,从原始人的思维角度去考虑,他们不会像今天的我们理性地去看待人是不会变为熊的,在我们眼里,人是人、熊是熊。但是,"在原始人的思维的集体表象中,客体、存在物、现象能够以我们不可思议的方式同时是它们自身,又是其他什么东西"③。这种"互渗"现象表现在中国很多的神话传说中,《山海经》中所描述的大量人兽合体形象就是鲜明例子。

第三节　"神显"薏苡的象征解读

　　西方著名宗教史家米尔恰·伊利亚德(Mircea Eliade)在其《神圣与世俗》及《神圣的存在——比较宗教的范型》等宗教学著作中对"神圣"(the Sacred)和"神显"(显圣物 hierophany)作了独到的阐释,认为"神圣"是在各种宗教现象中都存在的一个不可化约的因素,而"神显"就是"神圣向我们自己显示出他自己"。进而指出澳大利亚土著的图腾、原始民族的入会礼、西伯利亚萨满仪式的服饰和舞蹈、许多地方发现的圣石、大女神的神话和仪式等各种现象都必须被视为一个神显,因为它通过某种方式表达了神圣在历史上的某个瞬间所表现出来的某种模态,是人类诸多神圣经验中的某一种。因此,作为特定的神显,其意义在于:其一,它揭示了神圣的某种

---

① 袁珂校注:《山海经校注》,成都:巴蜀书社,1993 年版,第 476 页。《淮南子·地形》:"后稷垅在建木西,其人死复苏,其半鱼在其间。"与此属同一类神话。
②〔德〕恩斯特·卡西尔:《人论》,甘阳译,上海:上海译文出版社,2004 年版,第 113~114 页。
③〔法〕列维-布留尔:《原始思维》,丁由译,北京:商务印书馆,1981 年版,第 70 页。

模态;其二,它是一个历史事件,揭示了当时人对神圣的态度。[1]"神显"的形式多种多样,既可以是自然事物,如树木、石头、雷雨,甚至整个人类或宇宙,也可以是基督教那样的道成肉身。

中国古代文献曾记载有大禹的母亲修己吞食薏苡而怀孕的传说,有学者据此认为薏苡是夏族的图腾。卡西尔说:"人是某种植物变种的后裔、以及人变植物和植物变人,这是普遍流行的神话和神话传说的重复主题。"[2]在这样一种背景意义下,我们可以通过伊利亚德关于"神显"的理论分析一下"薏苡"这一植物的象征性。

一、所谓的"图腾"薏苡

关于禹的出生,有一种说法是禹母修己吞薏苡而感生。如《帝王世纪》云:"修己山行,见流星贯昴,梦接意感,又吞神珠薏苡,胸坼而生禹。"[3]《论衡·奇怪篇》亦载:"禹母吞薏苡而生禹,故夏姓曰姒。"[4]《吴越春秋·越王无余外传》云:"鲧娶于有莘氏之女,名曰女嬉,年壮未孳,嬉于砥山,得薏苡而吞之,意若为人所感,因而妊孕,剖胁而产高密。"[5]《今本竹书纪年》称帝禹夏后氏,"母曰修己,出行,见流星贯昴,梦接意感,既而吞神珠"[6]《本草纲目·谷部》言薏苡"(又名)赣珠、薏珠子……",所以薏苡的种子又可称神珠。新发现上博简《子羔篇》亦有"女也,观于伊而得之,娠三年而画于背而生,生而能言,是禹也。"[7],"得"的东西亦有可能是感生物薏苡。而《白虎通·姓名篇》说"禹姓姒氏,祖昌意以薏苡生"[8],则可能是传说的分化讹变。

---

① 〔美〕米尔恰·伊利亚德:《神圣的存在——比较宗教的范型》,晏可佳、姚蓓琴译,桂林:广西师范大学出版社,2008 年版,第 2 页。

② 〔德〕恩斯特·卡西尔:《神话思维》,黄龙保、周振选译,北京:中国社会科学出版社,1992 年版,第 207 页。

③ 徐宗元辑:《帝王世纪辑存》,北京:中华书局,1964 年版,第 48 页。

④ 黄晖:《论衡校释》,北京:中华书局,1990 年版,第 156 页。

⑤ 周生春:《吴越春秋辑校汇考》,上海:上海古籍出版社,1997 年版,第 101 页。

⑥ 王国维:《今本竹书纪年疏证》,载方诗铭、王修龄《古本竹书纪年辑证》(修订本),上海:上海古籍出版,2005 年版,第 212 页。

⑦ 马承源主编:《上海博物馆藏战国楚竹书(二)》,上海:上海古籍出版社,2002 年版,第 193～195 页。简序为:简 11 上段＋简 10＋简 11 下段。参看陈剑《上博简〈子羔〉、〈从政〉篇的竹简拼合与编连问题小议》,《战国竹书论集》,上海:上海古籍出版社,2013 年版,第 25 页。

⑧ 〔清〕陈立:《白虎通疏证》,北京:中华书局,1994 年版,第 405 页。《太平御览·皇亲部一》卷一百三十五引《周礼含文嘉》曰"夏姒氏祖以薏苡生",与《白虎通》相类。

薏苡有可能是车前子。《诗经·周南·芣苢》:"采采芣苢,薄言采之。采采芣苢,薄言有之。"毛传曰:"芣苢,马舄。马舄,车前也。宜怀任焉。"①《尔雅·释草》同毛传。《说文》云:"芣苢,一名马舄,其实如李,令人宜子。"陆玑《毛诗草木鸟兽虫鱼疏》云:"芣苢,一名马舄,一名当道,喜在牛迹中生,故曰车前、当道也。今药中车前子是也。……其子治妇人难产。"《逸周书·王会篇》:"康民以秬苡者,其实如李,食之宜人。"②秬苡与芣苢音同,可能皆指薏苡。车前子宜怀孕或治难产,看来,在民俗中它是一种与妇女生育有关的植物。据此孙作云先生提出:"夏人在氏族社会时期,是以蛇为图腾的,但在原始农业发展之时,亦即母系氏族社会繁荣期,又以植物车前草为图腾。夏人在原始社会时期,以蛇与车前草为联合图腾。"③

从上述文献可知,禹母修己吞了薏苡而生了大禹,符合图腾的血缘关系说。于省吾先生又从文字学的视角进行分析说:"薏苡之苡从以声,加上形符女旁即姒字。"他提出,夏禹之姒姓就是苡字从以孳化而来。据此认为薏苡是夏图腾,并据以说明宗教起源于图腾崇拜。④李玄伯说:"姒之图腾当似芣苢,因为他系图腾,姒姓皆出自他。"⑤范卫平亦认为薏苡是禹夏族遭受洪水之灾时得以生存、生活、生产、生育的主要的粮食作物,后成为禹夏族的图腾。芣苢即薏苡,是禹夏族对尧禹洪荒之时采收薏苡"食"而得"生"的历史性采集劳动的追忆演现,也是对薏苡图腾的歌舞崇祀(模仿巫术)。⑥

薏苡为什么会跟大禹的出生联系在一起,修己为什么吃了它便能孕育。仅仅用图腾崇拜能解决这个问题吗?夏族的图腾学界本就多有分歧,有龙蛇说,有熊说,有石说等等,众说纷纭。还有中间调停者:"如果认为一个族的图腾仅此一家,别无分店,难免见仁见智,……假如弄清了图腾崇拜的层次,窥见其内涵的复杂性,可能有助于息讼。"⑦进而认为薏苡是夏人

---

①[清]阮元校刻:《十三经注疏·毛诗正义》(清嘉庆刊本),北京:中华书局,2009年版,第591页。

②黄怀信:《逸周书校补注译》,西安:三秦出版社,2006年版,第325页。

③孙作云:《夏人的传说与彩陶纹饰的原始意义及其传播——兼驳"仰韶文化西来说"》,《美术考古与民俗研究》,开封:河南大学出版社,2003年版,第30页。

④于省吾:《略论图腾与宗教起源和夏商图腾》,《历史研究》1959年第11期,第63~64页。

⑤李玄伯:《中国古代社会新研》,上海:上海文艺出版社,1988年版,第108页。

⑥范卫平:《禹夏族的图腾祭祀歌——人类学视野中的〈诗经·芣苢〉》,《甘肃高师学报》2000年第6期,第69~72页。

⑦龚维英:《原始崇拜纲要》,北京:中国民间文艺出版社,1989年版,第80页。

的集体图腾,而虫豸则是禹的个人图腾。真是达到了图腾研究的泛化程度。宋兆麟先生鉴于图腾研究的简单化倾向,认为把某种动植物或无生物定为图腾属性,应该慎重从事。提出鉴别某种动植物是不是该氏族的图腾,首先要看它是否是图腾时代的产物,另外要看它是否符合图腾若干特点,并归纳出四点特征(见本章第一节)。根据这些特征,我们看"图腾"薏苡既没有大量的图腾神话,也没有若干图腾禁忌,更没有祭祀、仪式活动。因此,仅从禹与薏苡有间接的血缘关系,和姒姓有可能源于薏苡这两点,就把薏苡定为夏族图腾似显牵强。实际上原始民族的宗教生活是极其复杂的,不能简单地概括为"万物有灵论"、"图腾崇拜"或"祖先崇拜"等等,"它们包含各种拥有一个造物主—上帝的一切全能的至上神的想象"。[1] 我们试图寻找新的突破口,把薏苡作为一种"神显"来研究。

二、植物:再生的仪式和象征

按照伊利亚德的观点,宇宙间的任何事物都可以成为神显,植物也不例外。人与植物关系的表现形式多种多样,伊利亚德运用人类学的视野,搜集世界各地的有关植物崇拜的神话传说,归纳其类型,分为:石头—树—祭坛的范型;作为宇宙形象的树;作为生命象征的树;作为生命象征、不竭的生殖力、绝对实在的树,和大母神或者水神相关,等同于不死的源泉;作为世界中心以及宇宙根基的树;树和人之间的神秘联系,和树结婚,树生人等;作为植物的复活、春天和年的"再生"之象征的树等[2]。可谓种类繁多。

在中国的文化中也有类似的植物崇拜,特别是《山海经》中记载了不同的神奇植物,如《南山经》:"有草焉,其状如韭而青华,其名曰祝余,食之不饥。有木焉,其状如谷而黑理,其华四照,其名曰迷谷,佩之不迷。"[3]《西山经》:"有木焉,员叶而白柎,赤华而理黑,其实如枳,食之宜子孙。"[4]《论语·八佾》则云:"夏后氏以松,殷人以柏,周人以栗。"[5]《淮南子》中亦有相

---

① 〔美〕米尔恰·伊利亚德:《神圣的存在——比较宗教的范型》,晏可佳、姚蓓琴译,桂林:广西师范大学出版社,2008 年版,第 6 页。

② 〔美〕米尔恰·伊利亚德:《神圣的存在——比较宗教的范型》,晏可佳、姚蓓琴译,桂林:广西师范大学出版社,2008 年版,第 257 页。

③ 袁珂校注:《山海经校注》,成都:巴蜀书社,1993 年版,第 1 页。

④ 袁珂校注:《山海经校注》,成都:巴蜀书社,1993 年版,第 45 页。

⑤ 〔清〕阮元校刻:《十三经注疏·论语注疏》(清嘉庆刊本),北京:中华书局,2009 年版,第 5360 页。

关记载,《地形篇》言:"不死树在其(昆仑)西。"《诠言篇》"羿死于桃棓"等。

从上面所举人和植物关系的事例看,在宇宙学、神话传说、神学、民间故事等不同的语境中,看似相互冲突的符号——植物背后有一个前后连贯的范型,即植物代表着生命的更新和永生。在原始人的思维里,自然和象征是密不可分的,当植物本身的实体及它的形状被抽象出特殊的象征含义时,对神圣最初的直观体验才变得深具意义。因此,原始人崇拜植物,并不是崇拜植物本身,而是崇拜其背后的象征意义。

另外,还有对植物崇拜的仪式亦显得十分神圣。比如孔安德人安顿好一个新村时,必须以隆重的仪式栽种神木棉树,并在树下放置一块石头,那里安置着村神。泰勒说:"在较低级的民族中,有确实的材料足够成为他们的树木和树丛崇拜的真实历史基础,这些崇拜仪式是包括闪米特人或雅利安人的一类文化在内的繁荣的或成为遗留的基础。在旧约《圣经》中,有迦南人对阿什拉的崇拜的描述:每株绿树下的牺牲祭祀,橡树、杨柳树和绿荫如盖的笃耨香下升起的香气——这些顽强保留的仪式证明,它们在古代的地方宗教中已经深深扎根。"①这种仪式的意义就在于蕴含着一种可能,即从一种生命模式向另一种生命模式、从一种存在状态向另一种存在状态进行转变。在巫术世界观和巫术活动中,其中的一方总可以取代另一方。正如在著名的"田野婚床"习俗中,性行为的实践或表演直接导致土地受孕或丰产;反之,正是给土地施肥的模拟表演,使灵魂能够死后再生。巫术中的男子是使土地多产之雨水的对应者,女子的子宫是农田的对应物,有此方就有彼方。② 这样的巫术礼仪有他特殊的效果,因为"每一种巫术的活动都是建立在这种信念上的:自然界的作用在很大程度上依赖于人的行为。自然的生命依赖于人类与超人力量的恰当分布与合作"③。严格而复杂的巫术仪式调节着人与自然的这种合作。

人类为什么崇拜植物,在泰勒看来,是因为万物有灵,树木和树丛都有精灵附着在上面。人要砍伐一棵树木,必须先祷告神灵。但是我们不同意这种观点。我们认为最根本的在于植物是生命的源泉。德国学者埃利

---

① 〔英〕爱德华·泰勒:《原始文化》,连树声译,桂林:广西师范大学出版社,2005 年版,第 581 页。
② 〔德〕恩斯特·卡西尔:《神话思维》,黄龙保、周振选译,北京:中国社会科学出版社,1992 年版,第209 页。
③ 〔德〕恩斯特·卡西尔:《人论》,甘阳译,上海:上海译文出版社,2004 年版,第 128 页。

希·诺伊曼在其《大母神——原型分析》中指出:"在人类生活的最初阶段里,植物、根和块茎的采集是女人的主要劳作,……通过与植物世界的亲密接触,原始时代的女人们具有了关于生命的丰富知识,这些知识是原型女性原始秘教仪式中非常重要的内容。"①在农耕时代,人们对植物的种子有一种特殊的信仰,马丽加·金芭塔丝指出:"对于早期的农耕者来说,播种、生长与收获的一年一度循环,既是神秘的,又是食物供给之源。远古的这些农夫们一定意识到了谷物种子在土中发芽与新生命在子宫中孕育之间的相似,因为在许多古欧洲遗址都发现了对这种相似的表现。"②他们认为生命可以在人和植物之间进行流转,"人类的模态是以一种潜在的形态,以种子的形式存在于那种植物"③。当我们理解了植物作为再生的仪式和象征以后,就不难明白禹母修己为什么吃了薏苡便能怀孕的原因了。

三、神显"薏苡"例析

女子吞食植物(或其种子)而受孕生子的传说,不仅在中国有,其他国家亦有类似的传说故事。在罗马尼亚民间有"三只石榴"的故事:圣人给了一双父母一个苹果,他们吃掉这个苹果,就生下一个孩子。还有的说是有一位老人吃下僧人送给他的一只苹果,结果从他的大腿里面生出一个女孩子。《十日谈》中则记载了一位年轻的处女吃了一片蔷薇叶子便怀孕了。还有奥维德《农事诗》中提到一个传说:朱诺因为被女神佛洛拉用一朵花碰了一下,而生下了马耳斯,朱庇特并没有起什么作用。④

吞食植物种子能够受孕普遍发生在其他国家,具有普遍的象征意义,即体现了种子的再生能力,这是这一类传说故事的原型编码。伊利亚德通过对这些植物的研究认为,人和植物具有统一性,人和植物之间可以连续不断地循环,"人是一种新植物的短暂的显现,当他死去的时候,或者说当

---

①〔德〕埃利希·诺伊曼:《大母神:原型分析》,李以洪译,北京:东方出版社,1998年版,第269页。

②〔美〕马丽加·金芭塔丝:《活着的女神》,叶舒宪等译,桂林:广西师范大学出版社,2008年版,第16页。

③〔美〕米尔恰·伊利亚德:《神圣的存在——比较宗教的范型》,晏可佳、姚蓓琴译,桂林:广西师范大学出版社,2008年版,第287页。

④〔美〕米尔恰·伊利亚德:《神圣的存在——比较宗教的范型》,晏可佳、姚蓓琴译,桂林:广西师范大学出版社,2008年版,第287页。

他不再有人的形态时,他就——作为'种子'或者'灵魂'——回到了树那里"①,当种子进入到人的肚子里时,它又幻化成了人形,新的生命便再次诞生。生命通过植物象征而显现出来。

神显具有区域的特定性和时间的特定性。禹母修己吞薏苡这一故事只发生在中国的夏族,这就是区域的特定性,它只有在特定的夏族社会中才有意义,神珠薏苡的神圣性才得以显现。比如宇宙树,印度人叫菩提树,有天地之轴的象征意义。菩提树之所以在印度受到崇拜,最根本的在于其体现了生命的不断更新的宇宙的神圣意义,但离开了印度这个社会环境,菩提只是一棵植物,没有任何神显的形式和意义。因此,薏苡这种神显具有地方性,它们不对其他文化开放。而神显薏苡的时间的特定性即表现在这样一句时间叙述上:"父鲧妻修己,见流星贯昂,梦接意感。"首先大的时间限定是鲧禹时代,大约相当于夏代以前;而小的时间限定则是修己出行见"流星贯昂"之时,即当流星穿过昂星的时候,修己"梦接意感",随后吞了神珠薏苡而受孕。在这样一个特定的情境中发生了这样一个历史事件(或许是想象中的历史事件),正是在这样一个历史事件里,薏苡由普通的植物种子被赋予了神圣的意义,它不再是实际的存在,而是一种象征,一种符号,成了崇拜的对象。

植物薏苡之所以变成神显——即具体体现并且显示神圣,首先,它是一种象征,一种生命循环的象征;其次,它经历了一次历史事件,在特定的情境中,它有了神圣的意义。恩斯特·卡西尔说:"对于神话思维来说,繁殖和生育并不是服从于普遍、固定不变法则的纯'自然过程';它本质上是神秘的事件。交配行为和生育行为彼此之间并不像因与果那样相互联系;它们不是统一因果关系的两个不同的时间阶段。"②人和植物之间的相互变形是普遍流行的神话传说的重复主题。因此,修己吞食薏苡而孕的传说,并不能说明薏苡是夏族的图腾,薏苡只是这一传说中的神显植物,在神话思维中有其一定的象征意义。

---

① 〔美〕米尔恰·伊利亚德:《神圣的存在——比较宗教的范型》,晏可佳、姚蓓琴译,桂林:广西师范大学出版社,2008年版,第287页。
② 〔德〕恩斯特·卡西尔:《神话思维》,黄龙保、周振选译,北京:中国社会科学出版社,1992年版,第201页。

第四节　"禹生于石"与石的文化渊源

《越绝书·宝剑》云:"轩辕、神农、赫胥之时以石为兵。"[1]原始人类用石作为猎兽的武器,已经得到了史前考古学的证实。在旧石器时代和新石器时代,石器又是人们最普遍使用的工具。正是与石有着这样的亲密接触,在世界各民族都产生了很多关于石头的各种各样的神话传说或神圣仪典,中国也不例外。

一、禹、启与石

文献中有禹生于石、启母化为石而生启或启生而母化为石等记载,因为夏族与石有关系,而出现石图腾说。

文献中主要有以下相关记载。《艺文类聚》卷六引《随巢子》:"禹产于碾石,启生于石。"(《太平御览》卷五十一引同)《淮南子·修务》:"禹生于石,契生于卵。"高诱注曰:"禹母修己,感石而生禹,折胸而出。"[2]《汉书·武帝纪》颜师古注引《淮南子》:"启母,涂山氏女也。禹治鸿水,通轘辕山,化为熊。谓涂山氏曰:'欲饷,鼓声乃来!'禹跳石,误中鼓,涂山氏往见禹方作熊,惭而去。至嵩高山下,化为石,方生启。禹曰'归我子!'石破北方而生启。"[3]《汉书·武帝纪》载汉武帝至于中岳"见夏后启母石"。应劭注:"启生而母化为石。"[4]《山海经·中山经》说:"又东三十里曰泰室之山。……上多美石。"郭璞注曰:"启母化为石而生启,在此山。"[5]

古史辨派学者多认为石是社的代表物,禹是社神,所以有禹生于石的传说。顾颉刚、童书业在《鲧禹的传说》中说:"禹启父子之生都与石发生关

①李步嘉校释:《越绝书校释》,北京:中华书局,2013年版,第303页。

②刘文典:《淮南鸿烈集解》,北京:中华书局,1989年版,第642页。

③[汉]班固:《汉书》卷六,北京:中华书局,1962年版,第190页。《绎史》卷十二引《随巢子》与此段文句相近:"治鸿水,通轘辕山,化为熊。涂山氏见之,惭而去,至嵩高山下,化为石。禹曰'归我子!'石破北方而生启"

④[汉]班固:《汉书》卷六,北京:中华书局,1962年版,第190页。

⑤袁珂校注:《山海经校注》,成都:巴蜀书社,1993年版,第177页。《穆天子传》卷五:"天子南游于黄□室之山,以观夏后启之所居。"郭璞注:"疑此言太室之丘嵩高山,启母在此山化为石,而子启亦登仙,故其上有启石也。"见《汉魏六朝笔记小说大观·穆天子传》,上海:上海古籍出版社,1999年版,第22页。

系,这是一件奇巧的事:这大约本是社神的传说吧。"①文献中有高禖求子的记载,如《礼记·月令》仲春之月玄鸟至之日,"以大牢祠于高禖,天子亲往","后妃帅九嫔御,乃礼天子所御,带以弓韣,授以弓矢,于高禖之前"。郑玄注云:"天子所御,谓今有娠者。于祠,大祝酌酒,饮于高禖之庭,以神惠显之也。带以弓韣,授以弓矢,求男之祥也。"②孙作云认为这种表演类似模仿的魔术行为,在这种时机之下,天子和妃嫔或许还要表演性爱,又据后世文献所载认为高禖宝用石,称之为高禖石,高禖石是男性生殖器的象征。③杨宽亦言:"禹之传说,最怪者莫若生于石之说……此等怪说之来,疑亦出于社神之神话。"并根据郭沫若《释祖妣》和孙作云《中国古代的灵石崇拜》进一步指出:"禹为社神兼高禖神,古皆用石,则禹生于石之说出于社神高禖神之神话明甚。"④以上诸说将石植根于中国的传统文化信仰之中,皆有可取之处。下面我们再进一步申说之。

类似于禹生于石这种感生神话,在上古圣王那里并不鲜见⑤。如简狄吞鸟卵而生契。《诗经·商颂·玄鸟》:"天命玄鸟,降而生商。"郑玄笺云:"降,下也。天使鳦下而生商者,谓鳦遗卵,娀氏之女简狄吞之而生契。"⑥而《诗经·大雅·生民》:"厥初生民,时维姜嫄。生民如何?克禋克祀,以弗无子。履帝武敏歆,攸介攸止,载震载夙,载生载育,时维后稷。"⑦则叙述了姜嫄履帝武而生后稷的神话故事。这些神圣叙事其实是对王权神圣来源的追溯。在以王权独尊为特质的政治社会中,圣王神话不断被重新建构。比如汉高祖刘邦的降生,《史记·高祖本纪》这样叙述到:"刘媪尝息大泽之陂,梦与神遇,是时雷电晦冥,太公往视,则见蛟龙于其上,已而有身,遂产高祖。"⑧这带有浓厚的神异色彩,与禹生于石、契生于卵,后稷感帝武

---

①见吕思勉、童书业编著《古史辨》第七册下,上海:上海古籍出版社,1982 年版,152～155 页。

②〔清〕阮元校刻:《十三经注疏·礼记正义》(清嘉庆刊本),北京:中华书局,2009 年版,第 2948 页。

③孙作云:《中国古代的灵石崇拜》,《中国古代神话传说研究》(下),开封:河南大学出版社,2003 年版,第 669 页。

④杨宽:《中国上古史导论禹生于石与娶涂山女之说》,《古史辨》第七册上,上海:上海古籍出版社,1982 年版,第 360 页。

⑤参见刘书惠《从〈子羔〉篇看三代始祖感生神话》,《古籍整理研究学刊》2010 年第 3 期,第 102～108 页。

⑥〔清〕阮元校刻:《十三经注疏·毛诗正义》(清嘉庆刊本),北京:中华书局,2009 年版,第 1343 页。

⑦〔清〕阮元校刻:《十三经注疏·毛诗正义》(清嘉庆刊本),北京:中华书局,2009 年版,第 1137 页。

⑧〔汉〕司马迁:《史记》卷八,中华书局,1959 年版,第 341 页。

没有实质的区别。所以,"感生神话的意义在于将现实因素和神话的结构互相结合,通过这种方式,新的神话与集体性的记忆胶合在一起,从而使这种记忆成为无可置疑的公共资源,并且在传播中不断得到强化"①。了解了感生神话的意义,我们还要知道为什么要选择"石"这样的感生物。

二、石头的象征意义

我们首先要明确的是文献中关于禹生于石的记载很可能是来源于民间,既然来源于民间,我们就应该从民间信仰的宗教意义上去解释它,从民俗文化的角度来阐释它所蕴藏的内在象征意义。

在原始人的宗教意识中,坚硬、粗粝、持久的物体本身就是一种神圣的象征,而石头就代表了这种象征:"它超越于人类不确定性,它是一种绝对的存在模式。它的伟力、它的静止、它的体积以及它奇特的外形与人类绝无共性;它们同时表明存在着某种炫目的、可怕的、富有吸引力的以及颇具威胁的事物。它以其崇高、坚硬、外形状和色彩,使人类直面某种与他所属的世俗世界判然有别的实在和力量。"②正是因为如此,人们才对它产生崇敬。所以,人们会用石头保护墓室,用巨石铸造纪念碑,让死者的灵魂永远存在,就像石头一样坚固地存在。而墓场的坚石以后又成了男根的象征,因为二者都是存在、权力和延续的象征。

据泰勒《原始文化》所述,世界上很多国家和民族都有对石头崇拜的现象。原始的美洲部落的达科他人,从地上捡起一块圆石头,涂上彩色,然后呼之为爷爷,便开始给它奉献供品,并祈祷摆脱危险。在西印度群岛人们认为崇拜石头可以带来丰收,可以减轻妇女分娩时的痛苦,投向太阳时可以下雨。秘鲁的人不仅崇拜奇形怪状的特殊石头,而且将他们放在家中作为灶神和村镇保护神的代表。在桑巴瓦岛上,奥朗顿戈人将一切超自然的或不理解的影响都归因于太阳、月亮、树木等,特别是石头:在不幸或生病的时候,他们给石头奉献供品。印度也有崇拜石头的习俗,在南印度,田地里到处可见每块地都放置着一排四块或五块涂着红颜料的石头,被称作是

①黄悦:《神话叙事与集体记忆——〈淮南子〉的文化阐释》,广州:南方日报出版社,2010年版,第125页。
②〔美〕米尔恰·伊利亚德:《神圣的存在——比较宗教的范型》,晏可佳、姚蓓琴译,桂林:广西师范大学出版社,2008年版,第206页。

田地的守护者。还有在印度的乡村,把红颜料涂在石头上,用它代表儿童的保护神,把它放在圣树的根部接受妇女的崇拜、宴飨和礼品,这种习俗是原始性的宗教仪式的遗留。在《以赛亚书》中还记载着闪米特人石头崇拜的格言:"在光滑的石头中间,有你的命运,你给它们奉献饮料,奉献肉作为供品,它们就向你表明你的命运。"在中世纪初的英国和法国还在形式上禁止基督教徒崇拜石头。① 看来,石头崇拜是很普遍的民俗现象。

　　产生石头崇拜的原因在各种不同的民族中是多种多样的,但最关键的因素当是它标志着某种精神力量,有些民族认为是神灵或者死者的灵魂居住在里面,可以充当保护神的作用。上文我们叙述到西印度群岛的人们认为石头可以带来丰收,即石头具有丰产的作用。所以,印度的年轻夫妇会向磐石祈祷早生贵子。在印度北部的撒冷地区,不育的女子相信那些能够使她们生育的祖先就居住在石圈里面,因此在献上祭品之后她们就摩挲这些石头。在北加利福尼亚的迈度部落,没有孩子的女子就摸一块长得像孕妇的石头。在几内亚西南的凯伊岛,想要生孩子的女人需要用油脂涂抹一块石头。还有关于"蹭石"的习俗,年轻的女子想要生孩子就到圣石上蹭一下,而不育的妇女就要摩挲巨石,在这里,石头更像是男根的象征,和女子的身体接触,女子便能受孕。还有一些石头,叫"爱情石"或"婚姻石",人们认为它们有增强性欲的力量。②

　　中国古代文献中亦有关于石头崇拜的记载。如传说中的女娲炼五彩石以补天,足显五彩石的神异力量。《尚书·禹贡》叙述九州贡品时,徐州:"泗滨浮磬。"孔安国传:"水中见石,可以为磬。"孔颖达疏曰:"此石可以为磬,故谓之'浮磬'也。贡石而言磬者,此石宜为磬,犹如'砥砺'然也。"③好的石头可以作磬。所以,《皋陶谟》有:"击石拊石,百兽率舞。"

　　古人将美石作为爱情的信物。《诗经·齐风·著》:"尚之以琼华乎而……尚之以琼莹乎而。"④琼华、琼莹都是指美石。《卫风·木瓜》"投我

①〔英〕爱德华·泰勒:《原始文化》,连树声译,桂林:广西师范大学出版社,2005 年版,第 533～537 页。

②〔美〕米尔恰·伊利亚德:《神圣的存在——比较宗教的范型》,晏可佳、姚蓓琴译,桂林:广西师范大学出版社,2008 年版,第 209～213 页。

③〔清〕阮元校刻:《十三经注疏·尚书正义》(清嘉庆刊本),北京:中华书局,2009 年版,第 312 页。

④〔清〕阮元校刻:《十三经注疏·毛诗正义》(清嘉庆刊本),北京:中华书局,2009 年版,第 739～740 页。

以木瓜,报之以琼琚……投我以木桃,报之以琼瑶……投我以木李,报之以琼玖"①,琼琚、琼瑶、琼玖亦是美石。《山海经》中更是记述了大量的奇异之石,同时还大量记述了各地山神。纬书《春秋合诚图》记叙了尧母庆都出生的神异迹象:"尧母庆都,盖大帝之女,生于斗维之野,常在三河东南,天大雷电,有血流润大石之中,生庆都,长大,形象大帝。常有黄云覆盖之,蔑食不饥。"(《绎史》卷九引)庆都的神奇降生亦和石有关。在民间多有乞子石(参看上编第二章第三节)。

考古发掘中的出土石器更是很多,二里头遗址出土镶嵌绿松石铜牌,制作精美,镶嵌技术熟练,是件艺术精品,还有用绿松石制作龙的形象,亦是栩栩如生。安阳的妇好墓出土铜器、石器、玉器、骨器、陶器等多达两千件。其中玉器种类繁多,制造精美。

所以石是人们常见的一种东西,而各种奇异之石更是受到人们的喜欢,作为一种意象,它被先民们赋予其不同的价值及意义。所以,荣格说:"每一个意象中都凝聚着一些人类心理和人类命运的因素,渗透着我们祖先历史中大致按照同样的方式无数次重复产生的欢乐与悲伤的残留物。它们就像心理中一条深深的河床,起先生活之水在其中流淌得既宽且浅,突然间涨起成为一股巨流。"②"原始意象"潜藏在每个人的心底深处,不断的重复、无限地再现,使这种集体无意识悄无声息地隐含在绵延不绝的文化生命中。

人类原始时代信仰"万物有灵论",石头被赋予生殖能力,随着对石头的崇拜,进而将石头人格化。石头又有丰产的作用,所以才有禹生于石,启母石的传说。

三、禹生于石的原型意义

"禹生于石"是以丰富的民俗文化和宗教意义为基础的传说,是原生态的神话,具有原型意义,为后世的长短篇小说提供了丰富的神话故事素材。

《西游记》中孙悟空的出生,正是"禹生于石"神话叙事原型的演绎。我们看吴承恩对石猴出世的描述:

---

① [清]阮元校刻:《十三经注疏·毛诗正义》(清嘉庆刊本),北京:中华书局,2009年版,第691页。

② [瑞士]荣格:《试论心理学与诗的关系》,叶舒宪编《神话—原型批评》,西安:陕西师范大学出版社,1987年版,第100页。

> 那座山(花果山),正当顶上,有一块仙石。其石有三丈六尺五寸高,有二丈四尺围圆。三丈六尺五寸高,按周天三百六十五度;二丈四尺围圆,按政历二十四气。上有九窍八孔,按九宫八卦。四面更无树木遮阴,左右倒有芝兰相衬。盖自开辟以来,每受天真地秀,日精月华,感之既久,遂有灵通之意。内育仙胞,一日迸裂,产一石卵,似圆球样大。因见风,化作一个石猴,五官俱备,四肢皆全。便就学爬学走,拜了四方。目运两道金光,射冲斗府。①

这一块仙石的高度和圆围,都被作者赋予了深层的象征意义,预示着这块石头自冬至夏每天都沐浴着自然的精华,便有了灵气。一旦崩裂,在风的作用下,仙胞圆球孕育出一个石猴,而且五官俱备,四肢皆全。更重要的是他具有超凡的神异性,即"目运两道金光,射冲斗府",乃至以后学成一身本领,斩妖除魔,修成正果。而大禹亦是历经磨难,行山表木,定高山大川,劳身焦思,殚精竭虑,终成治水之功。而《荀子·大略》篇所记载的"禹学于西王国"②传说,与孙悟空助唐僧"西天取经"的叙事亦有相合之处,都与西方有关。由此可见上古神话传说的叙事模式对后世文学产生了深远的影响。

《红楼梦》中贾宝玉为玉石之化身,源于女娲补天之弃石。曹雪芹开篇即云:"原来女娲氏炼石补天之时,于大荒山无稽崖炼成高经十二丈、方经二十四丈顽石三万六千五百零一块,娲皇氏只用了三万六千五百块,只单单剩了一块未用,便弃在此山青埂峰下,谁知此石自经煅炼之后,灵性已通,因见众石俱得补天,独自己无材不堪入选,遂自怨自叹,日夜悲号惭愧。"③贾宝玉之"石"与孙悟空之"石"都有一共同的特点,即具有非凡的奇异能力,一为"目运两道金光,射冲斗府";一为"灵性已通"。此皆源于石头的原始象征意义——力量和神圣。所不同的是,贾宝玉之"石"拥有了人的喜怒哀乐,成了人神之间沟通的媒介。

傅道彬先生曾对贾宝玉这一"玉石"做过详尽的阐释,他说:"贾宝玉也是由一块顽石演变而来的,其中渗透着石能生人的观念。而这一形象负阴抱阳秉天地之灵气,……贾宝玉是石性的,他不谙世故,但气韵非凡,通脱

---

①[明]吴承恩:《西游记》,北京:人民文学出版社,2010年版,第3页。
②[清]王先谦:《荀子集解》,北京:中华书局,2013年版,第578页。
③[清]曹雪芹:《红楼梦》,北京:人民文学出版社,2008年版,第2页。

潇洒,在经济仕途上他愚呆笨拙,而在天真烂漫的女儿间,他则英气逼人,超迈群伦。这一形象倾注了曹雪芹对石头的挚爱之情,他把天地之灵气集于石,又把石之灵气集于宝玉一身,宝玉是人格化的石头,在贾宝玉这一形象上,似乎听到了中国古典文化对石头的礼赞和歌唱。"①石头是一种象征,也是一种传统。曹雪芹将石头赋予新的生命,承载着人类的精神寄托。

而启母化为石的神话传说,后世亦有不少类似的故事:

> 扬雄《蜀本纪》:"秦王献五美女于蜀王,蜀王遣五丁迎五女,见大蛇入山空中,五丁引蛇,山崩,五女上山,化为石。"(《太平御览》卷五十二引)②

> 《搜神后记》卷一:"中宿县有贞女峡,峡西岸水际有石,如人形,状似女子。是曰'贞女'。父老相传:秦世有女数人,取螺于此,遇风雨昼昏,而一女化为此石。"③

当然,启母化石的神话则可以从女神文化的角度去解读,美国考古学家马丽加·金芭塔丝的著作《活着的女神》④是一个很好的研究范例,该书结合考古材料生动阐释了古欧洲文化中的女神崇拜在欧洲民族精神生活中的重要意义和在实际社会生活中的文化功能,20世纪后期西方思想和学术中的女神复兴运动,亦可以看成是女神文化的继续。中国古代文化中的女神形象同样有着鲜明的社会文化功能,特别是作为一种叙事原型深深影响着后世文学。一个神话故事的背后总是蕴含着某种感性"经验"或抽象的"理念"。通过"禹生于石"和"启母化石"的神话叙事对后世文学的影响来看,"中国叙事文学的原型生成过程有自己的路径,负载着中华民族的集体无意识和精神实践历程,其世俗性和实践理性因素十分突出"⑤。神话作为叙事文学原型的一个系统,它对叙事文学的影响,它的原型意义还有待于进一步挖掘。

"禹生于石"的神话叙事隐藏着上古历史与艺术的原始意味,荣格说:

①傅道彬:《晚唐钟声——中国文学的原型批评》(修订本),北京:北京大学出版社,2007年版,第334页。
②[宋]李昉等编:《太平御览》,石家庄:河北教育出版社,1994年版,第425页。
③《搜神后记》卷一,上海古籍出版社编:《汉魏六朝笔记小说大观》,上海:上海古籍出版社,第445页。
④[美]马丽加·金芭塔丝:《活着的女神》,叶舒宪等译,桂林:广西师范大学出版社,2008年版。
⑤程金城:《中国文学原型论》,兰州:甘肃人民美术出版社,2008年版,第91页。

"谁讲到了原始意象,谁就道出了一千个人的声音,可以使人心醉神迷,为之倾倒。与此同时,他把他正在寻求表达的思想从偶然和短暂提升到永恒的王国之中。他把个人的命运纳入人类的命运,并在我们身上唤起那些时时激励着人类摆脱危险、熬过漫漫长夜的亲切的力量。"①找到了原型,也就缩短了我们和远古社会的距离,也就能准确地破译象征的意义。"禹生于石"的神话传说植根于石的象征意义,作为一个叙事原型,《西游记》中孙悟空的诞生,《红楼梦》中贾宝玉的玉石奇缘,无不源于此。

第五节　夏人与龙

首先需要明确的是,龙是一种虚拟的动物,现实自然界中并不存在。这一点闻一多先生在《伏羲考》中早就说过。关于它的原型亦有多种说法。一般认为蛇是龙的基形,中国古代典籍中多龙蛇并称,如《左传·襄公二十一年》:"深山大泽,实生龙蛇。"②《孟子·滕文公下》:"水逆行泛滥于中国,蛇龙居之。"③《山海经》中的龙蛇形象也非常多,整部《山海经》,"叙山凡三百六十五,其神人面蛇身的计五十二,人面龙神的计十四,人身龙首的计十二,手操两蛇的二,总计用蛇为图腾的八十,比例数高达百分之二十三,可见长蛇图腾之多,而且分布于南北东中四山经所在多有,真可谓八面威风了。"④考古资料中龙的形象亦是以蛇为主体,而综合了其他动物特征。如陶寺龙纹,明显有鳞片,扁方头,豆状圆目,张口露牙,舌端吐圭,呈树杈状,全形象蛇似鳄,与红山文化龙纹通身光亮,猪头蛇身不同。有学者认为陶寺蟠龙是以蛇为主体,综合了鳄、羊、鸟等动物的部分特征。关于"龙"的研究内容相当多,也取得了很多研究成果,在这里我们只讨论龙和夏人相关的部分。

---

① 〔瑞士〕荣格:《试论心理学与诗的关系》,叶舒宪编:《神话—原型批评》,西安:陕西师范大学出版社,1987 年版,第 101 页。
② 〔清〕阮元校刻:《十三经注疏·春秋左传正义》(清嘉庆刊本),北京:中华书局,2009 年版,第 4280 页。
③ 〔清〕焦循:《孟子正义》,北京:中华书局,1987 年版,第 447 页。
④ 赵铁寒:《夏民族的图腾演变》,《古史考述》,台北:正中书局,1965 年版,第 84 页。

一、文献中夏人与龙的关系

文献中鲧、禹、启、孔甲都与龙蛇有关系。

先看鲧。《山海经》说鲧为白马，白马可能就是龙。《海内经》："黄帝生骆明，骆明生白马，白马是为鲧。"[①]《周礼·夏官·庾人》说："马八尺以上为龙。"《西游记》中唐僧的白马就是小白龙的化身，可能就是取材于此。又有鲧死化为黄龙说。《山海经·海内经》郭注引《归藏·启筮》："鲧死三岁不腐，剖之以吴刀，化为黄龙。"[②]"龙"，一本作"能"。

禹和龙的关系，主要有龙帮助禹治水的故事。《天问》"河海应龙，何尽何历？"王逸注云："或曰禹治水时，有神龙以尾画地，导水所注当决者，因而治之也。"[③]《拾遗记》中也有禹治水时黄龙在前开路的描述："禹尽力乎沟洫，导川夷岳，黄龙曳尾于前，玄龟负青泥于后。"[④]《孟子》的记载颇不同，《滕文公下》称"禹掘地而注之海，驱蛇龙而放之菹"[⑤]，此说更平实，水中多蛇，治水时自然要驱赶蛇虫。还有禹巡狩时有黄龙负舟的故事。《吕氏春秋·知分》："禹南省方，济乎江，黄龙负舟。"[⑥]《淮南子·精神》篇、今本《竹书纪年》有类似的记载。

启和龙的神话，主要是乘两龙登天得《九辩》、《九歌》。《山海经·大荒西经》："有人珥两青蛇，乘两龙，名曰夏后开，开上三嫔于天，得《九辩》与《九歌》以下。"[⑦]开即启，避汉景帝讳而改。《海外西经》云："大乐之野，夏后启于此儛九代，乘两龙。"[⑧]与《山海经》相呼应的还有《楚辞》中的记载：《离骚》"启《九辩》与《九歌》兮，夏康娱以自纵"[⑨]；《天问》"启棘宾商，《九辩》、《九歌》"[⑩]。除了文献记载之外，出土文物图像中也有与此相关的内

①袁珂校注：《山海经校注》，成都：巴蜀书社，1993年版，第528页。
②袁珂校注：《山海经校注》，成都：巴蜀书社，1993年版，第537页。袁珂云："郭注黄龙，《藏经》本作黄能。"
③［宋］洪兴祖：《楚辞补注》，北京：中华书局，1983年版，第91页。
④［晋］王嘉撰，［梁］萧绮录，齐治平校注：《拾遗记校注》卷二，北京：中华书局，1981年版，第37页。
⑤［清］焦循：《孟子正义》，北京：中华书局，1987年版，第448页。
⑥许维遹：《吕氏春秋集释》，北京：中华书局，2009年版，第554页。
⑦袁珂校注：《山海经校注》，成都：巴蜀书社，1993年版，第473页。
⑧袁珂校注：《山海经校注》，成都：巴蜀书社，1993年版，第253页。郭璞引《归藏·郑母经》亦曰："夏后启：御飞龙登于天，吉。"
⑨［宋］洪兴祖：《楚辞补注》，北京：中华书局，1983年版，第21页。
⑩［宋］洪兴祖：《楚辞补注》，北京：中华书局，1983年版，第98页。

容。湖北随州曾侯乙墓出土的乐器五弦琴尾段底面上有一幅神人乘龙的图案：一神人似跪坐于两龙首之上，面带笑容，神态安详。神人头珥两蛇，以龙为臂膀，胯下亦有两龙交缠在一起。根据文献记载可以推测，该图案所表现的主题很可能就是夏后启乘龙上天得《九辩》与《九歌》。由此可见，启乘龙的神话至少在战国楚地还是很普遍的。

图 5—9
夏启得乐图

帝孔甲亦有食养二龙的神话。《左传·昭公二十九年》："及有夏孔甲，扰于有帝。帝赐之乘龙，河汉各二，各有雌雄，孔甲不能食，而未获豢龙氏。有陶唐氏既衰，其后有刘累，学扰龙于豢龙氏，以事孔甲，能饮食之。夏后嘉之，赐氏曰御龙，以更豕韦之后。龙一雌死，潜醢以食夏后。夏后飨之，既而使求之，惧而迁于鲁县。"①《史记·夏本纪》本之。

夏衰之时，褒国之君化为二龙处于夏后王庭。《国语·郑语》载："夏之衰也，褒人之神化为二龙，以同于王庭，而言曰：'余，褒之二君也。'夏后卜，杀之与去之与止之，莫吉。卜请其漦而藏之，吉。乃布币焉而策告之，龙亡而漦在，椟而藏之，传郊之。"②

另外，文献中还有以"夏后氏"或"夏"来描述夏人和龙的关系。《礼记·明堂位》有"夏后氏以龙勺"，"夏后氏之龙簨虡"③，是说夏人以龙纹装饰勺和簨虡。《史记·封禅书》"夏得木德，青龙止于郊"，是说夏有龙瑞。④

二、"图腾"说质疑

鉴于文献中夏人与龙蛇有这么亲密的关系，学界很早就提出龙蛇是夏族图腾的说法。20 世纪 20 年代卫聚贤在《古史研究》一书中提出："夏以

①[清]阮元校刻：《十三经注疏·春秋左传正义》（清嘉庆刊本），北京：中华书局，2009 年版，第4610～4611 页。
②徐元诰集解：《国语集解》，北京：中华书局，2002 年版，第 473～474 页。
③[清]阮元校刻：《十三经注疏·礼记正义》（清嘉庆刊本），北京：中华书局，2009 年版，第 3229～3230 页。
④此两条参考陈立柱《龙是夏族的图腾吗》，《民间文化论坛》2004 年第 5 期，第 98 页。

二龙为图腾","龙即鳄鱼"等。[①] 40 年代闻一多亦认为:"夏为龙族","龙是原始夏人的图腾"[②]。50 年代,顾颉刚先生以"禹"为夏族之图腾(其前提是禹为蛇)[③],60 年代孙作云[④]、赵铁寒[⑤]等亦持此说。80 年代以后多对龙图腾说产生了质疑,如陈立柱《龙是夏族的图腾吗》即反对龙是夏族图腾的说法。[⑥]

　　2002 年偃师二里头遗址的一座墓葬发现了一件绿松石龙形器。二里头绿松石龙由 2000 多片各种形状的绿松石组合而成,每片绿松石的直径

图 5—10　二里头绿松石龙

仅有 0.2 至 0.9 厘米,厚度仅 0.1 厘米左右。龙身曲伏有致,色彩绚丽,长 64.5 厘米,中间最宽处为 4 厘米。龙形器头部呈方状形,长 12 厘米、上宽 14 厘米、下宽 13 厘米,眉、眼、耳、鼻等均用绿松饰片和加工玉块摆放成相应的立体形状,清晰可辨。距绿松石龙尾端 3.6 厘米处,有一件绿松石条形饰,与龙体近于垂直。[⑦] 二里头绿松石龙给我们呈现了活灵活现的龙形

---

① 卫聚贤:《古史研究》,上海:商务印书馆,1936 年版,第 221～232 页。

② 闻一多:《伏羲考》,上海:上海古籍出版社,2006 年版,第 33 页。

③ 顾颉刚:《顾颉刚读书笔记》第五卷,台北:联经出版事业公司,1990 年版,第 3798 页。

④ 孙作云:《诗经与周代社会研究》,北京:中华书局,1966 年版,第 11～13 页。孙作云后来又提出夏人首先以蛇为图腾,到农业发展时期,又以植物车前草为图腾。见孙作云《夏人的传说与彩陶纹饰的原始意义及其传播——兼驳"仰韶文化西来说"》,《美术考古与民俗研究》,开封:河南大学出版社,2003 年版。

⑤ 赵铁寒:《夏民族的图腾演变》,《古史考述》,台北:正中书局,1965 年版,第 74～87 页。

⑥ 陈立柱:《龙是夏族的图腾吗》,《民间文化论坛》2004 年第 5 期,第 97～102 页。

⑦ 许宏、李志鹏、赵海涛:《河南偃师二里头遗址发现大型绿松石龙形器》,《中国文物报》2005 年 1 月 21 日。

象。使不少人又重提龙是夏民族的图腾,乃至提出龙是中华民族的图腾①。朱乃诚综合了考古学成果之后提出,"夏人的龙文化被商人所继承,而商代的龙文化则比夏代的龙文化更为丰富"。洛阳市第二文物工作队蔡运章认为,绿松石龙图案尾端下方的"绿松石条形饰"是田地的象征,用以表示龙从地面升起之意。

笔者不同意将龙作为夏族的图腾。其原因有以下几点:

其一,文献中虽然有大量夏人和龙的很多关联,但夏之前的黄帝、炎帝等亦有不少与龙相关的记载。如《淮南子·天文》说:"中央土也,其帝黄帝,其佐后土……其兽黄龙。"《史记·天官书》说"轩辕,黄龙体"②。关于炎帝,其母感于龙首。《帝王世纪》说炎帝:"神农氏姜姓也,母曰任姒,有乔氏女,名登,为少典妃。游于华阳,有神龙首感女登于常羊。"(《太平御览》卷一百三十五引)③难道黄帝、炎帝也是以龙为图腾吗?炎黄时代估计龙形象都还没有产生呢。

其二,图腾中的动物必须是自然界中实际存在的,而不是虚构的。像龙这种虚构的动物是无法作为图腾的。另外,在血缘上夏族与龙也没有直接的关系,只有鲧死化为黄龙一说。

其三,图腾是不允许被杀害和作为食物吃掉的,甚至不允许触摸。而中国古书中却有夏人御龙、乘龙、杀龙、食龙的描述。对龙表现出极大的不敬,有违图腾信仰。

其四,从图腾产生的时代来看。中国的龙,大致是新石器时代以后才兴起的,而这个时候图腾文化已经是开始衰落了。这样龙崇拜与图腾崇拜发展规律相悖。

其五,二里头遗址大家都认为是夏文华遗存,并出土有绿松石龙。但其他考古文化遗址中也有龙形象的发现。如内蒙古翁牛特旗三星他拉村

---

① 杜金鹏、许宏编:《二里头遗址与二里头文化研究——中国二里头遗址与二里头文化国际学术研讨会论文集》,北京:科学出版社,2006 年版。此论文集内有多篇论文讨论夏与龙的关系:蔡运章《绿松石龙图案与夏部族的图腾崇拜》,杜金鹏《中国龙,华夏魂——试论偃师二里头遗址"龙文物"》,朱乃诚《二里头文化"龙"遗存研究》,李德方《二里头遗址的龙纹与龙文化》,顾问、胡继忠《论二里头文化与夏家店下层文化中的龙、蛇》,方辉《二里头文化的绿松石制品及相关问题研究》等。
② [汉]司马迁:《史记》卷二十七,北京:中华书局,1959 年版,第 1299 页。
③ 徐宗元辑:《帝王世纪辑存》,北京:中华书局,1964 年版,第 11 页。

出土的玉龙,河南濮阳西水坡仰韶文化墓葬中的龙、浙江余杭瑶山良渚文化祭坛遗址中出土龙首圆牌等,这些龙的形象可谓形态各异,没有形成统一的样式。说明龙的起源是多元的,龙的文化具有地域性特色,不同地方的人对于龙所赋予的意义也不尽相同。这显然是不符合图腾的特征的。

用"图腾"来界定龙形象的存在,其实是我们今人探求原始人的一种理性求知欲,而原始人的思维却并不都是理性的。正如列维-布留尔所指出的:"神话、葬礼仪式、土地崇拜仪式、感应巫术不像是为了合理解释的需要而产生的:它们是原始人对集体需要、对集体情感的回答,在他们那里,这些需要和情感要比上述的合理解释的需要威严得多、强大得多、深刻得多。"[①]与其用"图腾"这样一种理性思维的产物强加于龙的身上,倒不如将龙视为原始先民在民俗信仰和宗教仪式上的一种集体需求或情感需要。

综上,我们对夏族的多种"图腾"进行了论述,很显然,各种动植物能得到人们的崇拜和喜爱都有其自身的原因,或是某种力量的象征,或是具有隐喻作用。但从最根本上来说,夏部族的动植物崇拜实际上根源于上古时代中国人的宇宙观。正如杜维明所指出的:"中国哲学的基调之一,是把无生物、植物、动物、人类和灵魂统统视为在宇宙巨流中息息相关乃至相互交融的实体。"[②]在中国的原始哲学里,世俗的现实生活与神圣的精神崇拜是相互交融的实体,不存在形而上和形而下的区分。因此,自然界中常见的动植物被他们赋予了特殊的象征意义和精神信仰,普遍的"存在"成了哲学家思辨的对象,普通的事物成了仪式活动中的神圣物。

[①]〔法〕列维-布留尔:《原始思维》,丁由译,北京:商务印书馆,1981年版,第17页。
[②]杜维明:《试谈中国哲学中的三个基调》,胡晓明、傅杰主编:《释中国》第二卷,上海:上海文艺出版社,1998年版,第878页。

下编　夏禹神话的演变发展

第六章　西周时期夏禹神话的兴起

自司马迁在《史记·夏本纪》中对大禹传说作了"历史"性的描述之后，禹作为古代的圣王，在中国传统古史中的地位从此得以确立。但近代以来，受疑古思潮的影响，特别是顾颉刚先生"大禹是一条虫"的论断，抹杀了大禹传说及大禹文化在传统文化中的地位。近年来在"走出疑古时代"的呼声以及出土材料的不断涌现下，纠正了不少过去对古书所造成的冤假错案，这给我们重新探讨古文献记载的上古传说带来了契机。比如西周中期青铜器燹公盨的出现，就成为大禹治水传说最早的文物例证，同时说明大禹传说至少在西周初期就已经流传。在此基础上我们可以进一步讨论西周时期禹传说的主要内容、禹传说的时代特色等相关问题。

第一节　相关文献及成书年代

《尚书》中的《洪范》、《吕刑》，《逸周书》内的《世俘》、《商誓》、《尝麦》等篇都记载了禹的传说。过去对这几篇文献成书的时间普遍认为较晚，现在根据新出土材料的证明，它们的成书并没有想象中的那么晚。

《逸周书》内提到"禹"的篇章有：

《世俘》篇："籥人奏《崇禹生开》三钟终，王定。"[①]

《商誓》篇："在昔后稷，惟上帝之言，克播百谷，登禹之绩。凡在天下之庶民，罔不维后稷之元谷用蒸享。"[②]

《尝麦》篇："其在殷（启）之五子，忘伯禹之命，假国无正，用胥兴作

[①] 黄怀信、张懋镕、田旭东：《逸周书汇校集注》，上海：上海古籍出版社，2007 年版，第 429 页。该句的句读有争议，孔晁云"《崇禹》、《生开》，皆篇名"，认为《崇禹》和《生开》为两首乐名，中间需断开，陈逢衡从其说。刘师培主张《崇禹生开》为一首乐名，其云："籥人奏崇禹生开三终，孔注《崇禹》、《生开》皆篇名。案'崇禹'即夏禹，犹鲧称崇伯也。开即夏启。《崇禹生开》当亦夏代乐舞，故实即禹娶涂山女生启事也，孔云皆篇名似非。"（转引自《逸周书汇校集注》第 429 页）笔者从刘师培说。

[②] 黄怀信、张懋镕、田旭东：《逸周书汇校集注》，上海：上海古籍出版社，2007 年版，第 452～453 页。

乱,遂凶厥国。皇天哀禹,赐以彭寿,思正夏略。"①

《商誓》篇一般认为是西周初期作品。李学勤先生即说该篇"确信系周初之作",《商誓》篇的"重要性绝不下于《尚书》中的周初各篇,它或许正是删《书》之余"②。《世俘》篇的成书,前文已述及,亦当作于周初。③《尝麦》篇稍晚一些,李学勤先生认为《尝麦》篇中的文字很多地方类似西周较早的金文,且引述的黄帝、蚩尤以及启之五观等故事,与《吕刑》穆王讲蚩尤作乱、苗民弗用灵可以相呼应,据而推断,"《尝麦》有可能是穆王初年的作品"④。

《尚书》中论及禹的时代较早的篇章主要有:

> 《立政》:"周公曰:'其克诘尔戎兵,以陟禹之迹。方行天下,至于海表。'"⑤
>
> 《洪范》:"鲧陻洪水,汩陈其五行,帝乃震怒,不畀洪范九畴,彝伦攸斁。鲧则殛死,禹乃嗣兴,天乃锡禹洪范九畴,彝伦攸叙。"⑥
>
> 《吕刑》:"禹平水土,主名山川。"⑦

《立政》中的"禹迹",伪孔传谓"禹治水之旧迹"。程元敏先生认为:"此记禹治水今存最早文献,距今约三千年,出周公口,为当日档案,其说确切可信。"⑧关于《立政》篇的成书年代,顾颉刚起初认为决是东周间的作品⑨,后来又有所修订,说:"如果《立政》篇确是西周传下来的,那么这里所记的当

---

① 黄怀信、张懋镕、田旭东:《逸周书汇校集注》,上海:上海古籍出版社,2007 年版,第 736～737 页。
② 李学勤:《商誓篇研究》,《古文献丛论》,上海:上海远东出版社,1996 年版,第 85 页。
③ 裘锡圭:《谈谈地下材料在先秦秦汉古籍整理工作中的作用》,《古代文史研究新探》,南京:江苏古籍出版社,1992 年版,第 47 页。
④ 李学勤:《尝麦篇研究》,《古文献丛论》,上海:上海远东出版社,1996 年版,第 94 页。刘起釪先生亦认为《尝麦》篇"保存了西周原有史料,其文字写定可能在春秋时……《尝麦》为成王亲政后的纪录文献",见《尚书学史》(订补本),北京:中华书局,1989 年版,第 96 页。
⑤ [清]阮元校刻:《十三经注疏·尚书正义》(清嘉庆刊本),北京:中华书局,2009 年版,第 495 页。
⑥ [清]阮元校刻:《十三经注疏·尚书正义》(清嘉庆刊本),北京:中华书局,2009 年版,第 397～398 页。
⑦ [清]阮元校刻:《十三经注疏·尚书正义》(清嘉庆刊本),北京:中华书局,2009 年版,第 528 页。
⑧ 程元敏:《天命禹平治水土》,《上博馆藏战国楚竹书研究续编》,上海:上海书店出版社,2004 年版,第 312 页。
⑨ 顾颉刚:《论今文尚书制作时代书》,《古史辨》第一册。陆懋德先生在《评顾颉刚〈古史辨〉》,就已经指出《尚书》中的《立政》、《吕刑》等篇已经提及"禹",年代早于西周中叶(顾先生当时则认为《吕刑》是穆王晚期的作品),陆懋德文载《古史辨》第二册。

然可以实定为周初官制。"①刘起釪先生通过对《立政》篇主体内容的考证
认为它只能是周初的,并进而论说:"《立政》篇原是周公亲口所讲,史臣当
时所记的原有《书》篇。纵使有一些文字受了后来影响,并不影响其原篇的
真实性。"②这和程元敏先生的观点不谋而合。即便从文体上来讲,此篇以
"周公若曰"开首,下用"周公曰呜呼"一次,续用"呜呼"四次,又用"周公若
曰"结尾③,虽多更端别起,但前后之间自有条贯,与西周诸书如《大诰》、
《康诰》、《酒诰》、《洛诰》等同例,其为周初文献不容怀疑。

　　《洪范》的成书年代问题向来意见不一,《书序》言:"武王胜殷,杀受,立
武庚,以箕子归。作《洪范》。"认为是西周作品,郭沫若④、金景芳⑤等人均
持此意见,但在古史辨派疑古思潮影响下,学者认为《洪范》的成书要偏晚。
如刘节《洪范疏证》认为:"其著作时代当在秦统一中国之前,战国之末。"⑥
刘氏此文影响很大,学界多有响应。童书业先生则认为成书于战国初
期⑦,陈梦家认为成书不早于战国⑧。刘起釪先生的《〈洪范〉成书时代考》
对《洪范》晚出说做了反驳,认为《洪范》原本虽出于商末,但从西周到春秋
战国,不断有人给它增加若干新内容⑨。继刘起釪之后,李学勤先生结合
金文亦做了深入的探讨。他先是在《帛书〈五行〉与〈尚书·洪范〉》一文中
通过对《叔多父盘》中的西周官职的考察,认为其中的"辟王"、"卿事(士)"、

①顾颉刚:《周公制礼的传说和〈周官〉一书的出现》,《文史》第 6 辑,北京:中华书局,1979 年,第
　1~4 页。
②顾颉刚、刘起釪:《尚书校释译论》第四册,北京:中华书局,2005 年版,第 1708 页。
③钱穆:《〈西周书〉文体辨》,《中国学术思想史论丛》(一),北京:三联书店,2009 年版,第 167 页。
④郭沫若说:"《洪范》这一篇,……即使不是箕子所做,但也不会是东周以后的儒者所假造。"见其
　《中国古代社会研究》,北京:人民出版社,1964 年版,第 113 页。郭沫若后来又认为《洪范》为战
　国时代的儒家所假托,可能是出自子思或其门下,见该书"补注六"。
⑤金景芳先生说:"尽管在文字上有些讹夺,例如'王极'误为'皇极'等等,但认定它为西周的作品
　是不容怀疑的。"见其《西周在哲学上的两大贡献——〈周易〉阴阳说和〈洪范〉五行说》,载《古史
　论集》,济南:齐鲁书社,1981 年版,第 176 页。
⑥刘节:《洪范疏证》,《古史考存》,北京:人民出版社,1958 年版,第 14 页。刘氏此文影响很大,最
　初发表于 1928 年 1 月出版的《东方杂志》上,后又收入《古史辨》第五册。
⑦童书业《五行说起源的讨论》举出六条证据证明《洪范》为战国初期的作品,见《古史辨》第五册,
　海口:海南出版社,2005 年版,第 389~390 页。
⑧陈梦家:《尚书通论》,北京:中华书局,2005 年版,第 108 页。
⑨刘起釪:《〈洪范〉成书时代考》,《中国社会科学》1980 年第 3 期,第 155 页。

"师尹"恰与《洪范》相合,证明"《洪范》肯定是西周时代的文字"①。后来又在《叔多父盘与〈洪范〉》一文中对此问题进一步详细阐释,认为"《洪范》为西周作品是完全可能的"②。

　　裘锡圭先生在释读燹公盨铭文一些词语时,即多以《洪范》为背景,如铭文"畴方"之"方"可训为"法","洪范"义即大法,《洪范》有"九畴(类)"大法。铭文"设正",即设立五行之官,《洪范》九畴将"五行"亦列为第一畴,可见五行的重要性。铭文"成父母,生我王",是说天为下民生王,作民之父母,与《洪范》"曰天子作民父母,以为天下王"相合。最后指出在铸造燹公盨的时候(大概是恭、懿、孝时期),"《洪范》已是人民所熟悉的经典了,由此看来,《洪范》完全有可能在周初就已基本写定"③。

　　《吕刑》向来以为是周穆王时期的作品。顾颉刚先生在《论今文尚书著作时代书》中将《吕刑》与《盘庚》、《大诰》等十三篇归为一组,认为"在思想上,在文字上,都可信为真"④。但也有学者认为其晚出。郭沫若根据《吕刑》有"绝地天通"语,而地与天配的观念是后起之事,所以认为《吕刑》"非实录矣"⑤。钱穆先生认为"自晋人铸刑鼎以后一百年,而有李悝之六篇《法经》。传及商鞅,渐次确定了一个法治之雏形。到后才有一辈学者运其理想,用《周官》,作《吕刑》,始有二千五百条乃至三千条等第之刑律之想象,此始近情实也",他还进而指出"《吕刑》亦是一篇晚出书也"⑥。近有晁福林先生甚至认为其写定的时代当在郭店简以后,"其最后写定者可能属于战国后期齐国的法家学派"⑦。我们认为《吕刑》篇的成书虽不早至穆王时期,但也不可能晚至战国时期。

　　从其所用语辞来看,可与西周文献相印证,如《吕刑》"上帝监民,罔有

①李学勤:《帛书〈五行〉与〈尚书·洪范〉》,《李学勤集》,哈尔滨:黑龙江教育出版社,1989年版,第170页。

②李学勤:《叔多父盘与〈洪范〉》,《中国古代文明研究》,上海:华东师范大学出版社,第105页。

③裘锡圭:《燹公盨铭文考释》,《中国历史文物》2002年第6期,第23～24页。但是,裘先生为谨慎起见,说:"不过我们无法保证,在《洪范》与燹公盨铭无关的内容中,一定不会有后来羼入的东西,也不敢说我们对盨铭的释读不会有错误。所以对《洪范》的时代问题,还没有到下最后结论的时候。"

④顾颉刚:《论今文尚书著作时代书》,《古史辨》第一册,海口:海南出版社,2005年版,第171页。

⑤郭沫若:《金文丛考》,北京:人民出版社,1954年版,第32页。

⑥钱穆:《周官著作时代考》,《两汉经学今古文平议》,北京:商务印书馆,2001年版,第379页。

⑦晁福林:《郭店楚简〈缁衣〉与〈尚书·吕刑〉》,《史学史研究》2002年第2期,第26页。

馨香德"一语。"监民"即监民之德,与爨公盨铭文"监德"义同。《高宗肜日》"天监下民",《大雅·大明》"天监在下"说的也是监民之德。"罔有馨香德"是说民没有馨香之德。关于"馨香德",《酒诰》有"弗惟德馨香祀登闻于天",狱簋铭:"其日夙夕用厥馨香敦祀于厥百神,亡(罔)不正,爨(芬)垄(芳)馨香,则登于上下。"讲的都是祭祀者必须有馨香之德,祭品之馨香才能登闻于神或上帝。①

另外,《吕刑》所载神话传说较为原始,亦可见其成书较早。如《吕刑》以伯夷、禹、稷为上帝所命之三后,云"三后成功,惟殷于民"。"三后"、"二后"亦见于《诗经》:《大雅·下武》"三后在天,王配于京"②;《周颂·昊天》"昊天有成命,二后受之"③。而新见清华简《厚父》中亦两次出现"三后",而《厚父》很可能是一篇周初的文献。可见"三后"一词当是西周的常用语。

再如《吕刑》讲述的重黎绝地天通的故事,《国语·楚语下》④也有记载,不过在《吕刑》中命重黎的是皇帝,而不是颛顼,"皇帝"即上帝,可见《吕刑》所记是较早的传说。重黎在《吕刑》中应是一人,而在《楚语》中则明显是两人,重司天,黎司地。亦见神话传说之分化。

通过以上对几篇文献成书年代的讨论,我们可知西周时期已经有不少文献开始记载禹的传说。

第二节　西周时期大禹传说的主要内容

西周时期的大禹传说主要记载在《诗经》、《尚书》、《逸周书》内的个别篇章中。其主要内容有三个方面:其一,是禹治水传说,禹"甸山"、"敷土"、"平水土"、"名山川"、"随山濬川"等;其二,是周人多言住在"禹绩"上;其三,由禹涉及鲧、启的传说。

---

①参看裘锡圭《狱簋铭补释》,《安徽大学学报》(哲学社会科学版)2008年第4期,第1~7页。
②[清]阮元校刻:《十三经注疏·毛诗正义》(清嘉庆刊本),北京:中华书局,2009年版,第1131页。毛传云:"三后,大王、王季、文王也。王,武王也。"
③[清]阮元校刻:《十三经注疏·毛诗正义》(清嘉庆刊本),北京:中华书局,2009年版,第1266页。毛传云:"二后,文武也。"
④《国语·楚语下》:"颛顼受之,乃命南正重司天以属神,命火正黎司地以属民,使复旧常,无相侵渎。是谓绝地天通。"

一、禹平水土

从有关文献语句来看,描述禹治水传说的主要词例是"甸山"、"敷土"、"平水土"、"随山濬川"。

甸山:

> 《诗经·小雅·信南山》:"信彼南山,维禹甸之。"①
>
> 《大雅·韩奕》:"奕奕梁山,维禹甸之。"②

敷土、随山濬川:

> 《诗经·商颂·长发》"濬哲维商,长发其祥,洪水茫茫,禹敷下土方。"③
>
> 《大雅·文王有声》:"丰水东注,维禹之绩。"④
>
> 《燹公盨》:"天命禹敷土,堕山濬川,乃嫷(畴)方设征(正)。"
>
> 《尚书·禹贡》:"禹敷土,随山刊木,奠高山大川。"⑤

平水土、主名山川:

> 《尚书·吕刑》:"禹平水土,主名山川。"⑥

燹公盨铭文讲禹敷土用"堕山"的方法,"堕山"其实就是《国语·周语下》太子晋讲的"堕高堙庳"。"堕山"在《禹贡》里改为了"随山",《史记·夏本纪》作"行山"。之所以会发生这种变化,与禹治水传说的演变有关,在早期的治水传说中鲧禹主要用"堙"的方法,晚期则是禹用疏导、鲧用堙塞的方法。

禹用濬川、堕山、甸、敷等方式排除了水患,得到了土地。从这些词句来看,在西周以至春秋时期,人们传颂的主要是禹的敷土之功,所以又有"禹迹"之说。另外,值得注意的是,过去顾颉刚先生认为"禹疏水之说开始盛倡于《墨子》"⑦,但是燹公盨铭文说"禹濬川","濬"为"睿"之古字,《说

---

① [清]阮元校刻:《十三经注疏·毛诗正义》(清嘉庆刊本),北京:中华书局,2009 年版,第 1010 页。
② [清]阮元校刻:《十三经注疏·毛诗正义》(清嘉庆刊本),北京:中华书局,2009 年版,第 1229 页。
③ [清]阮元校刻:《十三经注疏·毛诗正义》(清嘉庆刊本),北京:中华书局,2009 年版,第 1350 页。
④ [清]阮元校刻:《十三经注疏·毛诗正义》(清嘉庆刊本),北京:中华书局,2009 年版,第 1134 页。
⑤《禹贡》的成书年代可能在西周后期,在流传过程中不断掺入后代的东西。
⑥ [清]阮元校刻:《十三经注疏·尚书正义》(清嘉庆刊本),北京:中华书局,2009 年版,第 528 页。
⑦ 顾颉刚、童书业:《鲧禹的传说》,《古史辨》第七册,海口:海南出版社,2005 年版,第 586 页。

文》训"睿"为"深通川也"①，深通川也就是疏导大川。《大雅·文王有声》也说："丰水东注，维禹之绩"，禹使丰水东注，亦是疏导丰水的意思。② 但是在西周时期禹疏导治水的传说还不是很盛行。到战国时期，由于出现了疏水灌溉的方法，"禹疏水"传说大盛，并逐渐夸大禹治水的能力，大禹"治水"传说由此盛行起来。如《墨子·兼爱中》所言：

> 古者禹治天下，西为西河、渔窦，以泄渠孙皇之水；北为防原泒，注后之邸，嘑池之窦，洒为底柱，凿为龙门，以利燕、代、胡、貉与西河之民；东方漏之陆，防孟诸之泽，洒为九浍，以楗东土之水，以利冀州之民；南为江、汉、淮、汝，东流之，注五湖之处，以利荆、楚、干、越与南夷之民。③

顾颉刚已指出，这里所谓"泄"、"注"、"洒"、"凿"、"漏"、"流"等等都是"疏"的方法。而且疏导的河流甚多、地域甚广。

上引燹公盨铭文特别值得重视，首起几句话，基本涵盖了禹治水传说的主要内容，可与西周文献互证。同时亦可以与《皋陶谟》相发明，《皋陶谟》（今本《益稷》）中有一段文字：

> 禹曰：洪水滔天，浩浩怀山襄陵，下民昏垫。予乘四载，随山刊木，暨益奏庶鲜食。予决九川距四海，濬畎浍，距川。④

这里描写了洪水的气势，又出现了"九川"、"四海"，这些均不见于上述文献。很明显《皋陶谟》这一文本的生成应是在上述传说基础上的重新创作，这也再次证明了《皋陶谟》的成书是比较晚的，燹公盨为西周中期器，那么可以肯定的是《皋陶谟》的成书至少要晚于西周时期。

值得注意的是，此时期禹治水的传说非常简单，没有禹画九州的传说，也没有治水的区域、先后、时间等内容。但在治水方法上却有所透漏，即没有堵与疏的区别，为了取得土地禹与鲧一样可能都用了埋填的方法，禹疏导治水的说法开始兴起。

---

① ［汉］许慎撰，［宋］徐铉校定，愚若注音：《注音版说文解字》，北京：中华书局，2015 年版，第 240 页。
② 参看裘锡圭《燹公盨铭文考释》，《中国出土古文献十讲》，上海：复旦大学出版社，2004 年版，第52 页。
③ ［清］孙诒让：《墨子间诂》，《孙诒让全集》本，北京：中华书局，2009 年版，第 107～111 页。
④ ［清］阮元校刻：《十三经注疏·尚书正义》（清嘉庆刊本），北京：中华书局，2009 年版，第 296 页。

另外《楚辞·天问》中亦有鲧禹治水的传说:"伯禹腹鲧,夫何以变化?纂就前绪……洪泉极深,何以寊之,地方九则,何以坟之?"①楚地文献《天问》和《山海经》虽成书较晚,但它们记载的故事却很早,其中鲧禹治水故事在西周以前的中原文献《诗》、《书》的有关篇章中都可找到渊源线索。《天问》"纂就前绪"即《洪范》"嗣兴";"寊"即"填","坟"训为"高"。大禹继承鲧的功业,把极深的洪泉填平了,把"方九则"的地弄高了。

二、禹迹及鲧、禹、启的传说

西周文献中多有"禹迹"、"禹之绩",并说"陟禹之迹"(《尚书·立政》),"登禹之绩"(《逸周书·商誓》),"设都于禹之绩"(《诗经·商颂·殷武》)。所以,裘锡圭先生说:"古人将大地称为'禹之迹'、'禹迹'、'禹之绩''禹之堵',就是以禹敷土的传说为主要背景的。"②关于禹迹的详细论述参见上编第三章第三节。

《洪范》既然有可能是成书于西周初期的文本,那么《洪范》中的"昔鲧陻洪水,汩陈其五行,帝乃震怒,不畀洪范九畴,彝伦攸斁。鲧则殛死,禹乃嗣兴,天乃锡禹洪范九畴,彝伦攸叙"这段话就要重新看待:

一是,鲧、禹确是成了神话中的人物,或者他们是具有神性的人,因为他们的兴、殛都跟天帝有关系,而不是人帝。舜(或尧)殛鲧兴禹的传说当是后起的。《山海经·海内经》亦言"帝令祝融杀鲧于羽郊","帝乃命禹卒布土以定九州",杀鲧命禹的也是"帝"。由此亦可知《山海经》或本于《洪范》,或与《洪范》是一个系统的传说,二者有更早的来源。

二是,鲧陻洪水,汩陈其五行,只是禹被殛的一个罪状,而且罪状的重点是其弄乱了五行,"帝乃震怒"。并不是说他治水失败,更没有说他是因为"堙"而致失败。到了《山海经》里,鲧被杀也是因为"窃帝之息壤以堙洪水,不待帝命"(《海内经》)。这是早期鲧的传说。《山海经》的成书年代虽然较晚,但其中较多地保存了非常原始的神话传说内容。

三是,《洪范》中所描述的主人公是禹,而且叙事的核心是禹得到了洪范九畴。

---

① [宋]洪兴祖:《楚辞补注》,北京:中华书局,1983 年版,第 90 页。
② 裘锡圭:《燹公盨铭文考释》,《中国出土古文献十讲》,上海:复旦大学出版社,2004 年版,第 49 页。

《逸周书》中两篇文献亦有关于禹启的传说。《世俘》篇："籥人奏《崇禹生开》三钟终，王定。"①"开"即"启"，后人因避讳而改。《崇禹生启》虽为乐名，但反映了禹启的父子关系。《尝麦》篇："其在殷（启）之五子，忘伯禹之命，假国无正，用胥兴作乱，遂凶厥国。皇天哀禹，赐以彭寿，卑正夏略。""五子"，启的五个儿子，《古文尚书》有《五子之歌》，一说五观，《国语·楚语》："启有五观"，韦昭注："五观，启子，太康昆弟也。"全句意思是说太康在位时，夏启的儿子五观忘了大禹的训诫，把国政假借给他人，没有大正，因此国人相率起来作乱，致使国家遭受凶乱。上天哀怜大禹，赐给彭伯寿机会，使他安定夏朝疆土。② 这段话讲述了夏初太康时，五子（五观）作乱，上天命彭寿平叛的重要史实，可以和《今本竹书纪年》"（帝启）十五年，武观以西河判，彭伯寿帅师征西河，武观来归"相参看③。

三、禹的神职

古代传说人物的"事迹"哪些是神话哪些是传说，往往不容易区分，但如果从时间上将其分为生前和死后两部分，或许能有些帮助。比如后稷生前有功于稼穑，死后而为稷神，成为周人的始祖；如关羽，生前自有一番武功，死后被尊为"武神"，后又成为财神。禹亦如此，其生前有诸多传说本事，死后先为山川神主，后又为社神。

顾颉刚、童书业的《鲧禹的传说》一文里也专有一节"禹的神职"，但他们的"神职"与本文的论述不同。顾先生认为禹本为天神，没有生前、死后之别。而我们认为禹是人，具有神性，死后成为神，才有了神职。在西周金文里，器主多对自己的祖先称"神"，有"皇神"、"文神"、"大神"、"百神"等不同的称呼。禹死以后成为祭祀的对象也会被称为"神"，由于禹生前的功绩甚大，死后更应该有一定的神职。

禹为了平水土，曾敷土、堕山、甸山、濬川，这样一来必然出现新的山川，为了区分就要给它们起一个名字。这就是《吕刑》中所说的："禹平水

---

① 黄怀信、张懋镕、田旭东：《逸周书汇校集注》，上海：上海古籍出版社，2007年版，第429页。
② 参看黄怀信《逸周书校补注译》，西安：三秦出版社，2006年版，第294～296页。
③ 王国维：《今本竹书纪年疏证》，载方诗铭、王修龄《古本竹书纪年辑证》（修订本），上海：上海古籍出版社，2005年版，第214页。

土,主名山川。"孔传言:"禹治洪水,山川无名者主名之。"①"主名"即负责命名,"主"是副词。但顾颉刚先生认为:"'主名山川'乃是主领名山川,为名山川之神;'主'是动词,不是副词。"②由此而认为禹在西周时期是山川之神,并引《左传·桓公六年》桓公问名为证。"主"是否就是"主领、神主"的意思呢?《左传·桓公六年》桓公问名于申繻,申繻对曰:"名有五……不以山川……以山川则废主。"③"废主"究为何意,杜预注说是"改其山川之名。"很明显,"主"就是"名",而不是"神主",意即说如果以山川之名作为国君的名字,由于避讳就要更改山川之名。申繻还举了例子:"先君献、武废二山。"献公名具,武公名敖,因为避讳,废除具、敖二山之名,以乡名改为山名。所以,《吕刑》所言"主名山川"当以孔传解之,禹平水土,敷土甸山,然后给新的山川命名。这样讲起来才顺理成章。当然,禹后来确实被尊为山川神主(只是时间上为禹死之后),但不能据《吕刑》"主名山川"而认为禹是山川之神。

《国语·鲁语下》说:"山川之灵,足以纪纲天下者,其守为神。"韦昭注曰:"山川之守,主为山川设者也。足以纪纲天下,谓名山大川,能兴云致雨,以利天下也。"④由此可见,古代确有"神"负责守山川,以兴云致雨,以利天下。《礼记·祭法》也说:"山林川谷丘陵能出云,为风雨,见怪物,皆曰神。"⑤因此天子要祭天下名山大川,以期风调雨顺,国泰民安,《尧典》里就有舜柴祭泰山望秩山川诸神的记载。

那么负责守山川的"神"到底是人还是鬼神?《史记·封禅书》言:"自五帝以至秦,轶兴轶衰,名山大川或在诸侯,或在天子,其礼损益世殊,不可胜记。及秦并天下,令祠官所常奉天地名山大川鬼神可得而序也。"⑥秦始皇亦曾东游海上,行礼祠名山大川及八神。可知山川之神皆鬼神。《墨子·明鬼下》亦将"山水鬼神"列为"古今之鬼"之一类,其他两类为天鬼和

①[清]阮元校刻:《十三经注疏·尚书正义》(清嘉庆刊本),北京:中华书局,2009年版,第528页。

②顾颉刚:《讨论古史答刘胡二先生》,《古史辨》第一册,海口:海南出版社,2005年版,第113页。

③[清]阮元校刻:《十三经注疏·春秋左传正义》(清嘉庆刊本),北京:中华书局,2009年版,第3801～3803页。

④徐元诰集解:《国语集解》,北京:中华书局,2002年版,第202页。

⑤[清]阮元校刻:《十三经注疏·礼记正义》(清嘉庆刊本),北京:中华书局,2009年版,第3445页。

⑥[汉]司马迁:《史记》卷二十八,北京:中华书局,1959年版,第1371页。

人鬼（人死而为鬼）。禹生前一辈子与山川打交道，所以死后就成了山川神主①，这是有可能的。《史记·夏本纪》说："禹……为山川神主。"《大戴礼记·五帝德》："（舜）使禹敷土，主名山川，以利于民；……为神主。"②《墨子·明鬼下》一段话也可作为旁证：

> 然则姑尝上观乎《商书》，曰："呜呼！古者有夏，方未有祸之时，百兽贞虫，允及飞鸟，莫不比方。矧佳人面，胡敢异心？山川鬼神，亦莫敢不宁。若能共允，佳天下之合，下土之葆。"察山川鬼神之所以莫敢不宁者，以佐谋禹也。③

顾颉刚言："山川鬼神都是禹的佐谋，禹不是山川鬼神之主又是什么呢？——人话里面又保存了一些神话的遗迹。"④

禹有了死后为山川神主的神话，便不难解释《国语》中禹致群神的神话。《国语·鲁语下》：

> 昔禹致群神于会稽之山，防风后至，禹杀而戮之，其骨节专车。⑤

禹是山川的主神，所以能够召会群山之神。而这一神话的来源，实际上是将"禹合诸侯"传说与"禹为山川神主"神话拼凑演绎出来的。《左传·哀公七年》所记"禹合诸侯于涂山，执玉帛者万国"⑥的传说正是这一神话的内核，是早于"禹致群神"神话的史实素地。先有史实素地（传说）然后才有神话故事之敷演，这是我们不同于顾颉刚先生的主要地方，顾颉刚先生则主张是先有神话，然后才有传说，传说都是从神话中分化演变出来的。所以顾颉刚对于这则神话的解释是："战国人理智发达，他们最喜欢把原有的神话用人情去解释……所以'禹致群神'他们也就解作'禹合诸侯'了。"这正与我们的解释相反，我们认为是先有"禹合诸侯"，然后在禹死为山川神主观念的影响下才有了"禹致群神"的神话。至战国时期，由于诸子理性的开

---

①这是笔者不同于顾颉刚先生观点的地方。顾颉刚先生认为禹是神，禹生前即为山川神主（或根本没有生前、死后之分），而我们认为禹是人，死后为山川神主。

②方向东：《大戴礼记汇校集解》，北京：中华书局，2008 年版，第 718、729 页。

③［清］孙诒让：《墨子间诂》《孙诒让全集》本，北京：中华书局，2009 年版，第 239～240 页。

④顾颉刚、童书业：《鲧禹的传说》，《古史辨》第七册，海口：海南出版社，2005 年版，第 581 页。

⑤徐元诰集解：《国语集解》，北京：中华书局，2002 年版，第 202 页。

⑥［清］阮元校刻：《十三经注疏·春秋左传正义》（清嘉庆刊本），北京：中华书局，2009 年版，第 4697 页。

发及史学意识的萌生，又把神话和传说历史化了，于是在《韩非子·饰邪》里这则神话就变成"禹朝诸侯之君会稽之上，防风之君后至而禹斩之"了。顾颉刚只看到了神话历史化，殊不知神话并不是凭空而来的，神话是在史实素地的基础上形成的。

山川神主是一个什么职务？《淮南子·氾论》说"禹劳天下而死为社，后稷作稼穑而死为稷"，《史记·封禅书》也说"自禹兴而修社祀，后稷稼穑，故有稷祠"[①]。顾颉刚认为山川神主就是社神，因为《说文》解"社"为"地主也"，山川都是附属于土地上的，而社神即是土神，所以为山川神主。

第三节　"天命观"叙事语境下的禹

关于禹受天命，燹公盨铭文言"天命禹"，据此，裘锡圭先生肯定了顾颉刚关于禹在西周是有神性的论断。那么禹的这种神性的来源在哪里？我们认为和西周天命观的盛行有关。《诗经》、《尚书》、金文中有大量"天命……"的记载，所以禹的神性其实是在天命观的范畴里的。禹在西周人观念里的神性是在西周神权政治——天命思想与政治联姻的背景下产生的。

一、天命观：天的神圣性

天空的不可企及，象征着无限的超越和绝对的真实以及永远的存在，这种朴素的对神圣天空的关注便引起了一种宗教的体验。所以，原始民族的许多至上神都用表示高远的词语来命名。比如新西兰毛利人的至上神名叫伊荷(Iho)。伊荷的意思是"高的"，"向上的"；阿克婆索(Akposo)黑人的最高神祇尤乌鲁乌(U woluwu)所表示的意思即是"住在高处的、在上面居住的"；非洲西海岸几内亚湾一带的约鲁巴人的天空之神的名字是欧罗伦(Olorun)，其字面的意思即是"天空的主人"；阿伊努人认为其最高神为"天上的神圣首领"，"天空之神"，"神界的神圣创造"。[②] 此种事例还有很多。在德拉瓦尔人的战歌中通过向天上的神灵祈祷胜利：

---

①〔汉〕司马迁：《史记》卷二十八，北京：中华书局，1959年版，第1357页。

②〔罗马尼亚〕米尔恰·伊利亚德：《神圣与世俗》，王建光译，北京：华夏出版社，2002年版，第64页。

　　　　噢,天上的大神灵,

　　　　关怀我的孩子

　　　　和我的妻子吧!

　　　　在这一事业中我定能成功,

　　　　我能够杀死敌人,

　　　　并将胜利的功章带回家中,

　　　　带给亲爱的家庭和我的朋友们,

　　　　我们能够一同高兴……

　　　　请慈爱我,保护我的生命,

　　　　我将给你上供。[①]

这种对天的祈祷,"即使它不能达到意欲的实际目的,即使它不能实现人的希求,它也教会了人相信他自己的力量——把他自己看成是这样一个存在物:他不必只是服从于自然的力量,而是能够凭着精神的能力去调节和控制自然力"[②]。正是对这些仪式的履行才给人以一种新的力量感——他的意志力和活力。

　　正是因为"天"具有如此的神圣性,所以,中国上古时代人们对神秘的"天"有着特殊的情感,商代、周代无不如此。

　　《尚书·商书》里可窥探商代的天命思想。盘庚迁都是天的安排,《盘庚》:"天其永我命于兹新邑。"范文澜曾说"《盘庚》三篇是无可怀疑的商朝遗文"。[③]《汤誓》说:"有夏多罪,天命殛之。""夏氏有罪,予畏上帝,不敢不正。"由于对上帝的敬畏所以才征伐有夏。《诗经·商颂》也有"天命玄鸟,降而生商"的诗句。"天"的观念在商人那里已经很明显了。

　　《尚书·西伯戡黎》中祖伊和商纣王的对话最能代表商人的天命思想:

　　　　西伯既戡黎,祖伊恐,奔告于王。曰:"天子!天既讫我殷命。格人元龟,罔敢知吉。非先王不相我后人,惟王淫戏用自绝。故天弃我,不有康食。不虞天性,不迪率典。今我民罔弗欲丧,曰:'天曷不降威?'大命不挚,今王其如台?"王曰:"呜呼!我生不有命在天?"祖伊反

---

①〔英〕泰勒:《原始文化》,连树声译,桂林:广西师范大学出版社,2005年版,第693页。

②〔德〕恩斯特·卡西尔:《人论》,甘阳译,上海:上海译文出版社,2004年版,第129页。

③范文澜:《中国通史简编》(修订本),北京:中华书局,1972年版,第114页。

曰:"呜呼! 乃罪多参在上,乃能责命于天? 殷之即丧,指乃功,不无戮于尔邦!"①

清华简《耆夜》开首云:"武王八年,征伐耆,大戡之。"②"耆",传世文献也写作"黎"。简文与《西伯戡黎》所记为同一件事,这也证明了《尚书》中的这篇文献的可靠性。祖伊的言语中"天既讫我殷命"、"天弃我"、"天曷不降威","天"能降威弃殷。但又认为天降威是有原因的,不能"责命于天",主要在纣王"乃罪多",商王却认为自己"有命在天"。很好地反映了商人对于天命的信仰。

在商代的甲骨卜辞和金文中,虽然商人常称至上神为帝或上帝,从不称"天",但不能否认商人有天神崇拜。③ 商人的国家大事包括祭祀、战争、田猎、饮宴、收成、行旅等事,都要有贞人占卜,龟甲的裂痕代表天意,判定吉凶决定是否从事某项活动。所以,在商人的心目中,"天神上帝是个主宰着天上、人间一切事物的至上神,它有着至高无上、威力无比的权能:它主宰着自然界的气象变化,……它支配着商人的农业生产,……它左右着商人城邑的建设和安危,左右着商王的福祸;它还左右着商王战事的胜负"④。对于上帝,商人只有服从,商人的生产、生活、战争、祭祀等无不由上帝来决定。

周人的天命观比商人有了更丰富的内涵,商人的天命信仰中还不含有伦理的内容,而周人的天命思想里已经有了确定的道德内涵⑤,在《尚书·周书》中随处可见周人的天命观,在西周初期"天命观"的道德内涵还不是很明显,如《牧誓》是武王伐纣之誓词,当为西周早期著作⑥,该篇中说:"今商王受,惟妇言是用,昏弃厥肆祀弗答……今予发惟恭行天之罚。"虽没有明确提出"德"之概念,但却列举了商王受的"不德"罪行。逮至周公摄政以后,道德内涵逐渐丰富。如《康诰》记载了周公的"德治"思想,是周人天命

①[清]阮元校刻:《十三经注疏·尚书正义》(清嘉庆刊本),北京:中华书局,2009 年版,第 374~375 页。
②李学勤主编:《清华大学藏战国竹简》(壹),上海:中西书局,2010 年版,第 150 页。
③常玉芝:《由商代的"帝"看所谓"黄帝"》,《文史哲》2008 年第 6 期,第 36 页。
④常玉芝:《由商代的"帝"看所谓"黄帝"》,《文史哲》2008 年第 6 期,第 43 页。
⑤陈来:《古代宗教与伦理——儒家思想的根源》,北京:三联书店,2009 年版,第 183 页。
⑥20 世纪 70 年代出土的《利簋》,铭文"征商,惟甲子朝……"与《牧誓》文相合。

思想具有道德内涵的最主要体现。明确提出了"明德慎罚"、"敬天保民"的主张。①

周人天命中的"德"的观念,是中国古代宗教思想发展的一个里程碑,为以后儒家人文主义思想的发展奠定了基础。燹公盨为什么会说禹"降民监德",而且一再强调德的重要性,也就不言而喻了。

二、"天命禹":禹的神性与人格

在总结了夏商周的天命思想后,我们就要关注在"天命观"下的禹的传说。

近年发现的燹公盨中有"天命禹敷土,随山濬川"的文字,对于铭文中的"天",有学者认为"天"是天神上帝,所以,铭文中的禹就具有天神性;还有学者认为"天"即帝舜,所以禹为人王。裘锡圭先生认为这一记载可以支持顾颉刚先生的禹为神性的说法:

> 在上古传说中,禹本具有神性,是上帝派到下界来平抑洪水、整理大地的。这在上世纪 30 年代顾颉刚、童书业所写的《鲧禹的传说》一文中,已经说得很清楚了。②

在《鲧禹的传说》里,顾颉刚和童书业认为鲧禹是神而不是人:"鲧禹既都是天神(或许是人变成的),那末他们的神职也不能不一讨论","禹是名山川的主神","我们以为这便是社神"。③ 其实"天命禹敷土"只能说明禹的神性,并不能说明禹就是神,禹应该是一个具有神性的人。因为"天"不仅可以命禹,也可以命文王、武王,文王、武王是神吗? 因此,燹公盨中的"天命禹"并不能支持"禹是神话中的人物"这一观点。

西周时期天命思想盛行,《尚书》中有很多例子,兹不赘举。值得注意的是,周人在谈到夏代史实时亦常和"天命"相连。《召诰》:"相古先民有

---

① 《康诰》中体现德治思想的文句如:"惟乃丕显考文王,克明德慎罚;不敢侮鳏寡,……惟时怙,冒闻于上帝,帝休,天乃大命文王。殪戎殷,诞受厥命越厥邦民。""今民将在祗遹乃文考,绍闻衣德言。往敷求于殷先哲王用保乂民,……别求闻由古先哲王用康保民。宏于天若,德裕乃身,不废在王命!""呜呼! 封,敬明乃罚。""惟命不于常,汝念哉! 无我殄享,明乃服命,高乃听,用康乂民。"
② 裘锡圭:《燹公盨铭文考释》,《中国出土古文献十讲》,上海:复旦大学出版社,2004 年版,第 48 页。
③ 顾颉刚、童书业:《鲧禹的传说》,《古史辨》第七册下编,上海:上海古籍出版社,1982 年版,第152～154 页。

夏,天迪从子保,面稽天若;今时既坠厥命。"①《多方》:"洪惟天之命弗永,寅念于祀,惟帝降格于夏,有夏诞厥逸。"②《多士》:"我闻曰上帝引逸,有夏不适逸,则惟帝降格。"③夏之兴亡均与"天"、"上帝"有关。所以,禹之受天,在周人眼里亦理所当然。在周人天命观思想的影响下,"天命禹"这一神圣叙事更突显了禹的神性。显然,把"天命禹"中的"天"释为"帝舜"也是不合适的。"天"是周人观念中的天神上帝,而非帝舜。

另外,"天命禹"叙事还与西周"天命"理论的政治色彩有关,陈梦家已指出:"殷人的上帝或帝,是掌管自然天象的主宰,……人王通过先公先王或其他诸神向上帝求雨祈年,或祷告战役的胜利。"④即商代的至上神"帝"或"上帝"与人事尚无血统关系,仅为"生活上或生产上之主宰",而到了西周,其至上神"天"或"皇天"已经为"政治上之主宰"。如《诗经·大雅·皇矣》就记载了天灭商,而眷顾西周的"神圣叙事":

> 皇矣上帝,临下有赫。监观四方,求民之莫。维此二国,其政不
> 获。维彼四国,爰究爰度。上帝耆之,憎其式廓。乃眷西顾,此维
> 与宅。⑤

《诗序》云:"《皇矣》,美周也,天监代殷莫若周,周世世修德莫若文王。"此很好地揭示了此诗的政治色彩。正像学者所指出的,在这段话中,"天的命令主要关心的是人类的道德礼仪状况,天已经藉助于道德问题和人类建立了联系",同时也是"对于无所不包的规范性社会政治秩序(在其中,国王与统治阶级必须为沟通这一隔绝负起基本的责任)的需要"⑥。因此,周代的天命思想已经具有了政治意识形态,他们一再宣扬,周取代商是天的意志,所以反复强调文王、武王受命于天,维护天命的神圣性。同时他们又对天命常怀警惕之心,注重尚德慎罚,敬天爱民。

再者,在西周的话语观念里,受天命的往往是创造了伟业的先贤和将

①〔清〕阮元校刻:《十三经注疏·尚书正义》(清嘉庆刊本),北京:中华书局,2009年版,第451页。
②〔清〕阮元校刻:《十三经注疏·尚书正义》(清嘉庆刊本),北京:中华书局,2009年版,第485页。
③〔清〕阮元校刻:《十三经注疏·尚书正义》(清嘉庆刊本),北京:中华书局,2009年版,第467页。
④陈梦家:《殷虚卜辞综述》,北京:中华书局,1988年版,第580页。
⑤〔清〕阮元校刻:《十三经注疏·毛诗正义》(清嘉庆刊本),北京:中华书局,2009年版,第1117页。
⑥〔美〕本杰明·史华兹:《古代中国的思想世界》,程钢译,南京:江苏人民出版社,2004年版,第52页。

要建功立业的有抱负的人，是人而不是神。如：《尚书·君奭》："我闻在昔成汤既受命，时则有若伊尹，格于皇天。"①《多士》："惟时天罔念闻厥惟废元命，降致罚，乃命尔先祖成汤革夏俊民，甸四方。"②《君奭》："在昔上帝割申劝宁（文）王之德，其集大命于厥躬？"③《召诰》："惟王（成王）受命，无疆惟休，亦无疆惟恤。"④成汤、文王、成王都是受天命的人。禹也被认为是受天命，那么禹也应该是创造了功绩的人，而非神。

因此，在这种天命思想下，西周文献中的"天命禹"，与文王武王之受天命没有明显区别。"天命禹"赋予禹的是人格特征，而不是神格特征。至于禹传说被赋予的神话色彩——表现出禹的神性（而不是神格）——则是由其他原因造成的。

第四节　夏禹传说广为流布的原因

从《诗经》到《尚书》再到《逸周书》，西周时期的重要文献多次提到禹，春秋以后禹的传说就不仅见于文献，也见于青铜器铭文，如秦公簋、叔夷镈。如今西周中期青铜器燹公盨铭文中更是讲述了禹的传说，因此这就"更确切证明了禹其人其事盛传于西周"⑤。禹的传说之所以在西周如此广泛流布，主要有以下几方面原因：

一是，周人尊夏。周人自称"有夏"，认为与夏有渊源关系，即便周人的祖先后稷亦是"缵禹之绪"。西周早期文献中，每见周人以夏自居，如《尚书·君奭》："惟文王尚克修和我有夏。"《康诰》："用肇造我区夏。"《诗·周颂·时迈》："我求懿德，肆于时夏。"有夏、时夏好理解，"时"即"是"，是"这个"的意思。"区夏"，顾颉刚解释为："夏区，即保持夏文化的地方，周人是以夏文化继承者自居。"⑥至于周人为什么尊夏，学界作了不同的论证，有从族源上推测，有从地缘上推测，有从政治策略上阐释。要之，"周人尊夏"

①［清］阮元校刻：《十三经注疏·尚书正义》（清嘉庆刊本），北京：中华书局，2009年版，第475页。
②［清］阮元校刻：《十三经注疏·尚书正义》（清嘉庆刊本），北京：中华书局，2009年版，第467页。
③［清］阮元校刻：《十三经注疏·尚书正义》（清嘉庆刊本），北京：中华书局，2009年版，第477页。
④［清］阮元校刻：《十三经注疏·尚书正义》（清嘉庆刊本），北京：中华书局，2009年版，第450页。
⑤朱凤瀚：《燹公盨铭文初释》，《中国历史文物》2002年第6期，第34页。
⑥顾颉刚、王树民：《"夏"与"中国"》，《中国历史地理论丛》第1辑，西安：陕西人民出版社，1981年版，第7页。

已成为大家公认的事实。周人既然尊夏,必然大力弘扬传播夏文化,那么作为夏后氏之"宗"的禹的功德及传说亦必然受到周人的推崇。

二是,周民族与各区域民族间的交往必然促进文化的交流,周人所尊奉的夏文化与传说同时得以广泛的传播。西周时期民族间的交往主要表现为两种方式:一为分封所带来的民族迁徙,一为周王朝对东方各族的征伐。

西周建国,分封同姓、异姓诸侯,这样分封的诸侯王就不自觉地把周人的文化带到了自己的封地去。姜尚被封到齐国,据《史记·齐太公世家》讲,封太公于齐的目的在于建立和加强对夷人的控制。但禹的传说也间接地被姜姓带到了山东的东部。所以春秋时期的齐侯镈钟会有"禹"。

西周对东夷、南夷、淮夷的征伐一直持续到西周中晚期,金文材料中多有这样的记载。如西周初期器《小臣艅犀尊》:"佳王来正尸(夷)方。"《周公东征鼎》:"佳周公玕征伐东尸(夷)。"《䚟鼎》:"王令遣截东反夷。"《小臣言速簋》:"东夷大反白懋父;殷八师征东夷。"西周中期器《竞卣》:"惟白屖父以成师即东,命戍南夷。"《仲偁父鼎》:"周白边及仲偁父伐南淮夷。"《史密簋》:"王令师俗史密曰:东征。敆南夷卢、虎会杞夷、舟夷、藋不折,广伐东国。"西周晚期器《虢仲盨》:"虢仲以王南征伐南淮夷。"《敔簋》:"南淮夷遷殳内伐。"《兮甲盘》:"至于南淮夷。"连续的战争也间接地加速了各地区间的文化交流与传播。

况且早在夏代时,夏王朝统治者就非常重视对东夷的统治,夏文化在东夷地区有一定的历史基础。《古本竹书纪年》对夷夏交往有较详细的记载,兹录于下:

> (帝相)元年,征淮夷。二年,征风夷及黄夷。(《太平御览》卷八十二引)[1]

> 后相即位,二年,征黄夷。七年,于夷来宾。(《后汉书·东夷列传》注引)[2]

> 后少康即位,方夷来宾。(《后汉书·东夷列传》注引)[3]

---

[1]方诗铭、王修龄:《古本竹书纪年辑证》(修订本),上海:上海古籍出版社,2005年版,第6页。
[2]方诗铭、王修龄:《古本竹书纪年辑证》(修订本),上海:上海古籍出版社,2005年版,第6~7页。
[3]方诗铭、王修龄:《古本竹书纪年辑证》(修订本),上海:上海古籍出版社,2005年版,第8页。

　　柏杼子征于东海及王寿,得一狐九尾。(《山海经·海外东经》郭璞注引)①

　　后芬即位,三年,九夷来御,曰畎夷、于夷、方夷、黄夷、白夷、赤夷、玄夷、风夷、阳夷。(《太平御览》卷七百八十引)②

　　后芒即位,元年,以玄珪宾于河,东狩于海,获大鱼。(《太平御览》卷八十二引)③

　　后泄二十一年,命畎夷、白夷、赤夷、玄夷、风夷、阳夷。(《后汉书·东夷列传》注引)④

　　帝泄二十一年,加畎夷等爵命。(《通鉴外纪》卷二引)⑤

　　不降即位,六年,伐九苑。(《太平御览》卷八十二引)⑥

　　后发即位,元年,诸夷宾于王门,再保庸会于上池,诸夷入舞。(《北堂书钞》卷八十二引)⑦

鲁西至潍坊一代是夏朝的重要地区,对夷人的统治是夏代诸王的政治大事,夏朝的统治区域应包括东夷。因此李学勤先生说:“夏朝不是一个夷夏东西的问题,而是夷本身就在夏朝的范围之内。”⑧东夷本身就直接接触过夏文化,到了西周时期,由于“周人尊夏”的政治影响,以及战争等所带来的民族间的文化交流,更促进了禹传说在东夷的繁衍与流传。

　　综上,从有文字记载的文献来看,禹传说的兴起当在商末周初甚或更早。西周时期大禹传说的主要内容是“平水土、主名山川”和“禹迹”,连带涉及鲧和启的传说。受周人思想影响,大禹传说在这一时期也表现出鲜明的时代特色,大禹传说多受天命观及重德思想的影响。另外,周人尊夏,再加上西周的民族迁徙、征伐战争推动了夏文化的传播,所以西周时期大禹传说非常盛行并广泛流布。西周时期是文字记载的大禹传说的源头,后世大禹传说的繁衍流变基本都是在西周时期原初形态上的演变发展。

---

① 方诗铭、王修龄:《古本竹书纪年辑证》(修订本),上海:上海古籍出版社,2005 年版,第 8 页。
② 方诗铭、王修龄:《古本竹书纪年辑证》(修订本),上海:上海古籍出版社,2005 年版,第 9 页。
③ 方诗铭、王修龄:《古本竹书纪年辑证》(修订本),上海:上海古籍出版社,2005 年版,第 11 页。
④ 方诗铭、王修龄:《古本竹书纪年辑证》(修订本),上海:上海古籍出版社,2005 年版,第 13 页。
⑤ 方诗铭、王修龄:《古本竹书纪年辑证》(修订本),上海:上海古籍出版社,2005 年版,第 13 页。
⑥ 方诗铭、王修龄:《古本竹书纪年辑证》(修订本),上海:上海古籍出版社,2005 年版,第 13 页。
⑦ 方诗铭、王修龄:《古本竹书纪年辑证》(修订本),上海:上海古籍出版社,2005 年版,第 15 页。
⑧ 李学勤:《夏商周与山东》,《中国古代文明十讲》,上海:复旦大学出版社,2003 年版,第 202 页。

第七章 春秋时期夏禹神话的发展

春秋时期夏禹神话逐渐发展,从地域范围上看,西至秦东至齐,都有禹的神话流传。早在20世纪20年代王国维先生即举秦国的《秦公敦(簋)》齐国的《齐侯镈钟》为证,对顾颉刚否定禹的存在提出反驳。传世文献中《诗经》、《左传》、《国语》、《论语》、《逸周书》等文献中亦有禹的神话传说,另外,《墨子》的成书可能在战国初期,但其中所记载的很多神话在春秋时期都在流传。此期夏禹神话的演变还有一个明显的特点——夏禹的神性色彩逐渐减弱。

第一节 春秋时期记载夏禹神话的主要文献

春秋时期理性精神虽然较之西周大有增强,但上至王公贵族下至普通民众仍然迷信盛行,鬼神信仰浓厚。左氏传事不传义,《左传》在叙述历史事件时,为了使记事丰富引用了当时流传的很多神话传说和历史故事。如《左传》昭公七年的伯有死后变为厉鬼,郑人相互惊扰。还有晋侯梦黄熊的故事:"郑子产聘于晋,晋侯疾,韩宣子逆客,私焉,曰:'寡君寝疾于今三月矣,并走群望,有加而无瘳。今梦黄熊入于寝门,其何厉鬼也?'对曰:'以君之明,子为大政,其何厉之有? 昔尧殛鲧于羽山,其神化为黄熊,以入于羽渊,实为夏郊,三代祀之。'"①子产对梦的解释,显示出他的智慧,但客观上却为我们保存了鲧化黄熊的神话故事。

《左传》当中记载关于禹的本事共11条,为了后文叙述的方便,我们抄录于下:

> 1.《左传·庄公十一年》:"臧文仲曰:'宋其兴乎! 禹汤罪己,其兴

---

① [清]阮元校刻:《十三经注疏·春秋左传正义》(清嘉庆刊本),北京:中华书局,2009年版,第4450页。

也悖焉。桀纣罪人，其亡也忽焉。'"①

2.《左传·僖公三十三年》："舜之罪也殛鲧，其举也兴禹。"②

3.《左传·文公二年》："故禹不先鲧，汤不先契，文武不先不窋。"③

4.《左传·宣公十六年》："羊舌职曰：'吾闻之，禹称善人，不善人远，此之谓也。'"④

5.《左传·襄公四年》："《虞人之箴》曰：'芒芒禹迹，画为九州，经启九道，民有寝庙，兽有茂草，各有攸处，德用不扰。'"⑤

6.《左传·襄公二十一年》："鲧殛而禹兴，伊尹放大甲而相之，卒无怨色。"⑥

7.《左传·襄公二十九年》："吴公子札……见舞《大夏》者，曰：美哉！勤而不德，非禹其谁能修之。"⑦

8.《左传·昭公元年》："刘子曰：'美哉禹功，明德远矣，微禹，吾其鱼乎！吾与子弁冕端委，以治民，临诸侯，禹之力也。子盍亦远绩禹功而大庇民乎'"⑧

9.《左传·昭公六年》："夏有乱政而作禹刑，商有乱政而作汤刑，周有乱政而作九刑。"⑨

10.《左传·哀公元年》："少康……能布其德而兆其谋，使女艾谍

---

① [清]阮元校刻：《十三经注疏·春秋左传正义》（清嘉庆刊本），北京：中华书局，2009 年版，第 3842 页。

② [清]阮元校刻：《十三经注疏·春秋左传正义》（清嘉庆刊本），北京：中华书局，2009 年版，第 3980 页。

③ [清]阮元校刻：《十三经注疏·春秋左传正义》（清嘉庆刊本），北京：中华书局，2009 年版，第 3992 页。

④ [清]阮元校刻：《十三经注疏·春秋左传正义》（清嘉庆刊本），北京：中华书局，2009 年版，第 4099 页。

⑤ [清]阮元校刻：《十三经注疏·春秋左传正义》（清嘉庆刊本），北京：中华书局，2009 年版，第 4196 页。

⑥ [清]阮元校刻：《十三经注疏·春秋左传正义》（清嘉庆刊本），北京：中华书局，2009 年版，第 4280 页。

⑦ [清]阮元校刻：《十三经注疏·春秋左传正义》（清嘉庆刊本），北京：中华书局，2009 年版，第 4360 页。

⑧ [清]阮元校刻：《十三经注疏·春秋左传正义》（清嘉庆刊本），北京：中华书局，2009 年版，第 4389～4390 页。

⑨ [清]阮元校刻：《十三经注疏·春秋左传正义》（清嘉庆刊本），北京：中华书局，2009 年版，第 4438 页。

浇,使季杼诱殪,遂灭过戈,复禹之绩,祀夏配天,不失旧物。"①

11.《左传·哀公七年》:"禹合诸侯于涂山,执玉帛者万国,今其存者,无数十焉。"②

《国语》中有关禹的记载,亦抄录于下:

1.《周语下》:"其在有虞,有崇伯鲧,播其淫心,称遂共工之过,尧用殛之于羽山。其后伯禹念前之非度,厘改制量,象物天地,比类百则,仪之于民,而度之于群生,共之从孙四岳佐之,高高下下,疏川导滞,钟水丰物,封崇九山,决汨九川,陂鄣九泽,丰殖九谷,汨越九原,宅居九隩,合通四海。故天无伏阴,地有散阳,水无沈气,火无灾燀,神无闲行,民无淫心,时无逆数,物无害生。帅象禹之功,度之于轨仪,莫非嘉绩,克厌帝心。皇天嘉之,祚以天下,赐姓曰姒、氏曰有夏,谓其能以嘉祉殷富生物也。"③

2.《鲁语上》:"鲧鄣洪水而殛死,禹能以德修鲧之功。"④

3.《鲁语上》:"夏后氏禘黄帝而祖颛顼,郊鲧而宗禹。"⑤

4.《鲁语上》:"杼,能帅禹者也,夏后氏报焉。"⑥

5.《鲁语下》:"昔禹致群神于会稽之山,防风后至,禹杀而戮之,其骨节专车。"⑦

6.《晋语五》:"国之良也,灭其前恶,是故舜之刑也殛鲧,其举也兴禹。"⑧

7.《郑语》:"夏禹能单平水土,以品处庶类者也。"韦昭注:"禹除水灾,使万物高下各得其所。"⑨

①[清]阮元校刻:《十三经注疏·春秋左传正义》(清嘉庆刊本),北京:中华书局,2009 年版,第4679 页。
②[清]阮元校刻:《十三经注疏·春秋左传正义》(清嘉庆刊本),北京:中华书局,2009 年版,第4697~4698 页。
③徐元诰集解:《国语集解》,北京:中华书局,2002 年版,第 94~96 页。
④徐元诰集解:《国语集解》,中华书局,2002 年版,第 157 页。
⑤徐元诰集解:《国语集解》,中华书局,2002 年版,第 159 页。
⑥徐元诰集解:《国语集解》,中华书局,2002 年版,第 160 页。
⑦徐元诰集解:《国语集解》,中华书局,2002 年版,第 202 页。
⑧徐元诰集解:《国语集解》,中华书局,2002 年版,第 375 页。
⑨徐元诰集解:《国语集解》,中华书局,2002 年版,第 466 页。

8.《吴语》:"今王既变鲧、禹之功,而高高下下,以罢民于姑苏。"①

需要说明的是,《左传》、《国语》的作者所能见到的禹传说远不止这些。就《左传》所直接称引的典籍像《书》、《夏书》、《夏训》,《志》、《前志》、《史佚之志》,《虞人之箴》、《禹刑》、《三坟》、《五典》、《八索》、《九丘》等,都有可能记载关于禹及夏代的神话传说。下面即略举几例以说明。

其一,如《夏训》。《左传·襄公四年》:"《夏训》有之曰:'有穷后羿。'"杜预注:"《夏训》,《夏书》。"②《尚书》有训、誓、诰、命等多种文体,《夏训》应该是《夏书》中的"训"体文。所以杜预说《夏训》就是《夏书》。

其二,如《夏书》。今文《尚书》二十八篇传统上按时代分为虞夏书、商书、周书,其中虞夏书有四篇,即《尧典》、《皋陶谟》、《禹贡》、《甘誓》,这四篇记载了虞夏的传说,但记载虞夏历史传说的文献远不止这四篇,可惜都已亡佚了。《左传》引《夏书》有十几处之多。如:《僖公二十七年》:"《夏书》曰:'赋纳以言,明试以功,车服以庸。'"③与今本《尚书·益稷》"赋奏以言,明试以功,车服以庸"句基本相同。《哀公六年》引《夏书》曰:"惟彼陶唐,帅彼天常,有此冀方。今失其行,乱其纪纲,乃灭而亡。"④叙陶唐灭亡之事,为伪古文《尚书·五子之歌》所征引。还有六处引文为伪古文《尚书·大禹谟》所采用,分别为《僖公二十四年》引《夏书》曰:"地平天成。"⑤《文公七年》引《夏书》曰:"戒之用休,董之用威,劝之以《九歌》,勿使坏。"⑥《庄公八年》引《夏书》曰:"皋陶迈种德,德乃降。"⑦《襄公二十一年》引《夏书》曰:

---

①徐元诰集解:《国语集解》,北京:中华书局,2002年版,第542页。

②[清]阮元校刻:《十三经注疏·春秋左传正义》(清嘉庆刊本),北京:中华书局,2009年版,第4195页。

③[清]阮元校刻:《十三经注疏·春秋左传正义》(清嘉庆刊本),北京:中华书局,2009年版,第3956页。

④[清]阮元校刻:《十三经注疏·春秋左传正义》(清嘉庆刊本),北京:中华书局,2009年版,第4695页。

⑤[清]阮元校刻:《十三经注疏·春秋左传正义》(清嘉庆刊本),北京:中华书局,2009年版,第3947页。

⑥杜注:"逸《书》。"孔疏云:"此《虞书·大禹谟》之文也。以其虞禹之言,故《传》谓之《夏书》。"[清]阮元校刻:《十三经注疏·春秋左传正义》(清嘉庆刊本),北京:中华书局,2009年版,第4007～4008页。孔疏以为夏禹之言,不知有何凭据。此段文字为伪古文《大禹谟》所袭用,改"使"为"俾",使俾义同,《尔雅·释诂》:"俾,使也。"

⑦[清]阮元校刻:《十三经注疏·春秋左传正义》(清嘉庆刊本),北京:中华书局,2009年版,第3832页。

"念兹在兹，释兹在兹，名言兹在兹，允出兹在兹，惟帝念功。"①《襄公二十六年》引《夏书》曰："与其杀不辜，宁失不经。"②《哀公十八年》引《夏书》曰："官占，唯能蔽志，昆命于元龟。"③《夏书》，杜预注："逸《书》也"。④《左传》时代，《夏书》还有很多篇章，这些文献至少在春秋时期就已经被整理成书而流传，承载了大量的夏代历史和传说。

其三，如《虞人之箴》。《左传·襄公四年》引《虞人之箴》曰："芒芒禹迹，画为九州，经启九道，民有寝庙，兽有茂草，各有攸处，德用不扰。"⑤《虞人之箴》这段文字记载了禹划九州的传说。《虞人之箴》的作者是周之太史辛甲，《汉书·艺文志》"道家"类中著录有辛甲所著《辛甲》二十九篇。班固注曰："纣臣，七十五谏而去，周封之。"⑥作为商末周初的史官，辛甲肯定能见到很多当时的官方档案文献，这其中当然也包括大量的古史传说。《虞人之箴》倡议百官群臣各献箴言，劝王行善补过，自然会涉及古代帝王的圣贤事迹。

除了《左传》称引的这些典籍有可能记载禹的传说之外，《国语》提到的《训典》亦是记载上古帝王的典籍。《楚语上》说："教之《训典》使知族类，行比义焉。"《训典》，韦昭注说是"五帝之书"。丁山先生认为《语》就是《周语》、《鲁语》、《晋语》、《楚语》一类传述各国故事的杂记，《训典》盖亦传述前代稀奇古怪的故事以劝诫后世的著作"。并指出这类野史"训语"，"盖专藉前人的懿行逸事，用演义方式来劝诫后世统治阶级，其人不必无，其事不必真"。"当然是神话多而史实少。"⑦《周礼·春官·外史》说外史"掌三皇五帝之书"，像《训典》这样记载三皇五帝的书，不仅有专门的史官掌管，而且还被编辑为教材教育贵族子弟，足见"三皇五帝之书"在春秋时期的流行。

---

① [清]阮元校刻：《十三经注疏·春秋左传正义》（清嘉庆刊本），北京：中华书局，2009 年版，第 4278 页。
② [清]阮元校刻：《十三经注疏·春秋左传正义》（清嘉庆刊本），北京：中华书局，2009 年版，第 4323 页。
③ [清]阮元校刻：《十三经注疏·春秋左传正义》（清嘉庆刊本），北京：中华书局，2009 年版，第 4735 页。
④ 此"逸书"指，汉立《尚书》博士所传二十八篇之外者也。当时或尚未亡，其后始亡。
⑤ [清]阮元校刻：《十三经注疏·春秋左传正义》（清嘉庆刊本），北京：中华书局，2009 年版，第 4196 页。
⑥ [汉]班固：《汉书》卷三十，北京：中华书局，1962 年版，第 1729 页。
⑦ 丁山：《中国古代宗教与神话考》，上海：龙门联合书局，1961 年版，第 224 页。

春秋时期谱牒类的史书，可能也有上古传说的记载。司马迁在作《三代世表》时就利用了大量谱牒之书，并提到了《五帝系谍》这样一部书。现在所能看到的战国时的《世本》也是这类的书。这类书很多，像《大戴礼记》中的《五帝德》、《帝系》也是讲谱系，只是很多都没有流传下来。

以上所论，除了《左传》、《国语》，其他皆已亡佚。传世文献《论语》《诗·閟宫》也有关于禹的记载。《论语》主要讲禹稷躬稼、勤勉之德等。出土文献则有大家所熟知的秦公簋和叔夷钟。

另外还有《尚书》佚篇《大禹》。郭店简《成之闻之》引《大禹》曰："余才（兹）厇（宅）天心。"①这是先秦古书中仅见的《大禹》佚文。《大禹》是佚《书》，《书序》说："皋陶矢厥谟，禹成厥功，帝舜申之，作《大禹》、《皋陶谟》、《弃稷》。"伪《古文尚书》有《大禹谟》，不见此《大禹》佚文。可见伪《古文尚书》的作者没有看到《成之闻之》，其所引佚文也就没有编入到伪《古文尚书·大禹谟》中去。郭店简《成之闻之》的成书年代不晚于战国中期，其所引《大禹》成书应更早，很可能在春秋时期就已成书。今见《大禹》佚文"余才（兹）厇（宅）天心"，"厇"，刘钊读为"度"，意为揣度，整句话是说"我于此揣度天意"。②

第二节　禹身份的转变及其他传说的发展

通过上节对《左传》、《国语》等文献的梳理，我们可以看出这一时期夏禹神话在某些方面的发展，而《墨子》中的相关记述也很值得注意。还有，此时期禹的人格属性逐渐增强，禹不仅多了发明"耕稼"的身份，还被尊为圣人。

一、夏禹传说的发展

关于禹治水有了更详细的记载。《国语·郑语》云："夏禹能单平水土，以品处庶类者也。"韦昭注："禹除水灾，使万物高下各得其所。"③禹的功绩进一步扩大，不仅平了水土，还使万物各得其所。而且"禹"和"夏"连称这

①荆门市博物馆编：《郭店楚墓竹简》，北京：文物出版社，1998年版，第168页。

②刘钊：《郭店楚简校释》，福州：福建人民出版社，2005年版，第143页。

③徐元诰集解：《国语集解》，北京：中华书局，2002年版，第466页。

在文献中也是较早出现的。《国语·周语下》通过太子晋之口讲述了鲧禹的治水故事，这里不仅将禹治水的过程叙述的更加详细，而且增加了鲧的故事，伯禹成了鲧的继承者。特别值得注意的是，太子晋明确把鲧禹的治水方法对立起来：鲧"称遂共工之过"、"壅防百川"，禹则是"高高下下"、"疏川导滞"。这是现存的文献中最早关于鲧禹不同治水方法的记载。共工之从孙四岳也成为禹的佐者，帮助禹治水。治水成功后，"皇天嘉之，祚以天下，赐姓曰姒、氏曰有夏"①。至此，禹与夏有了明确的关系。帮助禹治水的四岳，也赐姓曰姜，氏曰有吕。这里需要注意的是，"嘉""祚"和赐姓氏与禹的是"皇天"，而不是尧或舜。所以在《周语》里禹的神性仍然存在，周人对于禹被天神眷顾的观念没有发生太大变化。

关于禹的谱系，在《国语》里有较详细的记载。《郑语》里出现了虞夏商周四代相承，并载明这几代的宗神是：虞幕、夏禹、商契、周弃。《鲁语上》则详细叙述了虞夏商周四族用五种不同祭礼——禘、郊、祖、宗、报，分别祭祀他们的宗神：有虞氏禘黄帝而祖颛顼，郊尧而宗舜，报幕；夏后氏禘黄帝而祖颛顼，郊鲧而宗禹，报杼；商人禘舜而祖契，郊冥而宗汤，报上甲微；周人禘喾而郊稷，祖文王而宗武王，报高圉、大王。夏后氏这种典祀，为战国时期的《礼记·祭法》所沿用，其云："夏后氏亦禘黄帝而郊鲧，祖颛顼而宗禹。"②这显然是受了《国语》的影响。《鲁语上》还说："鲧鄣洪水而殛死，禹能以德修鲧之功。"③禹承鲧治水的传说更加明确。

禹划九州的传说这一时期也开始出现。顾颉刚先生说："古代对于禹的神话只有治水而无分州。战国七雄的疆域开辟得大了，故有一统观念；交通便了，种族糅杂得多了，故无种族观念。因此九州之说得以成立。"④从现有文献来看，顾先生说法是站得住脚的。《左传·襄公四年》引《虞人之箴》曰："芒芒禹迹，画为九州。"⑤《国语·周语下》也说到大禹治水时"疏川导滞，钟水丰物，封崇九山，决汩九川，陂鄣九泽，丰殖九谷，汩越九原，宅

---

①徐元诰集解：《国语集解》，北京：中华书局，2002年版，第96页。

②［清］阮元校刻：《十三经注疏·礼记正义》（清嘉庆刊本），北京：中华书局，2009年版，第3444页。

③徐元诰集解：《国语集解》，北京：中华书局，2002年版，第157页。

④顾颉刚：《论今文尚书著作时代书》，《古史辨》第一册，海口：海南出版社，2005年版，第172页。

⑤［清］阮元校刻：《十三经注疏·春秋左传正义》（清嘉庆刊本），北京：中华书局，2009年版，第4196页。

居九隩,合通四海。"①禹划九州的传说虽然在文本记载中这是最早的,但也不能否认其有更早的来源,《虞人之箴》的作者辛甲为周初太史,其言或许有据。当然禹划的九州,肯定不是《禹贡》所载的大九州。

《论语》当中提到尧舜禹禅让也是值得注意的。《尧曰》篇:"尧曰:'咨!尔舜!天之历数在尔躬,允执其中。四海困穷,天禄永终。'舜亦以命禹。曰:'予小子履敢用玄牡,敢昭告于皇皇后帝:有罪不敢赦。帝臣不蔽,简在帝心。朕躬有罪,无以万方;万方有罪,罪在朕躬。'"②尧传位于舜时有一番诫勉的话,舜传位于禹亦同样有一段说辞,很像后世的传位遗诏或临终托孤之辞。尧命禹所说的"允执其中",可以和清华简《保训》相参证,《保训》讲到了舜求"中"以后,在政务方面不变更名实关系,更加谨慎,"翼翼不懈,用作三降之德",然后"帝尧嘉之,用授厥绪",帝尧非常赏识舜,让他来继承自己的王位。上甲微得了"中",从而能够向有易部落报了仇,而且继续持"中"弗忘,"传贻子孙,至于成汤,祗服不懈,用受大命"③,上甲微并且将"中"传给了后世子孙,以致汤能够受天命成王业。清华简《保训》的成书年代可能在春秋早中期,黄怀信先生指出:"清华简《保训》与《逸周书》论文王诸篇文风体式极为相似,为删《书》之余。《保训》部分文字有可能出于实录,但全文或经后人改写润饰,改写润饰的时代,应在春秋早中期。"④由此可见,在春秋时期禅让传说中,尧舜禹在禅让王位的时候,同时也把治国之道"中"的思想传给即位者。

另外,《左传》当中还讲到了殛鲧的传说,但殛鲧的是谁,《左传》记载前后不一,《僖公三十三年》:"舜之罪也殛鲧。"⑤《昭公七年》:"尧殛鲧于羽山。"⑥一说是舜,一说是尧,也正说明了传说异辞,同样一个传说可能会有两种或者更多种异说。

---

① 徐元诰集解:《国语集解》,北京:中华书局,2002 年版,第 95～96 页。
② [清]阮元校刻:《十三经注疏·论语注疏》(清嘉庆刊本),北京:中华书局,2009 年版,第 5508 页。
③ 李学勤主编:《清华大学藏战国竹简(壹)》,上海:中西书局,2010 年版,第 143 页。
④ 黄怀信:《清华简〈保训篇〉的性质、时代及其真伪》,《历史文献研究》2010 年总第 29 辑,第 133 页。
⑤ [清]阮元校刻:《十三经注疏·春秋左传正义》(清嘉庆刊本),北京:中华书局,2009 年版,第 3980 页。
⑥ [清]阮元校刻:《十三经注疏·春秋左传正义》(清嘉庆刊本),北京:中华书局,2009 年版,第 4450 页。

二、夏禹身份的转变

春秋时期禹的身份已经发生了变化。西周时期禹是上天（或天帝）派到人间治理水土的神人，其神格较强，而人格较弱，死后为山川神主。而"到鲁僖公时，禹确是人了"[①]。周书灿先生说："春秋时期禹的'人王'身份日渐定型。"[②] 如生活在春秋中期的羊舌职就认为禹是称举善人的君王，其曰："吾闻之，禹称善人，不善人远（《左传·宣公十六年》）。"[③] 禹称扬善人，禹也应该是人，"如果禹是'神性'的，其中的'善人'就要读为'善神'了，问题是不言而喻的"[④]。而且羊舌氏的这句话是以"吾闻之"的方式叙述的，更说明禹"称举善人"的传说来源更早。

从上面的论述来看，无论是治水、谱系、还是禅让，禹确实渐渐向"人王"方面转化，但其神性的一面仍然没有完全褪掉。《国语·鲁语下》言："昔禹致群神于会稽之山，防风后至，禹杀而戮之，其骨节专车。"这里讲禹能致群神，禹的神性显然没有消失殆尽。其实到《天问》的时代[⑤]，"禹之力献功，降省下土四方"[⑥]，自上至下为降，也有上帝派下的意思，禹仍有神性的一面[⑦]。《庄子·齐物论》也仍称"神禹"。

《论语》里还有禹躬稼的传说，也是值得注意的。因为在这之前禹的传说主要在敷土治水。《论语·泰伯》"禹……卑宫室而尽力乎沟洫"[⑧]，《宪

① 顾颉刚：《与钱玄同先生论古史书》，《古史辨》第一册，海口：海南出版社，2005 年版，第 77 页。

② 周书灿：《大禹传说的流变与整合——"层累说"的再检讨》，《文史》2011 年第 1 辑，第 12 页。该文对春秋时期禹的传说演变作了详细论述，本节多有参考，除引用原文外，不再一一出注，谨此说明。

③［清］阮元校刻：《十三经注疏·春秋左传正义》（清嘉庆刊本），北京：中华书局，2009 年版，第 4099 页。

④ 宁镇疆：《清华简〈厚父〉"天降下民"句的观念源流与豳公盨铭文再释·补记》，李学勤主编：《出土文献》第七辑，上海：中西书局，2015 年版，第 117 页。

⑤ 关于《天问》的成书，刘起釪先生说："《天问》很难说成就是《楚辞》，而是至迟写于战国初的，内容截止春秋末期止的有关夏商周文化系统的一篇有丰富神话的史诗，……说它成于春秋末期战国初期属夏商周文化领域的江淮一带，是可以的。"见《古史续辨》，北京：中国社会科学出版社，1991 年版，第 12 页。

⑥［宋］洪兴祖：《楚辞补注》，北京：中华书局，1983 年版，第 97 页。

⑦ 黄灵庚先生说："在先秦之世，升降二字，是最能显示神灵格调的特殊语言，从上而下谓之降，从下而上谓之升，或谓之陟。只有那些升天入地、乘云驾雾的圣帝才能与之相配。"见《楚辞与简帛文献》，北京：人民出版社，2011 年版，第 166 页。

⑧［清］阮元校刻：《十三经注疏·论语注疏》（清嘉庆刊本），北京：中华书局，2009 年版，第 5404 页。

问》："禹、稷躬稼而有天下。"①《鲁颂·閟宫》说后稷奄有下土，"缵禹之绪"。我们知道后稷是农业的神，与耕稼关系最为密切。这里大禹也有了耕稼的事迹，与后稷同为耕稼的"人王"，对于禹的身份的转变，顾颉刚先生的解释是这样的："西周中期，禹为山川之神；后来有了社祭，又为社神（后土）。其神职全在土地上，故其神迹从全体上说，为铺地，陈列山川，治洪水；从农事上说，为治沟洫，事耕稼。耕稼与后稷的事业混淆，而在事实上必先有了土地然后可兴农事，易引起禹的耕稼先于稷的观念，故《閟宫》有后稷缵禹之绪的话。又因当时神人的界限不甚分清，禹又与周族的祖先并称，故禹的传说渐渐倾向于'人王'方面，而与神话脱离。"②但是如果去除文本的遮蔽，说不定禹耕稼的传说也是早就有了的，只是没有记载下来或者记载它的文本没有流传下来。我们知道除了姬姓的始祖后稷有发明耕稼的传说，姜姓的始祖神农也是一位发明耕稼的人物，"姬姜两氏族，在其到达于耕稼生活的时代，同样追述他们的始祖，如何发明耕稼。……神农的故事传说，或许起得较早，而流传保存得又较狭而较少，因此不能详。后稷的故事传说，则或许起得较迟，而又流传保存得较广而较多"③。同样的道理，姒姓夏族在发展到农耕时代也会有其始祖发明耕稼的传说，只是我们现在只能见到春秋时期文献的相关记载而已。

　　春秋末期还出现了将禹称为"圣"的言辞。《逸周书·太子晋》篇④太子晋言："如禹者圣。劳而不居，以利天下，好取（与）不好与（取），必度其正，是之谓圣。"⑤是说像大禹那样的是圣，具有最高的智慧和道德。他辛

---

① [清]阮元校刻：《十三经注疏·论语注疏》（清嘉庆刊本），北京：中华书局，2009 年版，第 5453 页。

② 顾颉刚：《讨论古史答刘胡二先生》，《古史辨》第一册下编，上海：上海古籍出版社，1982 年版，第 114 页。

③ 钱穆：《中国古代文学与神话》，《中国文学论丛》，北京：三联书店，2005 年版，第 95～96 页。

④ 关于《太子晋》篇的成书年代，黄怀信指出："《太子晋解》文体类小说，与全书言王事、讲为政者不同，然本初亦必史臣所记。其时代，当在晋平公、太子晋卒后的一段时间之内。"见《逸周书校补注译·前言》（修订本），西安：三秦出版社，2006 年版，第 62 页。罗家湘认为："《太子晋》的每一个思想都可以在春秋时代找到对应的观念，要说它完全出于后人的虚构，这是不符合常理的。"见罗家湘《太子晋的成年礼》，《中国社会科学院研究生院学报》2005 年第 3 期，第 120 页。根据该篇的思想内容及语言风格，我们亦倾向于《太子晋》篇的成书年代在春秋末期。至于论者以该篇似小说家言而将其归为晚出的说法则不足为凭，因为至少在战国中期以前中国就已经有了颇具小说文体的文献，清华简《赤鹄之集汤之屋》即是例证，不仅故事曲折，而且具有浓厚的巫术色彩。

⑤ 黄怀信、张懋镕、田旭东：《逸周书汇校集注》，上海：上海古籍出版社，2007 年版，第 1018 页。

劳而不自居,以造福于全天下,喜欢给与而不是喜欢索取,办事首先考虑是否公正,这就叫作"圣"。^① 前文已提到《国语·周语下》亦载有太子晋言禹之事迹,说共工、伯鲧违弃长民之道而废,伯禹、四岳顺从长民之道而兴,太子晋对禹可谓称颂有加。

第三节　《墨子》中的夏禹神话

墨子为春秋末战国初期之人。生卒年已不可考,《史记·孟荀列传》云"或曰并孔子时,或曰在其后"。钱穆先生《墨子生卒考》认为"墨子之生,至迟在元王之世,不出孔子卒后十年,其卒当在安王十年左右,不出孟子生前十年"^②,估其年世为前480～前390年。《墨子》的成书,一般认为自《尚贤上》至《非命下》二十三篇因为篇中有"子墨子曰",应是墨子所述,墨家弟子所记;"《经》上下当是墨子自著。《经说》上下当是述墨子口说,但有后学增补。《大取》、《小取》是后学所著"^③。自《耕柱》至《公输》五篇当为墨子弟子或再传弟子所记。其他篇章或说是伪书,或说出于墨子后学,意见不一。^④ 要之,《墨子》一书的大部分篇章为墨子口述墨家弟子记录而成,多成书于战国初期。^⑤ 因此,《墨子》一书所记夏禹神话传说,亦多承自春秋时期,故特列专节以述。

1.禹仍受天的支配

此说表现为两个方面。一是墨子认为尧舜禹汤尊天事鬼,所以天鬼立

---

① 参看黄怀信:《逸周书校补注译》(修订本),西安:三秦出版社,2006年版,第371页。

② 钱穆:《先秦诸子系年》,《钱宾四先生全集》第五卷,台北:联经出版事业公司,1998年版,第103页。

③ 梁启超:《墨子学案》,任继愈编《墨子大全》第二十六册,北京:北京图书馆出版社,2003年版,第22页。

④ 详参李光辉:《〈墨子〉成书年代及著者考证综述》,《殷都学刊》2006年第4期,第102～105页。

⑤ 如《非攻下》云:"今天下好战之国,齐、晋、楚、越,若使此四国者得意于天下,此皆十倍其国之众,而未能食其地也,是人不足而地有余也。"此处说到晋国,可知此篇当成于韩赵魏三家分晋(公元前453年)之前。下文还说到齐、晋、楚、越四国"皆地方数百里,今以并国之故,四分天下而有之"。童书业先生亦曾指出《墨子》大部分篇章为战国早期的产品:"《墨子》一书,除了首三篇,《非儒》一篇和墨辩六篇,兵法十一篇以外,其余三十二篇内容是一贯的,其中的古史说和思想,在在可以证明它是战国早期的产品,尤其是古史说方面。"见其《五行说起源的讨论——评顾颉刚先生〈五德终始说下的政治和历史〉》,《古史辨》第五册,海口:海南出版社,2005年版,第387～388页。本节所论内容亦多参考童先生此文,不一一注释。

他们为天子,以为民父母。《尚贤中》云:"昔者三代圣王尧、舜、禹、汤、文、武者是也。……其为政乎天下也,……是故天鬼赏之,立为天子,以为民父母。"①樊公盨铭文有"成父母,生我王"这样的话,裘锡圭先生指出这句铭文"是说天为下民生王,作民之父母"②,《洪范》亦有"曰天子作民父母,以为天下王"句,皆与《墨子》这段话若合符节。《天志上》亦说三代圣王尧舜禹汤能够上尊天,中事鬼神,下爱人,"故天意……使贵为天子,富有天下"。《天志中》、《天志下》亦有类似的话。《法仪》亦云:"昔之圣王禹汤文武,兼爱天下之百姓,率以尊天事鬼,其利人多,故天福之,使立为天子,天下诸侯皆宾事之。"③

二是认为禹与后稷、皋陶是天所使用的贤人。即《尚贤中》所云"然则天之所使能者谁也? 曰:若昔者禹、稷、皋陶是也"。并引《吕刑》以为证,对《吕刑》所说的皇帝命三后伯夷禹稷恤功于民的事深信不疑,并说三圣人能够索天下之隐事遗利以上事天,而天乡(享)其德,又下施之万民。意即圣人和天鬼的关系是互惠互利的,圣人如能尊天事鬼,天就立其为天子,并恩泽其万民。

2.关于禹征三苗的传说

首先,墨子认为禹有天下是由于征有苗,《非攻下》说:"昔者禹征有苗,汤伐桀,武王伐纣,此皆立为圣王。"将禹征有苗与汤伐桀、武王伐纣相并列,汤伐了桀得了天下,武王伐了纣也得了天下,那么禹征了有苗亦应得了天下,才能被"立为圣王"。下文又云:

> 高阳乃命禹于玄宫……禹既已克有三苗……天下乃静,则此禹之所以征有苗也。……天乃命汤于镳宫……汤奉桀众以克有夏,……而天下诸侯莫敢不宾服,则此汤之所以诛桀也。……天赐武王黄鸟之旗。王既已克殷,……而天下莫不宾,焉袭汤之绪,此即武王之所以诛纣也。④

此意甚明,禹与汤、武王一样都是受了天命,为了诛伐暴乱,使"天下乃静",

---

① [清]孙诒让:《墨子间诂》,《孙诒让全集》本,北京:中华书局,2009年版,第60页。
② 裘锡圭:《樊公盨铭文考释》,《中国出土古文献十讲》,上海:复旦大学出版社,2004年版,第59页。
③ [清]孙诒让:《墨子间诂》,《孙诒让全集》本,北京:中华书局,2009年版,第23页。
④ [清]孙诒让:《墨子间诂》,《孙诒让全集》本,北京:中华书局,2009年版,第146～153页。

才征伐的有苗、桀与纣。《鲁问》篇说："昔者三代之圣王禹汤文武,百里之诸侯也,说忠行义取天下",亦可以与此相呼应。《随巢子》也有类似的话,说"三苗大乱,天命殛之,夏后受之,大神降而辅之,……四方归之"(《太平预览》八二引)①。禹既然是征有苗得的天下,那就跟舜的禅让没有关系了。

《墨子》中描绘的禹伐有苗更有神话意味。《非攻下》云：

> 昔者三苗大乱,天命殛之,日妖宵出,雨血三朝,龙生于庙,犬哭乎市,夏冰,地坼及泉,五谷变化,民乃大振。高阳乃命[禹于]玄宫,禹亲把天之瑞令,以征有苗,四电诱祇,有神人面鸟身,若瑾以侍,搤矢有苗之祥,苗师大乱,后乃遂几。禹既已克有三苗,焉磨为山川,别物上下,卿制大极,而神民不违,天下乃静。则此禹之所以征有苗也。②

此文中的"天命"思想仍非常浓厚,三苗大乱,天命殛之;命禹伐有苗的是高阳,而非舜;下接又云"禹亲把天之瑞令,以征有苗",既然是天之瑞令,那发号施令的高阳应该也是天帝。此与《吕刑》中的若干因素相近,因为《吕刑》中命重黎的也是"皇帝";《吕刑》中的"绝地天通"与此处的"神民不违,天下乃静"描述的内容也是一致的。因此,《墨子》中禹征三苗的传说与《虞书》、《孟子》之说相异,当有较早的来源。

3.《墨子》里有尧禅舜,而无舜禅禹

上文已言禹得天下是由于征有苗,并非是舜的禅让。《尚贤上》列举了几位圣王举贤的例子："故古者尧举舜于服泽之阳,授之政,天下平;禹举益于阴方之中,授之政,九州成;汤举伊尹于庖厨之中,授之政,其谋得;文王举闳夭泰颠于罝罔之中,授之政,西土服。"③这里只有尧举舜,禹举益,而没有舜举禹。《尚贤中》："古者舜耕历山,陶河濒,渔雷泽。尧得之服泽之阳,举以为天子,与接天下之政,治天下之民。伊挚,有莘氏女之私臣,亲为庖人。汤得之,举以为己相,与接天下之政,治天下之民。傅说被褐带索,庸筑乎傅岩。武丁得之,举以为三公,与接天下之政,治天下之民。"④此处亦只有舜被尧举,接下来便是汤举伊挚了。《尚贤下》亦无舜举禹之说,且

---

① [宋]李昉等编：《太平御览》第一册,石家庄：河北教育出版社,1994年版,第636页。
② [清]孙诒让：《墨子间诂》,《孙诒让全集》本,北京：中华书局,2009年版,第146～148页。
③ [清]孙诒让：《墨子间诂》,《孙诒让全集》本,北京：中华书局,2009年版,第47页。
④ [清]孙诒让：《墨子间诂》,《孙诒让全集》本,北京：中华书局,2009年版,第57～60页。

据《尚贤》中、下，所举之人，仅舜被立为天子，其他如伊尹、傅说皆立为三公，并非严格意义上的"禅让"王位。《尚贤下》虽有"尧有舜，舜有禹，禹有皋陶，汤有小臣，武王有闳夭、泰颠、南宫括、散宜生"这样的话，但只可证明舜禹有君臣关系，而并非一定是禅让关系，清华简《良臣》亦有类似的君臣对举。

《墨子》中屡称尧、舜、禹、汤、文、武，又推崇尧舜禹汤文武之道，而且在《国语》和《左传》里却已经有了舜举禹的说法。《晋语》说："舜之刑也殛鲧，其举也兴禹。"《左传·僖公三十三年》云："舜之罪也殛鲧，其举也兴禹。"[①]而《墨子》中却没有舜禅禹的故事，其中缘由值得探究。

另外，在《墨子》中，"四岳荐舜和尧妻舜以二女、历试诸难等传说，还没有出现"。但在《墨子》书作时，"舜起微贱和尧舜禅让的传说已经成立"。[②]

4.启铸九鼎

夏代的九鼎一般认为是禹铸，如《史记·封禅书》等。最早记载这一九鼎故事的《左传》只说"昔夏之方有德也……铸鼎象物"，并没有明确说是谁铸的，但文献又多称禹之有德，遂后世多以为禹铸九鼎。《墨子》却说是夏后开（"开"即"启"，因避讳而改），《耕柱》篇讲述了夏后启铸神鼎的故事：

> 昔者夏后开使蜚廉折金于山川，而陶铸之于昆吾，是使翁难雉乙卜于白若之龟，曰："鼎成三足而方，不炊而自烹，不举而自臧，不迁而自行。以祭于昆吾之虚，上乡！"乙又言兆之由曰："飨矣！逢逢白云，一南一北，一西一东，九鼎既成，迁于三国。"夏后氏失之，殷人受之；殷人失之，周人受之。[③]

《墨子》将夏启所铸九鼎渲染成一种"神器"，成为中国古代政治权力至高无上的象征，不仅是夏朝建立的"纪念碑"，也成为三代改朝换代的标志。而且这一神鼎似乎具有意识，不炊而自烹，不举而自臧，不迁而自行。强调了九鼎所象征的政权和神权之间的神秘关系，对后世神鼎叙事产生了一定的影响。如东汉武梁祠祥瑞图石刻的一则榜题写着"神鼎：不炊自熟，五味自

---

①［清］阮元校刻：《十三经注疏·春秋左传正义》（清嘉庆刊本），北京：中华书局，2009年版，第3980页。

②童书业：《五行说起源的讨论——评顾颉刚先生〈五德终始说下的政治和历史〉》，《古史辨》第五册，海口：海南出版社，2005年版，第388页。

③［清］孙诒让：《墨子间诂》，《孙诒让全集》本，北京：中华书局，2009年版，第422～426页。

生"的话。① 汉武帝时亦有宝鼎出现，迎鼎至甘泉，公卿大夫皆议请尊宝鼎。汉画像石中亦有泗水打捞神鼎的图像叙事，亦见《墨子》神鼎叙事对汉代图像艺术的影响。

5.鲧为帝之元子

《尚贤中》:"昔者伯鲧，帝之元子，废帝之德庸，既乃刑之于羽之郊，乃热照无有及也，帝亦不爱。"②旧说鲧为颛顼之子，刑鲧者为舜，此处说鲧是天帝的元子，刑鲧者为帝，与《洪范》"帝乃震怒，不畀（鲧）洪范九畴"，《山海经》鲧窃帝之息壤等传说相近，是一种较古的传说。

另外，《墨子》中还有禹治天下四方之水的传说，《兼爱中》:"古者禹治天下，西为西河、渔窦，以泄渠孙皇之水;北为防原泒，注后之邸，嘑池之窦，洒为底柱，凿为龙门，以利燕、代、胡、貉与西河之民;东方漏之陆，防孟诸之泽，洒为九浍，以楗东土之水，以利冀州之民;南为江、汉、淮、汝，东流之，注五湖之处，以利荆、楚、干、越与南夷之民。"③《七患》篇引《夏书》曰"禹七年水"。《节葬下》有禹之节葬传说:"禹东教乎九夷，道死，葬会稽之山，衣衾三领，桐棺三寸，葛以缄之，绞之不合，通之不埳，土地之深，下毋及泉，上毋通臭。既葬，收余壤其上，垄若参耕之亩，则止矣。"④

总之，《墨子》书中保存了一些较早的大禹神话传说，且自成系统，与儒家多有差异。墨子师徒多源自下层普通民众，或可代表当时底层的、民间的神话系统，与孔、孟所代表的精英阶层的神话系统来源有别。

---

① 参见巫鸿《神话传说所反映的三种典型中国艺术传统》，载其《时空中的美术——巫鸿中国美术史文编二集》，北京:三联书店，2009 年版，第 210～211 页。又梁孙柔之《瑞应图记》亦强调了神鼎的特异功能:"神鼎者，质文精也，知吉凶存亡，能轻能重，能息能行，不灼而沸，不汲自盈，中生五味。昔黄帝作鼎，象太一，禹治水收天下美铜，以为九鼎，象九州岛，王者兴则出，衰则去。"（《艺文类聚》卷九十九引作《孙氏瑞应图》）
② ［清］孙诒让:《墨子间诂》，《孙诒让全集》本，北京:中华书局，2009 年版，第 61～62 页。
③ ［清］孙诒让:《墨子间诂》，《孙诒让全集》本，北京:中华书局，2009 年版，第 107～111 页。
④ ［清］孙诒让:《墨子间诂》，《孙诒让全集》本，北京:中华书局，2009 年版，第 183～185 页。

第八章　战国时期夏禹神话的繁荣

战国时期，由于战争、交通的便利、知识分子的迁移等因素，各地域间的交流更加频繁，大禹传说的传播也就更广泛。同时，文化的普及、书写权力的下移、百家争鸣等多种文化条件，促使大禹传说的各种内容被广泛地书写在竹简上而得以流传下来。而新出土材料郭店简、上博简、清华简等则为进一步理清大禹传说的相关叙事提供了契机，值得注意的是这一时期夏禹神话的许多内容开始由原生态演变为次生态，如夏禹的谱系逐渐系统化，夏禹故事情节趋于完整性，受德治思想的影响而出现的政治化倾向，由于理性的强化而出现的历史化倾向等等。

第一节　帝系整合与夏禹的谱系

中国向有重视古史的传统，甲骨文中即有"史"和"作册"一类的专职史官。西周早期青铜器荣仲方鼎记载的荣仲就出于"史"的氏族。《国语·楚语上》所载申叔时教育太子的教材竟然有"春秋""世""诗""礼""乐""令""语""故志""训典"等这么多内容。其中"春秋"即各国国史，"世"指先王之世系，即谱牒，"语"为治国之善语，"故志"谓所记前世成败之书，"训典"记五帝之书。皆与史籍有关。史书和谱牒被当作教材使用，足见春秋时期史书的发达，及谱牒一类史籍的流行。[①] 故《汉书·艺文志》说："古之王者世有史官，君举必书，所以慎言行，昭法式也。"[②]

从西周到战国，是中国上古传说演进变化的大时代，古史传说由简单到复杂，由驳杂到系统。特别是战国时代诸子百家竞相立说，各有自己的一套古史体系。到汉代大一统局面出现时，古史传说已逐渐定型。而这些都不是凭空出现的，民族的融合，一统观念的兴起客观上促进了史家的这

---

① 参看李学勤《古史研究的当前趋向》，《邯郸学院学报》2008 年第 2 期，第 1 页。
② [汉]班固：《汉书》卷三十，北京：中华书局，1962 年版，第 1715 页。

种历史思维。

现在看来,这些错综复杂的古史传说,以及后期逐渐形成的各成系统的古史谱系是靠不住的。但是我们不能否认它存在的价值,这种整合我们认为是一种史学的自觉,它是当时知识阶层有意识地对古史传说的加工与改造。海登·怀特认为历史"作为一个'参考材料'(过去、历史事件等等)的一个'信息',它的内容应同时包括'资料'('事实')和'解释'('描述性'叙述)"[1]。如果,我们把从西周到战国文献记载中的古史系统作为历史的一个"参考材料",它同样包括"资料"("事实")和"解释"("描述性"叙述),只是"资料"的一部分未必一定就是事实,只能说它含有一定的"史实素地";而"解释"则正符合这一时期的古史系统,作为一种"描述性"的叙述,它不是客观历史的真实再现,但它却代表了当时的历史观念。这种观念与把历史看作是对真实发生过的事情的可信叙述的观念截然相反。下面我们即对从西周一直到汉代这一时期内,作为"描述性"叙述的帝系传说作一阐述[2],同时,我们还要重点关注在这一时期的帝系整合中禹的位置的变化。

一、春秋至战国前期的帝系传说

西周时期的古史传说比较散乱,仅有少数的传说人物或片段故事,没有形成一定的系统。这些内容主要载于《诗》、《书》、《逸周书》以及《周易》的卦爻辞中。《诗经·商颂》中的《玄鸟》、《长发》等篇记载了商人的始祖传说;《诗经·大雅·生民》则记载了姬周族后稷的传说故事,《逸周书·商誓》也有一段话言及后稷的传说。[3] 商人、周人都与"禹之绩"有密切的关联,或设都于禹之迹或登禹之迹。《逸周书·尝麦》现多认为是西周文献,

---

① 转引自〔美〕彼得·赫斯:《神话、历史和理论》,陈启能主编:《书写历史》第 1 辑,北京:三联书店,2003 年版,第 119 页。

② 刘起釪《我国古史传说时期综考》一文对这段时期的古史传说做过详细的论述,本节多有参考,除引用原文外,不再一一作注;该文原载《文史》第 28 辑、29 辑,后收入《古史续辨》,北京:中国社会科学出版社,1991 年版,第 1~73 页。

③《逸周书·商誓》:"在昔后稷,惟上帝之言,克播百谷,登禹之绩,凡在天下之庶民,罔不维后稷之元谷用蒸享。在商先哲王,明祀上帝,□□□□,亦维我后稷之元谷用告和,用胥饮食。"(黄怀信、张懋镕、田旭东:《逸周书汇校集注》,上海:上海古籍出版社,2007 年版,第 452~453 页)

记载了蚩尤作乱逐赤帝而被黄帝执杀的传说。①

春秋至战国前期,古史传说变得繁杂起来。这些古史传说主要记载在《左传》和《国语》中。《郑语》中提出了虞、夏、商、周四代相承的体系,其宗神是虞幕、夏禹、商契、周弃,还提到了祝融,即重黎,以及其后裔八姓。《周语》中叙述了共工、鲧、禹、四岳等相继治水的故事,还叙述了虞、夏、姬、姜、黎、苗等族。《鲁语》中记载了虞夏商周祭祀的宗神:有虞氏禘黄帝而祖颛顼,郊尧而宗舜;夏后氏禘黄帝而祖颛顼,郊鲧而宗禹;商人禘舜而祖契,郊冥而宗汤;周人禘喾而郊稷,祖文王而宗武王。《晋语四》中则谓黄帝、炎帝同出于少典:"昔少典氏娶于有蟜氏,生黄帝、炎帝。黄帝以姬水成,炎帝以姜水成。成而异德,故黄帝为姬,炎帝为姜。"②

《左传》所述神话传说人物比《国语》更为详备,《昭公十七年》:"昔者黄帝氏以云纪,故为云师而云名。炎帝氏以火纪,故为火师而火名。共工氏以水纪,故为水师而水名。太皞氏以龙纪,故为龙师而龙名。我高祖少皞挚之立也,凤鸟适至,故纪于鸟,为鸟师而鸟名。"③形成了黄帝、炎帝、共工、太皞、少皞、颛顼这样一个前后相承的古帝次序。

《左传》中还说高阳氏有才子八人,这八人中可能就有禹。《文公十八年》:"昔高阳氏有才子八人,苍舒、隤敱、梼戭、大临、尨降、庭坚、仲容、叔达,齐圣广渊,明允笃诚,天下之民谓之八恺。"此八人名姓多不见于他书,杜预注曰:"此即垂、益、禹、皋陶之伦,庭坚即皋陶字。"正义引服虔亦云:"八人,禹、垂之属也。"④是"八恺"中可能就有禹(或禹之后裔)。下文又曰:"舜臣尧,举八恺,使主后土,以揆百事,莫不时序,地平天成。"此处所云举八恺"主后土",亦进一步证明"八恺"中应有禹,因为《舜典》上说禹作过司空,《吕刑》上说禹平水土,皆是和土地打交道,属主地之官。《文公十八年》还记载了高辛氏亦有才子八人,伯奋、仲堪、叔献、季仲、伯虎、仲熊、叔

---

① 《逸周书·尝麦》:"蚩尤乃逐帝,争于涿鹿之河,九隅无遗。赤帝大慑,乃说于黄帝,执蚩尤,杀之于中冀。"(黄怀信、张懋镕、田旭东:《逸周书汇校集注》,上海:上海古籍出版社,2007年版,第732~733页)《尚书·吕刑》亦有"蚩尤惟始作乱"这样的句子。

② 徐元诰集解:《国语集解》,北京:中华书局,2002年版,第336~337页。

③ [清]阮元校刻:《十三经注疏·春秋左传正义》(清嘉庆刊本),北京:中华书局,2009年版,第4523~4524页。

④ [清]阮元校刻:《十三经注疏·春秋左传正义》(清嘉庆刊本),北京:中华书局,2009年版,第4041~4042页。

豹、季狸,忠肃共懿,宣慈惠和,天下之民谓之八元。舜"举八元,使布五教于四方,父义、母慈、兄友、弟共、子孝,内平外成"①。又载帝鸿氏、少皞氏、颛顼氏、缙云氏各有"不才子"等。②《襄公四年》、《哀公元年》则载有后羿篡夏、少康复国的传说。

《天问》和《山海经》所记的古史传说亦值得注意。

《天问》一般认为是屈原所作,顾颉刚却认为其作成时间当在战国之初③。刘起釪认为顾先生的论断是可信的,甚至认为它当成于春秋之末,至迟在战国初年④。我们认为《天问》当是流传在楚地的一篇巫师祝辞,其在写定之前当有久远的口头流传历史,其中的神话传说应有一定的原始依据。《天问》以设问的形式,提出了一百七十多个问题,内容涉及夏商周古史传说、古史逸闻和吴楚史事传说等。但需要注意的是,它没有出现虞代,一些重要的传说人物它也没有,如黄帝、炎帝、太皞、少皞、颛顼、高阳、高辛、祝融、伯翳等,而这些却在《左传》、《国语》中都出现了。刘起釪先生说:"这些在战国后期文献中是古史的主要人物,显然《天问》只能远在这些传说出现之前。"⑤认为《天问》要早于《国语》、《左传》。但也不排除由于《天问》篇幅的限制,而没有涉及其他的古史传说。

《山海经》中的神话传说非常丰富,司马迁说:"言九州山川,《尚书》近之矣,至《禹本纪》、《山海经》所有怪物,余不敢言之也。"⑥《天问》、《国语》、《左传》内很多古史传说人物它都有,而且更富于神话色彩。《山海经》中有些故事与《天问》相同,比如鲧、禹、夏启、羿等人的故事。《山海经》中的神

---

① [清]阮元校刻:《十三经注疏·春秋左传正义》(清嘉庆刊本),北京:中华书局,2009年版,第4042页。

②《左传·文公十八年》:"昔帝鸿氏有不才子,掩义隐贼,好行凶德,丑类恶物,顽嚚不友,是与比周,天下之民谓之浑敦。少皞氏有不才子,毁信废忠,崇饰恶言,靖谮庸回,服谗蒐慝,以诬盛德,天下之民谓之穷奇。颛顼有不才子,不可教训,不知话言,告之则顽,舍之则嚚,傲很明德,以乱天常,天下之民谓之梼杌。此三族也,世济其凶,增其恶名,以至于尧,尧不能去。缙云氏有不才子,贪于饮食,冒于货贿,侵欲崇侈,不可盈厌,聚敛积实,不知纪极,不分孤寡,不恤穷匮,天下之民以比三凶,谓之饕餮。舜臣尧,宾于四门,流四凶族浑敦、穷奇、梼杌、饕餮,投诸四裔,以御螭魅。"见[清]阮元校刻:《十三经注疏·春秋左传正义》(清嘉庆刊本),北京:中华书局,2009年版,第4043～4044页。

③顾颉刚:《中国上古史研究讲义》,北京:中华书局,2002年版,第22页。本节对此书多有参考,不再一一注明。

④刘起釪:《古史续辨》,北京:中国社会科学出版社,1991年版,第8页。

⑤刘起釪:《古史续辨》,北京:中国社会科学出版社,1991年版,第11页。

⑥[汉]司马迁:《史记》卷一百二十三《大宛列传》,北京:中华书局,1959年版,第3179页。

话传说有一部分可能来源于楚地①，故有些内容不见于其他文献记载。《山海经》还有很多古帝的世系，比《国语》、《天问》更是恢宏谲怪，例如：

> 《大荒东经》："有司幽之国。帝俊生晏龙，晏龙生司幽，司幽生思士，不妻；思女，不夫。食黍，食兽，是使四鸟。……有白民之国。帝俊生帝鸿，帝鸿生白民，白民销姓。"②

> 《大荒东经》："黄帝生禺䝞，禺䝞生禺京，禺京处北海，禺䝞处东海，是为海神。"③

> 《大荒南经》："帝俊生季釐，故曰季釐之国。有缗渊。少昊生倍伐，倍伐降处缗渊。有水四方，名曰俊坛。"④

> 《大荒北经》："有毛民之国，依姓，食黍，使四鸟。禹生均国，均国生役采，役采生修鞈，修鞈杀绰人。帝念之，潜为之国，是此毛民。"⑤

对于这些世代系统，我们既不能信以为真，也不能忽视它的价值。这些材料在没有被记录下来以前，一直是靠口耳相传的，与史官叙述的书写历史相比，它们往往是不被重视的，是被认为与"真实再现"相悖的"虚构叙述"。其实，这是典型的"文字中心主义"偏见，在文字没有产生以前，我们的先民"已经在用口头语言记忆其历史了，先民们用口头语言讲述宇宙万物的来历、民族的起源与迁徙、诸神的奇迹、祖先的业绩、英雄的壮举等等，这是他们的神话、传说和故事，但也是他们的历史，这种历史一定远远长于文字记载的历史，因为人类使用语言的历史远远长于他们使用文字的历史"⑥。如甲骨文中四方名、四方风名不见于很多传世文献，却可以在《山海经》里找到出处。所以，《山海经》中的神话传说有着悠远的流传背景，里面的内容有可靠的成分。

二、战国中后期古帝王系的整合

儒家盛赞尧舜，从孔子起即如此，正如《中庸》所说："仲尼祖述尧舜，宪

---

①《山海经》叙述传说多偏重于南方，比如关于尧舜禹的故事，多记载他们在南方活动。因此，笔者怀疑《山海经》一书可能成于南方人之手。
②袁珂校注：《山海经校注》，成都：巴蜀书社，1993 年版，第 398～399 页。
③袁珂校注：《山海经校注》，成都：巴蜀书社，1993 年版，第 403 页。
④袁珂校注：《山海经校注》，成都：巴蜀书社，1993 年版，第 427 页。
⑤袁珂校注：《山海经校注》，成都：巴蜀书社，1993 年版，第 484 页。
⑥刘宗迪：《古史·故事·瞽史》，《读书》2003 年第 1 期，第 13 页。

章文武。"《孟子》和《荀子》亦对"尧舜之道"盛赞不已。同时儒家还推崇禹、汤、周文王、武王,向往周代的礼乐文明。如《论语·泰伯》记载孔子语:"泰伯,其可谓至德也已矣。"①墨家亦盛推"尧舜禹汤文武之道",常有"三代圣王尧舜禹汤文武所以王天下"、"三代之圣王尧舜禹汤文武之兼爱天下"等语,在《尚贤》中提出尧舜禅让说,对后世古史传说影响很大。

　　法家则反对儒墨所倡导的尧舜圣王之说。《韩非子·显学》云:"孔子、墨子俱道尧、舜,而取舍不同,皆自谓真尧、舜,尧、舜不复生,将谁使定儒、墨之诚乎?……今乃欲审尧、舜之道于三千岁之前,意者其不可必乎! 无参验而必之者,愚也。"②认为尧舜生活在三千年之前,尧舜之道是无法"参验"的。并在《五蠹》篇中提出古代尧舜之时生活艰苦,"古之让天子者,是去监门之养而离臣虏之劳也"③,否认尧舜禅让的美德。

　　《庄子》里增加了许多古帝王名氏,《胠箧》篇有一个系统:容成氏、大庭氏、伯皇氏、中央氏、栗陆氏、骊畜氏、轩辕氏、赫胥氏、尊卢氏、祝融氏、伏羲氏、神农氏。多是一些很生疏的帝王名号,而被《庄子》称为"至德之世"。《胠箧》篇这个古帝系统后来被采入到《春秋命历序》中。④ 除此之外,《大宗师》里也有一系列古帝名氏:狶韦氏、伏戏氏、堪坏、冯夷、肩吾、黄帝、颛顼、禺强、西王母、彭祖等。还有几蘧氏(《人间世》)、有焱氏(《天运》)、冉相氏(《则阳》)等未曾见过的名氏。《庄子》里为什么会有这么多的古帝名号,可能跟他提倡复古的古史观念有关,庄子认为今苦而古乐,递代渐衰。如在《天运》篇里,庄子借老聃之口讲述三皇五帝之治:

　　　　黄帝之治天下,使民心一,民有其亲死不哭而民不非也。尧之治天下,使民心亲,民有为其亲杀其杀而民不非也。舜之治天下,使民心竞,民孕妇十月生子,子生五月而能言,不至乎孩而始谁,则人始有夭矣。禹之治天下,使民心变,人有心而兵有顺,杀盗非杀,人自为种而天下耳,是以天下大骇,儒墨皆起。⑤

---

①[清]阮元校刻:《十三经注疏·论语注疏》(清嘉庆刊本),北京:中华书局,2009 年版,第 5402～
　　5403 页。
②[清]王先慎:《韩非子集解》,北京:中华书局,1998 年版,第 457 页。
③[清]王先慎:《韩非子集解》,北京:中华书局,1998 年版,第 443 页。
④徐旭生:《中国古史的传说时代》,北京:文物出版社,1985 年版,第 252～253 页。
⑤[清]郭庆藩:《庄子集释》,北京:中华书局,2012 年版,第 528～529 页。

黄帝时"民心一"，尧时"民心亲"，舜时"民心竞"，禹时"民心变"，世风日下，一代不如一代。在《盗跖》篇中亦言神农之世是"至德之隆也"，然而黄帝不能致德，汤放其主，武王伐纣，自是之后，以强凌弱，以众暴寡，汤、武以来皆乱人之徒也！自黄帝以上是治世，以下都是乱世。一言黄帝，便称颂不已，成为道家所追寻的"道"的化身。

　　《管子·封禅》篇说古代封泰山禅梁父者有七十二家，管仲知道的有十二家，分别为：无怀氏、虙羲、神农、炎帝、黄帝、颛顼、帝喾、尧、舜、禹、汤、周成王等。[①]《史记·封禅书》的相关内容即直接取材于《管子·封禅》篇。《治国》篇亦说"昔者七十九代之君"[②]，俱王天下，但并未一一明言七十九代之君为何人。

　　《吕氏春秋》提出了"三皇五帝"这个词，"五帝"是清楚的，即黄帝、帝颛顼、帝喾、尧、帝舜；但"三皇"却没有给予交代，只是常把"神农"放在了"黄帝"的前面，可能他们认为"神农"为三皇之一[③]。另外，在《十二纪》中，它又提出了另一种五帝名称，并且还配以五神：春天是帝太皞、神句芒；夏天是帝炎帝、神祝融；中央是帝黄帝、神后土；秋天是帝少皞、神蓐收；冬天是帝颛顼、神玄冥。《吕氏春秋》的《古乐》篇在列举古代帝王作乐时，亦形成一个帝王名次：朱襄氏、葛天氏、陶唐氏、黄帝、颛顼、帝喾、尧、舜、禹、殷汤、周文王、武王、成王。[④]

　　《逸周书·史记》篇在归纳前朝诸国败亡的原因和教训时，援引二十八个古国（帝）以为例，分别剖析他们一一败亡的原因，这二十八个古帝名氏依次为：皮氏、华氏、夏后氏、殷商、有虞氏、平林、质沙、三苗、扈氏、义渠、平州之君、有林氏、曲集、有巢、邻君、共工、上衡氏、南氏、有果氏、毕程氏、阳氏、谷平、阪泉、县宗、玄都、西夏、绩阳、有洛氏等。另外还涉及重氏（重黎之后）、唐氏。[⑤]

　　形成于战国晚期的《帝系》、《五帝德》，把各民族的传说人物、祖先神灵加以历史化整理编定成了一个统一的古史系统。《五帝德》通过孔子与宰

①黎翔凤：《管子校注》，北京：中华书局，2004 年版，第 952～953 页。

②黎翔凤：《管子校注》，北京：中华书局，2004 年版，第 924 页。

③"三皇"之说在西汉后期大肆盛行，共出现六种"三皇"说，具体可参看：顾颉刚、杨向奎《三皇考》，收入《古史辨》第七册；刘起釪《几次组合纷纭错杂的"三皇五帝"》，载《古史续辨》。

④许维遹：《吕氏春秋集释》，北京：中华书局，2009 年版，第 118～128 页。

⑤黄怀信、张懋镕、田旭东：《逸周书汇校集注》，上海：上海古籍出版社，2007 年版，第 942～971 页。

我的对话描述了黄帝、颛顼、帝喾、尧、舜、禹六位古帝的丰功伟绩。其中关于禹的描述为：

> 宰我曰："请问禹。"孔子曰："高阳之孙，鲧之子也，曰文命。敏给克济，其德不回，其仁可亲，其言可信；声为律，身为度，称以上士；亹亹穆穆，为纲为纪。巡九州，通九道，陂九泽，度九山。为神主，为民父母；左准绳，右规矩；履四时，据四海；平九州，戴九天，明耳目，治天下。举皋陶与益以赞其身，举干戈以征不享不庭无道之民；四海之内，舟车所至，莫不宾服。"①

这里对禹的描述，可以说是在先秦时期第一次比较系统地全面描述禹的德行和功绩：首先叙其身世，"高阳之孙，鲧之子"；再言其德，"敏给克济，其德不回，其仁可亲，其言可信；声为律，身为度，称以上士"，关于"上士"，王聘珍说："称以上士者，称其声与身，而正音乐、尺度之事也。"②可从。再言立法度，"为纲为纪"；再言划九州平治水土；再言为山川神主；再言治理天下；再言重用人才，"举皋陶与益，以赞其身"；再言征伐；最后四海之内莫不宾服。《上海博物馆藏战国楚竹书（九）》所收《举治王天下》中的《禹王天下》亦是一篇对禹之功绩进行概括总结的文献，可以和《五帝德》对读参看。该篇竹书颂扬了禹的五大功绩：一是疏江为三，疏江为九，使百川皆导，禹使民以二和，天下太平；二是禹光扬舜德，恩施四国，鞠躬尽瘁，奋中疾志；三是禹能深陟固疏，持守省察，不废前功；四是……（简文残缺）；五是禹宽恕仁人而不寡道。③ 以禹为中心，独立描述其个人功绩，为战国文献所鲜见。

　　上博简《容成氏》，是一篇非常有系统的上古史，整理者李零先生对全篇内容作了介绍："全篇内容分七部分：第一部分是讲容成氏等最古的帝王（估计约二十一人）；第二部分是讲帝尧以前的一位古帝王，……第三部分是讲帝尧；第四部分是讲帝舜；第五部分是讲夏禹；第六部分是讲商汤；第七部分是讲周文王和周武王。"④《容成氏》第一支简叙述了古帝王系统："［尊］卢氏、赫胥氏、乔结氏、仓颉氏、轩辕氏、神农氏、樟丨氏、墟蘁氏之有

①方向东：《大戴礼记汇校集解》，北京：中华书局，2008 年版，第 729 页。
②王聘珍：《大戴礼记解诂》，北京：中华书局，1983 年版，第 124 页。
③马承源主编：《上海博物馆藏战国楚竹书（九）》，上海：上海古籍出版社，2012 年版，图版第 61～95 页，释文考释 191～235 页。
④马承源主编：《上海博物馆藏战国楚竹书（二）》，上海：上海古籍出版社，2002 年版，第 249 页。

天下也,皆不授其子而授贤。"此一古史系统与《庄子·胠箧》中的系统多有相同:

> 昔者容成氏、大庭氏、伯皇氏、中央氏、栗陆氏、骊畜氏、轩辕氏、赫胥氏,尊卢氏、祝融氏、伏羲氏、神农氏,当是时也,民结绳而用之,甘其食,美其服,乐其俗,安其居,邻国相望,鸡狗之音相闻,民至老死而不相往来。若此之时,则至治已。①

《胠箧》篇比《容成氏》多出几个古帝王,可能正好是《容成氏》第一支简残缺去的内容。因此有人主张《容成氏》的学派归属为道家,也有人根据其中的鼓吹禅让认为是墨家,现在还没有定论。但有一点是值得注意的,即战国时期有好几家古史系统在流传,只是现在我们能见到的当时的文献太少,所以不能窥其全貌。

战国后期,"当时各国以疆土之开拓,交通之频繁,经济之联系,人民心胸开广,皆欲泯除旧日种姓之成见而酝酿民族统一运动,故假黄帝之大神为人间之共祖"②。此时,《帝系》篇应运而生,它把所有古史传说人物汇成了一个系统,并尊黄帝为天下共祖,黄帝一成共祖立即被民众广为接纳。

三、汉以后的古史系统

汉代的古史系统经战国后期的整合已基本形成了固定的谱系。司马迁据《帝系》和《五帝德》写成《五帝本纪》,黄帝、颛顼、帝喾、尧、舜这样一个五帝系统成为后世史书的主要模本,于是夏代以前传说时期各族宗神和各种神话人物及古帝就被当作信史完整地流传下来了。应该指出的是,司马迁作出祖述黄帝的叙述,有着深刻的意义:"一方面是史家对于时间和世系的本能需要,另一方面也为了破除诸侯分割、民族对立的现象,宣示汉民族的同一性。"③炎黄共祖的"历史"就成为我们民族共同的文化记忆。

在这期间还出现了三统说和新的五德终始说,三统说以董仲舒为著,新的五德终始说见于《世经》,将邹衍的五德相胜发展为五行相生,并扩展了终始的范围。董仲舒《春秋繁露·三代改制质文》云:"是故周人之王,尚

---

① [清]郭庆藩:《庄子集释》,北京:中华书局,2012年版,第366页。
② 顾颉刚:《史林杂识·黄帝》,北京:中华书局,1963年版,第180页。
③ 钟宗宪:《求索文化记忆中的神话拼图》,《民间文化论坛》2005年第2期,第7页。

推神农为九皇,而改号轩辕,谓之黄帝,因存帝颛顼、帝喾、帝尧之帝号,绌虞而号舜曰帝舜,录五帝以小国;下存禹之后于杞,存汤之后于宋,以方百里。"①所载世系为:九皇、黄帝、颛顼、帝喾、尧、舜(以上五帝)、禹、汤、周(以上三王)。董仲舒即在该篇中提出了"三统说":王者受命依黑统、白统、赤统递相循环,把本代和前两代定为"三王",即本届的三统,把"三王"之前的五代列为"五帝","五帝"之前的一代列为"九皇",共九代。

　　《世经》是西汉后期出现的一部书,载在《汉书·律历志》里。顾颉刚认为是刘歆所作:"《世经》这部书,在别的地方从没有引用过,只见于刘歆的《三统历》。以那时的学风而论,伪书是大批地出现,刘歆又是造伪书的宗师,则此书颇有亦出于刘歆的可能。话说得宽一点,此书也有出于刘歆的学派的可能。"②《世经》又创造了一种五德终始说,将邹衍的五德相胜改为五行相生。其认为伏羲继天而王,为百王先,所以首德始于木,故为帝太昊。五行相生,木生火,故炎帝以火德继;火生土,故黄帝以土德继;土生金,故少昊以金德继;金生水,故颛顼以水德继;水又生木,故帝喾以木德继;木又生火……又开始了一个新的轮回。③ 这样,以此为序排列了历代帝王,可见表8—1:

表8—1　五行相生的帝王谱系

五德	帝王朝代	帝王朝代	帝王朝代
木	1 太昊伏羲氏	6 帝喾高辛氏	11 武王(周)
闰水	共工	帝挚	秦
火	2 炎帝神农氏	7 帝尧陶唐氏	12 汉
土	3 黄帝轩辕氏	8 帝舜有虞氏	13 新
金	4 少昊金天氏	9 伯禹夏后氏	
水	5 颛顼高阳氏	10 成汤(商)	

(摘自刘起釪《古史续辨》第40~41页)

从《帝王世纪》到《纲鉴易知录》很多史书都基本遵循这一系统,成了封建王

---

①[清]苏舆:《春秋繁露义证》,北京:中华书局,1992年版,第199页。
②顾颉刚:《五德终始说下的政治和历史》,《古史辨》第五册,上海:上海古籍出版社,1982年版,第451页。
③[汉]班固:《汉书·律历志下》,北京:中华书局,1962年版,第1011~1013页。

朝的皇皇法典。

东汉王符的《潜夫论》比《世经》更胜一筹,他把同一"德运"的各个帝王说成是具有血缘系统的前后相承关系,从《五德志》中的叙述可见一斑:

> 大人迹出雷泽,华胥履之生伏羲……世号太皞……其德木。……后嗣帝喾代颛顼氏……其号高辛。……后嗣姜嫄,履大人迹生姬弃。……太妊梦长人感己,生文王。……

> 有神龙首出常羊,感任姒,生赤帝魁隗。身号炎帝,世号神农,代伏羲氏。其德火纪。……后嗣庆都,与龙合婚,生伊尧,代高辛氏,其眉八彩,世号唐。……龙感女媪,刘季兴。

> 大电绕枢照野,感符宝,生黄帝轩辕。代炎帝氏。其相龙颜,其德土行。……后嗣握登,见大虹,意感生重华虞舜……世号有虞。……①

这段文字说明帝王传代首先要依着"德"运,德运不到是当不上帝王的。其次,能当上帝王的,必须是世系相承,比如尧代高辛氏,世号唐,他的父亲庆都是炎帝神农的后嗣。再者,天子都有着神异的感生经历,比如华胥履雷泽大人迹生伏羲;炎帝是有神龙首出常羊,感任姒;黄帝是大电绕枢照野,感符宝。这些感生的记述,当是受纬书的影响。

纬书中也有帝王世系的记载,如《易稽览图》:"甲寅伏羲氏至无怀氏五万七千八百八十二年。神农五百四十年。黄帝一千五百二十年。少昊四百年。颛顼五百年。帝喾三百五十年。尧一百年。舜五十年。禹四百三十一年。殷四百九十六年。周八百六十七年。秦五十年。"②当然这里说的某帝多少年,不是说他活了多少年或执政多少年,而是由他建立的这一个朝代存在了多少年。

西晋皇甫谧所作《帝王世纪》,专述帝王世系、年代及事迹,上起三皇,下迄汉魏。皇甫谧从宇宙初始说起,说天地开辟,有天皇氏、地皇氏、人皇氏。然后说燧人之世,华胥履大人迹生伏羲,号皇雄氏;伏羲氏没,女娲氏代立,女娲氏没,次有大庭氏、柏黄氏、中央氏、栗陆氏、骊连氏、赫胥氏、尊

---

① [汉]王符撰,[清]汪继培笺,彭铎校正:《潜夫论笺校正》,北京:中华书局,1985年版,第384～391页。
② [清]赵在翰辑:《七纬》,北京:中华书局,2012年版,第90页。

卢氏、混沌氏、皞英氏、有巢氏、朱襄氏、葛天氏、阴康氏、无怀氏,凡十五世
皆袭伏羲之号。① 对皇甫谧所作的世系,王鸣盛批评道:"谧恣意妄造以欺
世,所说世系、纪年亦皆以意为之,几于无一可信。幸其书已亡;而裴骃、司
马贞、张守节皆无识,滥采入《史记注》,孔颖达作诸经《疏》,间亦引之,皆非
也。"② 王国维亦云:"皇甫谧作《帝王世纪》,亦为五帝三王尽加年数,后人
乃复取以补太史公书,此信古之过也。"③ 我们认为皇甫谧所述三皇五帝的
世系虽不可信,但却把上古至汉魏这样一段长远的历史,给予一个世系的
整理,是一种史学意识,是有意识地把中国历史的起源往前追溯,与当前我
们中国文明起源研究以及"中华文明探源工程"有着异曲同工之妙。

第二节　禹的德政传说

西周时期可以说是"德治"与"礼治"并存,周公"制礼作乐"后,礼治才
开始盛行,而"德"的观念应该早在西周立国之前就已经萌生。如《尚书·
梓材》:"先王既勤用明德。怀为夹,庶邦享作,兄弟方来,亦既用明德。"④
说的就是周先王即"勤用明德"。到了诸子时代,尧、舜、禹、汤、文、武、周公
成为"德治"的代表人物,他们对于这些人的德相当推崇。如孔子曰:"巍巍
乎,舜禹之有天下也而不与焉!"(《论语·泰伯》)⑤《墨子·非攻下》说:"今
若有能以义名立于天下,以德求诸侯者,天下之服可立而待也。"⑥ 而《老
子》对"德"可谓是一种更原始的追求,其言:"生之畜之,生而不有,为而不
恃,长而不宰,是为玄德。"体现了人与物的协和、万物一体的思想。《逸周
书·大聚》篇有关于禹与自然和谐相处的"正德"之传说。《大聚》篇通过周
公之口云:"旦闻禹之禁:春三月山林不登斧,以成草木之长;夏三月川泽不
入网罟,……万物不失其性,人不失其事,天不失其时,以成万材。万财既

①徐宗元辑:《帝王世纪辑存》,北京:中华书局,1964年版,第3页。
②[清]王鸣盛:《十七史商榷·史记三》,上海:上海书店出版社,2005年版,第20页。
③王国维:《古史新证——王国维最后的讲义》,北京:清华大学出版社,1994年版,第2页。
④[清]阮元校刻:《十三经注疏·尚书正义》(清嘉庆刊本),北京:中华书局,2009年版,第443页。
⑤[清]阮元校刻:《十三经注疏·论语注疏》(清嘉庆刊本),北京:中华书局,2009年版,第5402页。
⑥[清]孙诒让:《墨子间诂》,《孙诒让全集》本,北京:中华书局,2009年版,第155~156页。

成，放此为人。此谓正德。"①此与《荀子·王制》所言"圣王之制"②颇有相同之处。

春秋战国时期，尧舜禹汤有很多的德化故事在流传，究其原因，顾颉刚先生曾言："西周以后……自孔子以至荀卿、韩非，他们的政治学说都建筑在'人性'上面。……只要君主的道德好，臣民自然风从，用不到威力和鬼神的压迫。所以那时有很多的尧、舜、禹、汤、周公的'德化'的故事来。"③并将这类思想定名为"德治主义"，战国以后儒家的"德治主义"就成了正统思想。顾先生所论极为精到。下面我们就来看德治思想影响下的禹的德政传说。特别是新发现西周铜器燹公盨铭文和上博简《容成氏》提到的禹之"德政"传说，可补传世文献之不足。

一、燹公盨中的禹德

在西周的政治思想中非常重视"德"这一观念，周人虽然讲"天命"，但又把"天命"与"德"联系在一起，并制定了一套具体的伦理及行为标准作为"德"的规范，只有尊奉"德"才能更好地享受"天命"，否则将"坠厥命"。燹公盨铭文实际上即是以禹之功绩为例，说明保民对于德政推行的重要性。

燹公盨铭文共有六个"德"字，把论德作为铭文的主旨。整个西周时期，"德"都是其伦理思想的骨干，而且"德"的含义是保民利民，"盨铭所以要讲述禹的事迹，是以禹作为君王的典范，说明治民者应该有德于民，为民父母"④。《尚书·吕刑》中的"德"亦含有这个意思：

> 皇帝清问下民，鳏寡有辞于苗。德威惟畏，德明惟明。乃命三后，恤功于民：伯夷降典，折民维刑；禹平水土，主名山川；稷降播种，农殖嘉谷。三后成功，惟殷于民。

①黄怀信、张懋镕、田旭东：《逸周书汇校集注》，上海：上海古籍出版社，2007年版，第406页。

②《荀子·王制》言："圣王之制也：草木荣华滋硕之时，则斧斤不入山林，不夭其生，不绝其长也；鼋鼍、鱼鳖、鳅鳝孕别之时，罔罟毒药不入泽，不夭其生，不绝其长也；春耕、夏耘、秋收、冬藏四者不失时，故五谷不绝，而百姓有余食也；污池、渊沼、川泽，谨其时禁，故鱼鳖优多而百姓有余用也；斩伐养长不失其时，故山林不童而百姓有余材也。"见王先谦《荀子集解》，北京：中华书局，2013年版，第195页。

③顾颉刚：《盘庚中篇今译》，《古史辨》第2册，上海：上海古籍出版社，1982年版，第44页。

④李学勤：《论燹公盨及其重要意义》，《中国古代文明研究》，上海：华东师范大学出版社，2005年版，第135页。

文中"恤功于民"、"惟殷于民"与铭文"厥贵唯德民"的思想是相同的,都是
要有德于民。李零先生更进一步指出:"禹的'德'是什么? 是上天命禹治
平水土,任土作贡,让住在禹域之内的人民衣食有自,生生不已。可见圣人
的'德',作为榜样的'德',其实是'生民之道'……"①禹之功可以造福于黎
民,足见禹德之大。《左传·昭公元年》:"美哉禹功,明德远矣,微禹,吾其
鱼乎!"②正是此意。《礼记·祭法》说,夏后氏"祖颛顼而宗禹。"郑玄注曰:
"有虞氏以上尚德,禘、郊、祖、宗,配用有德者而已。"③按照郑玄的解释,禹
之所以成为祭祀系统中的"宗",是因为其有德,有虞氏以上是否尚德姑且
不论,但"祖有功,宗有德"应该是没错的。所以,燹公盨讲述大禹治水的故
事主要是讲禹的德,以禹的德贯穿全铭,以启示后人。

　　铭文中还有"降民监德",降民,与清华简《厚父》"天降下民"④、《诗
经·烝民》"天生烝民"意思一致。但如果祛除西周天命观思想的遮蔽,我
们认为当时的实际情况就是大禹平定水土后,人们从高处下到低处居住
生活。

　　那么"监德"呢,李学勤先生将"监"训为察。⑤ 似并无不妥。文献中关
于"天监德"的例子甚多,特别是《诗》、《书》中,如《尚书·高宗肜日》:"惟天
监下民,典厥义命……民有不若德,不听罪,天既孚命正厥德。"《吕刑》:"上
帝监民,罔有馨香德。"《诗·大雅·大明》:"天监在下,有命既集。"《大雅·
烝民》:"民之秉彝,好是懿德。天监有周,昭假于下。"《大雅·皇矣》:"皇矣
上帝,临下有赫。监观四方,求民之莫。"《左传·庄公三十二年》说得亦非
常清楚:"国之将兴,明神降之,监其德也。将亡,神又降之,观其恶也。"⑥
足见,不管是君王还是臣民,他们的德行时刻都在受着上天的监督。

　　既然人们的德行受到上天的监督,那就要合乎天意。因此盨铭又讲到

①李零:《论燹公盨发现的意义》,《中国历史文物》2002年第6期,第42页。
②[清]阮元校刻:《十三经注疏·春秋左传正义》(清嘉庆刊本),北京:中华书局,2009年版,第
　4389页。
③[清]阮元校刻:《十三经注疏·礼记正义》(清嘉庆刊本),北京:中华书局,2009年版,第3444页。
④李学勤主编:《清华大学藏战国竹简(伍)》,上海:中西书局,2015年版,第110页。
⑤李学勤:《论燹公盨及其重要意义》,《中国古代文明研究》,上海:华东师范大学出版社,2005年
　版,第133页。
⑥[清]阮元校刻:《十三经注疏·春秋左传正义》(清嘉庆刊本),北京:中华书局,2009年版,第
　3870页。

"好德婚媾,亦唯协天",意谓婚媾之事也要坚持好德,好德之行要合乎天意。[①] 在周人的思想里,人只有顺行天德,上天才能降德。《尚书·吕刑》亦言"惟克天德,自作元命,配享在下",只有克天德,才能作元命,配享在下。郭店简《成之闻之》也讲到了"顺天德",并引用了古佚《书》——《大禹》:

> 是故小人乱天常以逆大道,君子治人伦以顺天德。《大禹》曰:'余才(在)宅天心'害? 此言也,言余之此而宅于天心也。"[②]

此《大禹》佚文说到禹"宅天心",廖名春说:"宅"可训顺应、归顺。"天心"即简上文"天德"。"宅天心"与《康诰》"亦惟助王宅天命"之"宅天命"义同。[③]总之,人们只有顺应"天德(命)"才能有福禄,上天才能降下"懿德"。

二、《容成氏》中禹之德政

春秋战国时期,学者对"德"的作用和重要性进行了总结。上博简《季康子问孔子》篇反映了孔子晚年的政治思想,其中季康子问政于孔子,孔子回答"仁(任)之以德"[④],并解释说君子要"敬诚其德以临民",民众才能"望其道而服焉"。孟子也明确提出先王之所以得天下是由于施行仁政的结果,《孟子·离娄上》:"三代之得天下也以仁,其失天下也以不仁。"又强调为政者要以德服人才能王天下,《孟子·离娄上》:"为政不因先王之道,可谓智乎? 是以惟仁者宜在高位。"《吕氏春秋》中的《上德》更具代表性,该篇专门论述德行、道义的重要性,认为这是治理天下和国家的根本:"为天下及国,莫如以德,莫如行义。以德以义,不赏而民劝,不罚而邪止。"[⑤]并列举了不少事例,其中就有禹征三苗、舜以德服的故事。借此强调德义在社会生活中的意义,远大于严刑厚赏的作用。

战国时期禹的德政传说流传广泛,其中以上博简《容成氏》所载最为全

---

① 裘锡圭:《燹公盨铭文考释》,《裘锡圭学术文集》(第三卷),上海:复旦大学出版社,2012 年版,第160 页。

② 荆门市博物馆编:《郭店楚墓竹简》,北京:文物出版社,1998 年版,第 168 页。

③ 廖名春:《郭店简〈成之闻之〉、〈唐虞之道〉篇与〈尚书〉》,《中国史研究》1999 年第 3 期,第 36 页。

④ "仁"读为"任"依廖名春意见,参看廖名春等著《写在简帛上的文明:长江流域的简牍和帛书》,杭州:浙江大学出版社,2011 年版,第 105 页。

⑤ 许维遹:《吕氏春秋集释》,北京:中华书局,2009 年版,第 517 页。

面。传世文献中记载禹的功德多为治水,很少涉及其他方面的政绩,《容成氏》正好弥补了传世文献这方面的不足。先将《容成氏》关于禹的德政传说内容抄录于下:

> 禹听政三年,不制革,不刃金,不略矢,田无蔡,宅不空,关市无赋。禹乃因山陵平隰之可封邑【18】者而繁实之,乃因迩以知远,去苛而行简,因民之欲,会天地之利,夫是以□者悦怡,而远者自至。四海之内及【19】四海之外皆请贡。禹然后始为之号旗,以辨其左右,思(使)民毋惑。东方之旗以日,西方之旗以月,南方之旗以蛇,【20】中正之旗以熊,北方之旗以鸟。禹然后始行以俭:衣不鲜美,食不重味,朝不车逆,春不毇米,鬻(羹)不折骨,制【21】表敔専。禹乃建鼓于廷,以为民之有诉告者鼓焉。击鼓,禹必速出,冬不敢以寒辞,夏不敢以暑辞。身言【22】……乱泉。所曰圣人,其生赐(易)养也,其死赐(易)葬,去苛懘,是以为名。禹有子五人,不以其子为后,见【33】皋陶之贤也,而欲以为后。皋陶乃五让以天下之贤者,遂称疾不出而死。禹于是乎让益,启于是乎攻益自取。【34】①

这段文字的主要内容包括:第一,禹听政三年;第二,禹建旗辨四方;第三,禹节俭;第四,禹听讼;第五,禹易葬;第六,禹让位。除去舜让禹和禹让位之事,其他禹的德政传说都极少见。

先看禹听政三年,《礼记·缁衣》:"子曰:禹立三年,百姓以仁遂焉,岂必尽仁。"②《缁衣》篇只有"禹立三年"之说,具体怎样施行仁政,没有记述,而《容成氏》却把三年之政说得甚详细,这其中最重要的一点为"去苛而行简,因民之欲,会天地之利",是明显的保民惠民政策,与燹公盨中禹之"德"一脉相承。正是由于这样的保民之政,才有后文所言的"四海之内及四海之外皆请贡"。禹时四海请贡之说,传世文献多有类似记载。如《左传·宣公三年》:"昔夏之方有德也,远方图物,贡金九枚。"此处亦强调有德才有贡。《淮南子·原道》:"禹……施之以德,海外宾伏,四夷纳职。"③亦言"施

---

① 释文及简序参看李零:《〈容成氏〉释文考释》,马承源主编:《上海博物馆藏战国楚竹书(二)》,上海:上海古籍出版社,2002 年版,第 263~267、276 页。孙飞燕:《上博简〈容成氏〉文本整理及研究》,北京:中国社会科学出版社,2014 年版,第 77 页。

② [清]阮元校刻:《十三经注疏·礼记正义》(清嘉庆刊本),北京:中华书局,2009 年版,第 3576 页。

③ 刘文典:《淮南鸿烈集解》,北京:中华书局,1989 年版,第 14 页。

之以德"，足见布德之重要。《大戴礼记·少间》的记载更为详细："舜有禹代兴，禹卒受命，乃迁邑姚姓于陈，作物配天，修德使力，民明教通于四海，海之外肃慎、北发、渠搜、氐、羌来服。"①禹修德能使海外来服，德的功效甚大。

禹之听诉，简文有禹"建鼓于廷"，"冬不敢以寒辞，夏不敢以暑辞"，处理狱讼从来不懈怠。这一点，传世文献中也有述及：《管子·桓公问》："禹立建鼓于朝，而备讯唉。"②《太公金匮》："禹居人上，慄慄如不满日，乃立建鼓。"（《路史》卷二十二引）《鬻子·禹政》中还有"禹治天下，以五声听"的说法：

> 禹之治天下也，以五声听。门悬钟鼓铎磬，而置鞀，以待四海之士，为铭于筍簴曰："教寡人以道者击鼓，教寡人以义者击钟，教寡人以事者振铎，语寡人以忧者击磬，语寡人以狱讼者挥鞀。"此之谓五声。是以禹尝据一馈而七起，日中而不暇饱食。曰："吾犹恐四海之士留于道路。"是以四海之士皆至，是以禹当朝廷间也，可以罗爵。③

《淮南子·氾论》篇④有一段话与之相近，但更简洁，可能袭自《鬻子》。由引文可见，禹之处理政事真是非常的辛苦，所以贾谊《新书·修政语》有云："禹常昼不暇食，而夜不暇寝。"⑤《鬻子》书中的有《禹政》可惜已残缺不全。今之《容成氏》中的相关简文正可窥见其一斑。

再看禹之俭，简文云"衣不鲜美，食不重味，朝不车逆，春不穀米，羹不

---

① 方向东：《大戴礼记汇校集解》，北京：中华书局，2008 年版，第 1158 页。
② 黎翔凤：《管子校注》，北京：中华书局，2004 年版，第 1047 页。
③ 钟肇鹏：《鬻子校理》，北京：中华书局，2010 年版，第 17 页。
④ 《淮南子·氾论》："禹之时，以五音听治：悬钟鼓磬铎，置鞀，以待四方之士，为号曰：教寡人以道者击鼓，谕寡人以义者击钟，告寡人以事者振铎，语寡人以忧者击磬，有狱讼者摇鞀。当此之时，一馈而十起，一沐而三捉发，以劳天下之民。"见刘文典：《淮南鸿烈集解》，北京：中华书局，1989 年版，第 437 页。
⑤ 阎振益、钟夏校注：《新书校注》，北京：中华书局，2000 年版，第 361 页。《新书·修政语》还具体描述了大禹治国之亲力亲为："大禹之治天下也，诸侯万人而禹一皆知其国，其士万人而禹一皆知其体，故大禹岂能一见而知之也？岂能一闻而识之也？诸侯朝会而禹亲报，故是以禹一皆知其国也；其士月朝，而禹亲见之，故是以禹一皆知其体也。然且大禹其犹大恐，诸侯会，则问于诸侯曰：'诸侯以寡人为骄乎？'朔日，士朝，则问于士曰：'诸侯大夫以寡人为汰乎？其闻寡人之汰耶，而不以语寡人者，此教寡人残道也，灭天下之教也。故寡人之所怨于人者，莫大于此也。'"（《新书校注》，第 361 页）贾谊生活于汉初，其所述当有所本，故这段记述亦可与上博简《容成氏》禹之治政相参证。

折骨",将禹之节俭描写得非常具体形象:穿衣素朴不注重鲜美,饮食粗粝而不是多种滋味,会见宾客不以车迎,不舂精米,烹煮的食物不含节解的牲肉。《吕氏春秋·先己》篇有段话说启"处不重席,食不贰味,琴瑟不张,钟鼓不修,子女不饬"与简文相近。其他传世文献描写禹之节俭都非常简单,像《论语·泰伯》中只有"菲饮食"、"恶衣服"、"卑宫室"这样的话。①《说苑·反质》引墨子语说夏禹"卑小宫室,损薄饮食,土阶三等,衣裳细布"②也不如简文更详尽。

简文"其生赐(易)养也,其死赐(易)葬",讲的或许是禹死后安葬的故事。③ 传世文献中亦有禹葬传说,《墨子·节葬下》云:"禹东教乎九夷,道死,葬会稽之山,衣衾三领,桐棺三寸,葛以缄之,绞之不合,通之不埳,土地之深,下毋及泉,上毋通臭。既葬,收余壤其上,垄若参耕之亩,则止矣。"④墨子主张"节葬",为了驳斥"厚葬久丧是圣人之道"这一观点,尽举尧舜禹节葬行为以论证"厚葬久丧非圣人之道"。墨子所叙述的禹节葬传说为后世文献《淮南子》等多所采取。禹不仅自己节葬,而且据《尸子》载,禹在治水时,还曾创制丧葬之法,其内容为"死于陵者葬于陵,死于泽者葬于泽,桐棺三寸,制丧三日"⑤。《淮南子·要略》也说禹之时"天下大水……死陵者葬陵,死泽者葬泽"⑥,显然,禹的丧法,是迫于治水的需要,为了早日治理好洪水而制定的。

禹的建旗传说,我们在论述夏族"图腾"时已经涉及,此处从略。

上博简《举治王天下》中的《尧王天下》也涉及禹,该篇论述尧王天下以德服人,尧造访禹,请教"从政何先",禹答曰:"惟志。"由于竹简残缺,简文所说的"志"到底是何含义我们不是很清楚。但《吕氏春秋·行论》篇讲到了禹忍辱负重一心以治水为志的故事,《吕览》说舜殛鲧于羽山,禹"不敢怨

①《史记·夏本纪》亦有禹"劳身焦思,居外十三年,过家门不敢入。薄衣食,致孝于鬼神。卑宫室,致费于沟淢"这样的话,当是本自《论语》。另外,《说苑·反质》:"禽滑厘问于墨子曰:'锦绣絺纻,将安用之?'墨子曰:'恶! 是非吾用务也。古者无文者得之矣,夏禹是也。'"亦是说禹不重文,不用锦绣絺纻。
②向宗鲁校证:《说苑校证》,北京:中华书局,1987年版,第515页。
③郭永秉:《帝系新研》,北京:北京大学出版社,2008年版,第127~128页。
④[清]孙诒让:《墨子间诂》,《孙诒让全集》本,北京:中华书局,2009年版,第183~185页。
⑤此为《后汉书》注引《尸子》佚文,《宋书·礼志》引《尸子》作"禹治水,为丧法,曰毁必杖,哀必三年",见《宋书》卷十五,北京:中华书局,1974年版,第386页。
⑥刘文典:《淮南鸿烈集解》,北京:中华书局,1989年版,第710页。

而反事之,官为司空,以通水潦"①,辛勤治水而且甚得帝舜之心。说明禹能在"势不便、时不利"的情况下,"事仇以求存",而不以"快志"为能事。体现了禹为实现大志而以大局为重、忍辱负重之德行。由此我们或许可以推测禹所谓从政惟志,可能是以树立大志为从政之始。尧又问"居时何先",禹回答"毋忘其所不能"。②

三、禹的其他德行传说

《左传·襄公二十九年》季札见舞《大夏》,曰:"美哉！勤而不德,非禹,其谁能修之。"③是说禹尽力乎沟洫,勤劳若此,而不自以为德,禹的道德境界不可谓不高。关于禹的德行的传说文献中还有一些记载。

古籍中有禹禁酒、恶酒的传说。《孟子·离娄下》:"孟子曰:'禹恶旨酒,而好善言。'"④《战国策·魏策二》载:"昔者,帝女令仪狄作酒而美,进之禹,禹饮而甘之。遂疏仪狄,绝旨酒。曰:'后世必有以酒亡其国者。'"⑤许慎《说文解字》中也有"古者仪狄作酒醪,禹尝之而美,遂疏仪狄"的记载。⑥ 此为禹之酒禁传说,可与清华简《厚父》"民式克敬德,毋湛于酒"相参看⑦,郭永秉先生指出《厚父》应为《夏书》⑧,据此,关于酒禁的传说,不仅周初有,夏代也有,而且还跟禹有关。

郭店简《尊德义》还提到禹善于遵循"道",以水道治水,以人道治民。简文云:"禹以人道治其民,桀以人道乱其民。桀不易禹民而后乱之,汤不易桀民而后治之。圣人之治民也,民之道也。禹之行水,水之道也。造父之御马,马之道。后稷之艺地,地之道也。莫不有道焉,人道为近。是以君子,人道之取先。"⑨这是一段谈论"人道"的文字,为了论说主题,作者以

---

① 许维遹:《吕氏春秋集释》,北京:中华书局,2009 年版,第 569 页。
② 马承源主编:《上海博物馆藏战国楚竹书(九)》,上海:上海古籍出版社,2012 年版,第 191~235 页。
③ [清]阮元校刻:《十三经注疏·春秋左传正义》(清嘉庆刊本),北京:中华书局,2009 年版,第 4360 页。
④ [清]焦循:《孟子正义》,北京:中华书局,1987 年版,第 569 页。
⑤ 范祥雍笺证:《战国策笺证》,上海:上海古籍出版社,2006 年版,第 1353 页。
⑥ [汉]许慎撰、[宋]徐铉校定、愚若注音:《注音版说文解字》,北京:中华书局,2015 年版,第 313 页。
⑦ 李学勤主编:《清华大学藏战国竹简(伍)》,上海:中西书局,2015 年版,第 110 页。
⑧ 郭永秉:《论清华简〈厚父〉应为〈夏书〉之一篇》,李学勤主编《出土文献》第 7 辑,上海:中西书局,2015 年版,第 118~132 页。
⑨ 荆门市博物馆编:《郭店楚墓竹简》,北京:文物出版社,1998 年版,第 173 页。

禹、造父、后稷各以水道、马道、地道治水、御马和艺地,说明万物莫不有道,而以"人道为近",继而以禹、汤治民行人道为例进行阐释。简文"禹之行水,水之道也",见于《孟子·告子下》"禹之治水,水之道也,是故禹以四海为壑。"①又可与《孟子·离娄下》"禹之行水也,行其所无事也"②相参证,"行其所无事"是讲禹治水顺其自然,因势利导,即简文"水之道"也。

《吕氏春秋》也有一些禹的德行传说。《贵因》说"禹之裸国,裸入,衣出"③,反映了禹尊重其他民族文化习俗的行为。《古乐》篇讲禹立为帝后,"勤劳天下,日夜不懈。通大川,决壅塞,凿龙门,降通漻水以导河,疏三江五湖,注之东海,以利黔首"④,描述了禹为民辛勤治水的事迹。《求人》篇则说其忧其黔首,以求贤人,得到了陶、化益、真窥、横革、之交等五个人的辅佐。⑤《谨听》篇又言及禹为"礼有道之士","一沐而三捉发,一食而三起"。⑥《荀子·大略篇》还讲到:"禹见耕者耦立而式,过十室之邑必下。"杨倞注云:"十室之邑,必有忠信,故下之也。"⑦是说禹对忠信之人的尊敬。

上博简《举治王天下》中的《禹王天下》是目前所见最早将禹的功绩系统化总结的一篇文献,简文云"禹王天下……五年而天下正",然后依次叙述禹之功绩:一是疏江为三,疏江为九,使百川皆导,禹使民以二和,天下太平;二是禹光扬舜德,恩施四国,鞠躬尽瘁,奋中疾志;三是禹能深陟固疏,持守省察,不废前功;四是……(简文残缺);五是禹宽恕仁人而不寡道。⑧

禹的德行如此众多,在于后世之人对其功绩的累世传颂与不断层累。《淮南子·氾论》云:"牛马有功,犹不可忘,又况人乎!此圣人所以重仁袭恩。故炎帝于火,死而为灶;禹劳天下,死而为社;后稷作稼穑,死而为稷;羿除天下之害,死而为宗布。此鬼神之所以立。"⑨后世的人们之所以对灶

①[清]焦循:《孟子正义》,北京:中华书局,1987年版,第859页。
②[清]焦循:《孟子正义》,北京:中华书局,1987年版,第587页。
③许维遹:《吕氏春秋集释》,北京:中华书局,2009年版,第389页。《淮南子·原道》亦言:"禹之裸国,解衣而入,衣带而出,因之也。"(刘文典:《淮南鸿烈集解》,北京:中华书局,1989年版,第20页)《淮南子》或本自《吕氏春秋》。
④许维遹:《吕氏春秋集释》,北京:中华书局,2009年版,第126页。
⑤许维遹:《吕氏春秋集释》,北京:中华书局,2009年版,第615页。
⑥许维遹:《吕氏春秋集释》,北京:中华书局,2009年版,第294页。
⑦[清]王先谦:《荀子集解》,北京:中华书局,2013年版,第582页。
⑧马承源主编:《上海博物馆藏战国楚竹书》(九),上海:上海古籍出版社,2012年版,第194页。
⑨刘文典:《淮南鸿烈集解》,北京:中华书局,1989年版,第460~461页。

神、社神、稷神、宗布之神进行祭祀,是由于"不忘其功",实际上是对炎帝、大禹、后稷、后羿等英雄人物的追念,是对他们丰功伟绩的赞颂与传承。而在传颂的过程中,后世又会根据时代的需要有意无意地对圣人的事迹添枝加叶,不断地加以层累。

第三节　禹铸九鼎传说探析

禹铸九鼎是否确有其事,学界颇有分歧,否定者认为"出于神话",如以顾颉刚为代表的古史辨派;信真者认为果有其事,如马衡"言之凿凿,不类向壁虚造之辞"①,赵铁寒亦坚信真有其物②。我们认为对古史传说既不能全盘否定,亦不能完全相信,王国维说的好:"上古之事,传说与史实混而不分。史实之中固不免有所缘饰,与传说无异,而传说中亦往往有史实为之素地,二者不易区别,此世界各国之所同也。"③因此,我们当以审慎的态度去看待这一传说。《逸周书·度邑》篇有"九鼎"的记载,说明至迟在周初便有九鼎的流传。考古发现证明夏代已经进入铜器时代,"禹铸九鼎"传说是对这一时代的反映,古史辨派对这一传说所持的"近于神话"的态度不可取。

一、禹铸九鼎传说之演变

《逸周书·克殷》篇:"乃命南宫百达、史佚迁九鼎三巫。"④《克殷》篇的成书年代是相当早的,一般认为是后人根据西周初期史料整理而成,朱右曾尝谓"非亲见者不能"⑤。因此,周初之时便有九鼎流传当无问题。又《左传·桓公二年》曰:"武王克商,迁九鼎于洛邑,义士犹或非之。"⑥所记亦当有据。但九鼎铸于何时,文献记载却颇复杂,首先是《左传·宣公三年》"昔夏之方有德也,远方图物,贡金九牧,铸鼎象物",把九鼎和夏联系在

①马衡:《中国之铜器时代》,《古史辨》第二册,上海:上海古籍出版社,1982年版,第32页。

②赵铁寒:《说九鼎》,《古史考述》,台北:正中书局,1975年版。

③王国维:《古史新证——王国维最后的讲义》,北京:清华大学出版社,1994年版,第1页。

④黄怀信、张懋镕、田旭东:《逸周书汇校集注》,上海:上海古籍出版社,2007年版,第358页。

⑤[清]朱右曾:《逸周书集训校释·序》,上海:商务印书馆,1940年版,第11页。

⑥[清]阮元校刻:《十三经注疏·春秋左传正义》(清嘉庆刊本),北京:中华书局,2009年版,第3784页。

了一起。《墨子·耕柱》:"昔者夏后开(启),使蜚廉折金于山川,……九鼎既成,迁于三国。"①把启与铸九鼎联系在了一起。至《史记》、《汉书》始见禹"铸九鼎"之说:

> 《史记·孝武本纪》:禹收九牧之金,铸九鼎,皆尝鬺烹。②
>
> 《史记·封禅书》:禹收九牧之金,铸九鼎,皆尝亨鬺上帝鬼神。③
>
> 《汉书·郊祀志》:禹收九牧之金,铸九鼎,象九州……夏德衰,鼎迁于殷;殷德衰,鼎迁于周;周德衰,鼎迁于秦。④

《史记》禹铸九鼎,司马迁采自何书已不可考,或许据了《左传》,只是把铸九鼎的功绩归在了禹的名下。更有可能是战国时就已经有了禹铸九鼎的传说,司马迁只不过是抄录过来而已。至《史记》,禹铸九鼎之传说已基本定型,但是,在这里我们需要指出的是,禹铸九鼎传说在文献上的定型虽然很晚,但并不代表这一传说的起源也很晚,因为早期文献流传至今的毕竟少之甚少。汉以后所传禹铸九鼎传说基本上都本于《史记》,只不过增加了一些修饰之词和神异的情节而已。如:

> 《易林·小畜之益》:"禹作神鼎,伯益衔指。"⑤
>
> 《说文解字》释"鼎"云:"昔禹收九牧之金,铸鼎荆山之下,入山林川泽,螭魅蝄蛃,莫能逢之,以协承天休。"⑥
>
> 《后汉书·明帝纪》:"昔禹收九牧之金,铸鼎以象物,使人知神奸,不逢恶气。"⑦
>
> 《帝王世纪》:"禹铸鼎于荆山,在冯翊怀德之南,今其下荆渠也。"(《续汉志·郡国志一》注引)⑧
>
> 《拾遗记》卷二《夏禹》:"禹铸九鼎,五者以应阳法,四者以象阴数。使工师以雌金为阴鼎,以雄金为阳鼎。鼎中常满,以占气象之休否。

---

① [清]孙诒让:《墨子间诂》,《孙诒让全集》本,北京:中华书局,2009 年版,第 422~426 页。
② [汉]司马迁:《史记》卷十二,北京:中华书局,1959 年版,第 465 页。
③ [汉]司马迁:《史记》卷二十八,北京:中华书局,1959 年版,第 1392 页。
④ [汉]班固:《汉书》卷二十五上,北京:中华书局,1962 年版,第 1225 页。
⑤ 徐传武、胡真:《易林汇校集注》,上海:上海古籍出版社,2012 年版,第 376 页。
⑥ [汉]许慎撰,[宋]徐铉校定,愚若注音:《注音版说文解字》,北京:中华书局,2015 年版,第 140 页。
⑦ [南朝宋]范晔:《后汉书》卷二,北京:中华书局,1965 年版,第 109 页。
⑧ 徐宗元辑:《帝王世纪辑存》,北京:中华书局,1964 年版,第 53 页。

当夏桀之世，鼎水忽沸。及周将末，九鼎咸震。皆应灭亡之兆。后世
圣人，因禹之迹，代代铸鼎焉。"①

禹铸九鼎的传说流传了近两千年，大家都当作信史一般去看待。至清末的
崔述开始怀疑禹铸九鼎的真实性，但崔述只怀疑鼎非禹铸，可能是由启或
少康所铸，其言："九鼎之铸，世皆以为禹事；然《传》(《左传·宣公三年》)既
不称禹，而禹在位不久，恐亦未暇及此，或启或少康未可知也。"②当疑古思
潮盛行时，以顾颉刚为代表的古史辨派开始了对上古史的破坏，甚至有胡
适"东周以上无古史"论。在此背景下，禹铸九鼎的传说完全成了神话。

二、禹铸九鼎的可能性

古史辨思潮影响很大，因此我们有必要对他们关于禹铸九鼎传说的研
究作一回顾与讨论。1923 年 5 月 30 日，胡适在致顾颉刚的信中说："九鼎，
我认为是一种神话。铁固非夏朝所有；铜恐亦非那时代所能用。"③1923 年
6 月 1 日，顾颉刚据胡适书信言："九鼎的来源固是近于神话，但不可谓没
有这件东西。看《左传》上楚子问鼎，《国策》上秦兴师求鼎，《史记》上秦迁
九鼎，没于泗水，恐不见全假。九鼎不见于《诗》、《书》，兴国迁鼎的话自是
靠不住。或者即是周朝铸的，置于东都，以为观耀；后人不知其所自来，震
于其大，遂编造出许多说话耳。九鼎没于泗水而非销毁，将来尽有复出的
可能。"④顾颉刚对于九鼎的意见：一是，九鼎的来源近于神话；二是，九鼎
确有其物，可能铸于周朝；三是，九鼎还存在，没有被销毁，可能在泗水复
出。可以看出顾颉刚对九鼎的传说是半信半疑的，既说"近于神话"，又不
否认它确实存在。而对于"禹"铸九鼎之说他则完全否定了。1923 年 11
月 19 日，在《讨论古史答刘胡二先生》一文中又说：

九鼎不铸于夏代，禹说才起于西周的中叶，已有坚强的理由了。
王孙满对楚子一段话最露破绽的是"贡金九牧"一语。九州的传说起
于战国，九牧之说当然不可靠。贡金之说，适之先生来书云，"铁固非

---

① [晋]王嘉撰，齐治平校注：《拾遗记校注》，北京：中华书局，1981 年版，第 36 页。
② [清]崔述：《崔东壁遗书》，上海：上海古籍出版社，1983 年版，第 120 页。
③ 胡适：《论帝天及九鼎书》，《古史辨》第一册，上海：上海古籍出版社，1982 年版，第 200 页。
④ 顾颉刚：《论〈今文尚书〉著作时代书》，《古史辨》第一册，上海：上海古籍出版社，1982 年版，第
　　200 页。

夏朝所有,铜恐亦非那时代所能用。发见渑池石器时代的安特森近疑商代犹是石器时代的晚期,我想他的假定颇近是"。本来夏代彝器从没有发见过;即学者考定的商代彝器亦并无确实出于商代的证据,不过比较了周器,把语句简单的,字体特异的归在商代罢了。商器尚如此茫昧,夏之尚未进于铜器时代自不必说,哪里能铸出九鼎!至于九鼎的来源,我以为当是成王建立东都时铸下的大宗器用来镇抚王室的。①

大约写于 20 世纪 40 年代的《浪口村随笔》有一篇名"九鼎"的短文亦言:"近年考古事业渐发达,自仰韶、小屯、龙山诸遗址之发掘而知青铜器时代不能甚早,中国实经过一长期之石器时代,夏代当居新石器时代之末,陶固有之,铜则无有,禹铸九鼎之说乃不击而自倒。"②顾颉刚疑古的步子迈得比崔述更大,直接对禹铸九鼎传说进行了全盘否定,禹铸九鼎之所以不可信,顾颉刚列出了三条理由:其一,禹说才起于西周中叶;其二,《左传》"贡金九牧"不可靠,因为九州的传说起于战国;其三,夏代彝器从没有发见过,夏未进入铜器时代。现在看来这三条理由是都站不住脚的。

第一,关于禹起于西周中叶,顾先生认为《诗经·商颂·长发》是最早记载禹传说的古籍。③ 并引用王国维的观点认为《商颂》是西周中期宋国人所作。其实记载禹传说的文献有不少可能是周初的作品,如《商誓》等,李学勤先生即认为《商誓》或是删《书》之余,确信为周初作品④。关于禹的传说至少在周初就已经有了记载,而它的起源恐怕还要往前追溯。近年发现的燹公盨记载了禹受天命平治水土的事。裘锡圭指出:"虽然燹公盨恰好是西周中期器,但是这却并不能成为支持顾氏'禹是西周中期起来的'说法的证据。在此盨铸造的时代,禹的传说无疑已经是相当古老的被人们当作历史的一个传说了。"⑤

---

①顾颉刚:《讨论古史答刘胡二先生》,《古史辨》第一册,上海:上海古籍出版社,1982 年版,第 120 页。

②顾颉刚:《浪口村随笔》,沈阳:辽宁教育出版社,1998 年版,第 102 页。

③顾颉刚先生在 1923 年 2 月 25 日《与钱玄同先生论古史书》中说到:"《商颂·长发》说:'洪水芒芒,禹敷下土方;……帝立子生商。'禹的见于载籍以此为最古。"见《古史辨》第一册,上海:上海古籍出版社,1982 年版,第 62 页。

④李学勤:《〈商誓〉篇研究》,《古文献丛论》,上海:上海远东出版社,1996 年版。

⑤裘锡圭:《新出土先秦文献与古史传说》,《中国出土古文献十讲》,上海:复旦大学出版社,2004 年版,第 22 页。

第二,顾颉刚先生以九州说起于战国,便言《左传》"贡金九牧"不可信。《左传·昭公四年》曰:"四岳、三涂、阳城、大室、荆山、中南,九州之险也。"①顾颉刚先生考证此所谓九州,大体上包括今陕西中部、河南西部,这个范围正在夏的域限之内。而邵望平先生结合考古学资料对《禹贡》所记九州进行了新的阐释,认为《禹贡》记述的九州,在很大程度上与龙山时代的文化区系相对应。② 另外,关于"牧"字,甲骨卜辞中已经出现,宾组卜辞有"在易牧",历组卜辞有"在𠂤牧",三、四期卜辞里有"在𠬝牧",等等。裴锡圭先生认为牧"应该是率领着族人以及其他从属于他的人为商王服役的","古书里把九州中各州的诸侯之长称为牧,这应该是'牧'字较晚的一种用法"。③ 因此,这里的"牧"有可能是"牧"的较早用法,夏人尚"九","牧"才与"九"结合在一起,与九州说可能无关。

第三,顾颉刚先生认为夏代彝器从没有发见过,夏未进入铜器时代。关于铜器时代的问题,顾先生说:"我觉得周代始进入铜器时代的假设颇可成立,因为发见的鼎彝多半是封国后或嗣位后铸的宗器,可见当时看铸金是很珍贵的,又看春秋时铸兵器皆用铜,铁器始见于《左传》昭公二十九年晋赵鞅以铁铸刑鼎,继见于《孟子》'以铁耕乎',可见用途不广。"④对于顾先生的这些论断,限于当时考古学的客观现状,我们不能苛求顾先生,但亦能看出其疑古的过头。在这一点上,唐兰先生却有预见性,他说:"商代前期有铜鼎,上面还有兽面纹,夏代就不可能没有铜鼎,只是现在还没有被发现罢了。"⑤如今,二里头遗址已经发掘出了不少青铜器,二里头文化相当于什么历史朝代,虽然还有争论,但"根据这种文化的青铜器发展水平,推想夏代在青铜器时代范畴内,应该是可信的"⑥。

———————————

① [清]阮元校刻:《十三经注疏·春秋左传正义》(清嘉庆刊本),北京:中华书局,2009 年版,第 4415 页。
② 邵望平:《〈禹贡〉"九州"的考古学研究》,《考古学文化论集》(2),北京:文物出版社,1989 年版。李学勤先生对邵文十分推崇,见李学勤:《中国古代文明起源》,《中国古代文明十讲》,上海:复旦大学出版社,2003 年版,第 37 页。
③ 裴锡圭:《甲骨卜辞中所见的"田""牧""卫"等职官的研究——兼论"侯""甸""男""卫"等几种诸侯的起源》,《古代文史研究新探》,南京:江苏古籍出版社,2000 年版,第 354、355 页;原载《文史》第十九辑,北京:北京:中华书局,1983 年版。
④ 顾颉刚:《论〈今文尚书〉著作时代书》,《古史辨》第一册,上海:上海古籍出版社,1982 年版,第 201 页。
⑤ 唐兰:《关于"夏鼎"》,《文史》第七辑,北京:中华书局,1979 年版,第 1 页。
⑥ 李学勤:《李学勤说先秦》,上海:上海科学技术文献出版社,2009 年版,第 27 页。

　　以上对顾颉刚先生的疑古论调,我们进行了回应,下面我们再进一步谈谈禹铸九鼎的可能性。

　　《越绝书·宝剑篇》引风胡子语:"轩辕、神农、赫胥之时,以石为兵,断树木为宫室,死而龙藏,夫神圣主使然。至黄帝之时,以玉为兵,以伐树木为宫室、凿地。夫玉亦神物也,又遇圣主使然,死而龙藏。禹穴之时,以铜为兵,以凿伊阙,通龙门,决江导河,东注于东海,天下通平,治为宫室,岂非圣主之力哉?当此之时,作铁兵,威服三军。"①风胡子为春秋时人,我国的铁器时代大致是从春秋时期开始的,所言战国以前石、玉(新石器)、铜、铁四种兵器的时代与现代考古学上所使用的旧石器时代、新石器时代、铜器、铁器的四个时代基本吻合。轩辕、神农、赫胥时代为原始氏族时代,使用旧石器打制武器;黄帝相当于新石器时代的酋邦时代,使用磨制新石器。②"禹穴之时,以铜为兵",现在二里头文化已经被认为是青铜时代的开始,而二里头文化即夏文化也是大多数学者所承认的。足见《越绝书》所记有一定的可靠性。另外,禹之前还有蚩尤用铜作兵的传说。《世本·作篇》云:"蚩尤以金作兵器。"(《广韵》十二庚注引)③纬书《龙鱼河图》亦说:"黄帝摄政前,有蚩尤兄弟八十一人,并兽身人语,铜头铁额,食沙石子,造立兵仗刀戟大弩,威震天下。"④因此,居于蚩尤之后的禹有铸九鼎的传说,亦非偶然。

　　且《吕氏春秋·求人》篇说禹之"功绩铭乎金石,著于盘盂"⑤,此说不虚,新发现燹公盨正记载了禹之事。又《孟子·尽心下》载:"高子曰:'禹之声尚文王之声。'孟子曰:'何以言之?'曰:'以追蠡。'"赵岐注:"追,钟钮也;蠡,欲绝之貌也。"⑥言禹尚声乐过于文王,禹的钟钮都快磨绝。陆懋德据此言:"因此可见禹实有铜钟,在孟子时尚存在,且必为当时人所共知之器……今世所存千余年前之铜器甚多,禹距孟子时代约亦不过千有余年,故知孟子时代所见之禹钟或非伪造之品也。"⑦陆懋德之言正是针对当时古史辨派对禹铸九鼎说的否定而言的。

---

①李步嘉校释:《越绝书校释》,北京:中华书局,2013年版,第303页。
②王晖、贾俊侠:《先秦秦汉史史料学》,北京:中国社会科学出版社,2007年版,第104页。
③〔清〕秦嘉谟辑补:《世本》,《世本八种》,北京:中华书局,2008年版,第359页。
④〔日〕安居香山、中村璋八辑:《纬书集成》,石家庄:河北人民出版社,1994年版,第1149页。
⑤许维遹:《吕氏春秋集释》,北京:中华书局,2009年版,第615页。
⑥〔清〕焦循:《孟子正义》,北京:中华书局,1987年版,第983～984页。
⑦陆懋德:《评顾颉刚〈古史辨〉》,《古史辨》第二册,上海:上海古籍出版社,1982年版,第377页。

再看铸鼎之地昆吾①，古文献中多言昆吾产铜。如《山海经·中山经》载："昆吾之山，其上多赤铜。"郭璞注："此山出名铜，色赤如火，以之作刃，切玉如割泥也。周穆王时西戎献之，《尸子》所谓昆吾之剑也。"②《逸周书·大聚》："乃召昆吾，冶而铭之金版，藏府而朔之。"孔晁注："昆吾，古之利冶。"③顾颉刚因此说："盖其地产金，故冶人之事以昆吾氏掌之。在周官则谓之'职金'，《周礼·秋官》'职金供金版'是也。"④而《世本·氏姓篇》则说："昆吾氏，古已姓之国，夏时诸侯伯，祝融之后。"⑤昆吾氏成了夏时的侯伯，可见其演变之迹——由铸鼎之地到冶人之职，再演变为夏之氏族。

关于昆吾的地理位置，《左传·哀公十七年》载："卫侯梦于北宫，见人登昆吾之观，被发北面而噪曰：'登此昆吾之虚……'"杜预注："卫有观在于昆吾氏之虚，今濮阳城中。"⑥《后汉书·郡国志》东郡濮阳县条云："濮阳，古昆吾国。"⑦《括地志》亦云："濮阳县，古昆吾国也。昆吾故城在县西三十里，昆吾台在县西百步颛顼城内，周回五十步，高二丈，即昆吾墟也。"⑧其地当在今河南濮阳县境，离夏族活动中心不远。王国维《说亳》亦云："昆吾之墟，地在卫国（汉东郡濮阳城内）。《左传》、《世本》说当可据。"⑨

近代考古学证明，我国在仰韶文化时期即已出现了铜器。龙山时代考古发现的铜器或冶铜、铸铜遗物更多，但主要限于小件工具、饰品。到了二里头文化时期我们不仅发现了若干前所未有的青铜器，还发掘了大规模的青铜冶铸作坊和大量与青铜冶铸有关的遗物，位于二里头遗址东南部的青

①《墨子·耕柱》曰："昔者夏后开使蜚廉折金于山川，而陶铸之于昆吾，……九鼎既成，迁于三国。"（［清］孙诒让：《墨子间诂》，《孙诒让全集》本，北京：中华书局，2009 年版，第 422～426 页）王念孙《读书杂志》云："'陶铸之于昆吾'，本作'铸鼎于昆吾'，此浅人不晓文义而改之也。金可言铸，不可言陶。上言'折金'，故此言'铸鼎'。此言'铸鼎'，故下言'鼎成'。若以'陶铸'并言，则与上下文皆不合矣。"（王念孙：《读书杂志·墨子第四》，北京：中国书店出版社，1985 年版，第 108 页）王氏之言可谓不刊之论。

②袁珂校注：《山海经校注》，成都：巴蜀书社，1996 年版，第 148 页。

③黄怀信、张懋镕、田旭东：《逸周书汇校集注》，上海：上海古籍出版社，2007 年版，第 409 页。

④顾颉刚：《"昆吾氏"为冶金官》，《顾颉刚读书笔记》第八卷，台北：联经出版事业公司，1990 年版，第 5965 页。

⑤［清］秦嘉谟辑补：《世本》，《世本八种》，北京：中华书局，2008 年版，第 290 页。

⑥［清］阮元校刻：《十三经注疏·春秋左传正义》（清嘉庆刊本），北京：中华书局，2009 年版，第 4733 页。

⑦［南朝宋］范晔：《后汉书》卷一百一十一，北京：中华书局，1965 年版，第 3448 页。

⑧［唐］李泰等著，贺次君辑校：《括地志辑校》，北京：中华书局，1980 年版，第 148 页。

⑨王国维：《说亳》，《观堂集林》，石家庄：河北教育出版社，2001 年版，第 330 页。

铜冶铸作坊区,据初步钻探和发掘资料,估计作坊区的面积大约近万平方米①。二里头遗址出土的礼器有鼎、爵、斝、盉、盂,兵器有戈、戚、镞,工具有凿、锛、锥、钻等,另外还有铜铃、铜饰牌等,这些器物的工艺复杂,有的用了合范法浇铸,还有分铸、接铸等技术。"这充分表明,当时的人们能够制造出更大更复杂的青铜器,可能蕴藏在迄今尚未找到的大墓里面。"②二里头遗址发现的这些青铜器是顾颉刚先生当时所不能预见的。因此,夏代初期完全有可能制造青铜鼎,九鼎是否一定为禹铸,我们认为不能断然下结论,但它却是对当时夏族进入铜器时代的一个反映,这个传说的来源应当是非常悠久的。作为一个传说,它经历了不同历史时期的演变和润色,有其存在的自身价值和文化意蕴。

三、九鼎所刻图案

顾颉刚关于九鼎所刻图案是否为禹(禹为动物),曾经有过反复。1923年5月25日,顾颉刚在《与钱玄同先生论古史书》中说:

> 禹,《说文》云……我以为禹或是九鼎上铸的一种动物,当时铸鼎象物,奇怪的形状一定很多,禹是鼎上动物的最有力者;或者有敷土的样子,所以就算他是开天辟地的人。流传到后来,就成了真的人王了。③

顾颉刚关于禹是鼎上刻画的动物,有主观想象的成分,多含混其词,如"以为","一定","或者","就算",没有客观的证据,而且顾说还有一个前提,即禹可能是一条虫。刘掞黎对此发难道:"这种《说文》迷,想入非非,任情臆造底附会,真是奇得骇人了!……稷为形声字,是五谷之长,何以不认后稷为植物呢?难道那奇形怪状底象物九鼎上没有稷这种植物么?……何以不说稷为九鼎上的植物,流传到后来成了周的祖宗呢?"④在刘掞黎的反驳

---

①中国社会科学院考古研究所:《中国考古学·夏商卷》,北京:中国社会科学出版社,2003年版,第109～111页。

②李学勤:《中国古代文明的起源》,《走出疑古时代》(修订本),沈阳:辽宁大学出版社,1997年版,第25页。

③顾颉刚:《与钱玄同先生论古史书》,《古史辨》第一册,上海:上海古籍出版社,1982年版,第63页。

④刘掞黎:《读顾颉刚君"与钱玄同先生论古史书"的疑问》,《古史辨》第一册,上海:上海古籍出版社,1982年版,第87页。

下,顾颉刚的口气开始缓和,1923 年 11 月 19 日,在《讨论古史答刘胡二先生》中又云:

> 我上一文疑禹为动物,出于九鼎,这最引起两先生的反对,我与此并不抗辩,因为这原是一个假设。① ……我现在对于这个假定的前半还以为不误,对于后半便承认有修改的必要了。……至于鼎上刻镂神迹,乃是古代的风气,《左传》所谓“铸鼎象物”还是可信(现在保存的彝器有物象的很多,这上的神话必有资于古史,惜考古家不注意此事)。不过禹说既是后起,他的神迹还来不及刻上九鼎罢了。②

此处,“禹为动物,出于九鼎”,成了假设,并说:“我现在对于这个假定的前半还以为不误,对于后半便承认有修改的必要了。”意思是说他坚持“禹为动物”之说,放弃“出于九鼎”之说。同时又对禹的来历再作了一个新的假定:“禹是南方民族神话中的人物。”

1924 年 4 月 1 日,柳诒徵继续反驳道:“某君谓古无夏禹其人,诸书所言之禹皆属子虚乌有。叩其所据,则以《说文》释禹为虫而不指为夏代先王,因疑禹为九鼎所图之怪物,初非圆颅方趾之人。”③1925 年 11 月 28 日,顾颉刚先生又在《答柳翼谋先生》中说:

> 古人在器物上刻镂神迹,是很普遍的事实,有现存的遗物可证。《左传》所谓“铸鼎象物,使民知神奸”,是不错的。《吕氏春秋》说,“得陶,化益,真窥,横革,之交五人佐禹,故功绩铭于金石,著于盘盂”(《求人篇》),可见禹一起人也是刻镂在器物上的。但器物上的人总是怪物模样的(现存古器可证),所以禹有怪物模样也是在情理之内。《吕氏春秋》又言“周鼎著饕餮”(《先识览》);又言“周鼎著倕”(《离谓篇》)。饕餮的形象,现在在鼎上很易看见,乃是大耳大眼长面的兽。倕即垂,正是《尧典》中禹的同官。《吕氏春秋》所谓“周鼎”,就是《左传》中所谓

---

① 顾颉刚:《讨论古史答刘胡二先生》,《古史辨》第一册,上海:上海古籍出版社,1982 年版,第 118 页。
② 顾颉刚:《讨论古史答刘胡二先生》,《古史辨》第一册,上海:上海古籍出版社,1982 年版,第 120~121 页。
③ 柳诒徵:《论以〈说文〉证史必先知〈说文〉之谊例》,《古史辨》第一册,上海:上海古籍出版社,1982 年版,第 218 页。

"夏鼎",即九鼎。垂即上得九鼎,那么,禹的图上九鼎也未始不是可能
事了。①

这里,"禹的图上九鼎也未始不是可能事了"。禹又上得了九鼎,顾颉刚的
观点又回到了原点。文献中有关于周鼎所刻图案的记载,顾颉刚先生已
言。仅《吕氏春秋》中就有五处言及,《慎势》:"周鼎著象,为其理之通也。
理通,君道也。"②《先识览》:"周鼎著饕餮,有首无身,食人未咽,害及其
身。"③《适威》:"周鼎著窃,曲状甚长,上下皆曲。"④《离谓》:"周鼎著倕而龁
其指,先王有以见大巧之不可为也。"⑤《达郁》:"周鼎著鼠,令马履之,为其
不阳也。"⑥象,当是象物之意,不专指一物。饕餮纹已见于传世之商周铜
器中。窃即窃曲,亦即上下屈曲之回纹,"通行于西周,春秋及战国仍沿用
之"⑦。惟鼠、倕不见于传世器。顾颉刚先生言"《吕氏春秋》所谓'周鼎',
就是《左传》中所谓'夏鼎',即九鼎"是没有根据的;由垂上得九鼎便说禹也
上得九鼎,更是臆测。

　　文献中关于夏鼎所刻图案的记载,一般以《左传·宣公三年》中王孙满
的一段话最有代表性:

　　　　昔夏之方有德也,远方图物,贡金九牧,铸鼎象物,百物而为之备,
　　使民知神奸;故民入川泽山林,不逢不若,螭魅罔两,莫能逢之。用能
　　协于上下,以承天休。⑧

所谓"铸鼎象物",那么鼎上到底刻了什么东西呢?杜预注曰:"象所图物著
之于鼎",何谓"图物"呢?前文有"远方图物",杜预注曰:"图画山川奇异之
物而献之。"联系上下文可知,鼎上刻画的应该是远方九牧的山川奇异之
物,即每一个鼎上刻一个牧的川泽山林及川泽山林中的神怪。所以,九鼎
上所刻图案包含两方面内容,一为九牧的山川地理,一为九牧的神怪奇异

---

① 顾颉刚:《答柳翼谋先生》,《古史辨》第一册,上海:上海古籍出版社,1982 年版,第 225～226 页。
② 许维遹:《吕氏春秋集释》,北京:中华书局,2009 年版,第 466 页。
③ 许维遹:《吕氏春秋集释》,北京:中华书局,2009 年版,第 398 页。
④ 许维遹:《吕氏春秋集释》,北京:中华书局,2009 年版,第 532 页。
⑤ 许维遹:《吕氏春秋集释》,北京:中华书局,2009 年版,第 489 页。
⑥ 许维遹:《吕氏春秋集释》,北京:中华书局,2009 年版,第 564 页。
⑦ 容庚:《商周彝器通考》,北平:哈佛燕京学社,1941 年版,第 135 页。
⑧ [清] 阮元校刻:《十三经注疏·春秋左传正义》(清嘉庆刊本),北京:中华书局,2009 年版,第
　　4056 页。

之物。铸鼎象物的意义实际上已经远远超出了图像学研究的范畴,这一事件有着深层的政治象征意义,巫鸿先生指出:"九鼎上铸有不同地域的'物',这些地域都是夏的盟国,贡'物'于夏就是表示臣服于夏。'铸鼎象物'也就意味着这些地域进入了以夏为中心的同一政治实体……进入夏联盟的所有部落和方国都被看成是'神',而所有的敌对部落和方国则被认为是'奸'。"①

　　九鼎上所刻的山林川泽,后来慢慢演变成为地理图籍。《山海图》应该是其余绪,从《山海经》中我们还能看出一些端倪。②《史记·张仪列传》载张仪建议秦惠王伐周,言"周自知不能救,九鼎宝器必出。据九鼎,按图籍,挟天子以令于天下"③。"九鼎"下紧接说"按图籍",说明九鼎上面可能真有山川地理。

　　九鼎上所刻神怪,应是各牧沟通人神的神灵怪物。"螭魅罔两"则是没有被刻上九鼎的敌国的怪物,即"神奸"之"奸"。知道了螭魅罔两是什么怪物,就大致了解了九鼎上的怪物。杜预注曰:"螭,山神兽形。魅,怪物,罔两,水神。"《史记·五帝本纪》"以御螭魅",《集解》引服虔曰:"螭魅,人面兽身,四足,好惑人,山林异气所生,以为人害。"④由此可见,螭魅罔两都是山林川泽里的怪物。而九鼎上所刻的神怪无疑也是这类神怪。这些怪物应该是一种先民想象中具有神异性能的动物,而非自然界中实有的动物,而

---

① 〔美〕巫鸿:《九鼎传说与中国古代美术中的"纪念碑性"》,《礼仪中的美术——巫鸿中国古代美术史文编》,北京:三联书店,2005 年版,第 50 页。

② 古代不少学者就认为《山海经》上原是配有图的,这图就是夏代铸在青铜器上的山川神灵之图。如杨慎《山海经后考》即言:"九鼎之图……谓之曰山海图。其文则谓之《山海经》。"毕沅《山海经新校正序》云:"《山海经·海内经》四篇,《海外经》四篇,周秦所述也。禹铸鼎象物,使民知神奸。按其文,有国名,有山川,有神灵奇怪之所际,是鼎所图也。鼎亡于秦,故其先时人犹能说其图以著于册。"(〔晋〕郭璞注、〔清〕毕沅校:《山海经》〔诸子百家丛书本〕,上海:上海古籍出版社,1989 年版,第 1 页)洪亮吉《春秋左传诂》云:"今《山海经》、《海内》、《大荒》等篇,即后人录夏鼎之文也。"〔清〕洪亮吉:《春秋左传诂》,北京:中华书局,1987 年版,第 401 页。沈钦韩《春秋左氏传补注》曰:"今《山海经》所说形状物色,殆鼎之所象也。"(〔清〕沈钦韩:《春秋左氏传补注》,上海:上海古籍出版社,2016 年版,第 194 页)近人江绍原也认为,禹鼎传说是《山海经》中精怪神兽的重要来源(江绍原:《中国古代旅行之研究》,上海:上海文艺出版社,1989 年版,第 7～13 页)。江林昌先生则通过考察《山海经》的《中山经》部分,认为《中山经》中不仅有神怪图腾形象,还记载了夏族祖先鲧禹的故事,其内容与夏族有直接关系(江林昌:《图与书:先秦两汉时期有关山川神怪类文献的分析——以〈山海经〉、〈楚辞〉、〈淮南子〉为例》,《文学遗产》2008 年第 6 期,第 16～17 页)。

③ 〔汉〕司马迁:《史记》卷七十,北京:中华书局,1959 年版,第 2282 页。

④ 〔汉〕司马迁:《史记》卷一,北京:中华书局,1959 年版,第 37 页。

且这种动物可能是能通天地的,可以沟通神人。张光直在谈到商周铜器上的动物纹饰时说:"其中之动物的确有一种令人生畏的感觉,显然具有由神话中得来的大力量。"[①]并指出,"商周青铜器上的动物纹样也扮演了沟通人神世界的使者的角色"[②]。二里头青铜器冶铸作坊遗址发现了许多冶铸青铜器件的陶范、石范、坩埚,数量最多的是陶范,最引人注目的是陶范内有兽面纹等花纹。因此顾颉刚所言"怪物模样"当是不错的。

四、九鼎的传承

九鼎的流传,文献多有记载。《墨子·耕柱》云:"九鼎既成,迁于三国,夏后氏失之,殷人受之;殷人失之,周人受之。"《左传·宣公三年》曰:"桀有昏德,鼎迁于商,载祀六百。商纣暴虐,鼎迁于周。"[③]关于九鼎的传承以顾颉刚《九鼎》[④]一文考证最为精彩,但该文探讨九鼎的传承重在周秦之际,而于商周之际九鼎的变迁则论述无多,原因在于他没有重视《逸周书》中关于九鼎的资料。在《九鼎》一文中被顾颉刚忽视的《逸周书》资料主要有两条:

一是《世俘》篇:"辛亥,荐俘殷王鼎。"[⑤]顾氏未重视这条资料的原因是他认为:"凡战国以下纷纷言武王实得商之九个鼎,均误以虚数为实数,不足信;实则克商时俘获之鼎超过九数且甚远也。"[⑥]朱右曾云:"'鼎',即九鼎。"[⑦]《左传·桓公二年》:"武王克商,迁九鼎于洛邑,义士犹或非之。"[⑧]即此俘鼎之事。李学勤先生亦言:"所荐得的殷王之鼎,很可能就是著名的

---

① 张光直:《商周神话与美术中所见人与动物关系之演变》,《中国青铜时代》,北京:三联书店,1983年版,第292页。
② 张光直:《美术、神话与祭祀》,沈阳:辽宁教育出版社,1988年版,第52页。张光直先生认为商周青铜器上的动物纹样是巫觋沟通天地的一种工具的观点,已经得到了很多学者的认同,如杨泓《美术考古半世纪》、艾兰《龟之谜》、晁福林《商代的巫与巫术》等论著都曾引用过张氏的论断。
③ [清]阮元校刻:《十三经注疏·春秋左传正义》(清嘉庆刊本),北京:中华书局,2009年版,第4056页。
④ 载顾颉刚《浪口村随笔》,沈阳:辽宁教育出版社,1998年版。
⑤ 黄怀信、张懋镕、田旭东:《逸周书汇校集注》,上海:上海古籍出版社,2007年版,第421页。
⑥ 顾颉刚:《〈逸周书·世俘篇〉校注、写定与评论》,《文史》第二辑,第8页。
⑦ [清]朱右曾:《逸周书集训校释》,上海:商务印书馆,1940年版,第55页。
⑧ [清]阮元校刻:《十三经注疏·春秋左传正义》(清嘉庆刊本),北京:中华书局,2009年版,第4056页。

九鼎。"①

　　二是《克殷》篇"乃命南宫白达、史佚迁九鼎三巫"②。顾氏未重视这条资料的原因是他认为《克殷》篇成书年代较晚,在《九鼎》一文中提到《克殷》篇时有云:"《逸周书》之作固在左氏书后。"③顾颉刚的这种观点,今人多不信从。郭沫若先生早就指出:"《逸周书》中可信为周初文字者仅有三二篇,《世俘解》即其一,最为可信。《克殷解》及《商誓解》次之,其他则均系伪托,惟非伪托于一人或一时。"④最近魏慈德先生用新出土文献资料再和《逸周书》中的《世俘》、《克殷》篇互证,从卜辞的文法、青铜器铭文的字形、内容以及记载商周大事的简帛文献等,再次证明《世俘》、《克殷》篇是真西周文献。⑤《克殷》篇的这条资料被《史记·周本纪》采用,作"命南宫括、史佚展九鼎保玉"⑥。

　　另外,据《史记》记载,九鼎被武王迁至宗周时,后成王又将其迁至洛邑。《周本纪》说:"成王在丰,使召公复营洛邑,如武王之意;周公复卜申视,卒营筑,居九鼎焉。"⑦李学勤先生据此认为,"九鼎先迁至宗周,并曾荐于上帝","至成王时才定于洛邑……正说明鼎是王权的一种象征"⑧。

　　除上面所论,《吕氏春秋》亦记载了九鼎由商入周的情况,《贵直论》曰:"殷之鼎陈于周之廷。"⑨与《克殷》篇所记相似。其他关于九鼎在周的记录很多,兹不赘举。但九鼎在商代的记载除上文所引《墨子·耕柱》和《左传·宣公三年》之文外,再无片言只语。但在殷墟甲骨文中有求雨用鼎的记录,严一萍先生在其《夏商周文化异同考》一文中认为《殷墟文字乙编》中有"侑鼎"之卜辞三版,说:"此文武丁时祭鼎之祀,以证后世所传殷受九鼎

---

①李学勤:《〈世俘〉篇研究》,《古文献丛论》,上海:上海远东出版社,1996 年版,第 79 页。

②"三巫",《周本纪》作"宝玉",洪颐煊云:"'三巫'疑即'宝玉'之讹。"(转引自黄怀信等《逸周书汇校集注》,上海:上海古籍出版社,第 358 页)

③顾颉刚:《浪口村随笔》,沈阳:辽宁教育出版社,1998 年版,第 102 页。

④郭沫若:《中国古代社会研究·附录七》,北京:人民出版社,1964 年版,第 269 页。

⑤魏慈德:《〈逸周书〉世俘、克殷两篇与出土文献互证试论》,《东华人文学报》2004 年第 6 期,第 25~55 页。

⑥[汉]司马迁:《史记》卷四,北京:中华书局,1959 年版,第 126 页。

⑦[汉]司马迁:《史记》卷四,北京:中华书局,1959 年版,第 133 页。

⑧李学勤:《〈世俘〉篇研究》,《古文献丛论》,上海:上海远东出版社,1996 年版,第 79 页。

⑨许维遹:《吕氏春秋集释》,北京:中华书局,2009 年版,第 621 页。

之说,殆为信史已。"①赵铁寒先生据此而下结论说:"祭鼎而卜,已可见其
郑重,卜而与祀先公王亥同贞,更见鼎的地位不下于先公先王;则所祭必为
传世代表天命之九鼎,若殷商自铸之礼器,断不足以当之。"还针对古史辨
对古代传说的抹杀而指出:"自此实证出现,无形中提高先秦纸上史料之价
值,使疑古派大吃一惊。"②

需要说明的一点是,九鼎之所以能够辗转流传三代之久,一般认为九
鼎是王权的象征,但这应该是后起的,起初九鼎只是宗教祭祀中的一件礼
器,因为其在宗庙之中,能护佑宗族,使敷佑四方的天命得以延续,九鼎的
传说逐渐被神秘化,如《墨子·耕柱》言:"昔者夏后开,……是使翁难雉乙,
卜于白若于龟,曰:'鼎成三足而方,不炊而自烹,不举而自臧,不迁而自行,
以祭于昆吾之虚,上乡。'乙又言兆之由,曰:'飨矣,逢逢白云,一南一北,一
西一东,九鼎既成,迁于三国。"③鼎成之后问卜,以及不举而自臧,不迁而
自行,反映了九鼎的神秘色彩。九鼎从宗器而渐成权力的象征。

综上,从文献记载来看,周初便有九鼎的流传,后来又有禹铸九鼎的传
说。考古发现证明夏代已经进入铜器时代,禹铸九鼎传说正是对这一时代
的反映,古史辨派认为该传说是"近于神话"的态度是不可取的。九鼎上所
刻图案包含两部分内容,一为山川地理,一为各方可以沟通人神的神怪。
关于九鼎的流传,顾颉刚先生重在探讨周秦之际九鼎的传承,而于商周之
际九鼎的变迁则论述无多,原因在于他没有重视《逸周书》中关于九鼎的资
料,而这些资料的可信性已经得到了大家的认可。

第四节　禹与涂山的传说

弗莱说:"神话诗人笔下的人物和情节反映着社会对它们的接受度,它
们有着权威性,没有一个作家仅仅通过拥有今人所说的'创造力'就可获得
这种权威性。这种传统的传递对神话作家和他的听众来说是明显的、有意

---

①严一萍:《夏商周文化异同考》,《大陆杂志》1951年第1期。
②赵铁寒:《说九鼎》,《古史考述》,台北:正中书局,1975年版,第134页。
③[清]孙诒让:《墨子间诂》,《孙诒让全集》本,北京:中华书局,2009年版,第422～426页。

识的。"①大禹与涂山的传说主要有两件:禹娶涂山女与禹会诸侯,这样的传说虽然在早期的流传中表现出叙述的简单性,但一经被人们接受,它就成了"权威",在以后的广泛流传中被不同地域赋予了不同的情节,从而扎根在不同地域的特定文化中。

一、禹娶涂山女

禹娶涂山的传说很早就流传,但最初的流传甚是简单,像《楚辞·天问》中只说禹与涂山女通于台桑:"禹……焉得彼嵞山女,而通之于台桑?"②《尚书·皋陶谟》开始有"予(禹)创若时,娶于涂山"的话,后面还有一句赞扬其不顾家庭,舍家治水的一段话:"辛壬癸甲,启呱呱而泣,予弗子,惟荒度土功。"后又为《吕氏春秋》所采,云:"禹娶涂山氏女,不以私害公,自辛至甲四日,复往治水。"③《史记》将其叙述的更富有逻辑性,《夏本纪》云:"禹曰:予辛壬娶涂山,癸甲生启,予不子,以故能成水土功。"并进一步历史化:"夏后帝启,禹之子,其母涂山氏之女也。"④

《世本》和《大戴礼记·帝系》亦有禹娶于涂山氏的记载,只不过二者对于涂山氏女子的名字所记不同,《世本》说是"禹娶涂山氏女,名女娲,生启"⑤。《大戴礼记·帝系》说是:"禹娶于涂山氏之子,谓之女憍氏,产启。"⑥另外,睡虎地秦简《日书》甲种《吏》:"癸丑、戊午、己未,禹以取梌山之女日也,不弃,必以子死。"⑦此以婚忌的形式道出了禹娶涂山的故事。这些记载并无具体的细节描述,只是一个传说的骨架。到《吕氏春秋》时已经开始添枝加叶了,《音初》篇说:"禹行功,见涂山之女,禹未之遇而巡省南

---

①〔加拿大〕诺思洛普·弗莱:《世俗的经典——传奇故事结构研究》,孟祥春译,上海:上海人民出版社,2010年版,第10页。

②〔宋〕洪兴祖:《楚辞补注》,北京:中华书局,1983年版,第97页。

③该文不见今本《吕氏春秋》,为洪兴祖《楚辞补注》所引,见洪兴祖《楚辞补注》,北京:中华书局,1983年版,第97页。

④〔汉〕司马迁:《史记》卷二,北京:中华书局,1959年版,第80、84页。

⑤《史记索隐》引,见王谟辑《世本》,《世本八种》,北京:中华书局,2008年版,第7页。《帝王世纪》也说涂山氏女名女娲:"禹始纳涂山女曰女娲,合婚于台桑,有白狐九尾之瑞至,是为攸女,故《连山易》曰:禹娶涂山之子名曰攸女,生余是也。"见徐宗元辑《帝王世纪辑存》,北京:中华书局,1964年版,第52页。

⑥方向东:《大戴礼记汇校集解》,北京:中华书局,2008年版,第738页。

⑦睡虎地秦墓竹简整理小组编:《睡虎地秦墓竹简》,北京:文物出版社,1990年版,第360页。

土。涂山氏之女,乃令其妾候禹于涂山之阳。女乃作歌,歌曰:‘候人兮
猗!’实始作为南音。”①这一叙述,已经在努力去除意象式的跳跃性铺陈结
构,而增加了些许逻辑性的叙述:禹没有和涂山女遇上,涂山女便专门命人
等候禹,还作歌唱。很像后世小说的叙事模式:女主人公喜欢上了男主人
公,但错过了相识的机会,女主人公便让自己的丫鬟传递写有情诗的手帕,
或是自己的心爱之物,以表达自己的爱慕之情。

　　至《吴越春秋》时,禹娶涂山女的传说更富有故事性。《越王无余外
传》载:

　　　　禹三十未娶,行到涂山,恐时之暮,失其度制,乃辞云:“吾娶也,必
　　有应矣。”乃有白狐九尾造于禹。禹曰:“白者,吾之服也。其九尾者,
　　王之证也。”于是,涂山人歌曰:“绥绥白狐,九尾痝痝。我家嘉夷,来宾
　　为王。成家成室,我造彼昌。”天人之际,于兹则行。明矣哉! 禹因娶
　　涂山女,谓之女娇。取辛壬癸甲,禹行。十月,女娇生子启。②

在这段文句中,禹娶涂山女的传说,已经形成了“头、身、尾”连贯的叙事结
构。从禹未娶到生子,故事有始有终,情节也富有趣味性,还有主人公大禹
的心理描写“恐时之暮,失其度制”。此外,《吕氏春秋》中只有一句“候人兮
猗”的歌词,而这里的《涂山之歌》的内容却丰富了很多。

　　《天问》可以说是最早记载禹娶涂山的传世文献,《吴越春秋》则记载禹
娶涂山最为详细的文本,二者都源自南方,可见禹娶涂山传说起于南方的
可能性较大。而且《天问》所载传说多古朴,应有较早的来源。其他记载禹
娶涂山的文献主要产生于北方,《皋陶谟》成书可能较晚,《吕氏春秋》多杂
录它书,虽然《史记》亦有相关叙述,但这也是司马迁“游会稽、探禹穴”的
结果。

　　至于禹为什么要和涂山氏联姻,《史记·外戚世家》称:“自古受命帝王
及继体守文之君,非独内德茂也,盖亦有外戚之助焉。夏之兴也以涂山,而
桀之放也以末喜。”《索隐》引韦昭云:“涂山,国名,禹所娶,在今九江。”③司
马迁认为正是因为禹和涂山国联姻,所谓有外戚相助,夏才得以兴盛。所

①许维通:《吕氏春秋集释》,北京:中华书局,2009 年版,第 139～140 页。
②周生春:《吴越春秋辑校汇考》,上海:上海古籍出版社,1997 年版,第 105～106 页。
③[汉]司马迁:《史记》卷四十九,北京:中华书局,1959 年版,第 1967 页。

以,禹娶涂山氏可能真是为了加强夏族的势力,和淮夷形成联盟。因此,有
学者解释说:"涂山地望应为今安徽怀远县涂山一带为中心的淮水流域,上
古巢居族群徐夷。兴于西羌的禹族移徙中原后,成为华夏集团的重要支
系,其首领大禹与涂山氏的联姻促进了夷夏同盟的形成,对于禹族战胜南
方的三苗集团,进而建立夏王朝,具有重要的历史作用和意义。"①这种说
法也是有一定道理的。

二、禹会诸侯

禹会诸侯传说,最早见载于《左传·哀公七年》:"禹合诸侯于涂山,执
玉帛者万国。"杜预注云:"涂山,在寿春东北。"②其他记载还有:

> 《今本竹书纪年》:"(禹)五年,巡狩,会诸侯于涂山。八年春,会诸
> 侯于会稽,杀防风氏。"③
> 《淮南子·原道》:"禹……合诸侯于涂山,执玉帛者万国。"④
> 《易林·兑之讼》:"禹召诸侯,会稽南山,执玉万国,天下康安。"⑤
> 《帝王世纪》:"禹会诸侯于涂山,在扬州之域,今九江当涂县有禹
> 娶之地。"(《太平寰宇记》卷一百二十八引)⑥

禹会诸侯的传说,可能有一定的史影。像这种会盟的大事,古人绝不会臆
造出来欺骗后人,如《左传·昭公四年》所载"夏启有钧台之享,商汤有景亳
之命,周武有孟津之誓,成有岐阳之蒐,康有酆宫之朝,穆有涂山之会"⑦,
恐皆有史实素地在里面。而且古人对于重大事件亦可能刻于金石以流传
后世,燹公盨铭文所记禹之传说,正验证了《吕氏春秋·求人》云禹之功绩
"铭乎金石,著于盘盂"所言不虚。所以古代传说,"虽不能说是历史经过的

---

①彭邦本:《禹娶涂山新探》,《西南民族大学学报》(人文社科版)2004年第5期,第159～161页。
②[清]阮元校刻:《十三经注疏·春秋左传正义》(清嘉庆刊本),北京:中华书局,2009年版,第
　4697页。
③王国维:《今本竹书纪年疏证》,载方诗铭、王修龄《古本竹书纪年辑证》(修订本),上海:上海古籍
　出版社,2005年版,第212页。
④刘文典:《淮南鸿烈集解》,北京:中华书局,1989年版,第14页。高诱注:涂山,在九江当涂县。
⑤徐传武、胡真:《易林汇校集注》,上海:上海古籍出版社,2012年版,第2108页。
⑥徐宗元辑:《帝王世纪辑存》,北京:中华书局,1964年版,第53页。
⑦[清]阮元校刻:《十三经注疏·春秋左传正义》(清嘉庆刊本),北京:中华书局,2009年版,第
　4418页。

自身,可是他是有根据的,从那里仔细钻研和整理就可以得到历史真相的,是万不能一笔抹杀的"①。

那么,禹会诸侯于涂山,涂山的地理位置何在呢?

涂山地望向众说纷纭,莫衷一是。② 主要有五种说法:一是会稽说(今浙江绍兴县西北)③,二是渝州说(今四川重庆市)④,三是濠州说(今安徽蚌埠市怀远县)⑤,四是宣州当涂说(今安徽当涂县),五是河南嵩县三涂山说⑥。会稽涂山说当是由禹会会稽、禹葬会稽的传说演化来的。渝州之涂山当是随夏族后裔迁往四川时带去的地名。关于宣州说,更系附会了,因为宣州当涂县即今安徽当涂县,乃东晋时今安徽怀远县的当涂居民迁至江南而侨置的,今之马鞍山市当涂县并不是古之当涂,古之当涂应在今安徽蚌埠市怀远县东南。之所以会有三涂即涂山的说法,是因为三涂在河南嵩县,而河南登封又有启母石的传说。《左传·昭公十七年》:"晋侯使屠蒯如周,请有事于雒与三涂。"杜预注:"三涂,山名,在陆浑南。"⑦陆浑在今河南

① 徐旭生:《中国古史的传说时代》(修订本),北京:文物出版社,1985 年版,第 20 页。

② 如洪兴祖《楚辞补注》引《苏鹗演义》即云:"涂山有四:一者会稽,二者渝州,三者濠州,四者《文字音义》云:'盒山,古国名,夏禹娶之,今宣州当涂县也。'"见《楚辞补注》,北京:中华书局,1983 年版,第 97 页。

③ 如《越绝书·越绝外传记地传》:"涂山者,禹所娶妻之山也,去县五十里。"

④ 如《华阳国志·巴志》:"禹娶于涂山……今江州涂山是也。"《后汉书·郡国志》:"巴郡,江州。"南朝梁刘昭注:"杜预曰:'巴国也。'有涂山,禹娶涂山。"《太平寰宇记》卷一百三十六:"涂山在(巴)县东南八里岷江南岸。"

⑤ 如《吕氏春秋·音初》高诱注:"涂山在九江,近当涂也。"《史记·外戚世家》索隐引韦昭云:"涂山,国名,禹所娶,在今九江。"又引应劭云:"九江当涂有禹墟。"《汉书·地理志》:"九江郡。当涂,侯国。"颜师古注引应劭曰:"禹所娶涂山,侯国也。有禹墟。"《左传·哀公七年》杜预注:"涂山在寿春东北。"《太康地记》:"涂山,古当涂国,夏禹所娶也。西南又有禹村,盖禹会诸侯于涂山,在《禹贡》扬州之域。今九江当涂县有娶之地,邑界有当涂山,故城存焉,即汉县。"(〔清〕王谟辑:《汉唐地理书钞》,北京:中华书局,1961 年版,第 169 页)

⑥ 此种说法亦为很多现代大学者所支持,如顾颉刚在《古代巴蜀与中原的关系说及其批判》中说:"这三涂山大约就是熊耳山的东角,禹娶涂山,从禹传说的核心来看,应当在这一边才对,所以我以为涂山即是三涂山的简称。"(见顾颉刚《古代巴蜀与中原的关系说及其批判》,《论巴蜀与中原的关系》,成都:四川人民出版社,1981 年版,第 47 页)闻一多在《天问疏证》中说:"涂山本即三涂,在今河南嵩县。"(见闻一多《天问疏证》,北京:三联书店,1980 年版,第 46~47 页)童书业亦说:"涂山即会稽,疑即嵩山附近之三涂,其名由姜姓民族携至东方者,再由东方传至越地。"(见童书业《顾颉刚著〈九州之戎与戎禹〉跋》,《古史辨》第七册,海口:海南出版社,2005 年版,第 573 页)孙淼在《夏商史稿》中亦赞成这种说法(孙淼:《夏商史稿》,北京:文物出版社,1987 年版,第 169 页)。

⑦ 〔清〕阮元校刻:《十三经注疏·春秋左传正义》(清嘉庆刊本),北京:中华书局,2009 年版,第 4526 页。

嵩县东北。[1]

濠州说应该才是真正的禹会诸侯所在地。近年考古工作者在安徽怀远的禹会村进行了发掘,2006 年试掘期间就已经有重大发现,据这次发掘的主要负责人中国社会科学院考古研究所研究员王吉怀介绍,在文化层中发现大量的陶片,其中鬼脸式鼎足、侧三角陶足等都具有龙山文化的典型特征。遗址总面积约 50 万平方米,经碳 14 测定遗址确切年代为距今 4100 至 4500 年,部分揭露的夯土遗迹可能是大型祭祀活动场所。值得注意的是,在遗址北部,保存有一处面积约 1500 平方米的人类堆筑遗迹,呈"甲"字型布局,人工堆筑的迹象十分明显,堆筑层被直接叠压在现代扰土和龙山文化层之下,"从堆筑层和层面上的火烧痕迹来看,该迹象应该与祭祀活动或短期内具有一定规模或具有一定形式的大型集会活动有关"[2]。

文献已经很明显的透露出禹与涂山的关系,而且禹会诸侯的地点也和禹会村遗址相当。"而禹会村遗址的考古资料也在逐步证实我们正向历史靠近,如果能够把它的面貌比较完整地揭露出来,对于研究中华文明起源是非常重要的材料。……对考证'大禹治水'和'禹会诸侯'的历史,进而对研究中国古代文明在淮河流域的起源和发展,都有着极其重要的学术价值。"[3]相信随着禹会村遗址的进一步发掘,这一淮河流域的龙山文化遗址一定能带给人们更多的惊喜。

禹会诸侯,当是后世盟誓制度的起源,这种礼仪制度"是神权时代的产物,带有明显的神灵监督和裁判色彩"[4]。在举行仪式时,参加盟誓的各方达成某种协议,并且要对天地神灵做出信守诺言的保证,一旦违约就要受到惩罚。

---

[1] 对于这四处涂山之名的由来,顾颉刚先生曾给予解读:"按涂山四处,其在山阴县者即由禹会会稽而来,不必论。其在渝州者,盖渝为嘉陵江入大江之处,秋水大至,动辄成灾,自有其平治之需求,故假涂山之名以其山,祠禹与涂君焉。在濠州者,淮水所经,淮受水最多,为灾亦甚,与渝有同样之需要。在当涂者,其地密迩芜湖,位伍子胥所开中江之首,并出于祭祀水神之蕲向。至于真正之涂山,即《左传》所云三涂,在河南嵩县西南。洛水之南,伏牛山之北,实为禹传说之中心。密县者,高密也。嵩山者,崇伯也。伊水禅堵者,禹父之所化也。"(顾颉刚:《涂山有四》,《顾颉刚读书笔记》第五卷,台北:联经出版事业公司,1990 年版,第 3013 页)

[2] 王吉怀:《禹会村遗址的发掘收获及学术意义》,《东南文化》2008 年第 1 期,第 23 页。

[3] 王吉怀:《禹会村遗址的发掘收获及学术意义》,《东南文化》2008 年第 1 期,第 25 页。

[4] 王美凤、周苏平、田旭东:《春秋史与春秋文明》,上海:上海科学技术文献出版社,2007 年版,第 86 页。

　　涂山之会确定了禹在部落联盟中的盟主地位,为夏王朝的建立和发展奠定了基础,加速了王朝国家的形成过程。禹也就成为一个早期国家由邦国走向王国和多元一体王朝国家的过渡性人物。

第九章　两汉时期夏禹神话的多态性

汉代神话全面吸收了先秦的神话体系,在原始神话思维的基础上,又有了新的时代特征,如道家道教与神话的仙话化、天人感应与神话的政治化、谶纬思想与神话的神秘化、崇仰孝道与神话的伦理化等等。汉代夏禹神话不仅蕴藏量大,而且载体形式多样,史书、奏议、说理散文、辞赋、汉画像石等载有各具特色的夏禹神话。汉人对先秦时期的夏禹神话文物进行了有意地改造,或抄录,或改编,或发明,呈现出各具特色的文本形态。同时,夏禹神话又遍布汉代社会各个阶层,从上层贵族到普通民众都以不同的形式传播着夏禹神话,表现出多彩的文化而貌和鲜明的时代特征。

第一节　汉代文献中的夏禹神话

一、《史记》对夏禹事功传说的整合

上博简《容成氏》已经告诉我们,战国时期中国古史的世系就已经非常丰富,在黄帝之前还有很多上古帝王。司马迁更能看到很多这样的资料,但是司马迁在写《史记》时却能截断横流,从黄帝写起,黄帝以前的一切不予立传记载,这对于生活在古史传说极盛、阴阳五行充斥的时代的司马迁来说,显示了他的眼光和勇气,足见其清醒的历史观及对史料的谨慎择取。

我们知道,王国维有一篇著名的论文《殷卜辞中所见先公先王考》,在这篇文章中,他将甲骨文中出现的商王先祖名号与受祭次序同《史记·殷本纪》中所记载的商代先公先王的庙号、世系进行了对照,结果发现,《史记·殷本纪》与卜辞记载基本是相同的。也就是说司马迁的记载是可信的。殷墟甲骨文的发现证明了《殷本纪》帝王世系的基本可信,这让我们对《夏本纪》也抱有更大的希望,司马迁在撰写《夏本纪》时,不仅参考了大量的先秦文献,同时还有"观禹疏九江"(《河渠书》),"上会稽,探禹穴"(《太史公自序》)等实地考察。所以《夏本纪》也并不是凭空编造的,至少在司马迁

本人看来是可信的历史。

《史记》中关于夏禹的事迹主要见于《夏本纪》。周书灿先生指出:通读《史记·夏本纪》不难发现,经过司马迁"统一"后的大禹"史事"主要包括以下几个方面:

　　1.自传说中的黄帝到禹的"家世"。

　　2.洪水传说、鲧治水失败及舜举禹治水。

　　3.禹联合益、后稷治水成功,开九州。

　　4.定贡物、贡道,画九州,定五服。

　　5.明度数声乐,为山川神主。

　　6.受舜荐举而即天子位。

　　7.授政皋陶,举益任政。

　　8.东巡狩,崩会稽,授益天下,禹子启即天子之位。[①]

通过对现存文献的比对,我们知道《夏本纪》主要参考和大量抄录了《尚书》中的《禹贡》、《尧典》、《皋陶谟》、《甘誓》等篇,其中夏禹的族源和夏代世系则主要参考各种谱牒和《帝系》等档案资料。刘节先生还提出"也许还有《大宛传》赞中所提到的《禹本纪》"。[②]

除了《夏本纪》之外,《史记》其它篇中也有关于禹的事迹。

《河渠书》有一段文字,记载了禹治水的过程,可与《夏本纪》相参照:

　　《夏书》曰:禹抑洪水十三年,过家不入门。陆行载车,水行载舟,泥行蹈毳,山行即桥。以别九州,随山浚川,任土作贡。通九道,陂九泽,度九山。然河菑衍溢,害中国也尤甚。唯是为务。故道河自积石历龙门,南到华阴,东下砥柱,及孟津、雒汭,至于大邳。于是禹以为河所从来者高,水湍悍,难以行平地,数为败,乃厮二渠以引其河。北载之高地,过降水,至于大陆,播为九河,同为逆河,入于勃海。九川既疏,九泽既洒,诸夏艾安,功施于三代。[③]

这段文字是司马迁据《夏书》而言禹之治水,但首句言"禹抑洪水十三年,过家不入门"却不见于今文《尚书》,或本于当时孔安国的古文《尚书》,亦或本

①周书灿:《大禹传说的流变与整合——"层累说"的再检讨》,《文史》2011年第1辑,第25页。

②刘节:《刘序》,《古史辨》第五册,海口:海南出版社,2005年版,第5页。

③[汉]司马迁:《史记》卷二十九,北京:中华书局,1959年版,第1405页。

于《孟子·滕文公上》"禹八年于外，三过其门而不入"句。"陆行载车，水行载舟，泥行蹈毳，山行即桥"，当是司马迁对《皋陶谟》"予乘四载"的注释。[①]"通九道，陂九泽，度九山"见于《大戴礼记·五帝德》。"故道河自积石"以下见于《禹贡》，但亦不完全同于今本《禹贡》，或是掺入了司马迁的理解与发挥。所以这段文字虽然冠以"《夏书》曰"，但并不是直接一字不动地完全抄录，而是司马迁对《夏书》中禹治水本事的会通，兼有自己对《尚书》的理解。

关于秦之先祖伯益与禹之事迹，《夏本纪》只说"益之佐禹日浅，天下未治，故诸侯皆去益而朝启"，其他具体史实未详细交代。《史记·秦本纪》却比较详细地记载了大费（即伯益，亦写作伯翳、柏翳）帮助禹平治水土的事：

> 秦之先，帝颛顼之苗裔孙曰女脩。女脩织，玄鸟陨卵，女脩吞之，生子大业。大业取少典之子，曰女华。女华生大费，与禹平水土。已成，帝锡玄圭。禹受曰："非予能成，亦大费为辅。"帝舜曰："咨尔费，赞禹功，其赐尔皂游。尔后嗣将大出。"乃妻之姚姓之玉女。大费拜受，佐舜调驯鸟兽，鸟兽多驯服，是为柏翳。舜赐姓嬴氏。[②]

《秦本纪》在叙述秦的世系时，将大费即伯翳的功劳突出描写，重点讲其佐禹治水，不仅受到禹的肯定，而且被舜赐以皂色旌旆之旒。在《尚书·尧典》里只讲到伯益被舜任命为虞，负责管理草木鸟兽。[③]《国语·郑语》也只说到"嬴，伯翳之后也""伯翳，能议百物以佐舜者也"。惟《墨子·尚贤》讲到："禹举益于阴方之中，授之政，九州成。"[④]《史记》有这样一段关于伯益佐禹治水的完备记录，这是司马迁的一大创获，当然司马迁应是据了秦人对自己祖先的美化记载。

不仅秦之祖先佐禹治水，商之祖先契和齐之祖先四岳也都成了佐禹治水的功臣。《殷本纪》："契长而佐禹治水有功……封于商，赐姓子氏。契兴

<hr>

① 我们知道，司马迁曾学《书》于孔安国，司马迁对《尚书》解释亦可能源于孔安国的《尚书传》。而伪孔传对《皋陶谟》这两句话的解释为"所载者四：谓水乘舟，路乘车，泥乘辋，山乘樏"，与司马迁的解释相近。由此可见今文《尚书》伪孔传虽非孔安国所撰，但亦有所本，绝非胡编乱造。
② ［汉］司马迁：《史记》卷五，北京：中华书局，1959年版，第173页。
③ 《孟子·滕文公上》："舜使益掌火，益烈山泽而焚之，禽兽逃匿。"此处的"益"可能即秦之先祖伯益。
④ ［清］孙诒让：《墨子间诂》，《孙诒让全集》本，北京：中华书局，2009年版，第47页。

于唐、虞、大禹之际。"①《齐太公世家》:"太公望吕尚者,东海上人。其先祖尝为四岳,佐禹平水土甚有功。虞夏之际封于吕,或封于申,姓姜氏。"②在《尧典》里,契是舜的司徒,四岳是官名,都没有帮助禹治水的事。司马迁参考其他文献的记载,将他们都和禹治水联系起来了,因为治水是造福于民的大功绩,能够参与其中那是无比荣耀的事情。这很可能是战国时期造神运动的结果,司马迁将它们综合到了一起。

《封禅书》记载了禹遵循舜之礼制,巡狩五岳祭祀山川的事。开首即说"自古受命帝王,曷尝不封禅?"引《尚书·尧典》叙述舜"类于上帝,禋于六宗,望山川,遍群神",巡狩五岳,"皆如岱宗之礼",在泰山焚烧柴薪,依次第望祭诸山川。然后说"禹遵之"。

夏桀亡国后,夏禹的后裔《史记》也有交代。《陈杞世家》载:"杞东楼公者,夏后禹之后苗裔也。殷时或封或绝。周武王克殷纣,求禹之后,得东楼公,封之于杞,以奉夏后氏祀。"③这位东楼公原是"夏少康裔孙"。据《大戴礼记·少间》记载早在商汤灭夏时,就"迁姒姓于杞"④。詹子庆先生指出:"杞国是夏禹后裔所建,具有特殊的地位,司马迁专列《陈杞世家》一卷,可见杞在太史公心目中的地位非同一般……大致勾勒出杞国的历史脉络,保存了杞国君十九代世系资料,这些资料为探寻夏亡后夏禹后裔的踪迹提供了线索。"⑤

《史记》还将南边的越,北边的胡,也都归到夏的系统之下,和禹皆有关系。南方的越,司马迁称:"越王句践,其先禹之苗裔而夏后帝少康之庶子也,封于会稽,以奉守禹之祀。文身断发,披草莱而邑焉。"⑥即句践是少康庶子的后裔,祖先是禹。而《东越列传》又写到秦末汉初时,东越由郡县变为闽越国和东海国,闽越王无诸和东海王摇都是句践的后裔,姓驺氏。北方的匈奴,其先祖亦是"夏后氏之苗裔也,曰淳维"(《匈奴列传》)。对于《史记》的这种安排,顾颉刚先生称:"这样一来,诸夏的界限就不限于中国而广

①[汉]司马迁:《史记》卷三,北京:中华书局,1959年版,第91页。
②[汉]司马迁:《史记》卷三十二,北京:中华书局,1959年版,第1477页。
③[汉]司马迁:《史记》卷三十六,北京:中华书局,1959年版,第1583页。
④方向东:《大戴礼记汇校集解》,北京:中华书局,2008年版,第1159页。
⑤詹子庆:《走进夏代文明》,长春:东北师范大学出版社,2006年版,第53页。
⑥[汉]司马迁:《史记》卷四十一,北京:中华书局,1959年版,第1739页。

被于四表了。这大约也是战国时人的说话,不过我们到了《史记》中才看见罢了。"①

司马迁在叙述禹的事迹时,一方面搜查了大量文献,另一方面又到处考察禹迹,所以在司马迁的意识中,禹是创造了巨大功绩的真实人物。实际上大禹是传说中的人物,其事迹或有可信之史实,亦或演绎为传说乃至神话故事。如果以今天史学的眼光来看,司马迁将大禹传说作为信史记载是不足取的,但司马迁将大禹传说统一与定型则又有其积极的一面,对以后的史学和文学都有很大的影响。

二、《淮南子》夏禹神话叙事及其哲学意蕴

《淮南子》是汉代记载神话最多的一本典籍,是仅次于《山海经》的神话宝库。《淮南子》是以道家之说为主,如高诱所言"其旨近老子,淡泊无为,蹈虚守静","其大较归之于道"。当然其中也包含有儒家、法家、墨家的思想在内。汉初,黄老之说盛行,《淮南子》里保存了很多道家的神话传说。

《淮南子》在继承和采摘先秦文献的基础上,记载了大量的禹的神话,包含了大禹神话的大部分内容,主要有:治水神话,禹使太章、竖亥测量两极,禹耳参漏,禹生于石等。由于《淮南子》成于众手,且多征引先秦文献,所以它还保存了先秦传世文献所没有记载的一些大禹传说。下面仅就《淮南子》中所涉及的禹神话的主要内容略述如下,重点关照不见于或不同于其他文献记载的部分。

关于大禹治水的神话,《淮南子》多处述及:

> 《本经》:"舜之时,共工振滔洪水,以薄空桑,龙门未开,吕梁未发,江、淮通流,四海溟涬,民皆上丘陵,赴树木。舜乃使禹疏三江五湖,辟伊阙,导瀍涧,平通沟陆,流注东海,鸿水漏,九州岛干,万民皆宁其性,是以称尧舜以为圣。"②

> 《齐俗》:"禹之时,天下大雨,禹令民聚土积薪,择丘陵而处之。"③

> 《修务》:"禹沐浴霪雨,栉扶风,决江疏河,凿龙门,辟伊阙,修彭蠡

---

①顾颉刚:《中国上古史研究讲义》,北京:中华书局,2002 年版,第 132 页。
②刘文典:《淮南鸿烈集解》,北京:中华书局,1989 年版,第 255～256 页。
③刘文典:《淮南鸿烈集解》,北京:中华书局,1989 年版,第 359 页。

之防,乘四载,随山刊木,平治水土,定千八百国。""是故禹之为水,以身解于阳盱之河。汤旱,以身祷于桑山之林。圣人忧民,如此其明也,而称以无为,岂不悖哉!"①

《人间》:"古者,沟防不修,水为民害。禹凿龙门,辟伊阙,平治水土,使民得陆处。"②

《要略》:"禹之时,天下大水,禹身执蔂臿,以为民先,剔河而道九歧,凿江而通九路,辟五湖而定东海。"③

禹治水神话起源很早,《淮南子》在记叙这一神话时,描绘了大洪水时代,人们的生存状态:"上丘陵,赴树木。"《齐俗》篇说的更明白,禹下命令让民众聚土积薪,选择丘陵而居住。《人间》说禹平治水土,使百姓得以在陆地生活。这样的描写符合洪水时代的真实情况。治水成功后,《修务》云"定千八百国",这一说法不见于更早的文献,当是作者对禹功绩的夸张。另外,《修务》说禹治水时,曾以"身解于阳盱之河",为其他文献所不载。《修务》具有强烈的儒家色彩,或是儒家为了颂扬圣人"不耻身之贱,而愧道之不行;不忧命之短,而忧百姓之穷"这种品质,而捏造的故事。

汉初文帝、景帝皆奉行节俭。班固赞曰:"至于孝文,加之以恭俭,孝景遵业,五六十载之间,至于移风易俗,黎民醇厚。"④墨家主张"节用"、"节葬"、"非乐"等,推崇节约反对奢侈浪费,为统治者所提倡,也被《淮南子》继承。《要略》所云禹治水之时"烧不暇攓,濡不给扢,死陵者葬陵,死泽者葬泽,故节财、薄葬、间(简)服生焉"⑤,颇符合实际情况。《齐俗》亦言:"禹遭洪水之患,陂塘之事,故朝死而暮葬","禹葬会稽之山,农不易其亩"。⑥ 而这些都很有可能是受了《墨子·节葬下》所描述的禹葬的影响。⑦ 另外,禹凿龙门传说最早见于《墨子·兼爱中》:"古者禹治天下……凿为龙门。"上引《淮南子》中亦多次出现禹凿龙门,可能禹凿龙门的故事当时非常流行,

①刘文典:《淮南鸿烈集解》,北京:中华书局,1989年版,第631、632～633页。
②刘文典:《淮南鸿烈集解》,北京:中华书局,1989年版,第596页。
③刘文典:《淮南鸿烈集解》,北京:中华书局,1989年版,第710页。
④[汉]班固:《汉书·景帝纪》,北京:中华书局,1962年版,第153页。
⑤刘文典:《淮南鸿烈集解》,北京:中华书局,1989年版,第710页。
⑥刘文典:《淮南鸿烈集解》,北京:中华书局,1989年版,第357页。
⑦《墨子·节葬下》:"禹东教乎九夷,道死,葬会稽之山,衣衾三领,桐棺三寸,葛以缄之,绞之不合,通之不埳,土地之深,下毋及泉,上毋通臭。既葬,收余壤其上,垄若参耕之亩,则止矣。"

亦有可能是对墨子学说的推扬。

《要略》篇云："墨子学儒者之业，受孔子之术，以为其礼烦扰而不说，厚葬靡财而贫民，服伤生而害事，故背周道而用夏政。"①经历了楚汉争霸的汉初，无论是统治阶级还是普通百姓，都需要休养生息，而黄老思想正契合了这一时代的需要。《淮南子》的作者们由于社会现实和政治取向的需求，大禹传说在历史叙述中被赋予了特定的意义。正如海登·怀特所说："历史编撰是一个意义产生的过程。认为历史学家仅仅想讲述有关过去的事实，这是一种错觉。我坚持认为，不管他们是否意识到这一点，他们也想，并且在任何情况下，他们都想赋予过去以意义。"②节葬的叙事一旦形成模式就有了原型的意义，凡言禹葬，必述其节俭之能事。如《帝王世纪》云："禹葬，衣衾三领，桐棺三寸，葛以绷之，下不及泉，上不通臭。既葬，收余壤为垅，若参耕之亩。"（《艺文类聚》卷十一引）③并云"禹冢及祠下有群鸟芸田"，渲染神异气氛。

除了治水神话以外，《地形》篇还记载了禹使太章测量东西两极的长度，使竖亥测量南北两极的长度，步量的结果是"自东极，至于西极，二亿三万三千五百里七十五步"，"自北极，至于南极，二亿三万三千五百里七十五步"。④《淮南子》的这条记载可能来源于《山海经·海外东经》："帝命竖亥步，自东极至于西极，五亿十选九千八百步。竖亥右手把算，左手指青丘北。一曰禹令竖亥。一曰五亿十万九千八百步。"⑤所不同的是，今本《山海经》只有东西两极的长度，而且是竖亥测量，而非太章，下命令的是"帝"、"一曰禹"，《淮南子》则径称禹。另外，两书所记长度亦不相同。郝懿行云："刘昭注《郡国志》云：'《山海经》称禹使大章步自东极至于西垂，二亿三万三千三百里七十一步，又使竖亥步南极北尽于北垂，二亿三万三千五百里七十五步。'今案《淮南·地形训》所说，大旨相同。以校此经，无'禹使大章'云云，又其数与刘昭所引不合，未知其审。"⑥看来，刘昭所见古本《山海

①刘文典：《淮南鸿烈集解》，北京：中华书局，1989年版，第709页。
②〔美〕海登·怀特：《旧事重提：历史编撰是艺术还是科学?》，陈恒译，载陈启能等主编《书写历史》第1辑，北京：三联书店，2003年版，第24页。
③徐宗元辑：《帝王世纪辑存》，北京：中华书局，1964年版，第54页。
④刘文典：《淮南鸿烈集解》，北京：中华书局，1989年版，第132页。
⑤袁珂校注：《山海经校注》，成都：巴蜀社，1993年版，第305页。
⑥袁珂校注：《山海经校注》，成都：巴蜀社，1993年版，第306页。

经》更接近《淮南子》的记载。但神话传说在流传中有异辞也是很常见的。

《修务》篇还记载了"禹耳参漏,是谓大通"的神话,高诱注曰:"参,三。漏,穴也。大通天下,摧下滞之物。"①意即禹的耳朵上有三个洞穴,或许就是我们今天所说的"耳朵眼"有三个。《淮南子》之前的文献未见记载,之后的《白虎通》引《礼说》与此同,②再后来的纬书《雒书灵准听》③、《帝王世纪》、《潜夫论》④、《论衡》、《宋书·符瑞志》等皆有相同的论述。

《修务》篇"禹生于石"的神话也是首见。高诱注曰:"禹母修己,感石而生禹,折胸而出。"⑤纬书中所见禹的感生物为"薏苡"和"流星",没有说是感于石而生的。王引之认为当是"启生于石"。但高诱的注既然认同了"感石而生禹",那么"禹生于石"的说法在当时应该也是流传的。

《淮南子》的记载丰富了大禹神话的内容,为大禹神话研究提供了宝贵的资料,但是,《淮南子》的作者并不是为了叙述神话而记载神话,他们是引用神话阐释自己的思想和主张。袁珂先生对此有精到的论述:"先秦诸子的著述中,不论是法家的《管子》、《韩非子》也好,……秦末汉初杂家的《吕氏春秋》、《淮南子》也好,都有好些神话传说材料的零星片段或整段地保存在里面。……有的是将整段比较完整的神话引录出来,作为这里阐述的佐证,这种情况《吕氏春秋》和《淮南子》书中多有之。"⑥因此,《淮南子》中的神话有很强的哲学意蕴,夏禹神话也不例外。

《淮南子》为了论述"道"统摄下的自然秩序或社会规律,引证了大量的历史传说、神话、寓言故事等。英国汉学家鲁惟一先生指出:"《淮南子》各篇试图把人性和人类的生存环境问题置于以'道'或自然秩序为根本原则的宇宙背景中。该书还尝试解释自然世界的模式以及如何获得一个完善的人治国家。……其中吸收了神话的因素以及当时的某些哲学观念。"⑦如作者为了强调人要善于利用自然规律,即所谓的"因地"、"因时",多次引

---

① 刘文典:《淮南鸿烈集解》,北京:中华书局,1989年版,第641页。
② 《白虎通·圣人篇》:"《礼说》曰:禹耳三漏,是谓大通。兴利除害,决河疏江。"见〔清〕陈立:《白虎通疏证》,北京:中华书局,1994年版,第339页。
③ 《太平御览》卷八十二引《雒书灵准听》云:"有人大口,两耳参漏。"注云:"谓禹也。"
④ 《潜夫论·五德志》:"后嗣修纪,见流星,意感生白帝文命戎禹。其耳参漏。"(〔汉〕王符著,〔清〕汪继培笺,彭铎校正:《潜夫论笺校正》,北京:中华书局,1985年版,第393页)
⑤ 刘文典:《淮南鸿烈集解》,北京:中华书局,1989年版,第642页。
⑥ 袁珂:《中国神话史》,重庆:重庆出版社,2007年版,第670页。
⑦ 〔英〕鲁惟一:《汉代的信仰、神话和理性》,王浩译,北京:北京大学出版社,2009年版,第243页。

用禹、稷(神农)的故事:

> 《泰族》:"禹凿龙门,辟伊阙,决江濬河,东注之海,因水之流也。后稷垦草发菑,粪土树谷,使五种各得其宜,因地之势也。"①

> 《诠言》:"三代之所道者,因也。故禹决江河,因水也;后稷播种树谷,因地也;汤、武平暴乱,因时也。"②

> 《原道》:"是故禹之决渎也,因水以为师;神农之播谷也,因苗以为教。"③

在论证人不能违背自然规律时,也以禹、稷为例:"禹决江疏河,以为天下兴利,而不能使水西流;稷辟土塆草,以为百姓力农,然不能使禾冬生。岂其人事不至哉?其势不可也。"(《主术》)④另外,作者还指出要善于根据客观事物的变化而变化。如《齐俗》例举舜服有苗、禹令民择丘陵而处、武王载尸而行、禹朝死而暮葬等一连几个故事,只是为了告诉我们"应时耦变":

> 故当舜之时,有苗不服,于是舜修政偃兵,执干戚而舞之。禹之时,天下大雨,禹令民聚土积薪,择丘陵而处之。武王伐纣,载尸而行,海内未定,故不为三年之丧始。禹遭洪水之患,陂塘之事,故朝死而暮葬。此皆圣人之所以应时耦变,见形而施宜者也。⑤

为了说明"时难得而易失",圣人不贵尺之璧,而重寸之阴,禹又成了这样的形象:"禹之趋时也,履遗而弗取,冠挂而弗顾,非争其先也,而争其得时也。"(《原道》)

天人感应思想起源很早,在汉代更为盛行。《淮南子》的天人感应说是以精气为基础,认为"精通"、"神气相应"是天人感应的基础,不仅天是自然,人也是自然的一部分,人能感应天,同样也能感应自然界中的万事万物。不同于董仲舒以道德为目的的天人感应系统。⑥ 如:

> 《精神》:"禹南省方,济于江,黄龙负舟,舟中之人五色无主,禹乃

---

① 刘文典:《淮南鸿烈集解》,北京:中华书局,1989年版,第710页。
② 刘文典:《淮南鸿烈集解》,北京:中华书局,1989年版,第477页。
③ 刘文典:《淮南鸿烈集解》,北京:中华书局,1989年版,第17页。
④ 刘文典:《淮南鸿烈集解》,北京:中华书局,1989年版,第285页。
⑤ 刘文典:《淮南鸿烈集解》,北京:中华书局,1989年版,第359~360页。
⑥ 金春峰:《汉代思想史》,北京:中国社会科学出版社,1997年版,第223页。

熙笑而称曰:'我受命于天,竭力而劳万民,生,寄也,死,归也,何足以滑和?'视龙犹蝘蜓,颜色不变,龙乃弭耳掉尾而逃。禹之视物亦细矣。"①

《缪称》:"忠信形于内,感动应于外,故禹执干戚,舞于两阶之间,而三苗服。"②

《精神》讲禹退黄龙,《缪称》述禹服三苗,禹和黄龙、有苗都被视为自然界中的事物,禹皆能感应它(他)们。而禹能感应他们的前提是禹之"精神形于内":一是"颜色不变",一是"忠信形于内"。

《淮南子》的古史观和《庄子》相近,越是古代的越好,至德之世"群生莫不颠颠然仰其德以和顺"(《俶真》),从伏羲氏开始道德开始衰落,至神农黄帝"剖判大宗,窍领天地,……是故治而不能和下",至于昆吾夏后之世"嗜欲连于物,聪明诱于外,而性命失其得",及周室之衰"巧故萌生"。③ 原来在儒墨那里被尊为圣人的尧舜禹,在这里成了攻击的对象。原因在于他们要提倡一种"返性于初而游心于虚"的修养目标。

由此可见,《淮南子》的作者们虽然是为了讲道理而引神话,但神话本身却无形中被赋予了哲学意蕴,尽管这些神话本身可能会前后矛盾。

三、夏禹神话与汉赋的文学想象

刘勰《文心雕龙·夸饰》云:"自宋玉景差,夸饰始盛。相如凭风,诡滥愈甚:故上林之馆,奔星与宛虹入轩;从禽之盛,飞廉与鹪鹩俱获。及扬雄《甘泉》,酌其余波。语瑰奇则假珍于玉树,言峻极则颠坠于鬼神。至《东都》之比目,《西京》之海若,验理则理无不验,穷饰则饰犹未穷矣。又子云《羽猎》,鞭宓妃以饷屈原;张衡《羽猎》,困玄冥于朔野。"④此段话道出了汉赋运用神话传说进行虚构夸张的事实。汉赋里的羲和、风伯、雨师、昆仑、县圃、青丘、蓬莱等神话意象,令人目不暇接,增强了汉赋的浪漫特征。除了这些自然性神话,汉赋里还有大量的圣贤、英雄、名臣等传说或历史人

①刘文典:《淮南鸿烈集解》,北京:中华书局,1989年版,第233页。
②刘文典:《淮南鸿烈集解》,北京:中华书局,1989年版,第324页。
③刘文典:《淮南鸿烈集解》,北京:中华书局,1989年版,第64~66页。
④[南朝梁]刘勰著,黄叔琳注,李详补注,杨明照校注拾遗:《增订文心雕龙校注》,北京:中华书局,2012年版,第462页。

物,如二皇(伏羲、女娲)、神农、西王母、三王、五帝、尧舜、伊尹、伯夷、赤松子等形形色色的传奇人物。这些神话传说本身蕴藏了丰富的内容,不仅增强了作品的神奇色彩,而且很好地帮助作者表达了主题。

夏禹是汉赋作者经常提及的传说人物,其中大禹治水神话最为常见。司马相如《难蜀父老》引用了大禹治水神话:"昔者洪水沸出,泛滥衍溢,民人升降移徙,崎岖而不安。夏后氏戚之,乃堙洪原,决江疏河,洒沉澹灾,东归之于海,而天下永宁。当斯之勤,岂惟民哉?心烦于虑而身亲其劳,躬傶骿胝,肤不生毛,故休烈显乎无穷,声称浃乎于兹。"①文中的"夏后氏"即大禹,作者描述了大禹为治水,躬身劳作,肤不生毛,终于成就伟业,休烈显乎无穷。司马相如申明"盖世必有非常之人,然后有非常之事;有非常之事,然后有非常之功",进而驳斥蜀都"耆老大夫搢绅先生之徒"认为开发西南难以成功、损民无用,以达到劝谏武帝之目的——效禹立非常之功、永传之名。

陈琳《应讥》也将大禹治水传说引入赋中,其文云:"昔洪水滔天,泛滥中国,伯禹躬之,过门而不入,率万方之民,致力乎沟洫,及至《箫韶》九成,百兽率舞,垂拱无为,而天下晏如。夫岂前好勤而后媮乐乎?盖以彼劳求斯逸也。"②陈琳用大禹的事例主要是为了论证"以彼劳求斯逸","世治责人以礼、世乱则考人以功",以驳斥讥者"今贱文德而贵武勇,任权谲而背旧章"。所以作者前面写治水的辛劳,过家门而不入,致力乎沟渠,后面则描写治水成功后的天下太平,百兽率舞,垂拱无为。没有前面的劳作(武勇)则没有之后的安逸(文德)。扬雄《蜀都赋》则写到了大禹治理蜀地河流:"蜀都之地,古曰梁州。禹治其江,渟皋弥望,郁乎青葱,沃野千里。"③按照《尚书·禹贡》的记载,禹治理的蜀地的"江"当是指沱和潜。其《河东赋》则提到了大禹凿通龙门的传说:"勤大禹于龙门,洒沈灾于豁渎兮,播九河于东濒。"④勤,劳问、慰劳的意思。后两句,颜师古注曰:"禹分治洪水之灾,通之四渎,布散九河于东海之濒也。"

---

①费振刚、仇仲谦、刘南平校注:《全汉赋校注》,广州:广东教育出版社,2005年版,第138页。此文载《史记》卷一百一十七《司马相如列传》、《汉书》卷五十七下《司马相如传》、《文选》卷四十四,《艺文类聚》卷二十五,题作《喻难蜀父老书》,诸名家集本题作《与蜀父老诘难》。

②费振刚、仇仲谦、刘南平校注:《全汉赋校注》,广州:广东教育出版社,2005年版,第1116页。

③费振刚、仇仲谦、刘南平校注:《全汉赋校注》,广州:广东教育出版社,2005年版,第212页。

④费振刚、仇仲谦、刘南平校注:《全汉赋校注》,广州:广东教育出版社,2005年版,第248页。

　　蔡邕《述行赋》则表达了对大禹治水功绩的肯定与赞美、以及对太康失国的警戒：“追刘定之攸仪兮，美伯禹之所营。悼太康之失位兮，愍五子之歌声。”①《左传·昭公元年》载刘定公赞美大禹的功绩，其云：“美哉禹功！明德远矣。微禹，吾其鱼乎！”②阮瑀《纪征赋》亦表达了对禹绩的赞美：“遂临河而就济，瞻禹绩之茫茫。”③

　　除治水以外，汉赋表现大禹的功德还有卑宫室④。《世本·作篇》云：“禹作宫室。”⑤《世本》的作者认为禹是宫室的发明者，那么禹对于兴建宫室当是很熟知的。禹为什么又“卑宫室”呢？《淮南子》给了很好的解答，《原道》篇云：“昔者夏鲧作三仞之城，诸侯背之，海外有狡心。禹知天下之叛也，乃坏城平池，散财物，焚甲兵，施之以德，海外宾伏，四夷纳职，合诸侯于涂山，执玉帛者万国。”⑥句中的“坏城平池”就是所谓“卑宫室”，《淮南子》交代的很清楚，禹“乃坏城平池，散财物，焚甲兵”，禹所做的这一切，其初衷乃是吸取夏鲧作城诸侯背叛这一教训，是为了防止诸侯背叛自己，完全是政治策略。但在孔子那里，“卑宫室”却是禹节俭、克己的美德。《论语·泰伯》：“子曰：‘禹，吾无间然矣。菲饮食，而致孝乎鬼神，恶衣服，而致美乎黻冕，卑宫室，而尽力乎沟洫。禹，吾无间然矣。”⑦《淮南子》提供了禹“卑宫室”这一传说的另一版本。在儒家孔子心目中禹是圣人，但刘安并不推崇儒家，所以在《淮南子》里“禹卑宫室”被“还原”为原初的状态，所谓的美德只不过是统治者为巩固天下的手段而已。汉赋的作者继承了儒家的传统，为了讽谏君王不要大力兴建宫室苑囿，极力宣扬夏禹卑宫室的美德，借以达到作赋的目的。如张衡《东京赋》：“犹谓为之者劳，居之者逸。慕唐虞之茅茨，思夏后之卑室。”⑧唐即唐尧，虞即虞舜，夏后即夏禹也。边让

---

① 费振刚、仇仲谦、刘南平校注：《全汉赋校注》，广州：广东教育出版社，2005 年版，第 912 页。
② [清]阮元校刻：《十三经注疏·春秋左传正义》（清嘉庆刊本），北京：中华书局，2009 年版，第 4390 页。
③ 费振刚、仇仲谦、刘南平校注：《全汉赋校注》，广州：广东教育出版社，2005 年版，第 983 页。
④ 参看黄震云、孙娟：《汉代神话史》，长春：长春出版社，2010 年版，第 40 页。
⑤ [清]茆泮林辑：《世本》，载[清]秦嘉谟等辑《世本八种》，北京：中华书局，2008 年版，第 118 页。
⑥ 刘文典：《淮南鸿烈集解》，北京：中华书局，1989 年版，第 14 页。
⑦ [清]阮元校刻：《十三经注疏·论语注疏》（清嘉庆刊本），北京：中华书局，2009 年版，第 5403～5404 页。
⑧ 费振刚、仇仲谦、刘南平校注：《全汉赋校注》，广州：广东教育出版社，2005 年版，第 679 页。

《章华台赋》亦云：“思夏禹之卑宫，慕有虞之土阶。”①

汉赋中关于禹的神话传说，还有禹“裕民”、敬神明、会诸侯、忌酒、传位于子等。

扬雄《羽猎赋》序讲到禹任用伯益掌管山泽，让百姓从中获利：“昔者禹任益虞而上下和，草木茂；成汤好田，而天下用足；文王囿百里，民以为尚小；齐宣王囿四十里，民以为大：裕民之与夺民也。”②作者将禹与成汤、文王并列，认为他们皆是裕民的楷模。从而讽谏国君要效法二帝三王“不夺百姓膏腴谷土，桑柘之地”。张衡《东京赋》：“盛夏后之致美，爰敬恭于明神。”③则赞美大禹把祭祀的衣服制作的极其华美，恭敬地祀奉神明。这则故事源于《论语·泰伯》：“禹……恶衣服而致美乎黻冕。”④

张衡《思玄赋》则述及禹会诸侯于会稽，防风氏后至的神话：“朝吾行于汤谷兮，从伯禹于稽山，嘉群神之执玉兮，疾防风之食言。”⑤王粲《酒赋》提到了大禹忌酒：“帝女仪狄，旨酒是献……大禹所忌，文王是艰。”⑥冯衍《显志赋》论帝王异政时，说尧舜禅让而禹改制传子：“惟天路之同轨兮，或帝王之异政；尧舜焕其荡荡兮，禹承平而革命。”又讲到“昔三后之纯粹兮，每季世而穷祸；吊夏桀于南巢兮，哭殷纣于牧野。”⑦夏商周三代开国之君禹、汤、武皆道德纯粹，而到桀、纣时则要覆灭。

综上，夏禹神话传说成为众多汉赋作家们创作的原始素材，他们或援引以说理，或据之以创设仙境，驰骋想象，夸饰虚构，将历史传统与神话传说相结合，将虚构与现实相结合，既丰富了汉赋的历史文化气息，又增强了汉赋的浪漫主义色彩。

第二节　纬书夏禹神话的文本生成与文化意蕴

吕思勉曾云：“我国神话存于谶纬者最多。”⑧纬书作为兼具经书形态

---

① 费振刚、仇仲谦、刘南平校注：《全汉赋校注》，广州：广东教育出版社，2005 年版，第 900 页。
② 费振刚、仇仲谦、刘南平校注：《全汉赋校注》，广州：广东教育出版社，2005 年版，第 254 页。
③ 费振刚、仇仲谦、刘南平校注：《全汉赋校注》，广州：广东教育出版社，2005 年版，第 680 页。
④ ［清］阮元校刻：《十三经注疏·论语注疏》（清嘉庆刊本），北京：中华书局，2009 年版，第 5403 页。
⑤ 费振刚、仇仲谦、刘南平校注：《全汉赋校注》，广州：广东教育出版社，2005 年版，第 593 页。
⑥ 费振刚、仇仲谦、刘南平校注：《全汉赋校注》，广州：广东教育出版社，2005 年版，第 1052 页。
⑦ 费振刚、仇仲谦、刘南平校注：《全汉赋校注》，广州：广东教育出版社，2005 年版，第 368、369 页。
⑧ 吕思勉：《吕著史学与史籍》，上海：华东师范大学出版社，2002 年版，第 233 页。

与数术法则、史家手笔与神学精神的文本群,其所载神话在一定程度上弥补了中国古代神话资料零散、文献匮乏的缺憾。纬书神话,既通过对先秦神话文本的承袭,实现了对先秦神话叙事、神话意象的接续,又通过新的改易和造作,完成了时代精神的书写、神话内涵的丰富。以夏禹神话为例进行纬书神话的文本生成研究,不但可以明晰纬书神话的文本来源和改造方式,还可以结合特定时代的政治思想、文化观念,揭示出文本背后隐含的文化意蕴。

一、纬书夏禹神话体系溯源

纬书中的夏禹神话自成体系,而构成这一体系的原始资料和意象观念大多承自先秦:姜嫄履武与简狄游台的情节是夏禹感生的模板;圣人奇貌的理念与人兽合体的想象是夏禹异表的根源;上承天命的叙事是禹禀祥瑞的基点。纬书中的夏禹神话根植先秦,渊源有自。

(一)夏禹感生

先秦文献记载的感生神话非常少,《诗经·大雅·生民》中的姜嫄"履帝武敏"(《史记·周本纪》云"践巨人迹")而生后稷,是唯一可以确定的西周时期感生神话。幸运的是上海博物馆藏战国竹简《子羔》篇记述了三代始祖感生神话。它不但丰富了后稷感孕而诞的神话情节,而且通过记述"契之母,有娀氏之女也,游于央台之上,有燕衔卵而措诸其前,取而吞之,怀三年而画于膺"①,充实了《商颂·玄鸟》中的简略叙述,进一步确定了契诞生神话的感生性质,更为重要的是,描述了传世先秦文献中未曾出现过的禹的诞生:"……女也,观于伊而得之,怀三年而画(划)于背而生,生而能言,是禹也。"②从《子羔》篇三代始祖感生神话的情节看,源起越悠久的神话情节越丰富,产生时间越往后的情节越简略且仿作色彩越鲜明:后稷诞生大体情节与《诗经》所载相同,增加了姜嫄祈祷祝愿之语;契诞生则在"天

---

① 马承源:《子羔》释文,《上海博物馆藏战国楚竹书(二)》,上海:上海古籍出版社,2002 年版,第193～195 页。简序参考裘锡圭先生的编连:简 9+(简 11 上段+简 10+简 11 下段)+(香港中大馆藏楚简+简 12)+简 13+简 1+(简 6+简 2)+简 3+简 4+简 5+简 8+(简 7+简 14),见裘锡圭《谈谈上博简〈子羔〉篇的简序》,载《上博馆藏战国楚竹书研究续编》,上海:上海书店出版社,2004 年版。

② 马承源:《子羔》释文,《上海博物馆藏战国楚竹书(二)》,上海:上海古籍出版社,2002 年版,第193～195 页。

命玄鸟，降而生商"的基础上，遵循"游地＋感应＋诞子"的模式完善了情节；禹诞生则凝练仿照了前两者，又将"游地"与"感应"合二为一，形成了独属于大禹的感生神话。而禹感生神话的这种继承性和生发性在纬书中表现得更为突出。

纬书中禹感生神话的继承性主要体现在对以往感生神话结构模式的整合和承续。姜嫄履武是文献所载最早的感生神话，其结构模式对后来的感生神话具有一定的规范性，禹之感生也不例外：先接触某物（见、梦、吞）而意有所感，之后神奇孕育，最后诞下始祖圣王。特别是接触感生物的方式，亦不大异于姜嫄、简狄。纬书中禹感生神话的生发性则表现在情节要素的细化，具体说来就是感生物的丰富和具体化。在纬书之前的先秦文献中，只提到过禹的出生方式，而没有感生物的记载，而纬书中对于禹出生的记载，却都与感生物有关：

《尚书帝命验》："禹，白帝精，以星感脩纪，山行见流星，意感栗然，生姒戎文禹。"[1]

《河图著明》："脩纪见流星，意感，生帝文命，我禹兴。"

《孝经钩命诀》："命星贯昴，脩纪梦接，生禹。"

《礼纬》："禹母脩己，吞薏苡而生禹，因姓姒氏。"

《尚书刑德放》："禹姓姒，祖昌意，以薏苡生。"

《遁甲开山图》："女狄暮汲水，得石子如珠，爱而吞之，有娠，十四月生子。及长，能知泉源，代父鲧理洪水。尧帝知其功如古大禹知水源，乃赐号禹。"

《礼含文嘉》："夏姓姒氏，祖以薏苡生。"

禹的母亲脩纪（女狄）在孕禹时有三种感生物，一是流星，一是薏苡，一是石子。流星与黄帝、尧的感生物雷电类似，《潜夫论·五德志》亦言："后嗣脩纪，见流星，意感生白帝文命戎禹。"[2]可能本于纬书。薏苡，则与商的先祖契相似，契的母亲简狄正是因吞玄鸟蛋而怀孕，薏苡与玄鸟蛋皆是圆形物。至于石子，则可能跟夏族的石崇拜有关系。《淮南子·修务》中有"禹生于

---

[1]本节所引纬书除特别说明外，均引自〔日〕安居香山、中村璋八辑《纬书集成》，石家庄：河北人民出版社，1994年版。

[2]〔汉〕王符著，〔清〕汪继培笺，彭铎校正：《潜夫论笺校正》，北京：中华书局，1985年版，第393页。

石"的记载,刘安生活于汉初,很可能在汉之前就有这样的传说。高诱注曰:"禹母脩己感石而生禹,折胸而出。"①高诱的注很明显是受了汉代谶纬感生说的影响。

纬书中的大禹感生神话并非凭空造作,它是以往感生神话结构模式的整合继承,如果从文化人类学的角度进行解释,它又反映了人类早期母系氏族社会只知其母不知其父的婚姻形态。同时大禹感生神话也体现了新情节要素的丰富,展现了在五德终始说的时代观念影响下,汉代人的比附造作。

(二)夏禹异表

战国时期诸子文献中,有两类关于禹的外貌描写,一类意在通过外貌描写表现大禹治水的劳苦②,是对辛劳为民精神的赞扬,体现的是诸子的理性精神:"官为司空,以通水潦,颜色黎黑,步不相过,窍气不通,以中帝心"(《吕氏春秋·行论》)③,"股无胈,胫不生毛"(《韩非子·五蠹》)④,"手不爪,胫不生毛"(《尸子》)。还有一类则是强调"圣人皆有异表"(《白虎通·圣人》)。⑤通过形象的神异性表现圣人的神性。如《荀子·非相》云:"禹跳,汤偏,尧舜参牟(眸)子"⑥。荀子虽然反对以相论人,但《非相》篇却保存了不少圣人异貌的叙事,而且《非相》篇的记载可能有更早的来源。

纬书继承了先秦时期的圣人异表之说,并进一步加工,使该类传说在纬书体系中形成了独特的系统:即圣王皆具有特殊的容貌,而且传说时代越早的圣王,其容貌与人的差异性越大。比如关于三皇的异貌,伏羲"龙身牛首、渠肩达掖、山准日角……龙唇龟齿,长九尺有一寸"(《春秋合诚图》)。神农"长八尺有七寸,弘身而牛头,龙颜而大唇"(《孝经援神契》)。二者基本上是半人半兽的形象,而且兽的成分更多。到了五帝,他们的形象也是半人半兽,但人的成分就加重了,比如黄帝"身逾九尺,附函、挺朵、修髯、花

---

①《春秋繁露》说契亦生于胸,《三代改制文》云:"契母吞玄鸟卵生契,契先(苏舆云:先当作生)发于胸,性长于人伦。"见苏舆《春秋繁露义证》,北京:中华书局,1992年版,第212页。
②吴从祥:《纬书政治神话与禹形象的演变》,《齐鲁学刊》2009年第3期,第43页。本节对吴先生文章多有参考,不再一一出注,特此说明。
③许维遹:《吕氏春秋集释》,北京:中华书局,2009年版,第569页。
④[清]王先慎:《韩非子集解》,北京:中华书局,1998年版,第443页。
⑤[清]陈立:《白虎通疏证》,北京:中华书局,1994年版,第337页。
⑥[清]王先谦:《荀子集解》,北京:中华书局,2013年版,第88页。

瘤、河目、龙颡、日角、龙颜"(《孝经援神契》),颛顼"渠头并斡,通眉带干"(《河图握矩纪》),帝喾"骈齿方颐,庞额珠庭,仳齿带干"(《河图握矩纪》),帝尧"丰上兑下,龙颜日角,八采三角,鸟庭荷胜"(《洛书灵准听》),虽然五帝有些地方有兽的特征,但总体上已经是人的形象。舜、禹以下基本都是人的样子了,只不过个别部位比普通人长得奇特罢了,如纬书中禹的形象是这样的:

> 《论语摘辅象》:"禹虎鼻山准。"
>
> 《尚书帝命验》:"有人大口,两耳参漏,足文履已,首戴钩钤,胸怀玉斗,分别九州,随山濬川,任土作贡。"
>
> 《尚书中候考河命》:"(禹)虎鼻彪口,两耳参镂,首戴鉤钤,胸怀玉斗,文履已,故名文命。长九尺九寸。"
>
> 《洛书灵准听》:"禹身长九尺有只,虎鼻河目,骈齿鸟喙,耳三漏,戴成钤,怀玉斗,玉体履已。"

为了突出他的神性,个别文本中仍将禹容貌的某部分写成了兽的特征。

纬书中半人半兽形象"可以认为是可能曾经存在过的中国原始神话诸神的遗留,其中有些神话人物在春秋战国时期的历史化运动中被纯粹为人化——历史传说中的历史人物了,因而被赋予了人形"[1]。但从更深层的文化背景来看,这种人兽合体实际上是先秦时期人和动物生命一体化观念的直接反映。天人合一观念在先秦就已产生,《周易·乾卦·文言》基于人与自然相通共感的生命体验,提出人要"与天地合其德,与日月合其明,与四时合其序"[2]。孟子主张"尽心知性以知天"、"上下与天地同流"。《山海经》中更是记载了大量的人兽合体的神异动物。汉代画像石则直观再现了这种半人半兽形象——虎躯人首、蛇躯人首、人面鸟身的图像比比皆是。所以,纬书中的圣王异貌是有着深厚的文化渊源的。

(三)天命禹治水

治理洪水,是大禹神话体系中最为重要的一部分,与先秦禹平水土传说相比,纬书中的禹治水传说具有更强烈的天命色彩。

---

①冷德熙:《超越神话——纬书政治神话研究》,北京:东方出版社,1996年版,第105页。有的学者用"图腾"的观念来解释这一文化现象,我们认为是值得商榷的。
②[清]阮元校刻:《十三经注疏·周易正义》(清嘉庆刊本),北京:中华书局,2009年版,第30页。

大禹治水受命何人？燹公盨铭文首句即说"天命禹敷土"，反映了西周时期的禹治水传说即具有极强的天命思想，而纬书更将大禹治水的天命成分极力渲染。《尚书中候》言：

> 尧使禹治水，禹辞，天地重功，帝钦择人。帝曰：出尔命图乃天。禹临河观，有白面长人鱼身，出曰：吾河精也。表曰：文命治滔水，臣河图去入渊。

> 伯禹在庶，四岳师，举荐之帝尧。握括命不试，爵授司空。伯禹稽首，让于益、归。帝曰：何斯若真，出尔命图，示乃天。注曰："禹握括地象，天已命之，故不复试以众官。……禹方让隐之，故言：出汝所天命也。……乃天使汝治水，非我也。"

在禹受命治水的叙事中，有一个情节值得注意，那就是禹被授予河图、洛书。《河图》云："天与禹洛出书，谓神龟负文，列背而出。"《尚书中候》亦说"禹观于蜀河，而授绿字。"禹治水与"河图"、"洛书"发生联系当源自《尚书·洪范》讲"鲧陻洪水"，天"赐禹洪范九畴"。到了谶纬文献里，有的是继续使用"洪范九畴"这个词，如《尚书中候考河命》："乃受舜禅，即天子之位。天乃悉禹洪范九畴，洛出龟书五十六字，此谓洛出书者也。"有的则变成了"河图洛书"（如上引文）。河图洛书在纬书中经常出现，那么"河图"、"洛书"这两个关键词是怎么来的呢？有学者指出："谶纬'河图'、'洛书'是在'河出图，洛出书，圣人则之'（《易传·系辞上》）传说的基础上，运用秦汉通行的知识信仰，构筑了天地相通的神话境界。"①既然如此，河图洛书出现在禹治水的故事中就不足为奇了。而且《河图》的内容正符合禹治水的需要，据谶纬作者云：《河图》"图载江河山川州界之分野"（《春秋命历序》），"中有七十二帝地形之制"（《春秋运斗枢》）。

以上所论纬书中夏禹的感生、异貌、治水等神话，其故事的内核基本都源于先秦。当然纬书中的夏禹神话并不是都源自先秦，也有时代新生的产物，如《河图括地象》载："八年水厄解，岁乃大旱，民无食，禹大哀之。行旷山中，见物如豕人立，呼禹曰：'尔禹，来，岁大旱，西山土中食，可以止民之饥也。'禹归以问于太乙曰：'是何应与？'太乙曰：'腥腥也。人面豕身，知人

---

① 聂济冬：《谶纬"河图"、"洛书"中神话意象诠释》，《周易研究》2011年第3期，第76页。

名也。'禹乃大发民众,以食于西山。"①言禹解除水厄后又遇旱灾,禹正哀
怜,有人面豕身之腥腥告知"西山土中食,可以止民之饥"。文献中多载禹
时大水,而无旱灾的传说,此条记载可谓独一无二。再如《遁甲开山图》:
"禹游于东海,得玉圭,碧色。长一尺二寸,光如日月,自照达幽冥。"②(《太
平御览》卷八十二引)亦为先秦典籍所未见。

二、纬书夏禹神话的文本改造

从文本层面看,纬书中的夏禹神话多与先秦文献有承接关系,另一方
面,纬书作者也对其进行了很大程度的加工改造。其改造的方式主要有以
下几种:

1.抄录,即直接将以前的文本抄袭誊录过来。如《礼纬》中有一段描述
圣王异貌的文句,非常有代表性:

> 禹耳三漏,是谓大通,兴利除害,决河疏江。皋陶鸟喙,是为至诚,
> 决狱明白,察于人情。汤臂三肘,是为柳翼,攘去不义,万民蕃息。文
> 王四乳,是谓至仁,天下所归,百姓所亲。武王望羊,是谓摄扬,盱目陈
> 兵,天下富昌。周公背偻,是谓强俊,成就周道,辅于幼主。孔子反宇,
> 是谓尼甫。立德泽所,与藏元通流。③

《淮南子·修务》也有类似的记载:"尧眉八彩,九窍通洞,而公正无私,一言
而万民齐;舜二瞳子,是谓重明,作事成法,出言成章;禹耳参漏,是谓大通,
兴利除害,疏河决江;文王四乳,是谓大仁,天下所归,百姓所亲;皋陶马喙,
是谓至信,决狱明白,察于人情;禹生于石;契生于卵;史皇产而能书;羿左
臂修而善射。"④《礼纬》是否一定抄袭《淮南子》我们不敢妄断,但《淮南子》

---

①〔日〕安居香山、中村璋八辑:《纬书集成》,石家庄:河北人民出版社,1994年版,第1093页。《太
　平御览》卷九十八引作《括地图》。

②〔北宋〕李昉等编:《太平御览》,石家庄:河北教育出版社,1994年版,第701页。

③〔日〕安居香山、中村璋八辑:《纬书集成》,石家庄:河北人民出版社,1994年版,第531页。《白虎
　通·圣人》引《礼说》云:"禹耳三漏,是谓大通,兴利除害,决河疏江。皋陶马喙,是谓至诚,决狱
　明白,察于人情。汤臂三肘,是谓柳、翼,攘去不义,万民咸息。文王四乳,是谓至仁,天下所归,
　百姓所亲。武王望羊,是谓摄扬,盱目陈兵,天下富昌。周公背偻,是谓强俊,成就周道,辅于幼
　主。孔子反宇,是谓尼甫,德泽所兴,藏元通流。"(第339～340页)陈立《白虎通疏证》认为,《礼
　说》所云即《礼含文嘉》文。

④刘文典:《淮南鸿烈集解》,北京:中华书局,1989年版,第641～642页。

中的这段话很可能是有较早的文本来源的,因为我们知道,《淮南子》成书于汉初,而且在编纂时大量引用先秦典籍。从文本流传角度来考察,纬书中有关圣王异貌的文本有可能直接源于先秦时期的文献,也就是说《礼纬》和《淮南子》可能来源于同一个更早的文本材料。

2.虚构,指在原有故事基础上,进行情节虚构。如舜禹禅让传说的丰富化。先秦文献中讲到尧舜禹禅让的较早的是《尚书·尧典》和《论语·尧曰》篇,《尧典》主要叙述尧禅位于舜,没有涉及舜禅位禹之事。《论语·尧曰》篇:"尧曰:'咨!尔舜!天之历数在尔躬,允执其中。四海困穷,天禄永终。'舜亦以命禹。"①将尧舜禹的禅让连在了一起。但舜是如何禅位给禹的,没有详细的叙述,只有简单的一句"舜亦以命禹"。上博简《容成氏》云:"舜乃老,视不明,听不聪。舜有子七人,不以其子为后,见禹之贤也,而欲以为后。禹乃五让以天下之贤者,不得已,然后敢受之。"交待也较为简略。但在纬书里的记载就详细得多,《尚书中候考河命》云:

> (舜)在位十有四年,奏锤石笙筦,未罢而天大雷雨疾风,发屋伐木,桴鼓播地,锤磬乱行,舞人顿伏,乐正狂走。舜乃攡权博衡而笑曰:"明哉,天下非一人之天下也,亦乃见于锤石笙筦乎?"乃荐禹于天,行天子事。于时和气普江,庆云兴焉。若烟非烟,若云非云,郁郁纷纷,萧条轮囷。百工相和而歌庆云,帝乃倡之曰:"庆云烂兮纠缦缦兮,日月光华旦复旦兮!"群臣咸进稽首曰:"明明上天,烂然星陈,日月光华,弘予一人。"……于是八风修通,庆云丛聚。蟠龙奋迅于厥藏,蛟龙踊跃于厥渊,龟鳖咸出厥穴,迁虞而事夏。舜乃设坛于河,如尧所行,至于下稷。容光休至,黄龙负图,长三十二尺,置于坛畔,赤文绿错,其文曰:"禅于夏后,天下康昌"。②

纬书大大丰富了舜禅位于禹的传说,其情节如此完整简直就像一篇历史小说。再比如禹用不死之草治疗穿胸氏的神话。在《山海经》和《淮南子》中

---

① [清]阮元校刻:《十三经注疏·论语注疏》(清嘉庆刊本),北京:中华书局,2009年版,第5508页。
② 见《黄氏逸书考》,转引自冷德熙《超越神话——纬书政治神话研究》,北京:东方出版社,1996年版,第111页。《乐稽耀嘉》亦云:"禹将受位,天意大变,讯风雷雨,以明将去虞而适夏也。是以舜禹虽继平受禅,犹制礼乐,改正朔,以应天从民。"纬书的文本有可能受到伏生《尚书大传》的影响,《尚书大传·虞夏传》云:"维十有四祀,钟石笙筦变。声乐未罢,疾风发屋,天大雷雨。帝沈首而笑曰:'明哉!非一人天下也。乃见于钟石。'"

的叙述都非常简略,《海外南经》说"贯匈国在其东,其为人匈有窍"①,《淮南子·地形》篇只记有"穿胸民",高诱注云"胸前穿孔达背"。纬书则以禹诛防风神话为叙事主体讲述了穿胸国的来源,《河图括地象》云:"禹诛防风氏,夏后德盛,二龙降之。禹使范氏御之以行,经南方,防风神见禹,怒射之,有迅雷,二龙升去。神惧,以刃自贯其心而死。禹哀之,瘞以不死草,皆生,是名穿胸国。"②魏晋时期在纬书的基础上,穿胸民的神话逐渐演绎成章。③

3.糅合,即将零散的神话意象糅杂混合在一起。如"九尾狐"这一神话意象早已出现在《山海经》中,纬书则出现了禹见九尾白狐的故事,《尚书中候考河命》:"(禹)长九尺九寸,梦自洗河,以手取水饮之,乃见白狐九尾。"《吴越春秋》记载的更为详细,很显然是受了纬书的影响,或者纬书当中也有类似的记述,只是没有流传下来。《吴越春秋·越王无余外传》云:"禹三十未娶,行到涂山,恐时之暮,失其度制,乃辞云:'吾娶也,必有应矣。'乃有白狐九尾造于禹。禹曰:'白者,吾之服也。其九尾者,王之证也。'于是,涂山人歌曰:'绥绥白狐,九尾痝痝。我家嘉夷,来宾为王。成家成室,我造彼昌。'天人之际,于兹则行。明矣哉!禹因娶涂山女,谓之女娇。"④

从《山海经》单一的"九尾狐"意象,到《尚书中候考河命》将禹与九尾狐嫁接,再到《吴越春秋》将九尾狐穿插在禹娶涂山女这一传说故事中,充分展现了纬书作者"糅合"神话意象和传说故事的叙事能力。又如《礼含文嘉》叙述禹受赏"天赐妾"时,云"禹卑宫室,尽力沟洫,百谷用成。神龙至,灵龟服,玉女敬养,天赐妾",我们知道《论语·泰伯》篇中孔子有一段赞美禹的话:"禹,吾无间然矣。……卑宫室而尽力乎沟洫。"⑤很显然,纬书是

---

① 袁珂校注:《山海经校注》,成都:巴蜀书社,1993 年版,第 237 页。

② 〔日〕安居香山、中村璋八辑:《纬书集成》,石家庄:河北人民出版社,1994 年版,第 1093 页。《艺文类聚》卷九十六引作《括地图》。郑玄曰:"穿胸民,其胸前有穴如中刃穿,是其裔也。放风神恶禹之诛其君也,故射之。"《河图玉版》亦记载了这则神话故事:"防风氏之臣,以涂山之戮见禹,使怒而射之,迅雷风雨,二龙升去。二臣恐,以刃自贯其心而死,禹哀之,乃拔其刃,疗以不死之草,是为穿胸氏。"

③ 〔晋〕张华《博物志》卷二载:"穿胸国。昔禹平天下,会诸侯会稽之野,防风氏后到,杀之。夏德之盛,二龙降之。禹使范成光御之,行域外。既周而还至南海,经房(防)风,房(防)风之二臣以涂山之戮见禹使,怒而射之,迅风雷雨,二龙升去。二臣恐,以刃自贯其心而死。禹哀之,乃拔其刃疗以不死之草,是为穿胸民。"见范宁《博物志校证》,北京:中华书局,2014 年版,第 22 页。

④ 周生春:《吴越春秋辑校汇考》,上海:上海古籍出版社,1997 年版,第 105～106 页。

⑤ 〔清〕阮元校刻:《十三经注疏·论语注疏》(清嘉庆刊本),北京:中华书局,2009 年版,第 5403～5404 页。

将《论语》中的文本巧妙地借用了过来，同时又将神龙、灵龟、玉女等各种神话意象混合在一起，从而形成新的神话叙事。

4.改编，为了达到某种叙事目的，纬书作者甚至直接对原有文本进行改动。如《山海经·山经》最后有这样一段话："禹曰：天地之东西二万八千里，南北二万六千里；出水之山者八千里，受水者八千里。"[①]这是以禹的口吻述说天下的长度和宽度。《吕氏春秋·有始览》亦载："凡四海之内：东西二万八千里，南北二万六千里；水道八千里，受水者亦八千里。"[②]《河图括地象》云："夏禹所治四海内地，东西二万八千里，南北二万六千里，有君长之。州有九阻，中土之文德，及而不治。"将"禹曰"直接改成了"夏禹所治"，四海内地都成了夏禹所治的疆域。

上述四种文本改造方式，只是夏禹神话叙事中的常见手段，纬书其他神话对先秦文本叙事的改造方式恐怕还要多。而且有些纬书神话并不只是单纯地使用一种改造方式，而是兼有两种或两种以上的改造方式。纬书作者对文本的改造并不是随心所欲、漫无目的的，他们是为了达到建构理想化的文本叙事，而不惜割裂固有文本，筛选符合其政治目的的合理信息。另外，更重要的是，纬书作者除了技术层面的文本改造之外，还在神话叙事中融入汉代的思想观念与文化意蕴。

三、纬书夏禹神话的汉代烙印

夏禹神话经过纬书作者对先秦夏禹神话体系的继承及文本改造后，又在叙事上渗透了当时的各种社会政治文化因素，打上了深深的汉代烙印。

(一)汉代感生神话的政治文化背景

在先秦时期的文献中，夏禹是没有感生传说的，但到了汉代纬书，夏禹的感生故事却多了起来。其实在纬书中不只是夏禹，很多圣王、圣人、人王皆有着不同凡人的出生方式——感生，即无性生殖，这样的出生方式实际上是纬书作者的造作，有着深厚的政治文化背景。纬书中的感生神话有很强的系统性，这一系统多受刘向刘歆父子创立的五行相生的五德终始说支配。各帝王感生的基本情况按照五德系统依次为：太皞伏羲氏（木）、炎帝

[①]袁珂校注：《山海经校注》，成都：巴蜀书社，1993年版，第320页。
[②]许维遹：《吕氏春秋集释》，北京：中华书局，2009年版，第281页。

神农氏(火)、黄帝轩辕氏(土)、少皞金天氏(金)、颛顼高阳氏(水)、帝喾高辛氏(木)、帝尧陶唐氏(火)、帝舜有虞氏(土)、伯禹夏后氏(金)、商(水)、周(木)、汉(火)[①],相关信息可列表如表9—1:

表 9—1

五德	帝王名	感生物	帝王名	感生物	帝王名	感生物
木	伏羲	大人迹、大迹	帝喾		后稷	大人迹、大迹
					文王	大人、长人
火	神农	龙	尧	赤龙	刘邦	赤龙、赤鸟
土	黄帝	大电	舜	大虹		
金	少昊	大星	禹	流星、薏苡		
水	颛顼	瑶光之星	契	玄鸟卵	秦始祖大业	玄鸟卵
			汤	白气		

从表9—1中我们可以得出两点启示:一是处于每一德的帝王感生物基本相同,如处于木德的伏羲、后稷是感大人迹,火德的神农、尧、刘邦皆感赤龙,金德的少昊、禹感星。二是处于每一德帝王的感生情节也非常相似,如同为水德的颛顼和商汤,《诗纬含神雾》这样描述二人的感生:"摇光如蜺,贯月正白,感女枢,生颛顼";"扶都见白气贯月,感黑帝生汤"。颛顼是"贯月正白",商汤是"白气贯月",感生情节几乎如出一辙。

纬书感生神话的这种系统性的构建,其根本目的并非为了实现传说体系的形式严整,而是想通过神话传说的逻辑顺序、性质要素与五德终始说的配合,实现对获得现实政权之合理性和必然性的解说。纬书中感生神话叙事的最终的意义,就是要赋予帝王君权神授的权威性和神秘性。如,纬书云刘邦为其母感赤龙而孕,《诗纬含神雾》说:"赤龙感女媪,刘季兴。"《史记》也有类似记载,日本学者安居香山说:"这是刘邦为赤德之王的明证,由此确定,西汉王朝在五德终始说中列为火德=赤德王朝。"[②]为了突出赤德之盛,纬书对同为火德的炎帝神农和帝尧之感生皆进行了详细的描写,而

---

①参考顾颉刚《中国上古史研究讲义》,北京:中华书局,2002年版,第238~241页。
②〔日〕安居香山:《纬书与中国神秘思想》,田人隆译,石家庄:河北人民出版社,1991年版,第95~96页。上文所列"感生表"亦参考此书。

且炎帝和帝尧与刘邦一样都是感赤龙而生。更有意思的是,《春秋合诚图》在叙写帝尧感生时,对尧母庆都亦着墨甚多,说庆都乃"大帝之女,生于斗维之野,常在三河之南,天大雷电,有血流润,大石之中生庆都",将庆都亦说成是感生而生,有学者指出,"这或许是因为在相生系统中,汉为尧后,所以对庆都亦神圣其说了。"①

同样,纬书突出渲染圣王的奇表异貌也是有鲜明的政治目的的,只要看一看纬书中刘邦的容貌就明白了。在"五德"中,汉属火德,上文已言刘邦与同处火德的神农、尧皆感赤龙而生,所以他们的容貌都有"龙颜"的特征,神农是"龙颜而大唇"(《孝经援神契》),帝尧则"龙颜日角"(《洛书灵准听》)。刘邦很自然地承袭了神农、帝尧的龙颜形象。《河图》云:"帝刘季口角戴胜,斗胸,龟背,龙股,长七尺八寸。"(《史记·高祖本纪》正义引)《合诚图》云:"赤帝体为朱鸟,其表龙颜,多黑子。"(《史记·高祖本纪》正义引)就连司马迁也说"高祖为人,隆准而龙颜,美须髯,左股有七十二黑子"②。可以想见这种为刘姓统治造势的运动是相当早的。

(二)纬书中的受命观念

纬书中有许多受命传说,大禹受天命平复水土就是最有代表性的例子之一。而受命传说的深层意义就是要实现天命观念的具象化,将天与人联系起来,渲染作为"天子"的帝王是如何的神圣。顾颉刚先生即说:"感生说的目的只在说明帝王是天神的化身……帝王之生既为天神的化身,帝王之成功也应当出于天的意志,所以就有了'受命'之说。"③纬书中的受命,是指"每位圣人为王,事先都有天帝使黄河神马(或龙马、神鱼、凤凰、神雀等)授予河图,或洛水神龟负出洛书,以作天命神权的依据"④。具体说来,其受命的方式有:一是沿袭相生的五德转移说而定出各色的符应。如黄帝的黄云;尧的赤龙、赤玉;舜的黄云、黄龙;汤的黑鸟,黑玉;周的青云,青龙。二是沿袭三统说(或相胜的五德转移说)而定出各色的符应。如禹的玄珪、玄龙,汤的白虎、白狼、白云,周的赤雀、赤龙、丹书。三是他们新发明的河、

---

① 殷善培:《谶纬思想研究》,台北:花木兰文化出版社,2008 年版,第 164 页。
② [汉]司马迁:《史记·高祖本纪》,北京:中华书局,1959 年版,第 342 页。
③ 顾颉刚:《中国上古史研究讲义》,北京:中华书局,2002 年版,第 246 页。
④ 冷德熙:《超越神话——纬书政治神话研究》,北京:东方出版社,1996 年版,第 107 页。

洛的图书,定为受命的必要条件。①

受命说的起源非常早,《诗经》《尚书》中有很多这样的话,如"古帝命武汤"、"文王受命"、"帝命"、"昊天有成命"等类似的语词非常多。但需要指出的是,西周的这种"天受命",是西周神道设教下的天命观,与纬书中"受命"说是有差异的。汉代纬书中的受命"其要义是论证汉之合法正统地位。其他内容都是围绕这个中心思想而展开"②。

(三)禹受赏神话与黄老神仙思想

禹治水成功后,上天为了褒奖禹的功劳,赏赐东西给禹。其赏赐物纬书中出现三种,一是玄珪,《尚书中候》:"禹治水,天锡玄珪,告厥成功也。""玄珪"一事,《尚书》《史记》皆已言之。二是宝文大字,《河图挺佐辅》:"禹既治水功大,天帝以宝文大字锡禹,佩渡北海弱水之难。"三是玉女(神女),《乐纬》:"禹治水毕,天赐神女圣姑。"《礼含文嘉》:"禹卑宫室,尽力沟洫,百谷用成。神龙至,灵龟服,玉女敬养,天赐妾。"又曰:"禹卑宫室,尽力沟洫,百谷用成,玉女敬降养。"宋均注:"玉女,有人如玉色也,天降精生玉女,使能养人。美女玉色,养以延寿也。"以玉女致禹长寿,"很显然是神仙家房中术的隐语,应是受到了道教的影响"③。纬书神话中与神女有关的人物,除了禹还有黄帝,《龙鱼河图》载黄帝战蚩尤,"黄帝以仁义不能禁止蚩尤,乃仰天而叹。天遣玄女下,授黄帝兵信神符。制伏蚩尤,以制八方"。因此,玉女神话很可能是受了黄老神仙思想的影响。

(四)禹遇九尾白狐的象征意义

纬书文献中记载的禹遇九尾白狐传说前文已述及,那么,这一传说在汉代有何象征意义,其来源何在呢?

《逸周书·王会》篇记周公时东北夷俞人入贡之物有"青丘狐九尾"④,既然是朝贡之物,肯定有其特殊的地方。《山海经》中也有三次提到"九尾狐",其中《南山经》比较详细,其云:"又东三百里曰青邱之山。其阳多玉,其阴多青䨼。有兽焉,其状如狐而九尾,其音如婴儿,能食人,食者不

①顾颉刚:《中国上古史研究讲义》,北京:中华书局,2002年版,第252页。
②曾德雄:《谶纬中的帝王世系及受命》,《文史哲》2006年第1期,第46页。
③曹建国:《谶纬叙事论略》,《文艺研究》2010年第11期,第50页。
④黄怀信、张懋镕、田旭东:《逸周书汇校集注》,上海:上海古籍出版社,2007年版,第829页。

蛊。"①这里所说的"食者不蛊"正是九尾狐的特殊功效，"食者不蛊"，郭璞
注云"噉其肉令人不逢妖邪之气"②，意即吃九尾狐之肉可能有辟邪的作
用。这是我们看到的早期文献对九尾狐的记载。除此之外，汉代画像石和
画像砖中也有大量的九尾狐形象。

那么纬书中"九尾狐"形象与《山海经》、汉画艺术是否有着相同的象征
意义呢？《春秋运斗枢》曰："机星得则狐九尾。"《孝经援神契》曰："德至鸟
兽，则狐九尾。"《白虎通·封禅》："德至鸟兽则凤皇翔，鸾鸟舞，麒麟臻，白
虎到，狐九尾，白雉降，白鹿见，白鸟下。"③由此可知，纬书中的九尾狐更像
是一种祥瑞，而且和帝王之德紧密相连，帝王在位期间政治清明则九尾狐
出现。比如，据《东观汉记》记载，章帝元和二年，"凤皇三十九、麒麟五十一、
白虎二十九、黄龙四、青龙、黄鹄、鸳鸟、神马、神雀、九尾狐、三足乌、赤乌、白
兔、白鹿、白燕、白鹊、甘露、嘉瓜、秬秠、明珠、芝英、华平、朱草、木连理实，日
月不绝，载於史官，不可胜纪。"④九尾狐就与众多祥瑞一同出现，成为章帝
国昌民盛的标志和象征，因为在汉人的眼中，"符瑞并臻，皆应德而至"。

因此，纬书中"禹见白狐九尾"，最主要的还是彰显禹作为帝王的"德"。
与早期文献及汉画像砖上的九尾狐形象意义有所不同。这里需要注意的
是，禹为什么所见的九尾狐是白色的呢？这是因为纬书中有五色之帝，《春
秋文耀钩》称太微宫有五帝座星：苍帝、赤帝、白帝、黑帝、黄帝，五帝分别在
春、夏、秋、冬、季夏受制。而禹为白帝之子⑤，其色尚白⑥，故云白狐。《吴
越春秋》中将禹娶亲与九尾白狐联系在一起，又该如何解释呢？李炳海先
生说："在这个传说中，九尾狐是男性配偶的形象，又是大禹本人的化身，大
禹娶亲故事是受狐图腾影响而形成的。"⑦狐作为男性配偶形象在《诗经》
中已经出现，但大禹娶亲跟狐图腾应该没有太大关系，大禹娶涂山氏之女，

---

①袁珂校注：《山海经校注》，成都：巴蜀书社，1993年版，第7页。
②袁珂校注：《山海经校注》，成都：巴蜀书社，1993年版，第8页。
③［清］陈立：《白虎通疏证》，北京：中华书局，1994年版，第284页。
④［汉］刘珍等著，吴树平校注：《东观汉记校注》，北京：中华书局，2008年版，第77页。
⑤《尚书帝命验》："禹，白帝精。"《春秋元命苞》："夏，白帝之子。"
⑥《春秋叶图征》："黄帝冠黄文，白帝冠白文，黑帝冠黑文。"（《初学记》引）《洛书灵准听》："苍帝起，
　苍云扶日。赤帝起，赤云扶日。黄帝起，黄云扶日。白帝起，白云扶日。黑帝起，黑云扶日。"
　（《初学记》等引）
⑦李炳海：《从九尾狐到狐媚女妖——中国古代的狐图腾与狐意象》，《学术月刊》1993年第12期，
　第73页。

之所以会出现九尾狐，主要是凸显禹之德。另外，则可能有预示帝王子孙繁昌的意义，因为"九尾"还象征着子孙繁衍昌盛，《白虎通·封禅》说："狐九尾何？狐死首丘，不忘本也，明安不忘危也。必九尾者何？九妃得其所，子孙繁息也。于尾者何？明后当盛也。"①所论正是此意。

从文本层面上分析，纬书夏禹神话体系多源于先秦神话文本，纬书作者为了达到其叙事目的，通过抄录、虚构、糅合、改编等方式对其文本有意识地进行了改造。透过文本表面的描述，结合特定时代的文化观念，我们发现神话文本的背后有着深层的文化意蕴，隐藏着大量文化信息和思想观念。如夏禹感生神话从最早时期反映了人类早期母系氏族社会只知其母不知其父的婚姻形态，发展为受五德终始说影响的政治文化思想的一次神话演示；根源于西周天命观思想的禹受天命神话，在纬书中则用于论证汉代政权的合法性和神圣性；黄老神仙思想影响了纬书大禹神话的情节构成；九尾白狐从辟邪灵兽发展为禹之帝王德行的象征。这些文化意蕴源于先秦又发酵于汉代，最终形成了风格独特、意蕴深厚的纬书夏禹神话体系。

第三节　汉代夏禹传说的图像叙事及象征意义

有关大禹的神话传说在汉代非常流行，不仅有司马迁所谓的"《禹本纪》"，在《汉书·艺文志》杂家类中还有《大禹》三十七篇，班固自注云："传言禹所作，其文似后世语。"②而《史记·夏本纪》更是将大禹的事功传说全面地呈现了出来，对后世文学艺术中的大禹形象影响很大。大禹传说不仅有如此众多的文本叙事，还表现在图像叙事中，特别是汉代画像石中常见大禹形象。汉画像石中的历史故事与传说人物，其内容多是为了宣扬古代帝王圣贤之道和儒家伦理道德，如王延寿《鲁灵光殿赋》所谓"恶以诫世，善以示后"，曹魏何晏《景福殿赋》"图象古昔，以当箴规"。汉画像中的禹图像即承载了这一教化功能，但作为神话人物以及民间信仰中的禹，又被赋予了超神异的能力——助死者升仙。汉画像中的禹集天上与人间、仙境与盛事、儒家与道家于一身，看似矛盾实则完好地统一在一起，将画像石的象征

---

①［清］陈立：《白虎通疏证》，北京：中华书局，1994年版，第286～287页。
②［汉］班固：《汉书》卷三十，北京：中华书局，1962年版，第1740页。

意蕴表现得淋漓尽致。

一、夏禹治水图

大禹治水传说在汉代非常流行,《史记·夏本纪》在搜集采用先秦文献的基础上详细记载了大禹治水传说,其中有两个情节为汉代人所称颂:一是禹娶涂山,生启而无暇照顾;一是劳身焦思,居外十三年,遇家门而不敢入。禹的这种治水精神在汉画像石中也得到了体现。

其中最为著名的是武梁祠西壁上的夏禹画像。武梁祠堂西壁上半部分第一层的最右面一组图像由十幅图组成,每幅图都有榜题,共描绘了十一位古帝王,依次为伏羲和女娲、祝诵(融)、神农、黄帝、颛顼、喾、尧、舜、禹、桀。这十一位古帝王根据历史的时代又可以分为三组:第一组为"三皇",包括伏羲、祝融和神农,在这一组里,值得注意的是伏羲和女娲组合为一幅图,女娲应是作为伏羲的配偶出现的,反映了汉代人的阴阳观念。第二组为"五帝"画像,由黄帝、颛顼、喾、尧、舜的五幅图像组成,这和《史记·五帝本纪》所记载的"五帝"的排列组合是完全一样的。最后一组是夏禹和夏桀,代表着夏代,实际上还隐含着商周和秦汉,由于图像受空间的局限而省略了。

夏禹图像的榜题是:"夏禹:长于地理,脉泉知阴,随时设防,退为肉刑。"其中"长于地理,脉泉知阴"是用纬书《尚书刑德放》文,《尚书刑德放》云:"禹长于地理,水泉九州,得括地象图,故尧以为司空。"①"退为肉刑",可与《汉书·刑法志》"禹承尧舜之后,自以德衰而制肉刑"相参证,《史记·夏本纪》亦云:"皋陶于是敬禹之德,令民皆则禹。不如言,刑从之。"《索隐》云:"谓不用命之人,则亦以刑罚而从之。"②说明禹开始以刑法治理天下。夏桀图像的榜题只有"夏桀"两字。画面上的夏禹有短髭,面朝左,脚步向右,身稍向后倾,而夏桀身稍向前倾,二者面相对形成呼应。禹头上冠呈三角形,似斗笠状,全身衣裳简朴,而桀的衣服则与禹形成鲜明的对比,衣褶以流畅优美的曲线表现,暗示其衣服的繁复精美。禹左手向右平伸,手掌向上,右手平屈上抬,拿着一个短柄锸,象征其治水的功绩,而桀则坐在两个瘦小的女子身上,肩扛带长刃的钩戟,象征其残暴的统治。禹和桀从服

---

①[清]赵在翰辑:《七纬》,北京:中华书局,2012年版,第219页。
②[汉]司马迁:《史记》卷二,北京:中华书局,1959年版,第81页。

饰、举止及手持物形成鲜明的对比,"其目的是为了说明一位帝王的仁慈和美德以及另一位的暴戾和腐败"。①

图9—1　武梁祠西壁画像

（采自《中国画像石全集》第一册,页29）

图9—2　武梁祠夏禹画像

（采自巫鸿《武梁祠》,页269）

　　夏禹图像通过榜题文本颂扬了夏禹的治水功业,又通过图像设计与夏桀形成对比,歌颂夏禹作为夏代开国君主的美德。如果说武梁祠图像还是借助榜题来说明大禹治水故事的话,那么江苏泗洪曹庙出土东汉画像石则径直是图像叙事了。

　　1984年春,江苏泗洪县图书馆在该县曹庙乡祝圩村征集一批东汉画像石,其中第七石（墓壁刻石）第三格刻大禹治水图（图9—3）:"画面有4位披长发、穿蓑衣的羽人,两两左右对立,人物之间刻有滔滔洪水。其中右侧一长者双手拄锸,双目凝视远方;左侧有一身材魁梧之人,双手提一泥畚,疾步向前。画面中央刻一件抬土的木架泥畚,畚内盛满泥土。"②双手拄锸者当是大禹,他正亲自操锸带领大家治理洪水,该图直观地再现了大禹治水的鲜活场面,可与文献记载相对照。《庄子·天下》云:"昔禹之湮洪水……禹亲自操橐（畚）耜而九杂天下之川。"③《淮南子·要略》:"禹之时,天下大水,禹身执蔂垂,以为民先。"④相比文本叙事,图像叙事更显得直观

①〔美〕巫鸿:《武梁祠——中国古代画像艺术的思想性》,柳扬、岑河译,北京:三联书店,2006年版,第180页。

②尹增淮、江枫:《江苏泗洪曹庙出土的东汉画像石》,《文物》2010年第6期,第69页。

③"橐",郭庆藩云:"世德堂本橐作蔂。"见郭庆藩:《庄子集释》,北京:中华书局,2004年版,第1073页。

④张双棣:《淮南子校释》（增订本）,北京:北京大学出版社,2013年版,第2199页。

形象,更富有感染力。

图 9—3　江苏泗洪曹庙东汉画像石

（采自《文物》2010 年第 6 期,页 69）

　　武梁祠和泗洪曹庙画像石叙事的主体还仅局限于大禹治水,画面中的主要人物也是围绕大禹治水而设置。但徐州汉画像石艺术馆所藏的大禹治水图则已经突破了一个事件的构思了,它实际上包含了三个既相互联系又可以独立的传说故事——尧舜禅让、禹娶涂山、禹三过家门不入。

　　2005 年 4 月,徐州汉画像石馆新征集 11 块汉画像石,其中 1 号石刻大禹治水图(图 9—4),很值得注意。该石画面分为三组,共有十个人物。第一组刻"尧、舜、禹三位先皇,最左刻帝尧面朝右,坐于树下,虞舜面朝左站立,……此画面便是讲述尧舜禅让的故事,旁边正面站立,身穿宽袍,头戴斗笠,双手按锸的一人为大禹。"[①]其中尧舜画面构图与山东莒县东莞出土的汉画像石较为相似(图 9—8)。[②] 这组图虽然描绘的是尧舜禅让,但实际上是为大禹治水张本。第二组中间人物当为涂山之女(禹妻),左面人物似踞坐,或为涂山女之侍女(妾),右面一人手拎包袱掩面而泣,或为大禹母亲。这组图三个人物皆是动态的,右面侍女(妾)正向涂山女诉说,右手似指向大禹,好像是让涂山女等待大禹归来,《吕氏春秋·音初》载:"禹行功,见涂山之女。禹未之遇而巡省南土。涂山氏之女乃令其妾候禹于涂山之阳。"遇,高诱训为礼,盖谓禹还未及与涂山之女行匹偶之礼即巡省南土而治水。[③] 画面涂山女(禹妻)双手礼请,指向左面的老者,意即应先照顾老

①杨孝军:《徐州新发现一批汉代画像石考释》,《四川文物》2005 年第 6 期,第 55 页。

②刘云涛:《山东莒县东莞出土汉画像石》,《文物》2005 年第 3 期。

③陈奇猷:《吕氏春秋新校释》,上海:上海古籍出版社,2002 年版,第 341 页。

人。从而突出了涂山女顺夫之命、持家敬老之妇德。第三组图"刻有四人，左边一人右向站立，与中间禹妻交谈，禹妻面朝左而立，怀中抱一幼儿，最右边站立一老者左向站立，双手拄杖观望"①。中间女子怀抱人物当为启。图像通过三组画面描绘了禹受命治水、禹娶涂山、禹三过家门而不入的故事。

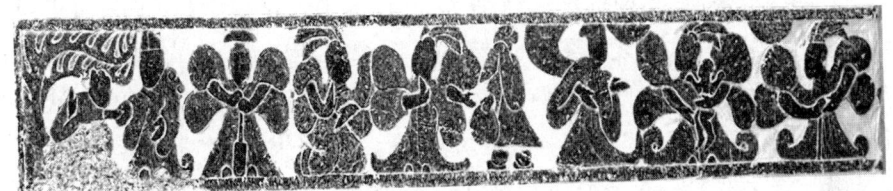

图9—4　大禹治水画像石

　　另外，山东费县潘家疃发现的一幅汉画像石也当是大禹治水故事。《临沂汉画像石》收录了此画像石（图9—5），画面纵60厘米，横125厘米，上部四榜无题。著录者描述："左边二人佩剑相对而立，共执一简册。右边三人，居中者戴笠双手按锸。"②居中者戴笠按锸当是大禹无疑，分居其左右两侧者可能是禹治水的助手益和后稷，《尚书·皋陶谟》言："予乘四载，随山刊木，暨益奏庶鲜食。予决九川，距四海，濬畎浍，距川；暨稷播奏庶艰食、鲜食，懋迁有无，化居。"③叙述了益和后稷在禹治水中的作用。画面左端二人则可能是尧和舜，两人共执简册可能在谋划治水之事。

图9—5　山东费县潘家疃汉画像石

（采自《临沂汉画像石》，页161）

---

①杨孝军：《徐州新发现一批汉代画像石考释》，《四川文物》2005年第6期，第55页。
②临沂市博物馆编：《临沂汉画像石》，济南：山东美术出版社，2002年版，第161页。
③［清］阮元校刻：《十三经注疏·尚书正义》（清嘉庆刊本），北京：中华书局，2009年版，第296页。

大禹历经千辛万苦，最终治水成功，《尚书·禹贡》言"九州攸同"，"四海会通"；为了褒扬其功劳，"禹锡玄圭，告厥成功"，意即天帝赐禹玄圭，以嘉其功，向天下宣告禹治水成功了。因此，禹的赏赐物玄圭就成了一种祥瑞，《宋书·符瑞志》称："玄圭，水泉流通，四海会通则出。"让人意想不到的是，武梁祠屋顶画像中却恰有这一祥瑞玄圭图像出现（图9—6），且有榜题云："玄圭，水泉流通，四（海）会通则至。"与《宋书·符瑞志》几乎文句相同，二者可能同出一源。玄圭图像正与夏禹图像遥相呼应，一言治水，一言功成，使大禹治水这一图像叙事首尾相连。武梁祠屋顶还有一副"渠搜献裘"的祥瑞图像（图9—7），该图榜题已不清晰，据《宋书·符瑞志》可复原为："渠（搜），（禹时）来（献裘）。"《大戴礼记·少间》云："（禹）修德使力，民明教通于四海，海之外肃慎、北发、渠搜、氏、羌来服。"[1]这段话可以帮助我们更好地理解榜题的历史文化背景。借助榜题文本，"渠搜献裘"这一祥瑞图似乎是在盛赞禹治理天下四海咸服的圣王美德。[2]

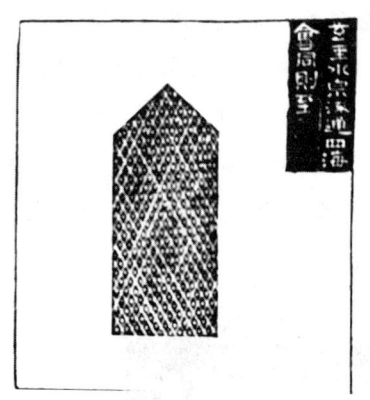

图9—6　武梁祠玄圭复原图

（采自巫鸿《武梁祠》，页260）

图9—7　武梁祠渠搜献裘复原图

（采自巫鸿《武梁祠》，页261）

二、大禹及禹妻图

汉画像石除了刻画禹治水故事，颂扬禹的功绩之外。还刻有禹与涂山

---

①黄怀信等：《大戴礼记汇校集注》，西安：三秦出版社，2005年版，第1235页。

②巫鸿先生云此幅图像"是证明禹乃天命圣王，表现渠搜氏在禹当政的时候来献皮求"，似不确。参看〔美〕巫鸿：《武梁祠——中国古代画像艺术的思想性》，柳扬、岑河译，北京：三联书店，2006年版，第105页。

女的神话故事,主要表现禹为了治水,抛家弃子,一心为公的精神,同时也从侧面反衬出涂山氏(即启母)的美好妇德,为汉人所称颂。如《列女传·母仪传》中即有"启母涂山",称赞涂山氏独明教训而致其化焉,启能够继承父志,卒致其名,与启母的化德从教密不可分。汉画像石为了颂扬禹和禹妻的美德,往往将二人形象刻画在一起。

1993年在山东莒县东莞一座古代墓葬里出土10块画像石,其中1号石(图9—8)"原为墓主孙熹墓前的阙门,立于东汉灵帝光和元年(178年),后被他人筑墓利用"①,正面刻有大量人物,第四、五层为历史传说人物,皆有榜题,具体情况为:

> 第四层刻四人,每人右上方均有一榜题。最左一人面朝右,坐于树下,榜题"尧";第二人面朝左,作跪谒状,榜题"舜";第三人榜题"侍郎",第四人榜题"大夫",此二人拱手站立,当是跟随舜拜谒尧。第五层刻五人,每人左上方均有一榜题。最左之人面右而坐,怀中抱一幼儿,榜题"禹妻";第二人头戴斗笠,作行走状,榜题"夏禹";第三人头戴冠冕,右向侧立,榜题"汤王";第四人头梳高髻,博袖长裙,面朝汤王站立,榜题"汤妃";第五人亦左向侧立,有榜无题。②

第五层所刻禹妻和夏禹似乎并不仅仅是图画这两个传说人物,从两个人物的图像设计上来看,它要表达的应是一个完整的图像叙事:禹妻怀抱婴儿仰首张望夏禹,夏禹正头戴斗笠、身穿蓑衣迈步往前行走,却回首往后看,似依依不舍自己的妻子与幼儿。这正与文献记载的文本叙事遥相呼应,《尚书·皋陶谟》:"予创若时,娶于涂山,辛壬癸甲;启呱呱而泣,予弗子,惟荒度土功。"③《华阳国志·巴志》:"禹娶于涂山,辛、壬、癸、甲而去。生子启,呱呱啼,不及视。三过其门而不入室,务在救时。"④图像叙事虽然不能像文本叙事那样完整地表现故事发展的时间顺序,但图像叙事往往选择一个故事中特定的最精彩的瞬间来表现,给观者更充裕的想象空间"复原"整

---

① 刘云涛:《山东莒县东莞出土汉画像石》,《文物》2005年第3期,第87页。
② 刘云涛:《山东莒县东莞出土汉画像石》,《文物》2005年第3期,第83页。俞伟超主编《中国画像石全集》第三册(山东美术出版社、河南美术出版社,2000年版,第123页)也收录了此石,编号为140。
③ 洪兴祖《楚辞补注》引《吕氏春秋》亦云:"禹娶涂山氏女,不以私害公,自辛至甲四日,复往治水。"
④ [晋]常璩著,任乃强校注《华阳国志校补图注》,上海:上海古籍出版社,1987年版,第4页。

个故事情节,而"这种故事情节的复原又进而引导观者领会该画像在礼仪上的含义"①,即通过颂扬禹治水为公之德行,以教育后世子孙。这里值得注意的是,与嘉祥武梁祠画像石相比,该石第四、五层不仅增加了禹妻、汤王、汤妃等人物,图像中的历史传说人物开始形成夫妻对偶关系。而且尧、舜、禹等形象与嘉祥武梁祠所见也不尽相同,更注意细节和动作的刻画,从而使观者展开想象。

图 9—8　山东莒县东莞镇画像石
(采自《中国画像石全集》第三册,页 123)

　　汉代禹与启母的神话故事非常流行,如汉武帝曾见启母石,即下诏曰:"朕用事华山,至于中岳,获驳麚,见夏后启母石。"(《汉书·武帝纪》)皇帝下诏足见武帝的重视,亦可推想其产生的影响。再如东汉安帝延光二年(123 年)颍川太守在河南登封北立启母庙,其石阙铭文载有禹纳涂山故事:"禹□大功,疏河写玄。九山甄旅,咸秩无文,爰纳涂山,辛癸之间。三过亡入,寔勤斯民。"②正是由于禹娶涂山故事的广泛流布,所以在画像石中亦频频出现这一画像主题,而且逐渐形成由禹和禹妻组合形成的单体构图画像,下面几幅图都是单独出现的禹和禹妻的单体构图。

　　2005 年 4 月,徐州汉画像石馆新征集的 3 号画像石(图 9—9),纵114 厘米、横 83 厘米、厚 34 厘米。"画面分为四格,左上格刻有揖手站立的两人物;右上格刻有翼虎翻转怒吼;左下格刻有身穿宽袍,头戴斗笠之

①〔美〕巫鸿:《礼仪中的美术——巫鸿中国古代美术史文编》,郑岩等译,北京:三联书店,2005 年版,第 195 页。
②高文:《汉碑集释》,开封:河南大学出版社,1997 年版,第 49 页。

人,双手按插正面站立。右下格刻有一正面趴卧,张牙舞爪,口衔一物的怪兽。侧面刻有肩生双翼的龙。"①其中左下格"身穿宽袍,头戴斗笠",又"双手按插",与上文所述1号石形象相似,当是大禹无疑。而左上格两人紧密相贴,似一女子怀抱幼子,疑为禹妻紧抱禹子(启)。上下两格共同构成禹之一家,以两幅简单的画面同样表达禹抛家舍业辛勤治水的故事。

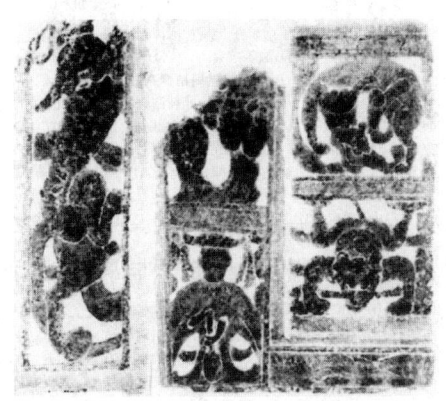

图9—9　徐州汉画像石馆藏3号石

(采自《四川文物》2005年第6期,页56)

　　沂南县任家庄和双凤庄各有一块画像石也和夏禹及禹妻有关,属于同一题材画像石。1979年山东省沂南县任家庄出土两块汉画像石,其中一块石头上的人物我们认为很可能是夏禹(图9—10),该石时代为东汉,现收藏于沂南县文物管理所,《临沂汉画像石》、《中国画像石全集》第三册皆收录,后者"图版说明"称:"纵98厘米,横36厘米……画面由界栏分为上下两层,上层为一戴山形冠的佩剑武士。下层为一头戴斗笠之人,双手扶锸正面站立。右侧面刻一翼龙,龙尾分叉,左上角刻一小鸟。"②从图形观察,上层人物并非佩剑武士,乃是一女子,当为禹妻。而下层人物双手扶耜,为夏禹无疑。

①杨孝军:《徐州新发现一批汉代画像石考释》,《四川文物》2005年第6期,第55页。
②俞伟超:《中国画像石全集》第三册,山东美术出版社、河南美术出版社,2000年版,"图版说明"部
　分第39页。

图 9—10　任家庄画像石　　　　　　　图 9—11　双凤庄画像石
（采自《临沂汉画像石》，页 89）　　　（采自《临沂汉画像石》，页 92～93）

　　无独有偶，沂南县砖埠镇双凤庄也出土一块画像石（图 9—11），画面内容、结构布局、人物形象与任家庄画像石非常接近，而且两石纵长皆为98 厘米。双凤庄画像石收录在《临沂汉画像石》一书中，该书图像下文字说明称："石纵 98 厘米，横 31 厘米，画面纵 75 厘米，横 23 厘米。画面分两层：上层刻一人扶耜。下层刻鸟啄鱼。"①左侧面刻一龙。对比观察两图，从构图上看，正面都分上下栏，且一人物形象相似，侧面则都绘有一龙。再看两人物，皆是头戴斗笠，手扶耜，两脚分开，正面站立，当是大禹无疑。两幅画像不同之处在于：一是禹的位置，双凤庄在上层，任家庄在下层。二是与禹相配的图像，任家庄是一女子（禹妻），双凤庄画像石下层是鸟啄鱼图像。其实鸟啄鱼图像在汉画像石中非常普遍，其意象无非是象征男女匹配、阴阳交合。而任家庄画像石刻一女子，与大禹相配，更直接地表达了男女相配、阴阳合和的思想。

　　禹和禹妻图，从内容上我们虽然将其归为一类，但从上面的分析可以看出，除了沂南任家庄和双凤庄两块画像石似主要表达阴阳合和思想之外，禹和禹妻图像的叙事目的仍然指向大禹治水这一事功，其表现手法则是通过附加禹妻及幼子夏启这一对母子形象，进一步突出禹为了治水抛妻舍子，进而颂扬禹一心为公、勤勉为民的圣王品德。

---

①临沂市博物馆编：《临沂汉画像石》，济南：山东美术出版社，2002 年版，第 92～93 页。

三、禹助升仙图

禹作为传说人物是治水英雄,有平治水土的丰功伟绩和后世敬仰的治水精神。同时,禹作为神话人物,具有非凡的超异神力,从而在民间信仰中具有浓厚的巫术仪式色彩。反映在汉画像中,主要表现为两方面:一是禹可以为墓主人清除邪恶鬼怪,助其升仙;二是墓主人将自己模拟为禹,借禹之名号与法力出行,或在升仙昆仑的旅途中借助禹来开路和护行。

(一)禹为前除

徐州汉画像石艺术馆收藏有两块比较有名的画像石——"炎帝升仙图"(图9—12)和"黄帝升仙图"(图9—13),为江苏徐州市铜山区苗山东汉墓前室南壁门西、东石刻。该馆这样描述这两块画像石:

> 画面上方刻一月轮,中有玉兔、蟾蜍,旁刻炎帝引凤升仙。炎帝头戴斗笠、身披蓑衣、手持木锸。史载:"以火德王,故号炎帝,作耒耜,故曰神农。"炎帝还是药神,图下部刻神牛衔灵芝草药。[1]

> 画面上方刻一日轮,中有三足鸟,旁刻黄帝升仙。传说黄帝为有熊氏国君,因而被刻成熊首人身。画面中间刻有飞马,名"飞黄",传说它是龙翼马身"黄帝乘之而仙","飞黄腾达"的典故由此而生。下方还刻一头神象。[2]

"炎帝升仙图"的命名和解释显然是有问题的。现见汉画像中的炎帝主要有两种形象:一是手执耒耜、教民耕作的形象,如武梁祠中炎帝神农身穿紧身衣服,头上没有冠;一是手持禾苗(药草)的形象,如四川新津石馆中的神农和仓颉画像,以及沂南北寨中的仓颉神农画像石。[3] 而徐州汉画像石艺术馆这幅"炎帝升仙图"却与此迥异,反倒与武梁祠中夏禹的形象十分吻合:头戴斗笠,身穿蓑衣,手持耒锸。而且这里为了突出禹的形象特征,画

---

① 以上摘自徐州汉画像石艺术馆网页:http://hhxs.xz.gov.cn/hhxs/clzl/20100219/005003_9d112328 −2b83−4699−936e−01f880e6be81.htm。这两块画像石亦收录在《中国画像石全集·徐州汉画像石》中。

② 徐州汉画像石艺术馆网页:http://hhxs.xz.gov.cn/hhxs/clzl/20100219/005003_1cf85174−d24e −4f70−be3e−cb56abd3d34d.htm。

③ 沂南北寨仓颉神农画像石,其中仓颉有榜题,四目,披发,长须;另一人与仓颉对坐交谈,手持禾苗,有榜无题,当为神农。见临沂市博物馆编《临沂汉画像石》,济南:山东美术出版社,2002年版,第114页。

图9—12 炎帝升仙图

图9—13　黄帝升仙图

面显示禹的小腿非常细,而且是赤足,正与《庄子》、《韩非子》所描述的禹的形象相合。《庄子·天下》"禹亲自操橐耜而九杂天下之川,腓无胈,胫无毛,沐甚雨,栉疾风"①,《韩非子·五蠹》:"禹……身执耒臿,以为民先,股无胈,胫不生毛。"②

　　图9—12右上方圆形内刻玉兔和蟾蜍,代表月亮。图像下方刻一大鸟和一牛,黄震云先生《汉代神话史》认为鸟(凤凰)就是伯益,牛代表夔,都是禹治水的助手。③ 细看图像,禹肩生双翼,左手牵一大鸟,右手持锸,似刺向下方的牛,牛长得比较怪异,有翼蛇尾。地下的灵怪中,带角的牛和有些鸟是不祥之物,而禹在这里充当了"保护者"的角色,保护着地下世界中的死者不受邪恶灵怪的侵袭。这样的"保护者"形象还见于马王堆1号汉墓第二重棺上(图9—14),保护者的形象或为龙、或为人身龙首、或为人身兽首,其中就有"保护者"与公牛搏击、用绳牵鸟、以及吞蛇的画面。④ 再如萧县圣泉乡圣村出土的一块画像石(图9—15),画面为锤牛图,"中央刻一牛,瞋目吐舌,四蹄腾空,朝面前之人冲撞过去。牛前边站一人,左手抓住牛角,右手举锤,正要砸牛首。牛后站一人,右手去抓牛尾,左手执短刀,协助杀牛"⑤。值得注意的是该石为墓门门额,图画的用途似乎是将牛这种

①[清]郭庆藩:《庄子集释》,北京:中华书局,2004年版,第1071页。
②[清]王先慎:《韩非子集解》,北京:中华书局,1998年版,第443页。
③黄震云、孙娟:《汉代神话史》,长春:长春出版社,2010年版,第298页。
④〔美〕巫鸿:《礼仪中的美术——巫鸿中国古代美术史文编》,郑岩等译,北京:三联书店,2005年版,第112页。
⑤周水利:《安徽萧县新出土的汉代画像石》,《文物》2010年第6期,第62页。

恶物拦在墓门之外。另外,在陕西绥德黄家塔 7 号汉墓的墓门石上亦刻有射牛、斗牛图(图 9—16)。[1]

图 9—14　马王堆 1 号汉墓第二重棺上的"保护者"形象

(采自巫鸿《礼仪中的美术》,页 113)

图 9—15　安徽萧县汉画像石"锤牛图"

(采自《文物》2010 年第 6 期,页 61)

图 9—16　绥德黄家塔 7 号汉墓画像石

(采自《绥德汉代画像石》,页 34)

①李贵龙、王建勤主编:《绥德汉代画像石》,西安:陕西人民美术出版社,2001 年版,第 34 页。

　　所以,"炎帝升仙图"实际上要表达的是大禹驯服恶鸟和凶牛,象征祛除邪恶灵怪保护地下死者。睡虎地秦简、放马滩日书多有"先为禹除道"、"为禹前除",意即禹在前祛除道路上的邪恶障碍。所以"炎帝升仙图"应该改为"大禹前除图"。如果说"大禹前除图"是大禹帮助死者祛除恶鬼,保护死者灵魂不受骚扰的话,那么"黄帝升仙图"(图9—13)则是起到帮助死者升仙的功用。"黄帝升仙图"中的马和象皆身长羽翼,属于"祥瑞"动物。

　　山东临沂白庄汉墓有一块画像石(图9—17)与铜山"大禹前除图"应该具有同样的象征意义。1972年,考古工作者发掘了山东临沂市区南的吴白庄村汉墓,其中第26幅图像(前室北壁立柱南面),发掘者描述到:

> 　　画面上一山神操一长蛇,腿间一壁虎;中为神农氏,头戴冠,两肩生翼,两侧各有一鸟,神农两手抚耜而立。下一长喙鸟首、兽身;下二着长袍戴冠者,一人荷棨戟,一人持便面相对而立。"①

图9—17　临沂白庄画像石
(采自《临沂汉画像石》,页22)

中间的人物形象似不应认定为"神农"。《中国画像石全集》第三册《山东汉画像石》也收录了此石,编者将中间人物称为"羽人"②,没有称为"神农",是存疑的态度,还是比较客观。细观图像,从人物头戴笠,肩生翼,手扶锸的形象来看,当是"夏禹"。画面最上方是一神人操蛇,《山海经》中多有操蛇之神,操蛇之神的身份大多是巫觋,"一方面操蛇的巫觋依靠蛇的神圣与

①管思浩、霍启明、尹世娟:《山东临沂吴白庄汉画像石墓》,《东南文化》1999年第6期,第49页。
②俞伟超:《中国画像石全集》第三册《山东汉画像石》第24幅图,山东美术出版社、河南美术出版社,2000年版,第21页。

神灵沟通;另一方面,蛇又是阴间一切凶恶的象征。巫觋操蛇象征着他们已经对凶恶进行了有效控制,保护了死者在另一世界生活的安宁,为死者及早升仙扫清了障碍"①。禹与操蛇之神共同承担着祛除神怪以帮助墓主人升仙的功能。《论衡·无形》云:"图仙人之形,体生毛,臂变为翼,行于云则年增矣,千岁不死。"②禹在这幅图像里正是一个仙人的形象,他肩生双翼,脚踏神兽,锸指向兽背,似乎正在升往仙界。

值得注意的是,白庄汉墓为东汉晚期墓,在墓葬年代上与铜山墓相近,在空间上,白庄墓距离江苏铜山亦不远,在墓葬的位置上二者都为墓前室。因此铜山和白庄两块画像石表现出同样的象征意义就容易理解了——东汉时期鲁南和苏北地区可能有着相同的墓葬信仰习俗。

(二)模拟为禹

禹除了作为前除之神,帮助墓主人祛除地下世界的邪恶神怪之外。有时还成为墓主人的化身,墓主人模拟为禹,希望借助禹之名号,从而能像禹一样到达昆仑之巅以西王母为师③,并升仙成功。

1956 年在山东肥城栾镇村发现一座已遭破坏的画像墓,共有两方画像石,布局与内容十分相似,这两方画像石《中国画像石全集》第三册都有收录,其中没有题记的一方画像石的画面内容编者是这样描述的:

> 画面左上部为胡汉战争,胡卒放箭,汉兵执刀和钩镶相对;右上部为车骑出行。下部为楼阙,楼顶上刻执笔、放犬的狩猎图,顶侧刻伏羲、女娲;楼上乐舞;楼下主人杖物而立,旁有二人执笏躬身,一人执物戏犬。④（图9—18）

这里编者的描述有不够准确的地方。特别是楼下主人的描述,编者只有一句"杖物而立",不够细致。仔细观察,站在楼下中央位置的这位人物,是正面朝前,头戴冠似斗笠,背披蓑衣又似羽翼,双手扶双刃锸,这种形象应该

①董良敏:《"神人操蛇"汉画像石考释》,《中国汉画学会第十三届年会论文集》,郑州:河南博物院,2011 年 11 月,第 297 页。
②黄晖:《论衡校释》,北京:中华书局,1990 年版,第 66 页。
③《淮南子·地形》:"禹乃以息土填洪水,以为名山,掘昆仑墟以下地。"《荀子·大略》:"禹学于西王国。"《韩诗外传》卷五:"禹学乎西王国。"西王国可能是西王母之讹。《论衡·无形》云:"禹、益见西王母。"
④俞伟超:《中国画像石全集》第三册,山东美术出版社、河南美术出版社,2000 年版,"图版说明"部分第 73 页。

就是夏禹。而且所穿衣服与武梁祠中的夏禹相同。墓主人为何以禹的形象出现呢？邢义田先生认为禹能役使鬼神、去除险阻，如《焦氏易林》卷一云："戴尧扶禹，松乔彭祖，西过王母，道里夷易，无敢难者。"墓葬主人在升仙途中"遇到障碍，死者或自己模拟为禹，或由众神护持，沿途代为扫除，最后终能到达目的地"。胡汉战争图中的胡卒被打败，"用以象征克服障碍，升仙必成或顺利进入死后世界"①。

图9—18　肥城栾镇画像石

（采自邢义田《画为心声》，页373）

微山县夏镇汉墓的一副图像与此类似。2001年10月3日，微山县夏镇青山村发现一座汉墓，墓室西壁石左格为仓廪和庖厨场面，中格刻画宴饮场面，右格刻画神仙故事（图9—19）："画左侧上方为西王母，头戴胜杖端坐于高座上，向右有玉兔捣药，九尾狐衔食，羽人手奉灵芝草或不死药，三足乌衔食站立，周围还有蟾蜍、羽人、飞虎等；画面下方有鸡首人身、马首人身的两个仙人，皆向右侧站立；烛龙为人首龙身，一爪持鼗鼓，一爪提灯笼；画面右侧为风伯正在鼓唇吹风，其下是神农氏，头戴斗笠，身披蓑衣，赤露双腿，手扶耒耜，肩扛农具。"②画面右侧下方人物发掘者称"神农氏"，似不妥，其头戴斗笠，身披蓑衣，赤露双腿，手扶耒耜，与画像石中常见的禹形象相合，当是大禹。"在汉人眼中，禹不单单是人间治水的圣王。他为治水，曾溯河源，到过西王母所居的昆仑山，甚至以西王母为师。因此，要往

①邢义田：《画为心声：汉画像石、画像砖、壁画》，北京：中华书局，2011年版，第382～386页。
②微山县文物管理所：《山东微山县近年出土的汉画像石》，《考古》2006年第2期，第42～43页。

昆仑求仙,禹是最有资格的领路人。"①因此,画面中的大禹可能也是墓主
人的化身。

图 9—19 微山县夏镇出土画像石

(采自邢义田《画为心声》,页 380)

还有一点值得注意,该图右侧为风伯鼓唇吹风,风伯和禹同时出现在
一幅构图中,还见于邹城郭里镇卧虎山画像石。卧虎山 M2 出土一方画像
石,胡新立先生将其命名为"雷公雨师风婆"(图 9—20)②,在这块画像石中
有一头戴斗笠的人物,此人应该也是大禹。此图上方绘一怪兽,头有双角,
双目圆瞠,长须,口衔长蛇,蛇口下有一团乌云,当为云电之神。左下方一
人口吐风气,当为风伯。中间一人双手持一轮形物,当为雷神。雷神和风
神中间为大禹,头戴斗笠,赤脚朝左行走。右下方为一蛟龙,象征雨师。在
上古信仰中,风伯雨师雷神往往成为神人出行的随从护驾。如《韩非子·
十过》:"昔者黄帝合鬼神于西泰山之上,驾象车而六蛟龙,毕方并辖,蚩尤
居前,风伯进扫,雨师洒道,虎狼在前,鬼神在后,腾蛇伏地,凤皇覆上,大合
鬼神,作为《清角》。"③《淮南子·原道》:"是故大丈夫恬然无思,澹然无
虑……令雨师洒道,使风伯扫尘,电以为鞭策,雷以为车轮,上游于逍遥之
野,下出于无垠之门。"④因此,画面中的风伯实际上也是助禹出行的帮手。

---

①邢义田:《汉代画像胡汉战争图的构成、类型与意义》,《画为心声——画像石、画像砖与壁画》,北
　京:中华书局,2011 年版,第 379 页。
②胡新立:《邹城汉画像石》,北京:文物出版社,2008 年版,图五·七,第 5 页,"图版说明"部分第
　2 页。
③[清]王先慎:《韩非子集解》,北京:中华书局,1998 年版,第 65 页。
④张双棣:《淮南子校释》(增订本),北京:北京大学出版社,2013 年版,第 20 页。

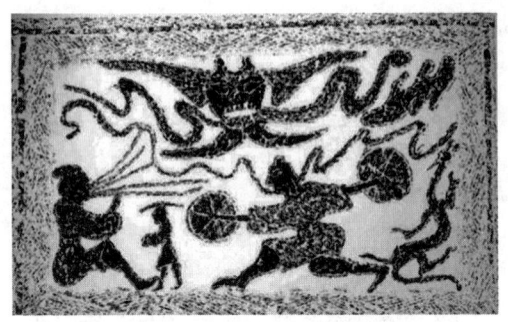

图 9—20　邹城"雷公雨师风婆画像"

（采自《邹城汉画像石》，页 5）

另外，徐州汉画像石艺术馆还藏有一画像石（图 9—21），画面上部中间偏右方有一人头戴笠，身披蓑衣，手中执耒，当是大禹。大禹的左侧为两羽人乘一龙，驭一龙，左下方亦有两羽人各骑一兽，皆往西行，而画面最左侧踞坐者当是西王母，后面还有一侍者。因此，此幅图可能也是墓主人模拟为禹，通过禹的法力，辟除险阻，抵达昆仑西王母处，进而升仙。

图 9—21　徐州汉画像石艺术馆藏

（采自周圣涵硕士论文《汉画像英雄神话图像研究》，页 46）

四、夏禹图像叙事的象征意义

目前我们所能看到绘有夏禹形象的汉画像石共有十四件。在这十四幅图像中禹的形象基本定型，形成固定的模式：头戴斗笠、身披蓑衣、手扶（执）耜（耒）。当然，有些图像在细节上会有一些稍微的变化，有的是裸露双腿，如微山县夏镇出土的一方画像石；有的似肩生双翼，如临沂白庄画像石。在图像动静的处理上，有的是行走状，如江苏铜山出土的一件画像石（即所谓"炎帝升仙图"），大禹一手持耜，一手牵着一只雀鸟，在往前行走。

而大部分则是正面站立的静止图像。另外需要注意的是,在汉画像石上伏羲和女娲、西王母和东王公多是成双成对以夫妻形式出现,大禹与他们一样,也有了自己的配偶,山东莒县东莞出土的一方画像石上,第五层所刻的人物中榜题明确标示"夏禹"、"禹妻",至于禹妻是谁则没有说明。将神话传说人物配成夫妻,反映了汉人的阴阳和合观念。"从汉代神话传说的发展历程来看,那个时代的人们具有明显的把神灵伉俪化的倾向,许多原本是单身型神灵,却被拉上一位异性神,使他们彼此成为配偶神。"[①]如伏羲女娲在先秦时期是各自独立的神话人物,但汉画像石中比比皆是的伏羲女娲交尾图,则显是将他们确立为了夫妻关系。西王母和东王公也是汉画像中常见的配偶神,但是先秦只有西王母传说,东王公则是汉代才出现的神话人物。另外还有牛郎织女神话等,表明汉人习惯将人间的两性婚恋移植到神话传说中,将神话传说中的两性牵合在一起。

这些画像石,除了描绘大禹的形象外,还用图像的方式叙述了和大禹相关的传说故事。其中最有代表性的当是徐州画像石馆所藏的"大禹治水图",图像以叙事的方式,描写了大禹治水背井离乡、抛家舍业与亲人告别的动人场面。是对文本叙事"三过家门而不入"的生动再现。[②] 山东莒县东莞画像石上刻的夏禹和禹妻,禹妻怀抱婴儿,夏禹回首张望,似乎也是表达这一主题思想。江苏泗洪曹庙出土东汉画像石则非常直观地再现了大禹治水的情景,画面有四位穿蓑衣的羽人,其中一人双手拄锸即是大禹,还有一人双手提一泥橐正向洪水走来,画面中间是洪水,洪水上方则是一件木架泥橐。禹平水土的真实场面仿佛就在眼前。

汉画像石是以图像或抽象符号展现其象征意义的,所以把握汉画像的象征意义是解读汉画像石的关键。而要了解汉画像的象征意蕴,又必须将汉画像石置于汉代的历史文化背景之中,从当时人们的思想、观念、知识和信仰入手,揭示汉画像的深层象征意义,从而真正把握其本真意义和实质精神。

汉画像中的禹是以怎样的形象出现的,又是如何体现其象征意义

①李炳海:《汉代文学的情理世界》,长春:东北师范大学出版社,2000年版,第484页。
②如《孟子·离娄下》即云"禹稷当平世,三过其门而不入,孔子贤之"。见焦循《孟子正义》,北京:中华书局,1987年版,第597页。《孟子·滕文公上》:"禹疏九河……禹八年于外,三过其门而不入。"见《孟子正义》,第377页。

的呢？

其一，禹以历史（传说）人物形象出现，借以"恶以诫世，善以示后"，教育后世子孙。历史人物故事是汉画像石内容的重要题材。汉代立经学博士，统治阶级独尊儒术，而尧舜禹又是儒家最为推崇的圣贤人物。所以汉代精英阶层的墓葬里出现尧舜禹等传说人物的画像就不言而喻了。历史传说人物故事画像表达了作者的褒贬之意，如武梁祠的上古帝王，"从伏羲至夏禹榜题皆有高尚的赞词，是要后世效法褒扬的仁智先王；而最后一个夏桀，榜题只有名字，而且是手执兵器骑坐妇人身上的'霸道'形象，显然具有贬责之意"①。同时我们还注意到，禹和桀是被唯一描绘在武梁祠上的三代君王。"武梁祠画像中的禹和桀集中代表了两种君王类型，而且也象征了任何朝代的兴盛和衰亡。……在祠堂上只描绘禹和桀，是概括三代所共同遵循的'螺旋式'朝代沉浮的一个有效方法。"②再如，徐州汉画像石馆所藏"大禹治水图"画像石，不仅刻有尧舜禹三位令人敬仰的古代帝王，还以叙事的方式颂扬大禹治水的功绩和"三过家门而不入"的美德。

其二，禹以神仙人物形象呈现，是墓主人升仙的前驱。在汉代民间信仰中，禹是行神，睡虎地秦简和放马滩秦简《日书》中有"先为禹除道"、"为禹前除"，马王堆汉墓帛画"太一将行"图也有"禹先行"，意思是出行时让禹开路保平安。③ 禹作为前驱能驱除鬼神，为墓主人升仙扫清前进的障碍。比如山东微山县夏镇青山村出土的一方画像石，画面左上方端坐西王母，右下方是禹，还有风伯等其他仙人。西王母是汉人神仙世界中的大神，她生活在西部的昆仑山上，与图像上的位置相合。死者要升往仙界，在去往昆仑的途上，必须得到禹、风伯等神的护送，否则很难升仙成功。山东肥城市栾镇村画像石中的墓主人以禹的形象出现，邢义田先生认为是死者模拟为禹而准备升仙。山东临沂白庄汉画像石，画面上方是神人（巫觋）操蛇，"巫觋操蛇是在举行一种巫术仪式，目的在于清除恶鬼，为墓主人在另一个

---

①蒋英炬、吴文祺：《汉代武氏墓群石刻研究》，北京：人民美术出版社，2014年版，第162页。

②〔美〕巫鸿：《武梁祠——中国古代画像艺术的思想性》，柳扬、岑河译，北京：三联书店，2006年版，第181页。

③胡文辉：《马王堆〈太一出行图〉与秦简〈日书·出邦门〉》，《中国早期方术与文献丛考》，广州：中山大学出版社，2000年版，第152～154页。

世界的安宁扫清障碍"①。画面下方是禹肩生双翼,脚踏神兽,其作用和功能与神人操蛇应该是相同的,都是为墓主人升仙清除障碍。

尘世与超凡,儒家与求仙是汉代画像艺术中的两类基本思想②,汉代画像石中的夏禹图像很好地诠释了这两类基本思想。汉画中的夏禹,一是历史人物形象,一是神仙人物形象。前者是儒家文化中的圣贤人物,承载了道德和功业,体现了墓葬设计者对后世子孙的教育目的;后者则体现了道家文化中的神仙思想,希望死者能够升入仙境,超凡脱俗,寄托了人们对永生或不巧的梦想。这两种形象一个代表了现世,一个代表了死后,一种思想是让人恪守道德积极进取,一种思想是追求永生与成仙。这种看似矛盾的主题同时集中在禹身上,既并行不悖又相辅相成。

---

① 董良敏:《"神人操蛇"汉画像石考释》,《中国汉画学会第十三届年会论文集》,郑州:河南博物院,2011 年 11 月,第 297 页。

② 〔美〕巫鸿:《四川石馆画像的象征结构》,《礼仪中的美术——巫鸿中国古代美术史文编》,郑岩等译,北京:三联书店,2005 年版,第 183 页。

结　语

　　近代以来,中国的古史传说曾被许多人当作"伪古史,真神话",茅盾《中国神话研究初探》、闻一多《神话与诗》等把上古传说纳入中国神话学的研究范畴。而晚清以来兴起的疑古思潮,特别是 20 世纪 20 年代以顾颉刚先生为主要代表的"古史辨"派,以为古史传说所指的时代越古,后人作伪的成分就越多,也更不能凭信。这一思潮成为 20 世纪 30 至 40 年代学界的主流,许多学者纷纷响应。他们对古书的辨伪取得了一定的成绩,其怀疑精神更是可嘉,但他们把古史传说还原为神话,却造成了中国上古史的真空状态。他们否定夏代的存在和禹的"人格",影响颇为深远,现在检讨起来,显然有疑古过头的倾向。当时就有不少学者反对这种观点,特别是 50 年代徐旭生对豫西夏文化的调查工作,取得了一定收获,引起了学界的注意。徐先生所著《中国古史的传说时代》,对古史传说作了综合的整理与细致的分析,是一部有价值的著作。他指出掺杂神话的传说与纯神话是不一样的,中国的古史传说并不是纯神话,疑古派把古史传说当作纯神话,上古史从而出现空白。

　　80 年代以后,自李学勤先生提出"走出疑古时代",学术界开始由疑古走向释古,对古史传说的态度亦发生了改变。因此,在这样的学术背景下,我们需要重新看待古史传说。而正确认识古史与神话传说的关系,梳理先辈学者的观点,并廓清神话传说的演变历程也正是我们选取大禹传说作为研究对象的缘由。同时,关于神话传说新的研究范式正在发生转变,过去单纯依靠文献文本的研究方式,正在转向文化文本的叙事与研究,这种文化文本的叙事包括文字叙事、图像叙事和物体叙事。于是,一切关于大禹传说的文字的、图像的、物体的叙事都成了我们取材的范围,以历史的、神话的、文化的视角对大禹传说给予全新的解读。

　　大禹传说所包含的内容非常多,上编主要论述了大禹传说所含史影成分,涉及以下几个问题:

　　首先,笔者以传统的中国古史谱系为考察对象,指出以《帝系》为代表的大一统世系是靠不住的,但这种帝系整合是一种史学的自觉,是当时知识阶层有意识地对古史传说的加工与改造,它虽不是客观历史的真实再现,但却代表了当时的历史观念。根据新出土文献的相关材料,我们提出应该重新看待大禹传说,古史辨派的一些观点已经呈现出明显的失误和不足,燹公盨作为西周中期青铜器,已经证明在西周中期甚至更早,大禹的传说已经是相当古老的被人们当作历史的一个传说了。

其次,在梳理出前人关于夏禹族源认识的基础上,本书重点剖析了禹与西北的关系问题,指出夏族当来源于西北,禹前期主要活动在晋南,为避商均而进入豫西,定都阳城,此后夏朝的政治中心基本就在豫西一带,至夏桀亡国后,夏又经晋南逐步向西北退却,在退至汉中一带时,夏族的一支进入蜀地,所以,蜀地的禹迹当是夏遗民带去的。在这样的历史背景下,笔者对"禹生石纽"传说给予了新的阐释,认为"禹生石纽"不可信,作为传说,它是"禹生于石"这一神话叙事的置换变形;石是夏民族的崇拜物,随着夏遗民迁入四川,"禹生于石"的传说亦进入川蜀,与川西北的大石传说相融合,当这一传说流传到汶山石纽时便产生了变异,"禹生于石"变成"禹生石纽"了。

再者,禹平水土是大禹传说的重要内容,其涉及的许多问题至今都没有定论。关于《禹贡》的成书问题,笔者认为今天看到的《禹贡》一书,可能是在战国以后形成的定本,但是其最初的蓝本当在西周初年甚或更早形成,在漫长的流传过程中,不断地附加了各时代的痕迹。而禹和九州的关系,本书认为禹只是按照当时已形成的"九州"观念去治理水土,禹没有那么大的能力去划定九州。通过对禹平水土传说的梳理,我们发现在西周以至春秋时期,人们传颂的乃是禹的敷土之功,到战国时期,由于出现了疏水灌溉的方法,"禹敷土"开始转变为"禹治水",并逐渐夸大禹治水的能力。

还有大禹的征伐传说。禹通过不断地征伐,逐渐树立自己的威信,逐渐壮大夏部族的势力,最后成天下共主之功。在禹伐共工这一传说中,我们认为杨宽先生的"鲧即共工"说值得商榷,对杨宽先生指出的鲧和共工传说的相同点进行逐一辨析,认为此说不成立,鲧和共工应当是分属于两个不同的族系。而禹征三苗时,"日夜出,昼日不出",根据现代天文学的推算,这一天象很可能发生在传说的禹时代,而禹得天下多由于征有苗。禹伐有扈传说,反映了当时禹部族向东发展,遇到了郑州附近的有扈氏的阻挡,有扈部落在洛阳附近的甘水一带向西抗击有夏部落,有扈战败,夏族的势力范围扩大。禹杀防风则标志着禹已成为天下共主。

最后是夏族的图腾问题。图腾说由西方学者建构,中国的上古历史文化有其复杂和特殊的一面,应该谨慎对待这一理论,防止出现"泛图腾化"倾向。所以,对于上古传说中的神异现象,我们重在阐述其所含的文化意蕴,在这样的前提下,对夏族的"图腾"所体现出来的各种文化因素进行追溯和分析才会显得更有意义:夏人对熊有着特殊的信仰传承,鲧禹化熊传说反映了先民们物物相生、以形禅变、生命一体化的原始哲学理念;禹母修己吞吃薏苡便能怀孕,是植物作为再生的仪式和象征的最好体现;人类原始时代信仰"万物有灵论",石头被赋予生殖能力,又有丰产的作用,所以才有禹生于石、启母石的传说;龙应该是夏族和原始先民在民俗信仰和宗教仪式上的一种集体需求和情感需要。

神话传说自产生以后就在不断地演变与衍生。鉴于夏禹神话的主要内容在汉代已经基本定型,我们对夏禹神话的考察也截止到汉代。下编将政治变革、文化转型、社会思潮、学术变迁作为推动神话演进的内在动力和外在机遇,以各个时期的文献记载为依据,特别注意关注新发现的出土材料,从西周、春秋、战国、两汉四个时期来审视不同历史阶段之间夏禹神话的演进情况。

西周时期是夏禹神话的兴起阶段,通过考察《诗》、《书》、燹公盨等文献,西周时期夏禹神话的主要内容是"平水土、主名山川"。受周人天命观及重德思想的影响,夏禹神话表现出鲜明的时代特色:"天命禹"这一神圣叙事体现出禹是具有神性的人,而不具有神格;燹公盨讲禹德与周人的德治观念是分不开的。周人尊夏,再加上西周的民族迁徙、征伐战争推动了夏文化的传播,也推动了夏禹神话的盛行和在一定区域内的流布。

春秋时期是夏禹神话的发展阶段。《左传》、《国语》、秦公簋及齐侯钟等记载了此阶段的夏禹神话。春秋时期理性精神增强,但鬼神信仰仍然浓厚,神本信仰和人本理性的博弈,也渗透到神话传说当中。夏禹的神性色彩开始衰退,逐渐向普通的人王转变。各诸侯国史官文化的发达与史书的叙事功能的增强,使得"禹迹"开始在不同地域出现,夏禹神话开始出现新的内容,如禹画九州、禹稷躬稼、禹会诸侯等。

战国时期夏禹神话异彩纷呈。诸侯纷争,各国之间的战争、经济交往、文化交流、知识分子的迁移等使得夏禹神话传说传播得更为广泛。而书写权力的下移、百家争鸣等多种文化条件，又促使大禹传说的各种内容被充分地加工、创生和整合，而被广泛地书写在竹简上流传下来。夏禹神话开始向次生态演变，出现系统化、政治化、历史化、哲理化倾向，如夏禹谱系的形成，禹的德政传说，尧、舜、禹成为君臣关系等就是很好的例子。夏禹神话这些新的"生长点"，与战国时期特定的社会背景、政治文化、哲学理念密不可分。

　　两汉时期夏禹神话的多态性。汉代是夏禹神话传播的黄金时期，也是夏禹神话的基本定型阶段。汉代夏禹神话不仅文献记载丰富，而且载体形式多样，特别是汉代的画像石，让夏禹神话以图像的形式栩栩如生地呈现在人们面前，既表现出鲜明的图像叙事优势，又承载了图像叙事的教化功能和象征意义。纬书夏禹神话体系多源于先秦神话文本，纬书作者通过抄录、虚构、糅合、改编等方式对早期文本进行有意识地改造，而这些文本背后又有着深层的文化意蕴，隐藏着大量的文化信息和思想观念。

　　我们对夏禹神话所涉及的问题尽可能地给予了关照，并在一些问题上提出了自己的见解，但还有待进一步深入研究的地方，如禹的族源问题，对考古学方面的成果我们借鉴的还不够充分，大禹传说的原型意义还值得深层挖掘。在材料的使用上，也没有做到竭泽而渔，特别是汉以后的文献以及出土简帛还有不少没有认真梳理。另外在文本的解读上可能也存在主观臆断的毛病。希望将来有机会能尽量弥补这些不足。同时，我们还准备做两个工作：一是禹的祭祀问题，其历史发展脉络需要梳理，进而总结出其祭祀形态的演变；二是"禹迹"研究，所谓"禹迹"是指今天我们看到的有关大禹传说的遗迹或遗存，包括出生地、墓葬地、婚娶地和治水遗址、遗迹，还包括至今流传的禹的神话传说故事，这些禹迹分布在中国的很多地方，对于这些文化现象我们要进行研究，分析它的来源，梳理它的流变。

参考文献

古籍及考释

[清]胡渭:《禹贡锥指》,上海:商务印书馆,1937 年版。

[清]朱右曾:《逸周书集训校释》,上海:商务印书馆,1940 年版。

[汉]司马迁:《史记》,北京:中华书局,1959 年版。

杨筠如:《尚书覈诂》,西安:陕西人民出版社,1959 年版。

[汉]班固:《汉书》,北京:中华书局,1962 年版。

[晋]徐宗元辑:《帝王世纪辑存》,北京:中华书局,1964 年版。

[唐]李泰等著,贺次君辑校:《括地志辑校》,北京:中华书局,1980 年版。

[晋]王嘉撰,齐治平校注:《拾遗记校注》,中华书局,1981 年版。

杨伯峻:《春秋左传注》,北京:中华书局,1981 年版。

[宋]洪兴祖:《楚辞补注》,北京:中华书局,1983 年版。

[清]崔述:《崔东壁遗书》,上海:上海古籍出版社,1983 年版。

[清]王聘珍:《大戴礼记解诂》,北京:中华书局,1983 年版。

朱谦之:《老子校释》,北京:中华书局,1984 年版。

[汉]王符著,[清]汪继培笺,彭铎校正:《潜夫论笺校正》,北京:中华书局, 1985 年版。

[清]方玉润:《诗经原始》,北京:中华书局,1986 年版。

王利器:《新语校注》,北京:中华书局,1986 年版。

[清]孙诒让:《周礼正义》,北京:中华书局,1987 年版。

[清]洪亮吉:《春秋左传诂》,北京:中华书局,1987 年版。

[清]焦循:《孟子正义》,北京:中华书局,1987 年版。

[晋]常璩著,任乃强校注:《华阳国志校补图注》,上海:上海古籍出版社, 1987 年版。

向宗鲁校证:《说苑校证》,北京:中华书局,1987 年版。

[清]马瑞辰:《毛诗传笺通释》,北京:中华书局,1989 年版。

〔清〕皮锡瑞：《今文尚书考证》，北京：中华书局，1989 年版。

〔清〕孙希旦：《礼记集解》，北京：中华书局，1989 年版。

刘文典：《淮南鸿烈集解》，北京：中华书局，1989 年版。

黄晖：《论衡校释》，北京：中华书局，1990 年版。

苏舆：《春秋繁露义证》，北京：中华书局，1992 年版。

王利器校注：《盐铁论校注》，北京：中华书局，1992 年版。

袁珂校注：《山海经校注》，成都：巴蜀书社，1993 年版。

〔日〕安居香山、中村璋八辑：《纬书集成》，石家庄：河北人民出版社，1994
　　年版。

〔清〕陈立：《白虎通疏证》，北京：中华书局，1994 年版。

〔清〕朱彬：《礼记训纂》，北京：中华书局，1996 年版。

金开诚等校注：《屈原集校注》，北京：中华书局，1996 年版。

周生春：《吴越春秋辑校汇考》，上海：上海古籍出版社，1997 年版。

张双棣：《淮南子校释》，北京：北京大学出版社，1997 年版。

荆门市博物馆编：《郭店楚墓竹简》，北京：文物出版社，1998 年版。

〔清〕王先慎：《韩非子集解》，北京：中华书局，1998 年版。

〔清〕孙星衍：《尚书今古文注疏》，北京：中华书局，1998 年版。

陈奇猷：《韩非子新校注》，上海：上海古籍出版社，2000 年版。

徐元诰集解：《国语集解》（修订本），北京：中华书局，2002 年版。

顾颉刚、刘起釪：《尚书校释译论》，北京：中华书局，2005 年版。

方诗铭、王修龄：《古本竹书纪年辑证》（修订本），上海：上海古籍出版社，
　　2005 年版。

刘钊：《郭店楚简校释》，福州：福建人民出版社，2005 年版。

黄怀信：《逸周书校补注译》，西安：三秦出版社，2006 年版。

范祥雍笺证：《战国策笺证》，上海：上海古籍出版社，2006 年版。

黄怀信、张懋镕、田旭东：《逸周书汇校集注》，上海：上海古籍出版社，2007
　　年版。

陈桥驿校证：《水经注校证》，北京：中华书局，2007 年版。

李零：《郭店楚简校读记》（增订本），北京：中国人民大学出版社，2007 年版。

方向东：《大戴礼记汇校集解》，北京：中华书局，2008 年版。

秦嘉谟等辑：《世本八种》，北京：中华书局，2008 年版。

[清]阮元校刻:《十三经注疏》(清嘉庆刊本),北京:中华书局,2009 年版。

[清]孙诒让:《墨子间诂》,《孙诒让全集》本,北京:中华书局,2009 年版。

许维遹集释:《吕氏春秋集释》,北京:中华书局,2009 年版。

杨朝明、宋立林:《孔子家语通解》,济南:齐鲁书社,2009 年版。

马承源主编:《上海博物馆藏战国楚竹书(一至九)》,上海:上海古籍出版
　　社,2001～2012 年版。

[清]郭庆藩:《庄子集释》,北京:中华书局,2012 年版。

[清]王先谦:《荀子集解》,北京:中华书局,2013 年版。

李步嘉校释:《越绝书校释》,北京:中华书局,2013 年版。

裘锡圭主编:《长沙马王堆汉墓简帛集成》,北京:中华书局,2014 年版。

李学勤主编:《清华大学藏战国竹简》(壹至陆)》,上海:中西书局,2010～
　　2016 年版。

[清]郝懿行:《山海经笺疏》,北京:中国致公出版社,2016 年版。

[宋]罗泌:《路史》,文渊阁四库全书本。

现当代论著

陈梦家:《殷虚卜辞综述》,北京:科学出版社,1956 年版。

侯仁之主编:《中国古代地理名著选读》(第一辑),北京:科学出版社,1959
　　年版。

徐旭生:《中国古史的传说时代》,北京:科学出版社,1960 年版

郭沫若:《中国古代社会研究》,北京:人民出版社,1964 年版。

杨宽:《古史新探》,北京:中华书局,1965 年版。

赵铁寒:《古史考述》,台北:正中书局,1965 年版。

孙作云:《诗经与周代社会研究》,北京:中华书局,1966 年版。

郭沫若主编:《中国史稿》第一册,北京:人民出版社,1976 年版。

童书业:《春秋左传研究》,上海:上海人民出版社,1980 年版。

金景芳:《古史论集》,济南:齐鲁书社,1981 年版。

茅盾:《神话研究》,天津:百花文艺出版社,1981 年版。

吕思勉:《先秦史》,上海:上海古籍出版社,1982 年版。

吕思勉:《吕思勉读史札记》,上海:上海古籍出版社,1982 年版。

顾颉刚等:《古史辨》(一至七册),上海:上海古籍出版社,1982 年版。

朱芳圃:《中国古代神话与史实》,郑州:中州书画社,1982 年版。

杨向奎:《绎史斋学术文集》,上海:上海人民出版社,1983 年版。

张光直:《中国青铜时代》,北京:三联书店,1983 年版。

袁珂:《中国神话传说》,北京:中国民间文艺出版社,1984 年版。

袁珂、周明:《中国神话资料萃编》,成都:四川社会科学院出版社,1985 年版。

徐旭生:《中国古史的传说时代》(增订本),北京:文物出版社,1985 年版。

孙森:《夏商史稿》,北京:文物出版社,1987 年版。

谢选骏:《神话与民族精神》,济南:山东文艺出版社,1987 年版。

叶舒宪编:《神话—原型批评》,西安:陕西师范大学出版社,1987 年版。

郑杰祥:《夏史初探》,郑州:中州古籍出版社,1988 年版。

丁山:《中国古代宗教与神话考》,上海:上海文艺出版社,1988 年版。

张光直:《美术、神话与祭祀》,沈阳:辽宁教育出版社,1988 年版。

孙作云:《天问研究》,北京:中华书局,1989 年版。

顾颉刚:《顾颉刚读书笔记》,台北:联经出版事业公司,1990 年版。

刘起釪:《古史续辨》,北京:中国社会科学出版社,1991 年版。

林惠祥:《文化人类学》,北京:商务印书馆,1991 年版。

河南省文物研究所等编:《登封王城岗与阳城》,北京:文物出版社,1992 年版。

詹鄞鑫:《神灵与祭祀》,南京:江苏古籍出版社,1992 年版。

王国维:《古史新证——王国维最后的讲义》,北京:清华大学出版社,1994 年版。

钱穆:《国史大纲》(修订本),北京:商务印书馆,1994 年版。

马昌仪:《中国神话学文论选萃》,北京:中国广播电视出版社,1994 年版。

王国维:《观堂集林》,北京:中华书局,1995 年版。

陆思贤:《神话考古》,北京:文物出版社,1995 年版。

潜明兹:《中国古代神话与传说》,北京:商务印书馆,1996 年版。

钟伟今主编:《防风神话研究》,合肥:安徽文艺出版社,1996 年版。

冷德熙:《超越神话——纬书政治神话研究》,北京:东方出版社,1996 年版。

李学勤:《走出疑古时代》(修订本),沈阳:辽宁大学出版社,1997 年版。

李民:《夏代文化》(修订本),北京:中华书局,1997 年版。

王铭铭:《社会人类学与中国研究》,北京:三联书店,1997 年版。

闻一多:《神话与诗》,上海:华东师范大学出版社,1997年版。

徐中舒:《徐中舒历史论文选集》,北京:中华书局,1998年版。

李民、张国硕:《夏商周三族源流探索》,郑州:河南人民出版社,1998年版。

李零:《李零自选集》,桂林:广西师范大学出版社,1998年版。

江林昌:《楚辞与上古历史文化研究》,济南:齐鲁书社,1998年版。

顾颉刚:《中国上古史研究讲义》,北京:中华书局,1999年版。

张光直:《中国考古学论文集》,北京:三联书店,1999年版。

中国社会科学院考古研究所编著:《偃师二里头》,北京:中国大百科全书出版社,1999年版。

李先登:《夏商周青铜文明探研》,北京:科学出版社,2000年版。

李泽厚:《美的历程》,天津:天津社会科学院出版社,2001年版。

李学勤:《简帛佚籍与学术史》,南昌:江西教育出版社,2001年版。

陈剩勇:《中国第一王朝的崛起》,长沙:湖南人民出版社,2002年版。

俞伟超:《古史的考古学探索》,北京:文物出版社,2002年版。

〔日〕中岛敏夫:《三皇五帝夏禹先秦资料集成》,东京:汲古书院,2002年版。

徐旭生:《中国古史的传说时代》,桂林:广西师范大学出版社,2003年版。

叶舒宪:《文学与人类学》,北京:社会科学文献出版社,2003年版。

李学勤:《中国古代文明十讲》,上海:复旦大学出版社,2003年版。

中国社会科学院考古研究所编著:《中国考古学·夏商卷》,北京:中国社会科学出版社,2003年版。

孙作云:《中国古代神话传说研究》,开封:河南大学出版社,2003年版。

孙作云:《美术考古与民俗研究》,开封:河南大学出版社,2003年版。

钱穆:《古史地理论丛》,北京:三联书店,2004年版。

裘锡圭:《中国出土古文献十讲》,上海:复旦大学出版社,2004年版。

叶舒宪、萧兵等:《山海经的文化寻踪》,武汉:湖北人民出版社,2004年版。

丁山:《古代神话与民族》,北京:商务印书馆,2005年版。

钱穆:《黄帝》,北京:三联书店,2005年版。

钱穆:《古史地理论丛》,北京:三联书店,2005年版。

江林昌:《中国上古文明考论》,上海:上海教育出版社,2005年版。

顾颉刚等:《古史辨》(一至七册),海口:海南出版社,2005年版。

郑杰祥:《新石器文化与夏代文明》,南京:江苏教育出版社,2005年版。

李学勤:《中国古代文明研究》,上海:华东师范大学出版社,2005 年版。

吴从祥:《谶纬与汉代文学》,北京:中国社会科学出版社,2005 年版。

刘宗迪:《失落的天书:山海经与古代华夏世界观》,北京:商务印书馆,2006
年版。

曹书杰:《后稷传说与稷祀文化》,北京:社会科学文献出版社,2006 年版。

詹子庆:《走进夏代文明》,长春:东北师范大学出版社,2006 年版。

杜金鹏、许宏编:《二里头遗址与二里头文化研究——中国二里头遗址与二
里头文化国际学术研讨会论文集》,北京:科学出版社,2006 年版。

吕琪昌:《青铜爵、斝的秘密——从史前陶鬶到夏商文化起源并断代问题研
究》,杭州:浙江大学出版社,2007 年版。

傅道彬:《晚唐钟声——中国文学的原型批评》(修订本),北京:北京大学出
版社,2007 年版。

袁珂:《中国神话史》,重庆:重庆出版社,2007 年版。

李零:《简帛古书与学术源流》(修订本),北京:三联书店,2008 年版。

郭永秉:《帝系新研——楚地出土战国文献中的传说时代古帝王系统研
究》,北京:北京大学出版社,2008 年版。

朱渊清:《书写历史》,上海:上海古籍出版社,2009 年版。

黄震云、孙娟:《汉代神话史》,长春:长春出版社,2010 年版。

李零:《待兔轩文存》(读史卷),桂林:广西师范大学出版社,2011 年版。

黄灵庚:《楚辞与简帛文献》,北京:人民出版社,2011 年版。

裘锡圭:《裘锡圭学术文集》,上海:复旦大学出版社,2012 年版。

李学勤:《初识清华简》,上海:中西书局,2013 年版。

刘信芳:《出土简帛宗教神话文献研究》,合肥:安徽大学出版社,2014
年版。

孙飞燕:《上博简〈容成氏〉文本整理及研究》,中国社会科学出版社,2014
年版。

蒋英炬、吴文祺:《汉代武氏墓群石刻研究》,北京:人民美术出版社,2014
年版。

李零:《待兔轩文存》(说文卷),桂林:广西师范大学出版社,2015 年版。

黄海烈:《顾颉刚"层累说"与 20 世纪中国古史学》,北京:中华书局,2016
年版。

外文译著

〔英〕马林诺夫斯基:《巫术科学宗教与神话》,李安宅译,北京:中国民间文艺出版社,1986 年版。

〔德〕施密特:《原始宗教与神话》,萧师毅、陈祥春译,上海:上海文艺出版社,1987 年版。

〔英〕詹·乔·弗雷泽:《金枝——巫术与宗教之研究》,徐育新等译,北京:中国民间文艺出版社,1987 年版。

〔德〕恩斯特·卡西尔:《符号、神话与文化》,李小兵译,北京:东方出版社,1988 年版。

〔法〕克劳德·列维-斯特劳斯:《结构人类学——巫术·宗教·艺术·神话》,北京:文化艺术出版社,1989 年版。

〔俄〕叶·莫·梅列金斯基:《神话的诗学》,魏庆征译,北京:商务印书馆,1990 年版。

〔美〕戴维·利明等:《神话学》,李培茱等译,上海:上海人民出版社,1990 年版。

〔日〕安居香山:《纬书与中国神秘思想》,田人隆译,石家庄:河北人民出版社,1991 年版。

〔德〕恩斯特·卡西尔:《神话思维》,黄龙保、周振选译,北京:中国社会科学出版社,1992 年版。

〔英〕爱德华·泰勒:《人类学——人及其文化研究》,上海:上海文艺出版社,1993 年版。

〔法〕列维-布留尔:《原始思维》,丁由译,北京:商务印书馆,1995 年。

〔美〕浦安迪:《中国叙事学》,北京:北京大学出版社,1996 年版。

〔加拿大〕诺思洛普·弗莱:《批评的剖析》,天津:百花文艺出版社,1998 年版。

〔德〕恩斯特·卡西尔:《国家的神话》,范进、杨君游、柯锦华译,北京:华夏出版社,2003 年版。

〔德〕恩斯特·卡西尔:《人论》,甘阳译,上海:上海译文出版社,2004 年版。

〔美〕本杰明·史华兹:《古代中国的思想世界》,程钢译,南京:江苏人民出版社,2004 年版。

〔美〕巫鸿:《礼仪中的美术——巫鸿中国古代美术史文编》,郑岩等译,北京:三联书店,2005 年版。

〔英〕爱德华·泰勒:《原始文化——神话、哲学、宗教、语言、艺术和习俗发展之研究》(重译本),连树声译,桂林:广西师范大学出版社,2005 年版。

〔美〕巫鸿:《武梁祠——中国古代画像艺术的思想性》,柳扬、岑河译,北京:三联书店,2006 年版。

〔美〕阿兰·邓迪斯编:《西方神话学读本》,朝戈金等译,桂林:广西师范大学出版社,2006 年版。

〔英〕罗伯特·西格尔:《神话理论》,刘象愚译,北京:外语教学与研究出版社,2008 年版。

〔美〕马丽加·金芭塔丝:《活着的女神》,叶舒宪等译,桂林:广西师范大学出版社,2008 年版。

〔美〕米尔恰·伊利亚德:《神圣的存在——比较宗教的范型》,晏可佳、姚蓓琴译,桂林:广西师范大学出版社,2008 年版。

〔英〕彼得·伯克:《图像证史》,杨豫译,北京:北京大学出版社,2008 年版。

〔美〕巫鸿:《时空中的美术——巫鸿中国美术史文编二集》,梅玫、肖铁、施杰等译,北京:三联书店,2009 年版。

研究论文

顾颉刚:《洪水之传说及治水等之传说》,《史学年报》1930 年第 1 卷第 2 期;又载《顾颉刚民俗学论集》,上海:上海文艺出版社,1998 年版。

马培棠:《禹贡与禹都》,《禹贡》1934 年第 2 卷第 8 期。

顾颉刚:《战国秦汉间人的造伪与辨伪》,《史学年报》1935 年第 2 卷第 2 期。

杨向奎:《夏本纪越王勾践世家地理考实》,《禹贡》1935 年第 3 卷第 1 期。

陈梦家:《商代神话与巫术》,《燕京学报》1936 年第 20 期。

杨向奎:《夏民族起于东方考》,《禹贡·古代地理专号》半月刊第 7 卷第 6、7 合期,1937 年 6 月。

翦伯赞:《夏族的起源与史前之鄂尔多斯》,《中山文化季刊》1943 年第 1 卷第 1 期。

罗香林:《夏民族发祥于岷江流域说》,《说文月刊》第 3 卷第 9 期,1943 年

1 月。

于省吾：《略论图腾与宗教起源和夏商图腾》，《历史研究》1959 年第 11 期。

徐中舒：《夏史初曙》，《中国史研究》1979 年第 3 期。

李民：《〈尚书·甘誓〉所反映的夏初社会——从〈甘誓〉看夏与有扈的关系》，《河南文博通讯》1979 年第 4 期。

顾颉刚、刘起釪：《尚书·甘誓校释译论》，《中国史研究》1979 年第 1 期。

唐兰：《关于"夏鼎"》，《文史》1979 年第 7 辑。

郑杰祥：《夏部族起源的探讨》，《河南大学学报》（社会科学版）1980 年第 5 期。

李民：《〈禹贡〉与夏史》，《史学月刊》1980 年第 2 期。

严耕望：《夏代都居与二里头文化》，《大陆杂志》1980 年第 61 卷第 5 期。

李民：《释〈尚书〉"周人尊夏"说》，《中国史研究》1982 年第 2 期。

翦伯赞：《诸夏的分布与鼎鬲文化》，载河南省考古学会、河南省博物馆编《夏文化论文选集》，郑州：中州古籍出版社，1985 年版。

李民：《试探夏族的起源与播迁》，《郑州大学学报》（哲学社会科学版）1985 年第 1 期。

李衡眉：《禹的两种出生说试释》，《齐鲁学刊》1985 年第 4 期。

宋兆麟：《漫谈图腾崇拜》，《文史知识》1986 年第 5 期。

王克林：《龙图腾与夏族的起源》，《文物》1986 年第 6 期。

赵光贤：《古代汉苗二族关系史辨误》，《历史研究》1989 年第 5 期。

邵望平：《〈禹贡〉"九州"的考古学研究》，载苏秉琦主编《考古学文化论集》（二），北京：文物出版社，1989 年版。

林华东：《绍兴会稽与禹无涉——兼论於越源流》，《浙江学刊》1985 年第 2 期。

周苏平：《夏代邦族考》，《中国史研究》1993 年第 3 期。

金景芳、吕绍纲：《〈甘誓〉浅说》，《社会科学战线》1993 年第 2 期。

董楚平：《〈国语〉"防风氏"笺证》，《历史研究》1993 年第 5 期。

沈长云：《论禹治洪水真象兼论夏史研究诸问题》，《学术月刊》1994 年第 6 期。

江林昌：《〈楚辞〉中所见夏殷氏族图腾考》，《东南文化》1994 年第 6 期。

陈剩勇：《大禹出生地考实》，《浙江学刊》1995 年第 4 期。

韩建业、杨新改:《禹征三苗探索》,《中原文物》1995 年第 2 期

陈桥驿:《关于禹的传说及历来的争论》,《浙江学刊》1995 第 4 期。

韩建业:《中国上古时期三大集团交互关系探讨——兼论中国文明的形成》,《北京大学学报》(哲学社会科学版)1996 年第 1 期。

郑杰祥:《论禹、戎禹和九州的关系》,《中原文物》1997 年第 3 期。

饶宗颐:《中国古代"胁生"的传说》,《燕京学报》1997 年新第 3 期。

沈长云:《禹都阳城即濮阳说》,《中国史研究》1997 年第 2 期。

方酉生:《禹居(都)阳城考辨》,《江汉考古》1998 年第 1 期。

吕琪昌:《从夏文化的礼器探讨夏族的起源》,《中原文物》1998 年第 3 期。

常金仓:《古史研究中的泛图腾论》,《陕西师范大学学报》(哲学社会科学版)1999 年第 3 期。

李修松:《涂山汇考》,《中国史研究》1999 年第 2 期。

李学勤、裘锡圭:《新学问大都由于新发现——考古发现与先秦、秦汉典籍文化》,《文学遗产》2000 年第 3 期。

江林昌:《尧舜禹伐三苗的综合研究与夏代始年的讨论》,《华学》第五辑,广州:中山大学出版社,2001 年版。

饶宗颐:《覒民、苗民考》,《华学》第五辑,广州:中山大学出版社,2001 年版。

杨善群:《大禹治水地域与作用探论》,《学术月刊》2002 年第 10 期

裘锡圭:《燹公盨铭文考释》,《中国历史文物》2002 年第 6 期。

李学勤:《论燹公盨及其重要意义》,《中国历史文物》2002 年第 6 期。

李零:《论燹公盨发现的意义》,《中国历史文物》2002 年第 6 期。

李炳海:《中国古代神话演变的基本趋势》,《延边大学学报》(社会科学版)2003 年第 1 期。

李炳海:《从神坛灵域走向人间世俗——再论中国古代神话演变的基本趋势》,《社会科学战线》2003 年第 4 期。

饶宗颐:《诗与古史——从新出土楚简谈玄鸟传说与早期殷史》,《中文大学中国文化研究所学报》2003 年第 12 期。

王青:《鲧禹治水传说新探》,《南京师范大学文学院学报》2003 年第 3 期。

陈立柱:《涂山地望再研究》,《史学月刊》2003 年第 7 期。

赵世超:《铸鼎象物说》,《社会科学战线》2004 年第 4 期。

李维明:《二里头文化动物资源的利用》,《中原文物》2004 年第 2 期。

陈连山:《中国神话学应该如何评价神话的历史地位》,《民间文化论坛》
　　2005 年第 2 期。

刘惠萍:《中国现代神话学研究的学术反思》,《民间文化论坛》2005 年第
　　2 期。

叶舒宪:《中国神话的特性之新诠释》,《中国社会科学院研究生院学报》
　　2005 年第 5 期。

过常宝:《论上古动物图画及其相关文献》,《文艺研究》2007 年第 6 期。

何顺果、陈继静:《神话、传说与历史》,《史学理论研究》2007 年第 4 期。

裘锡圭、曹峰:《"古史辨"派、"二重证据法"及其相关问题——裘锡圭先生
　　访谈录》,《文史哲》2007 年第 4 期。

王晖:《大禹治水方法新探——兼议共工、鲧治水之域与战国之前不修堤防
　　论》,《陕西师范大学学报》(哲学社会科学版)2008 年第 2 期。

金立江:《中国神话"历史化"的再思考》,《百色学院学报》2009 年第 1 期。

叶舒宪:《中国的神话历史:从"中国神话"到"神话中国"》,《百色学院学报》
　　2009 年第 1 期。

廖明君、叶舒宪:《迎接神话学的范式变革》,《民族艺术》2009 年第 3 期。

吴从祥:《纬书政治神话与禹形象的演变》,《齐鲁学刊》2009 年第 3 期。

曹建国:《谶纬叙事论略》,《文艺研究》2010 年第 11 期。

周书灿:《大禹传说的流变与整合——"层累说"的再检讨》,《文史》2011 年
　　第 1 辑。

宁镇疆:《由历史记忆的传承再说涉禹三器所述大禹史事的可靠性》,《中原
　　文化研究》2014 年第 3 期。

郭永秉:《论清华简〈厚父〉应为〈夏书〉之一篇》,《出土文献》第七辑,上海:
　　中西书局,2015 年版。

后 记

上古神话传说,不仅文献记载少而零散,不成系统,且多前后矛盾,纷纭不已。鉴于此,笔者认为应该多从记载神话传说的文献与文本上下功夫,一方面运用跨学科的方法挖掘神话传说中的"史影";另一方面,利用文献学的理论与方法,仔细梳理神话传说的文本记载,还原神话传说的演变发展。过去古史辨派的神话传说研究虽然在结论上往往有些偏颇,但他们的研究无不建立在扎实的文献基础之上,其对史料的"竭泽而渔",对文献相关问题的细密考证,是今天很多学者所达不到的。因此,笔者提出应该加强对上古神话传说的文献学研究。"理论"虽然重要,但如果没有准确的文本阅读和坚实的文献考证,再好的理论也只能是空中楼阁。

本书是在博士论文《神话与历史:大禹传说研究》的基础上增补修改完成的。2013年我以"中国上古神话的文献学研究:以夏禹为中心"为题申报国家社科基金后期资助项目,有幸获得入选,之后便展开修订增补工作。期间因为作博士后和访学,再加上繁重的教学工作,修订工作经常被打断,直到2016年底才提交了结项报告。本书的出版也算是笔者对大禹传说研究的一个阶段性小结,但里面的错误肯定不少,特别是涉及历史地理学、考古学等其他学科的知识时总是感觉力不从心,还请方家批评指正,不吝赐教,以待日后再做修改。同时,本书在写作中参考了大量前贤的论著,深受启发,笔者在正文及参考文献中都一一列出,但难免挂一漏万,谨对这些前贤表示感谢!

感谢恩师曹书杰先生,硕士和博士我都在先生门下问学,一直在先生的呵护下成长,不仅在学业上传道解惑嘉勉鼓励;而且在生活上关心照顾,有时竟解囊相助。点滴小事,垂范大节,先生为学为人于我影响至深,受益终生。本论文的写作从选题到章节的安排,从观点的提出到内容的写作,更是凝聚了先生无数的心血。更让我感激的是,在我博士毕业以后,先生仍然一如既往的鼓励我和支持我……从先生那里得到了太多太多的关照。可以说,没有先生的教诲和扶持就没有我现在和将来的学问人生,我会把这份感情作为一生的珍藏，并怀着一颗感恩的心，今后努力不辜负先生的期望。

2012年10月至2015年7月曾在中国社会科学院文学所作博士后研究，跟随刘跃进先生开阔了视野，增长了见识，谢谢刘老师的栽培！2015年9月至2016年7月在北京大学中文系访学期间，得到了安平秋先生的很多帮助和指导，北大一年的学习让我收获很多，感谢安先生！另外，还要特别感谢杜桂萍老师在我来黑龙江大学工作时给予的大力帮助！在求学和工作中我还得到了很多师友、同门的热情关照和支持，不能一一致谢，但我会将这份情谊铭记在心，并衷心祝福他们。

责任编辑周毅泽先生为本书付出了很多辛劳，谨致谢忱。

读书问学是清贫的，其中有苦涩也有甘甜，感谢爱人刘书惠与我一同经历的一切。愿未来的生活更加美好！愿我的家人幸福安康！

杨栋于黑龙江大学公寓

2018年6月18日